U0853550

新编21世纪人口学系列教材

人口统计学

Population Statistics

宋 健 著

中国人民大学出版社
· 北京 ·

作者简介

宋健，中国人民大学教授、博士生导师。现任中国人民大学社会与人口学院党委书记兼副院长，兼任联合国人口基金项目专家，中国人口学会青年学者专业委员会主任，北京市人口学会副会长兼秘书长，中国社会学会青年社会学专业委员会理事，北京市老年学学会理事。获教育部“新世纪优秀人才支持计划”资助，北京市优秀人才培养资助项目资助。获中国人民大学“十大教学标兵”和“明德青年学者”等称号。主要讲授“人口统计学”“调查设计与抽样”“人口概论”“中国社会转型与人口变迁”“人口前沿”“博士生主文献导读”等课程。研究领域涉及社会政策、婚姻家庭与性别、老龄化与养老问题、人口流动与迁移等。主持了多项国家社会科学基金项目、教育部人文社会科学重点研究基地重大项目、北京市哲学社会科学规划项目和国际项目。先后出版著作、发表学术论文 80 余部（篇）。获得教育部高等学校科学研究优秀成果奖（人文社会科学）、中国人口科学优秀科研成果奖、全国人口和计划生育软科学奖、中国老年学奖-学术成果奖、“首都人口与发展”论文评选优秀奖等多项奖励。

内容简介

本书是对人口统计学知识的全面和系统介绍，内容涵盖：有关人口统计数据搜集的原理和方法，包括对数据误差的甄别和数据质量的评估与调整技术；反映人口状态、事件和过程的人口统计指标、方法和模型，包括其界定、计算或构建、相互之间的逻辑和数量关系等；反映人口再生产过程及其模式的各种数量指标和反映人口发展趋势的预测方法等。全书共分 16 章，每章可讲授 3～4 课时，适用于大专院校本科及研究生相关课程，也可供人口学、社会学、统计学、管理学等相关学科的师生和研究者参考使用。

总 序

中国是世界第一人口大国。无论是在宏观上，还是在微观上，中国社会经济的发展都与人口的状况和问题紧密相关。在中国追求现代化的历史过程中，人口问题始终是我们长期面临的重大问题。人口问题的复杂性世所公认，但中国人口问题可能更复杂。一个多世纪以来，人口问题几乎成了所有经济学家、社会学家和政治家最为关注的热门话题之一。尽管如此之多的人士研究人口问题，但是近百年来，在对中国人口问题的认识上，却经历了反复的曲折，积累了无数的教训。

对一个事物的正确认识，需要有科学的理论和科学的方法。中国人口问题如此重大，如此复杂，任何人要想深入了解、分析和研究人口问题，必须要掌握基本的人口学理论与方法。20 世纪 70 年代中期，中国开始了具有历史意义的现代人口学科的创建过程。人口学教材建设在一开始就被列为学科创建的最重要工作之一。到 20 世纪 80 年代中期，中国的大学里已经系统地建立了完整的人口学学士、硕士和博士的培训课程，出版了一系列与国际前沿接轨的人口学教材，如《人口统计学》《人口经济学》《世界人口》《人口理论教程》《人口思想史》《人口社会学》《人口规划与预测》《人口地理学》《现代人口分析技术》《人口普查的分析方法》等，并培养了一大批人口学的专门人才。从那时到现在，国际上人口科学的发展日新月异，新方法、新理论、新流派层出不穷。与此同时，中国人口的研究也迅速向深度和广度推进。收集到的人口数据堆积如山，人口数量、结构和质量，人口与经济，人口与社会，人口与环境资源等各种问题几乎全部纳入了研究视野。但从 20 世纪 90 年代初期以来，人口学教材的编写高潮却逐渐回落。反映国际最新进展并与中国人口实践紧密结合的新教材，无论是在种类上还是在水平上，都远远不能满足现实的需要。

中国人民大学人口学系（所）是国内最早开设人口学学位教育的机构，曾经培养过上千名人口学专业的本科生、硕士生和博士生，20 世纪 80 年代初编写的《人口统计学》《世界人口》《人口理论教程》等曾在人口学界产生了重大而深远的影响。进入 21 世纪后，为了满足人口学教育的需要，在教育部和中国人民大学出版社的大力支持下，中国人民大学人口学系（所）决定牵头组织编写一套能够反映国际国内人口学最新进展的“新编21世纪人口学系列教材”。系列教材将涵盖人口学主要分支学科的内容，为各个大学和培训机构开设人口学公共课和专业课提供科学、准确的教学资料。

尽管本套教材是在长期教学实践基础上编写的，编写过程中我们也力争逻辑严谨、内容充实、形式活泼，但疏漏在所难免，望广大读者指正，以便再版时修改。

翟振武

前　言

人口统计学是人口学和统计学的重要组成部分，是统计学一级学科体系下的二级学科，是人口学的方法论分支学科。

中国人民大学人口研究所作为国内最早成立的人口学专业教学研究机构，1979 年受全国经济学规划会议委托，在时任所长刘铮教授的带领下，编写了《人口统计学》教材。该教材由中国人民大学出版社出版，被许多高等院校用作本科生和研究生教材，也被国务院人口普查办公室和国家计生委当时举办的学习班用作培训教材。国家统计局在 1983 年将这本《人口统计学》指定为高等学校文科教材。

笔者 1988 年进入中国人民大学人口学系就读，在 4 年本科和 3 年研究生学习期间，跟随查瑞传、翟振武、郝虹生、路磊、乔晓春等老师系统学习了“人口统计学”“人口分析技术”“现代人口分析技术”等课程。其间有幸参与了查瑞传教授主编的、1991 年由中国人口出版社出版的《人口普查资料分析技术》一书的数据校正、核对和抄写等工作。

1995 年毕业留校任教之后，笔者先后面向当时的人口学系人口学专业、后来的人口学系公共事业管理（公共政策与人口管理方向）专业本科生，人口学系各专业（人口学、老年学、人口资源与环境经济学、社会医学与卫生事业管理）研究生及来自中国人民大学其他专业的选修生和旁听生们教授“人口统计学”和“高级人口分析技术”等课程。在近 20 年的人口统计学相关教学过程中，笔者越来越感受到一本合适教材的缺位。作为备课材料的数十本中外相关教材，或者内容已经陈旧，或者形式不甚实用；有的表述晦涩令学生望而生畏，有的在一些重要指标和方法上语焉不详。

2012 年，笔者参与撰写了国家统计局人口和就业统计司与中国人民大学社会与人口学院合作、由中国统计出版社出版的《人口和就业统计分析技术》一书。该书语言深入浅出，辅以计算案例，主要面向从事人口与就业统计的实际工作者，帮助其进行人口普查数据的开发与分析，但作为高校学生和相关学者进行系统学习的教材，这本书仍不能说是适用的。

因此，从 2013 年起，结合本科生和研究生“人口统计学”课程的课堂教学，笔者开始着手本教材的撰写工作，希望早日使学生也使自己不再困惑于教材的选取。写写停停、修修改改、历经寒暑，教材全稿终于在 5 年后完成了。感谢课堂上无数好学踊跃、打破砂锅问到底的可爱的学生们，教材撰写过程中你们仿佛随时陪伴身侧，让我仔细斟酌每一句话、认真推敲每一个指标；感谢教育部人口学重点研究基地——中国人民大学人口与发展研究中心的出版基金资助，特别是基地主任翟振武教授的认可与鼓励；感谢中国人民大学出版社的支持与肯定，特别是潘宇老师和我昔日的学生盛杰编辑的出色工作，使这本教材得以面世。

本书内容涵盖三个方面：第一，有关人口统计数据搜集的原理和方法，包括对数据误差的甄别和数据质量的评估与调整技术，这是人口统计学的基础；第二，反映人口状态、事件和过程的人口统计指标、方法和模型，包括其界定、计算或构建、相互之间的逻辑和数量关系等，这是人口统计学的核心；第三，反映人口再生产过程及其模式的各种数量指标和反映人口发展趋势的预测方法等，这是人口统计学对于核心指标的综合运用。

全书共分16章，每章可讲授3～4课时，适用于大专院校本科及研究生相关课程，也可供人口学、社会学、统计学、管理学等相关学科的师生和研究者参考使用。

本教材撰写过程中参考了大量国内外相关教材、著作和文献，引用部分已尽可能在书中做了标注，也附列到书末的参考文献中，笔者向这些前辈和同事们表示由衷的敬意。书中若有不妥或疏漏之处，还请使用者不吝指出。

宋健

2018年8月

目　录

第一章

人口统计学简介

【导读】

人口统计学是一门专业统计学，具有不同于一般统计学的思路、视角、指标与方法。人口统计学既是人口学的分支学科，也是统计学的分支学科，提供了解决人口统计问题的基本方略。本章将回答：人口统计学是如何形成与发展的？怎样认识人口统计学与人口学、人口统计学与统计学的关系？人口统计学的主要内容有哪些？

第一节　人口统计学的形成与发展

一、从人口统计到人口统计学

初到一个新的环境，置身于陌生的人群中，大多数人会先对环境和人群进行观察，观察所处的环境中，有多少人（规模），有哪些人（结构），人员的往来（变动）如何，人员的交流（社会互动）是否密切，等。人口是特定时点一定地域的人群的集合，因此上述观察可视为简单的人口统计活动。然而，本书中所讲述的人口统计是作为国家不可或缺的行政行为出现的，人口统计学更是一门重要的方法论科学，远比对人群的观察复杂得多。

（一）人口统计是国家管理的工具

人口统计是适应社会发展和国家管理的需要而产生的公共行政事务。因为征兵、纳税、派徭役等重要国家活动，都需要了解人口数量，人口统计自然成为国家管理的工具。

世界文明古国均在较早时期开展了人口调查或登记等人口统计实践活动。中国是有人口统计记载最早的国家之一。按照西晋学者皇甫谧（215—282 年）所著《帝王世纪》一书，早在公元前 2100 年，中国历史上第一个王朝——夏朝建立之时，就有了人口和土地数量的统计。当时大禹平水土、分九州、数万民，统计的结果为，人口有 1 300 多万，土地有

2 400多万顷。[①] 虽然有历史学者发现皇甫谧“其人治史态度不够严谨”，“缺乏依据”[②]，但从《史记》《左传》等书的记载来看，禹时已实行了类似汉代“上计”的制度（“上”是呈报，“计”指合计、计算。“上计”制度实际上在战国时的韩、赵、魏、秦等国就已实行，是一种统计报告制度，也是上级或中央年终考核地方属吏的一种方法，指郡、县长官每年将所属地域的民户、垦田、赋税、粮食等数目合计后送呈国君）[③]，对各邦国的人口、贡赋有了一定的统计[④]。周朝开始建立长期稳定的国家制度，《周礼》中的司民一职“掌登万民之数”；《国语·周语上》记载了周宣王三十九年（前789年）时，“料民于太原”[⑤]，这就是中国最早的一次人口调查，且人口被分为“童、冠、耆、耋、耄”五个年龄组[⑥]。春秋战国时期，赋役征派的主要对象逐渐由家户、土地转换为编户民（即编入户籍的平民，也称庶民或庶人），人的身高、年龄、健康状况、爵制、户籍身份等成为赋役征派的依据。[⑦] 秦汉以后的人口统计已不限于数人头，内容更为详细。人口调查采用当面检阅的方式，在隋代叫作“貌阅”，在唐代则叫“团貌”，指地方官吏每年检阅人丁的形貌，查核他们有无低报年龄及伪报病老等情况。以一百家为一党，每三到五党为一团，所以称为团貌。查核的结果首先记录在每年编造的“乡帐”或各里的“手实”中，据此编制每三年一造的户籍。[⑧] 唐代实行“计口授田”的均田制，土地分配依托于人口统计数据。明代则自太祖朱元璋起建立了严格的人口登记制度，也称“里甲制度”或“黄册制度”，对全国人口按所从事的职业，分为军、民、匠三类，造册登记；以户为单位，每户登记乡贯、姓名、年龄、丁口、田宅、资产等，一式四份，分别上报中央户部及省、府、县有关机构[⑨]，类似于今天的地方报表制度。清康熙五十年（1711年），皇帝下诏盛世滋丁、永不加赋，将人口数与赋税脱离，人口统计数更接近实际；到清雍正、乾隆年间，上层的缙绅和下层的“惰民”“棚户”均入册，统计范围逐渐趋于完整。

其他国家也有类似的人口统计活动。如公元前4500年，巴比伦国王进行全国地籍调查，按族调查人口、农具、牲畜、物资等有关项目。公元前2500年，古埃及为法老筹建金字塔陵墓，调查全国人口与财富。古波斯在公元前570—526年间有类似的人口登记。古希腊在雅典发展了城市公民的系统记录。[⑩] 古罗马帝国在公元前453年，提出了对各户人口、

---

① 刘铮，邬沧萍，查瑞传．人口统计学．北京：中国人民大学出版社，1981：1.

② 余方平．对皇甫谧《帝王世纪》的再评价——以《帝王世纪》对几个重要地望的臆断为例．河南师范大学学报（哲学社会科学版），2006（4）：165-167.

③ 刘铮．人口学辞典．北京：人民出版社，1986：413，419-420；李惠村．中国统计简史．统计研究，1993（3）：71-79.

④ 焦培民．先秦人口研究．郑州：郑州大学，2007：12.

⑤ 同③412.

⑥ 温勇，尹勤．人口统计学．南京：东南大学出版社，2006：2.

⑦ 凌文超．秦汉魏晋“丁中制”之衍生．历史研究，2010（2）：25-45.

⑧ 同③419.

⑨ 韦庆远．明代黄册制度．北京：中华书局，1961.

⑩ 同①2-3.

土地、牲畜与家奴每五年调查一次的规定，这是人口统计史上最早提出的人口定期调查制度。[①]

由上可知，古代的人口统计主要是人口登记活动，以摸清国家人力与财富状况、方便征兵与赋役为目的。人口调查和人口登记等数据收集手段也随之流传下来，成为现代人口统计学的重要基础。

17世纪下半叶，西方进行工业革命并逐步进入资本主义社会之后，社会生产力迅速发展，社会分工愈加精细，对国情国力的统计需求也日益高涨。随着社会经济发展的需要，统计的内容越来越广泛，除了分年龄、性别的人口总数统计之外，人口的就业和失业、行业和职业、教育程度、婚姻状况、宗教信仰、生育情况、死亡水平等，均被纳入视野。人口统计数据在政治、经济、军事等各个领域都发挥着日益重要的作用，对数据质量和内容丰富性的要求也越来越高。加拿大和冰岛分别在1665年和1703年举行了人口普查，揭开了现代人口普查的序幕。[②] 随着1790年美国开始实施定期人口普查，现代人口普查制度和统计机构逐渐建立，人口统计数据越来越系统、完整。19世纪以来，普查逐渐从以往的以了解兵源、税收和劳动力资源为目的，转变为满足行政管理、商业、教育、学术研究等多方面的需求。[③] 在对以往人口统计实践的总结和对人口统计数据的分析过程中，产生了人口统计学。

（二）约翰·格兰特：人口统计学的创始人

人口统计学是对人口统计实践的理论概括和总结。英国服装杂货商约翰·格兰特（John Graunt，1620—1674年）被认为是人口统计学的创始人。他居住在伦敦，而伦敦是人口达50万的当时世界最大的城市，由于人口集中且公共卫生条件非常恶劣，居民随时面临着瘟疫爆发、传染病横行的风险。1348年伦敦发生鼠疫（黑死病），随后在16、17世纪连续发生鼠疫流行病，每次都有大量居民死亡。1603年大鼠疫后，伦敦通过一项法案，要求各教区牧师每周登记和公布出生和死亡人数，并成为定例。格兰特利用由此积累的丰富的人口统计数据进行潜心研究，于1662年发表了最早的人口学著作《关于死亡表的自然的和政治的观察》（*Natural and Political Observations：Mentioned in a Following Index and Made upon the Bills of Mortality*）。这本书在两个方面成为人口学的奠基之作：一方面是聚焦于人口的自然的和社会的双重特征，敏锐识别了人口区别于其他社会组织或形态的独特属性；另一方面是从死亡研究入手，开创了人口学研究始于死亡率研究的先河。约翰·格兰特被公认为利用人口统计数据对人口现象进行分析，力求找出其中规律的第一个人口学学者。

---

① 李永胜．人口统计学．成都：西南财经大学出版社，2002：3.

② 刘爽．全球人口管理：从理论到实践．北京：中国人口出版社，2004：49.

③ Shryock H S，Siegel J S. The methods and materials of demography. New York：Academic Press，1976：14.

约翰·格兰特对人口统计学在理论和方法方面都做出了巨大的贡献。他通过对教堂中施洗礼的婴儿的长期观察，发现出生的男孩比女孩多，出生婴儿中男女婴之比大约为14∶13，这奠定了出生性别比指标男性略高于女性的理论基础。他根据每百名出生婴儿陆续死亡的年龄，编制了人类历史上第一张反映人口生存和死亡规律的死亡表（death table），成为现代生命表（life table）的雏形。他参照当时伦敦教区死亡人口周报表（根据自1563年开始的瘟疫发生时期记录的埋葬人数制成），最早进行死亡统计分析，找出了带有规律性的死亡分布：他发现1/3的新生儿在5岁前死亡，揭示了婴幼儿死亡率更高的死亡模式；发现城市死亡率高于乡村；还发现各种病因死亡人数在死亡总数中保持稳定比例。

约翰·格兰特还根据出生、死亡资料推算了人口总数。首先，他利用各年代进行洗礼的年平均人口数估计出生育孩子的妇女人数，进而估计出成年妇女总数，进一步推算出生活在市内的家庭户数为48 000户；根据一般家庭有丈夫、妻子、3个孩子，以及奴隶或寄宿者3人，假定平均每个家庭有8口人，得到伦敦市人口数为384 000人；考虑到外围教区的洗礼数据未能统计，在估计的人口数中增加20%，得到伦敦居民为46万人。其次，他又根据每年的死亡人数推算出每11户家庭中就有3人死亡，用伦敦地图计算出每100平方码的地域上生活着54个家庭，再次估计出伦敦的家庭户数和居民人数。针对当时伦敦人口已上百万的说法，约翰·格兰特指出，伦敦人口在当时可能要少于50万人。他用3种不同的方法进行估计，得到了相同的结果。一项根据1631年的纳税情况统计的伦敦人口数，证实了约翰·格兰特的估计的正确性。此外，他估计出当时英国的总人口为650万人，推断伦敦的人口增长主要来自农村向城市的迁移，等等。

约翰·格兰特对人口数据的探索精神，对数据质量的重视，对数据结论合理性和可靠性的处理方法，以及通过对人口规模、出生、死亡、性别结构、迁移等现象的观察和分析得到的重要人口学结论，构筑了人口统计学的基础框架，直到今天仍被传承和发扬。

（三）人口统计学的发展

人口统计学的发展经历了从对出生、死亡的自然观察扩展到对人口现象与过程进行规律性探索，从使用单一指标到构建多种模型的历史进程。以约翰·格兰特对死亡率的观察和研究为引领，直到19世纪初期，人口统计学都是以研究死亡为主，很少涉及生育。1798年马尔萨斯（Thomas Robert Malthus，1766—1834年）发表《人口原理》，阐明了“食物为人类生存所必需”和“两性间的关系是必需，且将保持不变”的“人口原理”，提出了人口增长和生活资料增长相互关系的理论框架，认为“在不加抑制的情况下，人口必然呈几何级数增长，粮食只能呈算术级数增长，人口的增长必然超过粮食的增长，人口增长与粮食增长不均衡的必然结果就是导致贫困”，从此激起了对人口过剩问题的争论，生育问题开始受到关注。

19世纪中叶欧洲国家生育率出现下降，各国生育率的差异及其所产生的深远影响，以及因其涉及达尔文、哥尔顿的进化论和优生学等，吸引了欧洲学者如德国统计学家、经济学家和社会科学家威廉·列克西斯（Wilheim Lexis，1837—1914年），德国经济学家和人口学家罗伯特·库兹涅斯基（Robert Rene Kuczynski，1876—1947 年）等人在人口统计学中探索人口再生产的计量和统计问题。随着发达地区生育率在第一次和第二次世界大战之间的持续下降，更多学者开始关注生育率研究，以及与生育研究相关的婚姻、家庭、人口迁移等研究。同时人口统计学还吸引了很多数学家、生物学家参与研究，人口统计学已扩展到具有跨学科研究的性质。

20 世纪人口统计学的发展首先得益于统计调查的广泛开展和统计数据的极大丰富。尤其是 20 世纪下半叶，随着第二次世界大战后发展中国家纷纷独立，世界人口激增，越来越多的国家开展人口普查和抽样调查，人口数据空前丰富，且形成了很多世界性调查数据，可以进行国家间和地区间的比较研究。1982 年中国以开放态度进行的 10 亿人口普查，更是将世界人口数据的覆盖范围大大拓展。计算机技术的迅速发展，使人口统计的分析深度和精度不断加强，处理数据的方法日新月异，也为人口统计技术的更新和改进插上了翅膀。人口统计学吸收人口统计实践和数据处理技术的营养，迅速而蓬勃地发展起来。在人口数据收集领域，除了普查技术越来越普及和不断完善之外，抽样技术也得到了广泛应用，其中美国密歇根大学教授莱斯利·基什（Leslie Kish）完成于 20 世纪 60 年代的著作《抽样调查》（*Survey Sampling*）为这一技术的推广做出了重要贡献。中国在 1981 年 9 月，由国务院批准建立农村和城市抽样调查队，这是中国抽样调查跨入新阶段的标志。中国统计出版社还在 1997 年出版了基什《抽样调查》一书的中译本①，推动了中国抽样技术的实践和抽样人才的培养。在人口统计方法领域，美国数学家、物理化学家和统计学家阿尔弗雷德·洛特卡（Alfred J. Lotka）于 1925 年发表《论真正自然增长率》（On Intrinsic Rate of Natural Increase），创建了人口内在自然增长率这一重要指标，以揭示人口再生产过程；在此基础上，他于 20 世纪 30 年代提出稳定人口（stable population）理论；美国普林斯顿大学教授安思利·寇尔（Ansley J. Coale）发展了这一模型；寇尔还与保罗·德曼（Paul Demeny）一起于 1966 年编制了世界区域模型生命表（model life table）并在 1985 年修订再版。此外，内森·凯菲茨（Nathan Keyfitz）的人口预测模型、布拉斯（Brass）根据不完全统计资料推算人口各项指标的人口间接估计技术等，都极大地推动了人口统计学的发展。

进入 21 世纪以后，一方面，世界全球化趋势愈加凸显；另一方面，人类面临一系列挑战，如人口老龄化与高龄化、性别结构失衡、低生育率陷阱、家庭变迁、城镇化与人口迁移流动、资源紧缺、环境恶化、气候异常等等。这些问题有些是全球性的，有些是局部的或地域性的；有些刚刚呈现，有些则历时已久。人口统计学帮助人类应对这些挑战，用科学回答这些挑战的缘起、态势、前景，分析其发生发展的内在机制，构造宏观与微观视角相结合的人口模型，分析和模拟微观行为与宏观背景的互动关系，提供专业视角的理论解释和决策建议。

从人口统计到人口统计学，是一个从实践到理论的过程。人类社会先有对人口数据的需要，再有受其驱动所开展的人口统计实践活动；在积累了较多的人口数据之后，对这些

① 基什．抽样调查．北京：中国统计出版社，1997.

数据进行分析和归纳，探索其中所蕴含的人口规律，逐渐形成人口统计科学。直到今天，人口调查、人口登记等统计实践活动仍以人口统计科学为理论指南，而人口实践活动与获得的人口统计数据则既是研究现实人口问题、认识人口发展规律的基础，又是促使人口统计学科进一步发展的动力。

人口越来越被看作一个系统，并与社会、经济、环境等外系统存在密不可分、相互影响的联系。人口系统内部的规模、结构及其变动遵循自然规律，其与环境、资源等外系统之间的互动关系变化多端。人口统计学通过数据、指标、方法、技术，能够科学地探寻规律，有说服力地提供证据，解答疑惑、指点前景。

二、人口统计学与人口学

（一）人口学的定义和主要特征

人口学是对人类人口的规模、分布、结构及其变迁，以及对这些变迁的影响因素与社会经济后果的科学研究。与其他人文社会科学相比，人口学具有鲜明的特色，如以定量研究为基础、注重学科交叉、有很强的应用性等。其中两个优势尤为突出：一是人口变化发展的规律性，无论是过去、现在还是未来，人口自身的发展都具有清晰的、可预测的客观规律与特点；二是人口状态或过程在大多数国家会被相对准确、较为连续地记录下来。

人口学的命名者是比利时学者阿喀琉斯·格拉德（Achille Guillard，1799—1876 年），他在 1855 年出版了《人类统计学或比较人口学原理》（*Elements of Human Statistics or Comparative Demography*）一书，首次提出了 demography 这个名词，并将其界定为“关于人类身体的、社会的、智力的和道德状况的及其总体变化的自然的和社会的历史，或人口方面的数学知识”①。1882 年在日内瓦国际卫生学和人口学大会上，demography 一词被批准作为人口学的正式学名。

人口学有狭义和广义两种界定。狭义的人口学通常指规范人口学（formal demography）或纯人口学（pure demography），即使用特定的人口学概念、测量指标与定量方法，用人口变量解释人口变量。涉及的变量包括出生、死亡、迁移等人口过程以及年龄、性别等人口特征。有时候也把结婚、离婚、疾病纳入人口过程，以观察其对生育、家庭形成与解体，以及健康与死亡的影响。广义的人口学则还包括人口研究（population studies）或社会经济人口学（socioeconomic demography），即关注各种人口变化的影响因素，以及人口变化对社会、经济、健康、环境、政治和文化的影响，关注人口变量和其他变量间的关系。

对于人口学的另外一种分类是将其区分为基础人口学和应用人口学。基础人口学（basic demography）关注人口学家们所感兴趣的学科内部的理论和实证问题，与统计和数理科学有紧密联系；应用人口学（applied demography）则与社会科学有紧密联系，关注人

① Shryock H S，Siegel J S. The methods and materials of demography. New York：Academic Press，1976：1.

口学界以外的领域，如商界或政府管理界所感兴趣的实际问题，以便利用人口学独到的方法和视角为其决策做出参考。①

(二) 人口统计学是人口学的分支学科

人口学是一门综合性的社会科学，人口统计学是它的一个重要组成部分。② 由于人口学注重定量分析的特性，人口统计学（demographic statistics 或 population statistics）因此成为人口学的重要分支学科，是人口学的基础和核心，在推动人口学的发展中起着举足轻重的作用。

在学科渊源上，首先有人口统计实践活动，其次有对这些统计实践的提升和完善，以及对所形成的人口统计数据的分析和挖掘。以约翰·格兰特为代表的历代学者在对人口统计数据进行深入分析的过程中，不仅揭示了人口现象特点和人口发展规律，形成了人口学的重要基础和内容，而且不断摸索，构建了相应的指标、方法和技术作为工具，形成了人口统计学的主要内容。人口统计学的出现早于人口学，人口学是基于人口统计学产生发展出来的，二者有很深的"血缘"关系。③

对于人口学和人口统计学关系的认识在不断深化。20 世纪 50 年代，联合国人口委员会提请联合国秘书处组织编写多种文字的《人口学词典》，1958 年法文版和英文版完成，随后其他文字版本陆续问世。20 世纪 70 年代初，为了适应时代的变化，该词典的第二版法文版修订完成，并被编译成英文。1992 年，我国出版了该词典的中译本。在这本经典的、为世界大多数国家所接受的词典中，人口统计学被视作描述性人口学（descriptive demography）中用来阐述人口的数量、地理分布、结构和变化的方法④，尚未被视作独立的分支学科。在 1991 年出版的《中国大百科全书·社会学卷》中，指出，"中国人口学学者将人口学体系归结为由人口理论、人口统计学、人口应用学科（或分支学科）组成的统一整体"，人口统计学被视为人口学的三大支柱之一。2000 年，吴忠观、李永胜、刘家强主编的《当代人口学学科体系研究》率先提出当代人口科学体系，将人口统计学作为方法论知识的一个分支学科。⑤

需要指出的是，在《中华人民共和国学科分类与代码国家标准》(GB/T 13745－2009) 中，作为社会学二级学科的人口学（84071）包含了人口学原理、人口经济学、人口社会学、人口学说史、人口史、人口地理学、人口生态学、区域人口学、人口系统工程、人口预测学、人口规划学、人口政策学、计划生育学、人口学其他学科 14 个三级学科，却遗漏了人口统计学这一重要学科，这不能不说是学科分类的很大疏漏。在人口学学科体系中，

---

① Shryock H S, Siegel J S. The methods and materials of demography. New York: Academic Press, 1976: 1－2.
② 刘铮，邬沧萍，查瑞传．人口统计学．北京：中国人民大学出版社，1981：1.
③ 邬沧萍．人口学学科体系研究．北京：中国人民大学出版社，2006：35.
④ 联合国国际人口学会．人口学词典．北京：商务印书馆，1992：1.
⑤ 邬沧萍．对人口学学科体系的重新认识．人口学刊，2002 (5)：3－12.

人口统计学作为人口研究量化方法的分支学科，是人口学本体或母学科的重要组成部分。[①]

三、人口统计学与统计学

(一) 统计学的三个主要流派与现代发展

统计学自诞生迄今有300多年的历史。从原始人的结绳记事，到后来的国情统计，随着社会经济的发展，统计实践活动也不断向各领域拓展，并逐渐形成统计科学。统计史学家将统计学的形成分为古典统计学和近代统计学两个阶段，划分标志是概率论的引入。在统计学的形成过程中，有过三个主要流派，即德国的国家记述学派、英国的政治算术学派和后期的数理统计学派。国家记述学派和政治算术学派属于古典统计学阶段，而数理统计学派则属于近代统计学阶段。

国家记述学派也叫作国势学派，产生于18世纪的德国，其特征是用文字描述来阐释和比较各国状况，详细记载公共行政、司法和科学艺术等。代表人物是德国统计学家赫尔曼·康令（Horman Conring，1606—1681年）和哥特弗雷德·阿亨瓦尔（Gottfried Achenwall，1719—1772年），代表作品是康令在德国赫尔莫斯达德大学讲授的“欧洲最近国势学”和阿亨瓦尔在哥廷根大学开设的“国家学”课程及其在1749年出版的《欧洲各国国势学概论》一书。阿亨瓦尔最早提出了“统计”一词，该学派还广泛使用“统计数字资料”等统计术语，用对比分析的方法研究了解国家组织、领土、人口、资源财富和国情国力，但是他们在进行国势比较分析时，只注重事物性质的解释，很少有数量资料，即所谓有统计学之名而无统计学之实。有学者认为，国势学派统计学的渊源，实际上来自中国夏代反映国势调查的重要文献《尚书·禹贡》，这一文献不仅记述了九州的基本情况，而且按照土质优劣把九州的田、赋进行了复合分组。[②]

政治算术学派产生于17世纪中叶的英国，其特点是用数量分析代替笼统的文字描述，“不用比较级或最高级的词语进行思辨式的议论，而是用数字、重量和尺度来表达想说的问题”[③]。代表人物威廉·配第（William Petty，1623—1687年）是英国古典政治经济学的创始人，也被认为是统计学的创始人。他的很多著作都涉及人口问题，如在1662年出版的《赋税论》（*A Treatise of Taxes and Contributions*）中，研究了人口和财富尤其是人口与土地之间的关系，强调人口增长意味着财富增长，认为“人口少是真正的贫穷。有800万人口的国家，要比面积相同而仅有400万人口的国家不止富裕一倍”[④]；在1690年出版的《政治算术》（*Political Arithmetic*）中，他利用大量人口指标和数字资料比较了英格兰、法国

---

① 邬沧萍．人口学学科体系研究．北京：中国人民大学出版社，2006：30.

② 李惠村．中国统计简史．统计研究，1993（3）：71-79.

③ 配第．政治算术//刘铮，邬沧萍，查瑞传．人口统计学．北京：中国人民大学出版社，1981：6.

④ 配第．赋税论//刘铮．人口学辞典．北京：人民出版社，1986：112.

和荷兰三个国家的经济实力，区分生产人口和非生产人口，把劳动力看作基本国力。政治算术学派就因《政治算术》这一著作而得名。威廉·配第设计了人口统计项目和要求，对人口数量、年龄和性别构成、行业与职业构成、人口与经济指标等都做了研究，并进行了具体的统计分析，还提出了用图表形式概括数字资料的理论和方法，为统计学和人口统计学的发展均奠定了基础。政治算术学派的另一代表人物约翰·格兰特则被公认为人口统计学的创始人。

数理统计学派产生于19世纪中叶，主张用数理统计方法来研究社会经济现象和自然现象。其创始人是比利时物理学家和数学家兰贝特·阿道夫·雅克·凯特莱（Lambert Adolphe Jacques Quetelet，1796—1874年），他师承法国数学家和统计学家拉普拉斯（P. S. Laplace，1794—1827年），肯定社会现象如同自然现象一样，有其内在必然性，将概率论和数理统计方法引进统计学，用于社会经济统计和人口统计研究之中。他最先用大数定律论证了社会生活现象的偶然性中存在着规律性，并且提出了误差理论，用来解决统计上的准确性问题，为后来数理统计学的形成与发展奠定了基础。

现代统计学起源于19世纪后期，以生物和遗传统计学的形成为标志，建立了以高尔顿（F. Galton）、卡尔·皮尔逊（Karl Pearson）为代表的描述统计的基本体系。在统计学发展过程中出现了四次重大争论，这对统计学的发展产生了重要影响，极大完善了统计学的思想方法体系。这四次争论分别是："政治算术"与"国势学"的争论，明确了统计学的学科性质；描述统计学与推断统计学的争论，建构了统计学的完整体系；经典统计学与贝叶斯统计学的争论带来了统计哲学观的新变化；信息统计学与经典统计学和贝叶斯统计学的争论，推进了研究统计推断的科学化。①

我国的统计学在新中国成立之后得到了迅速发展。20世纪50年代到80年代初期，学术界沿袭苏联的社会统计学派观点，认为统计学就是社会经济统计学，是专门研究大量社会经济现象数量方面问题的社会科学，认为数理统计学属于数学学科。20世纪90年代之后，"大统计"的观点开始形成和践行，认为社会经济统计学和数理统计学都属于统计学的分支，统计学是包含理论统计学、各领域应用统计学在内的方法论科学，强调统计学的整体性、独立性、综合性和系统性特征。② 1992年，国家技术监督局发布的《中华人民共和国学科分类与代码国家标准》（GB/T 13745-1992）第一次将统计学从数学、经济学等学科中划分出来，单列为"人文与社会科学"门类中的一级学科。③

（二）人口统计学是统计学的分支学科

统计学是一门研究各种现象不确定性数据的方法论科学，人口统计学也是一门方法论科学。从这个意义上说，二者的学科性质有共同之处。人口统计学的出现既早于人口学，

① 童光荣，卢铁庄．在争论中不断发展与完善的统计学．统计研究，2010（1）：57-61.

② 李金昌，徐璐．改革开放30年中国统计学发展的回顾与展望．统计研究，2010（1）：42-49.

③ 杨灿，董海龙．基于国家标准学科分类的统计学科体系研究．统计研究，2010（1）：50-56.

也早于统计学。人口统计学“是人口学的重要组成部分，也是统计学的重要组成部分，它产生最早，并已发展为一门系统的完整的相对独立的学科，是一门社会科学”①。

人口统计学是统计学的分支学科。在1992年《中华人民共和国学科分类与代码国家标准》(GB/T 13745－1992）和2009年修订后的《中华人民共和国学科分类与代码国家标准》(GB/T 13745－2009）中，人口统计学都是作为统计学一级学科体系的二级学科出现的（见表1.1和表1.2)。

表1.1　1992年《中华人民共和国学科分类与代码国家标准》(GB/T 13745－1992）中的统计学分类

代码	一级学科	代码	二级学科	代码	三级学科
910	统计学	91010	统计学史		
		91015	理论统计学	9101510	统计调查分析理论
				9101520	统计核算理论
				9101530	统计监督理论
				9101540	统计预测理论
				9101550	统计逻辑学
				9101599	理论统计学其他学科
		91020	统计法学		
		91025	描述统计学		
		91030	经济统计学	9103010	宏观经济统计学
				9103020	微观经济统计学
				9103099	经济统计学其他学科
		91035	科学技术统计学		
		91040	社会统计学	9104010	教育统计学
				9104020	文化与体育统计学
				9104030	卫生统计学
				9104040	司法统计学
				9104050	社会福利与社会保障统计学
				9104060	生活质量统计学
				9104099	社会统计学其他学科
		91045	人口统计学		
		91050	环境与生态统计学	9105010	自然资源统计学
				9105020	环境统计学
				9105030	生态平衡统计学

① 刘铮．人口学辞典．北京：人民出版社，1986：17.

续前表

代码	一级学科	代码	二级学科	代码	三级学科
				9105099	环境与生态统计学其他学科
		91055	国际统计学	9105510	国际标准分类统计学
				9105520	国际核算体系与方法论体系
				9105530	国际比较统计学
				9105599	国际统计学其他学科
		91099	统计学其他学科		

资料来源：国家技术监督局，《中华人民共和国学科分类与代码国家标准》(GB/T 13745－1992)，1992 年 11 月 1 日。

表 1.2　2009 年《中华人民共和国学科分类与代码国家标准》(GB/T 13745－2009) 中的统计学分类

代码	一级学科	代码	二级学科	代码	三级学科
910	统计学	91010	统计学史		
		91030	经济统计学	9103015	国民经济核算
				9103025	经济统计分析
				9103099	经济统计学其他学科
		91035	科学技术统计学		
		91040	社会统计学	9104010	教育统计学
				9104020	文化与体育统计学
				9104040	司法统计学
				9104050	社会保障统计学
				9104060	生活质量统计学
				9104099	社会统计学其他学科
		91045	人口统计学		
		91050	环境与生态统计学	9105010	资源统计学
				9105020	环境统计学
				9105030	生态统计学
				9105099	环境与生态统计学其他学科
		91060	生物与医学统计学	9106010	生物统计学
				9106099	生物与医学统计学其他学科
		91099	统计学其他学科		

注：为节省篇幅，表内只包含了代码为 910 开头的分支学科，未包含归入其他一级学科或学科门类的统计学分支。

资料来源：国家质量监督检验检疫总局、国家标准化管理委员会，《中华人民共和国学科分类与代码国家标准》(GB/T 13745－2009)，2009 年 11 月 1 日。

第二节　人口统计学的定义与内容

一、人口统计学的定义

对人口统计学的界定在国内和国外，以及在不同年代都存在着不同程度的差异。

1981 年中国人民大学出版社出版的由刘铮、邬沧萍、查瑞传主编的《人口统计学》，是新中国成立以来在大陆地区出版最早、广为流传的经典教材，影响了中国几代人口学学者。该书对人口统计学先后有两个定义：第一个定义为“人口统计学是阐明搜集、整理、分析人口现象数量资料的方法论的科学”①；第二个定义是“人口统计学是阐明搜集、整理和分析人口现象的状态、变动及其与社会经济发展关系的数量关系的方法论科学”②。两个定义均强调了人口统计学作为“方法论科学”的性质，细微差别则是前者针对“数量资料”，后者针对的是“数量关系”。

1986 年，人民出版社出版了由刘铮主编，邬沧萍、李宗正副主编的《人口学辞典》，收录了 686 条人口学相关词条，分为人口理论、中国人口思想史、外国人口思想史、人口统计、人口与经济、人口与社会、人口与地理、人口与生物、中国人口史、计划生育、世界人口、人口机构 12 部分，是极为珍贵且在 20 世纪 90 年代流传甚广的人口学辞典类工具书。该书的“人口统计学”词条第一段表述人口统计学是“阐明搜集、整理、分析反映大量人口现象、人口发展过程的数量资料的方法论并研究人口发展本身、人口与社会经济现象之间的数量关系的科学”③。这一定义不仅兼顾了“数量资料”和“数量关系”，更涵盖了静态的“人口现象”和动态的“人口发展过程”，是对《人口统计学》教材中“人口统计学”定义的拓展和丰富。

1991 年中国大百科全书出版社出版的《中国大百科全书·社会学卷》，将人口统计学界定为：“阐明搜集、整理反映人口现状的状态、变动过程与社会经济发展过程及其与社会经济发展的数量关系的方法论科学。它通过数量表现揭示人口现象的本质、规律和发展趋势，是人口学的重要组成部分，也是社会统计学的重要组成部分。”按照这一定义，人口统计学能揭示人口现象的本质、规律和发展趋势，就已经超越了方法论科学的实质，而是一门理论科学。④

综合上述三种定义，结合人口统计学的学科性质和发展历程，本书认为人口统计学是

① 刘铮，邬沧萍，查瑞传．人口统计学．北京：中国人民大学出版社，1981：5.

② 同①17.

③ 刘铮．人口学辞典．北京：人民出版社，1986：17.

④ 邬沧萍．人口学学科体系研究．北京：中国人民大学出版社，2006：96.

对基于人口统计实践获得的人口统计数据进行分析研究、反映人口现象与人口过程特点及其数量关系的方法论科学。

二、人口统计学的内容

迄今为止的国内外经典教材和著作，虽然有些冠名以《人口统计学》，有些则以《人口学方法》《人口分析技术》或《人口分析方法》等自称，但大多数所涵盖的内容范围是一致或接近的。下面我们分国内外做一简要介绍。

（一）英文版相关教材和著作中的内容

直到20世纪60年代，由于计算机技术的局限和落后，以及人口数据的匮乏，世界范围内都缺少一本作为参考书或培训教材的综合性人口技术相关著作。20世纪前半叶出版的一些零星人口统计学相关教材，或者聚焦于某个专门领域的技术特别是死亡分析技术，或者内容过于粗浅①，都难以全面完整地涵盖人口统计学的全部内容。

1971年，美国普查局（the U. S. Census Bureau）受美国国际发展署（the U. S. Agency for International Development）委托，组织编写了一套两卷册、厚达888页、包含25章的《人口学方法与资料》(*The Methods and Materials of Demography*)，系统而全面地总结和阐述了1970年前后全世界通用的人口分析方法与技术；1976年，一卷册、559页、包含24章的压缩版的《人口学方法与资料》出版，以方便更多学者使用，也可作为一到两学期的"人口分析技术"课程教材；2004年，《人口学方法与资料》第二版问世，补充了20世纪70年代以来计算机技术飞速发展和人口数据资料极大丰富之后的、世界通用的人口分析技术与方法。虽然第二版精简为22章，且在内容上做了些许调整，但两版的基本内容都包括了人口数据的来源、收集与整理，人口规模，人口分布，年龄结构、性别结构、民族和种族结构，婚姻家庭，教育特征，经济特征，人口变化，死亡率、生命表，生育率、再生产，国际与国内迁移，人口估计、人口预测等方面。②

较为通用的美国人口统计学教材之一、由宾夕法尼亚大学教授塞缪尔·普雷斯顿（Samuel H. Preston）及其同事主编的《人口统计学——人口过程的测量与建模》(*Demography: Measuring and Modeling Population Process*）的主要内容则专注于死亡、生育和人口再生产过程，同时介绍了人口预测方法、数据质量评估方法、间接估计方法，以及稳定人口模型和非稳定关系的人口学关系等，涵盖了人口统计学的主要而非全部内容。该书的2001年版由中国社会科学院郑真真教授等进行翻译，并在2012年出版了中译版本③。

---

① Siegel J S, Swanson D A. The methods and materials of demography. 2nd ed. Amsterdam: Elsevier Academic Press, 2004: X.

② 同①7.

③ 普雷斯顿，霍伊维兰，吉略特．人口统计学——人口过程的测量与建模．北京：社会科学文献出版社，2012.

（二）国内部分教材和著作中的内容

在刘铮主编的 1981 年版《人口统计学》教材和 1986 年版《人口学辞典》中，人口统计学的内容被设定为 4 部分：（1）阐明搜集整理和分析人口统计资料的原理和方法，特别是要系统阐述人口普查的基本原则和方法；（2）阐明反映人口现象的状态、变动及其过程的数量表现的基本指标体系，包括静态指标（如人口总数、人口构成等）和动态指标（如出生率、死亡率、自然增长率等）；（3）阐明分析人口再生产过程的方法，以及对未来人口发展趋势的预测方法等；（4）阐明人口发展和社会经济发展数量关系的分析方法。①

1989 年由北京经济学院出版社出版的、黄荣清编著的《人口分析技术》教材，主要内容包括：人口分析的基本概念，两种不同类型的人口分析方法（纵向分析法和横向分析法），死亡、生育、婚姻的分析及各种计量模型，稳定人口理论，人口的分布、移动及其规律，人口城市化分析，各种人口事件的预测和估算方法，等等。②

2002 年李永胜主编的《人口统计学》教材中，并没有给出人口统计学的定义和内容，但教材章节内容分列为人口统计的基本指标、生育统计与分析、死亡统计与分析、生命表、人口再生产率的统计与分析、静止人口与稳定人口、婚姻与计划生育统计、人口调查、人口预测和人口规划十个方面。③

2006 年邬沧萍主编的《人口学学科体系研究》中，把人口统计学的内容概括为 4 个方面：（1）阐明收集人口统计资料的原理和方法；（2）阐明反映人口现象和过程的人口统计指标的统计范畴、指标体系、指标的科学含义和计算方法；（3）阐明人口静态统计和动态统计的原理和方法，以及人口统计指标之间的数量关系；（4）阐明人口自身再生产的各种数量指标和未来人口发展趋势的预测方法等。④ 这 4 个方面的内容实际上与 1981 年版《人口统计学》和 1986 年版《人口学辞典》的前 3 个方面是一致的，该书之所以未包含第 4 个方面，是认为“人口发展与社会经济发展指标之间的相互关系，属于人口研究的范围，由其他分支科学来研究更恰当”，人口统计学的内容应“限定在纯人口学或正规人口学范围内的数量关系上”⑤。

（三）人口统计学的学科性质、研究对象和内容

人口统计学的内容与其学科性质和研究对象有关。

人口统计学的学科性质是方法论科学，为人口学其他分支学科提供了基本的分析方法；作为人口学和统计学的分支学科，人口统计学又具有交叉学科的性质；人口统计学不属于自然科学的范畴，而是一门相对独立的社会科学。其研究对象是人类人口现象的数量特征及其

---

① 刘铮，邬沧萍，查瑞传．人口统计学．北京：中国人民大学出版社，1981：17.

② 黄荣清．人口分析技术．北京：北京经济学院出版社，1989：1.

③ 李永胜．人口统计学．成都：西南财经大学出版社，2002：17.

④ 邬沧萍．人口学学科体系研究．北京：中国人民大学出版社，2006：97.

⑤ 同④.

相互关系、人口事件发生特点及其变动过程、人口再生产过程及其模式以及人口发展趋势。

本书认为，人口统计学应该讲授人口统计数据的主要来源，以及分析人口统计数据的基本指标、方法和技术。应涵盖 3 方面内容：一是有关人口统计数据搜集的原理和方法，包括对数据误差的甄别和数据质量的评估与调整技术，这是人口统计学的基础；二是反映人口状态、事件和过程的人口统计指标、方法和模型，包括其界定、计算或构建，相互之间的逻辑和数量关系等，这是人口统计学的核心；三是反映人口再生产过程及其模式的各种数量指标和反映人口发展趋势的预测方法等，这是人口统计学对于核心指标的综合运用。本书后面章节的内容将按照这一思路进行铺陈。

小　结

◇ 人口统计学是对基于人口统计实践获得的人口统计数据进行分析研究，反映人口现象与人口过程特点及其数量关系的方法论科学。

◇ 人口统计学既是人口学的分支学科，也是统计学的分支学科。

◇ 人口统计学应涵盖 3 方面内容：一是有关人口统计数据搜集的原理和方法，包括对数据误差的甄别和数据质量的评估与调整技术，这是人口统计学的基础；二是反映人口状态、事件和过程的人口统计指标、方法和模型，包括其界定、计算或构建，相互之间的逻辑和数量关系等，这是人口统计学的核心；三是反映人口再生产过程及其模式的各种数量指标和反映人口发展趋势的预测方法等，这是人口统计学对于核心指标的综合运用。

思考题

1. 如何看待人口统计学、人口学、统计学三者之间的关系？
2. 现代人口分析技术层出不穷，这些技术能否被纳入人口统计学的内容？为什么？

推荐阅读书目

1. 李惠村．中国统计简史．统计研究，1993（3）．
2. 童光荣，卢铁庄．在争论中不断发展与完善的统计学．统计研究，2010（1）．
3. 邬沧萍．人口学学科体系研究．北京：中国人民大学出版社，2006.

第二章 人口统计数据的主要来源

【导读】

数据（data）是统计信息（statistics）或统计资料的表现形式和载体。不同学科对统计数据的依赖程度和形式要求有所不同。人口统计数据在人口形势判断、人口规律探寻和人口趋势预测中具有举足轻重的作用。人口统计数据从哪里来？几种主要的数据来源各自具有怎样的特点？相互之间的关系是什么？本章主要介绍普查、抽样调查和登记这三种主要的人口统计数据来源。

第一节 人口普查

一、人口普查的概念与特点

人口普查（population census）是在某一特定时间，对一个国家或地区全部人口包括其社会经济状况在内的基本特征，进行收集、整理、评估、分析和发布的全过程。①

至少在5 800年前，在古代埃及、巴比伦、中国、巴勒斯坦和罗马就进行过类似普查的活动，可惜这些数据都湮没在历史中，很少被留存下来。很难说现代意义的人口普查起源于何时何地，因为大多数普查尝试不尽如人意，在一些重要方面存在缺陷。② 一般认为，1665年和1703年在加拿大和冰岛分别举行的人口普查，揭开了现代人口普查的序幕。③ 随着1790年美国开始实施定期人口普查，现代人口普查制度和统计机构逐渐建立。第二次世界大战之前，人口普查主要在发达国家进行；20世纪50年代之后，随着发展中国家的独立

---

① United Nations. Principles and recommendations for national population censuses. Series M，1998（67）：3.

② Siegel J S，Swanson D A. The methods and materials of demography. 2nd ed. Amsterdam：Elsevier Academic Press，2004：14.

③ 刘爽．全球人口管理：从理论到实践．北京：中国人口出版社，2004：49.

和现代普查技术的推广，世界上大多数国家开展了人口普查。按照联合国 2010 年世界人口与住宅普查计划，在 2005—2014 年期间，共有 227 个国家和地区完成了全国人口普查。[①]由于联合国的建议，目前人口普查数据已成为世界各国最具权威性，可用于国家或地区间比较的重要人口数据。

联合国界定了人口普查的四个特点：(1) 个别性（individuality），指普查应获得每个个体的特征；(2) 普遍性（universality），指普查应包含全域全部人口，原则上要求不重不漏；(3) 同时性（simultaneity），指普查工作在给定的时间同时展开；(4) 周期性（periodicity），指普查应按一定的时间间隔周期性地进行。[②]

(一) 人口普查的对象及其口径

除了人口普查外，还有其他领域的普查，如经济普查、农业普查等，不同领域普查的对象各有不同。人口普查的对象是一个国家或地区的全部人口，目的是确定人口总数，同时获得人口的性别、年龄、社会经济特征等信息。

由于人口具有流动性，因此必须规定人口的普查登记地点或普查时的人口口径，以保证普查人数不重不漏。虽然就全域范围而言，人口口径并不会影响人口总数，但区域人口规模却与人口口径密切相关。区域范围越小，因人口口径差异所导致的人口规模差异就会越大。普查通常使用两种人口口径：常住人口和现有人口。相应地，人口普查对象就是普查标准时点居住在普查区域的常住人口或现有人口。

1. 常住人口

常住人口（de jure population），是指经常居住在某个地域的人口。对于普查而言，就是在普查区内经常居住的人口，不论其在普查标准时点上是否住在普查区内。在普查标准时点恰巧来到本普查区的“外来暂住人口”不属于常住人口，也不会被统计在本地的普查人口中。普查标准时点恰巧暂时外出但平时经常在此普查区居住的人口，应被计入本地的普查人口中。

常住人口界定中的关键问题，也是容易引起分歧的问题在于如何界定“经常”，在实践中一般用时间长度作为标准。我国在历次人口普查中，分别使用了“1 年”（如第三次人口普查)、“半年”等不同的标准。常住人口通常包括：(1) 常住普查区内并已在区内登记了常住户口的人；(2) 常住普查区内户口待定的人口；(3) 原住普查区内，普查时在国外工作或学习，暂无户口的人；(4) 已在本普查区常住一定时间，常住户口在外地但已离开常住户口登记地一定时间的人。普查登记常住人口，不仅可表明本区常住人口的规模及其结构，而且对政府行政管理和确定地区内经济与社会发展规划都具有重要参考价值。

---

① United Nations. Census round 2010.（2010 - 05 - 04）［2014 - 01 - 23］. http：//unstats. un. org/unsd/demographic/sources/census/2010 _ PHC/census _ clock/rptEnumeratedPopulationAllCountries. pdf.

② Siegel J S，Swanson D A. The methods and materials of demography. 2nd ed. Amsterdam：Elsevier Academic Press，2004：43 - 44.

2. 现有人口

现有人口（de facto population），是指在普查标准时点居住在普查区内的全部人口，无论其平时是否经常住在普查区内或居住时间长短。在普查标准时点恰巧来到本普查区的“外来暂住人口”属于现有人口，会被统计在本地的普查人口中。在普查标准时点恰巧暂时外出但平时经常在此普查区居住的人口，则不会被计入本地的普查人口。

现有人口包括：（1）常住普查区内，已在区内登记了常住户口，并在普查标准时点仍在区内居住的人；（2）常住在普查区外，已在区外登记了常住户口，但在普查标准时点来此普查区内暂时居住的人口；（3）现住普查区内户口待定的人口。普查登记现有人口，不仅可以反映现有人口规模及其结构，而且对各地确定经济社会发展规划，统筹安排交通、文化、商业设施等具有重要意义。

从上可见，某地区按常住人口和现有人口口径统计得到的人口规模差异主要来自暂住人口数量，两种口径人口的数量关系可表示为：

常住人口＝现有人口＋本地暂时外出人口－外来暂住人口

现有人口＝常住人口＋外来暂住人口－常住人口中暂时外出人口

无论是常住人口口径还是现有人口口径，在普查登记时，一般都会以其居住地址为登记地。在中国，居住地址与被调查者的户口所在地往往是一致的，因此，以居住地址为准进行人口普查还可以与人口户籍登记数据相匹配。如我国第五次全国人口普查规定，每个人必须在常住地登记，一个人只能在一个地方登记。应在本乡、镇、街道登记的人口是：（1）居住在本乡、镇、街道，并已在本乡、镇、街道办理常住户口登记的人；（2）已在本乡、镇、街道居住半年以上，常住户口在本乡、镇、街道以外的人；（3）在本乡、镇、街道居住不满半年，但已离开常住户口登记地半年以上的人；（4）普查时居住在本乡、镇、街道，常住户口待定的人；（5）原住在本乡、镇、街道，普查时在国外工作或学习，暂无常住户口的人。

采用常住人口口径登记，较易发生人口漏报风险；采用现有人口口径登记，较易发生人口重报风险。从人口普查历史上看，19 世纪多偏重于普查现有人口；20 世纪后，多转向普查常住人口或两种口径人口同时普查。

3. 户籍人口

相对于常住人口和现有人口，户籍人口是我国特有的人口口径。按照《中华人民共和国户口登记条例》[①]，户籍人口是指已在经常居住区内的户口登记机关登记为常住户口的人。户籍人口中还包括已进行户口登记的居留在中华人民共和国境内的外国人和无国籍的人。户籍人口中的公民在户口登记簿和户口簿上登记的事项，具有证明公民身份的效力。

《中华人民共和国户口登记条例》规定：一个公民只能在一个地方登记为常住人口；婴儿出生后一个月内，由户主、亲属、抚养人或者邻居向婴儿母亲常住地户口登记机关申报

① 1958 年 1 月 9 日全国人民代表大会常务委员会第 91 次会议通过。网址为 http：//www.moh.gov.cn/zwgk/falv/201304/7aa5c93b53b44160aa718a78dd78b145.shtml。

出生登记；公民死亡，城市在葬前，农村在一个月以内，由户主、亲属、抚养人或者邻居向户口登记机关申报死亡登记，注销户口；公民迁出本户口管辖区，由本人或户主在迁出前向户口登记机关申报迁出登记，领取迁移证，注销户口；公民从到达迁入地的时候起，城市在三日内，农村在十日内，由本人或户主持迁移证件向户口登记机关申报迁入登记；没有迁移证的公民，凭有关合法证件申报迁入登记。

人口普查并不直接登记户籍人口，但往往会在普查准备阶段，通过掌握户籍人口规模进行普查区内的人口规模摸底。在日常行政管理中，了解本户口管辖区内户籍人口的规模及其结构，有助于加强社会治安管理；户籍人口的增减变动数，可以为经常性人口统计提供数据；户籍人口规模及其变动情况还可以为制定户口管辖区内或某一行政规划的经济、社会发展规划提供依据。

当被调查者拥有多个居所时，常住人口口径普查时以其经常居住的居所作为登记地；现有人口口径普查时以其普查标准时点正在居住的居所作为登记地。为了便于国际间比较，联合国规定了普查中哪些类型的人口应该属于或者应被排除为普查对象。涉及的人员多为军事人口、外籍人士以及户口不明人员等。

在新中国成立以来迄今为止进行的 6 次全国人口普查中，前 5 次均采用常住地登记原则（常住人口口径），即具有中华人民共和国国籍并在中华人民共和国境内常住的人口，流动人口的漏报成为影响数据质量的主要问题。2010 年第六次全国人口普查首次采用现住地登记原则（现有人口口径），按照现住地和户籍地原则进行登记。每个人必须在现住地进行登记；普查对象不在户口登记地居住的，户口登记地也要登记相应信息，这样流动人口在流入地和流出地均需要登记，以确保不被遗漏。此外，第六次全国人口普查的普查对象范围有所扩展：将境外未定居的中国公民和境内常住的境外人员也纳入普查的范围内，港澳台及外籍人员需要登记境外人员普查表。

（二）普查时间与普查标准时点

人口普查一般是周期性地进行的，联合国建议世界各国尽量在靠近以“0”为尾数的年份进行人口普查①，以便各国数据的比较。目前以美国（自 1790 年起）为代表的大多数国家每 10 年进行一次人口普查，有些国家还会在两次普查间进行一次简易普查。英国（自 1801 年起）、印度（自 1871 年起）等国在以“1”为尾数的年份进行每 10 年一次的人口普查。法国（首次普查于 1801 年）、日本（首次普查于 1872 年）等则逐渐形成每 5 年进行一次人口普查的规律。1953 年中国第一次按照现代科学方法组织了全国人口普查，使全世界进行过人口普查的人口扩展为全世界人口的 98%。自 1990 年第四次全国人口普查开始，中国逐渐形成了每 10 年在以“0”为尾数的年份进行普查的规律，并分别在 1987 年、1995 年、2005 年和 2015 年实施了 4 次普查间的简易普查，即百分之一人口抽样调查。

---

① Siegel J S，Swanson D A. The methods and materials of demography. 2nd ed. Amsterdam：Elsevier Academic Press，2004：44.

1. 普查时间

普查时间指从准备、实施到完成一次普查所需要的工作时间。一般来说，人口普查工作分为准备、人口登记、资料整理、总结和分析研究四个阶段。① 通常在一次普查开始前，需要进行社会宣传、摸底登记、划分普查小区、制定普查方案、设计普查表、确定普查对象、培训普查员等一系列准备工作；普查开始后，从入户登记到信息核查往往需要1～2个月的时间；普查完成后，还需要进行普查数据的快速汇总、质量评估、普查公报发布、后续数据挖掘等。普查登记时间是普查时间中的核心内容，应尽可能缩短登记时间，以免人口变动过多。

2. 普查标准时点

普查标准时点是指作为普查数据登记统一时间的某一确切时间点。之所以规定普查标准时点，是因为人口数具有时点指标性质。由于人口的出生、死亡、迁移等事件无时无刻不在发生，因此在不同的时间点，人口总数都是在变化的。普查需要以标准时点作为分界，普查时的人口数应该包括所有在普查标准时点存活（即使在普查登记时已经死亡）的人口，但不包括普查标准时点后新生的人口。

普查时间一般是围绕普查标准时点展开的，在普查标准时点前进行普查准备工作，在普查标准时点后进行普查登记和数据核查清理工作。普查标准时点的选取应以方便普查登记、确保普查数据质量为原则。一般会选择人口流动最少的时间。

世界各国的人口普查标准时点有所不同。如日本为10月1日0时，印度自1941年起为5月1日日出时，西班牙为11月1日0时，等等。中国历次全国人口普查的标准时点在前4次均为7月1日0时，这也是世界范围内普遍采用的普查标准时点。从人口统计的角度来看，7月1日0时是一个完整日历年度（自1月1日起到12月31日止）的年中时点，以此作为普查的标准时点，普查数据可以直接作为年中数使用，便于进行人口指标的计算与比较。自2000年第五次全国人口普查开始，中国的人口普查标准时点从7月1日0时调整为11月1日0时，主要是基于以下三方面考虑：第一，相比较7、8月份学生放假的暑期，11月初中国全国人口流动总量不大；第二，相比较夏季中国南方的暴雨天气和普遍的暑热气候，11月上旬的气候更适宜进行人口普查；第三，从数据可用性考虑，常住人口的时间标准确定为半年，将普查标准时点选在11月，可以提高对流动人口的登记的准确性。②

（三）普查的实施机构与法律依据

人口普查是为一定的政治目的和行政管理任务服务的。③ 如美国的第一次人口普查与国会议员选举和征收直接税有关。④ 新中国成立之后的第一次人口普查，主要目的则是为全国

① 刘铮，邬沧萍，查瑞传．人口统计学．北京：中国人民大学出版社，1981：181.

② 张为民．关于2000年全国人口普查若干问题的思考．人口与经济，1998（4）：3－12.

③ 同①169.

④ 同①191.

人民代表大会的选举做好选民的登记工作，并为国家的经济和文化建设提供确实的人口数字。①

人口普查通常是政府行为，一般各国都会成立专门的普查机构组织和领导普查工作。这些普查机构有些是常设机构，如美国人口普查局，于1902年经国会通过法案成立，除了负责人口普查的组织实施之外，还负责收集、整理和发布有关美国的国家和地区人口以及经济的所有方面的数据，包括人口数量、经济指标、商业统计、工业报告等；有些是非常设机构，如中国的人口普查虽然依托国家统计局实施，但每次都会成立国务院人口普查领导小组和人口普查办公室等专门机构，进行统一领导和组织协调。

联合国在《人口和住房普查原则与建议》中，建议世界各国："普查需要法律授权来确定主要的管理责任、获得必要的资金、确定普查的总体范围和时间、规定公众必须合作及如实回答问题的法律义务和普查员必须如实记录申报内容的法律义务。"② 美国的第一次人口普查是根据美国国会1790年3月1日通过的普查法案进行的。③ 我国于1999年3月召开的第九届全国人民代表大会第二次会议，把依法治国作为基本治国方略，写进了《中华人民共和国宪法》。随着我国社会主义法治建设的深化，人口普查作为一项政府行为，日益重视依法行政、依法普查。2000年《第五次全国人口普查办法》在普查方法、程序、权责、保密、公民如实申报的义务、瞒报行为的约束等方面，都进行了规范。2010年5月12日，国务院审议通过的《全国人口普查条例》，为人口普查的各个环节提供了坚实的法律保障。

二、普查项目

人口普查项目的确定，一方面取决于国家在行政管理、经济管理等方面对人口统计数据的需要，另一方面取决于这些统计数据的获取难易程度，凡是可以通过其他来源取得更可靠数据的项目，原则上不应列入人口普查项目。

人口普查项目随着时间发展在数量和内容上变得日益丰富。由于人口普查通常以户作为登记单位，以人作为调查单位，因此人口普查项目往往分为户记录和个人记录两大部分。户记录包括户主及其他家庭成员信息等。目前世界上许多国家在人口普查的户记录中都增加了与住房相关的调查项目，包括住房的间数、面积，有无厨房、厕所、自来水，燃料的种类，等等。所以人口普查有时也被称作人口与住房普查。

涉及个人记录的人口普查项目主要有：(1) 反映人口的自然和社会特征的项目，如性别、出生年月/年龄、民族、宗教、使用语言、受教育程度、婚姻状况等；(2) 反映人口的地理和迁移特征的项目，如常住地、出生地、户口登记地、普查时所在地、在本地居住时

---

① 刘铮，邬沧萍，查瑞传．人口统计学．北京：中国人民大学出版社，1981：186.

② United Nations. Principles and recommendations for national population censuses. Series M，1998 (67).

③ 同①191.

间、若干年前居住地等；(3) 反映妇女生育情况的项目，如普查前 12 个月内活产数、妇女的活产子女数、存活子女数、初婚年龄等；(4) 反映人口经济特征的项目，如所从事的职业、所在工作单位的行业、工作时间、收入状况、失业状况等；(5) 反映人口死亡状况的项目，如普查前 12 个月内死亡人口的性别、年龄、受教育程度、生前职业、死亡原因等。

中国自 1953 年开展第一次全国人口普查以来，人口普查的项目设置与现实情况紧密结合，不断丰富；从仅仅反映人口的基本属性，发展到囊括了住户和家庭、生育和死亡、教育、经济活动、健康状况、住房状况以及国内外人口迁移流动等多方面的人口状况（见表 2.1)。人口普查项目的丰富可以使政府更加全面及时地掌握人口总量、结构、素质的变化，为实现科学决策提供有力的数据支持。①

1953 年第一次全国人口普查仅设有姓名、与户主关系、性别、年龄、民族、本户住址 6 个项目。1964 年第二次全国人口普查增加了本人成分、文化程度、职业 3 项，共计 9 个项目。1982 年第三次全国人口普查增加到 19 项，增加的主要内容有常住人口的户口登记状况、行业、不在业人口状况、婚姻状况、妇女生育的子女数和存活子女数、1981 年育龄妇女生育状况、本户 1981 年死亡人数、有常住户口外出 1 年以上人数等，同时删除了本人成分这一项目。

中国的前三次全国人口普查均没有直接涉及迁移流动的项目，这与当时的人口国情相符。随着户籍制度的不断松动，人口流动日益成为常态。从第四次全国人口普查开始，我国增设了关于迁移流动的项目，相关项目数量不断增加，统计口径（时间标准、空间标准等）也逐渐细化。空间标准从县、市细化到普查小区，时间标准则从 1 年缩短为 6 个月。

1990 年第四次全国人口普查增加的项目是 1985 年 7 月 1 日常住地状况和迁来本地的原因两项。

2000 年第五次全国人口普查首次使用长短表相结合的方法，即将普查和抽样调查技术相结合；普查长表抽取 10%的户填报，普查短表由其余的户填报。长表包括 49 个项目，主要增加了人口迁移方面的内容（如出生地，何时从何地来本乡、镇、街道等)，以反映我国改革开放以来人口迁移流动规模增加的现实情况，以及人口经济活动的内容（如上周是否工作、未工作者的生活来源等)，以反映人们的就业和社会抚养状况。此外，为了更好地反映改革开放以来人民生活水平的变化及存在的问题，第五次全国人口普查还首次增加了住房项目。

延续第五次全国人口普查的长短表相结合方法，2010 年第六次全国人口普查还首次增加了针对港澳台和外籍人员的普查短表。因此普查使用了两个短表：普通短表共有 18 个项目，按户填报的有 6 项，按人填报的有 12 项，项目内容反映了人口基本状况、受教育程度和户的基本情况等；供港澳台和外籍人员使用的短表共有 11 个项目，包括人口基本情况、来大陆或来华目的、居住时间、受教育程度和行业、职业等。第六次全国人口普查长表共有 45 个项目，按户填报的有 17 项，按人填报的有 28 项。长表中除了包含短表的项目内容

① 王谦，崔红艳，李睿，等．中国第六次人口普查：经验与启示．人口研究，2010 (6)：19－31.

外，还反映了人口的迁移流动、身体健康状况、就业状况、妇女生育状况和住房情况等。死亡人口调查表共有 8 个项目，反映了普查标准时点前一年内死亡人口的基本情况、受教育程度和婚姻状况等。

表 2.1　　1949 年以来中国六次全国人口普查基本信息

普查	标准时点	普查对象	统计口径	普查项目	表目
第一次	1953 年 7 月 1 日 0 时	具有中华人民共和国国籍并在中华人民共和国境内常住的人	常住人口登记原则	姓名、与户主关系、性别、年龄、民族、本户住址 6 项。	《第一次人口调查登记表》
第二次	1964 年 7 月 1 日 0 时	具有中华人民共和国国籍并在中华人民共和国境内常住的人	常住人口登记原则	新增了本人成分、文化程度、职业 3 项，共计 9 项。	《第二次全国人口普查登记表》
第三次	1982 年 7 月 1 日 0 时	具有中华人民共和国国籍并在中华人民共和国境内常住的人	常住人口登记原则	共 19 项，按人填报的项目有 13 项，按户填写的项目有 6 项。	《第三次全国人口普查表》
第四次	1990 年 7 月 1 日 0 时	具有中华人民共和国国籍并在中华人民共和国境内常住的人	1. 常住人口登记原则； 2. 空间：本县、市； 3. 时间：一年	新增 2 项，共计 21 项。	《第四次全国人口普查表》《死亡人口登记表》
第五次	2000 年 11 月 1 日 0 时	具有中华人民共和国国籍并在中华人民共和国境内常住的人	1. 常住人口登记原则； 2. 空间：本乡、镇、街道； 3. 时间：半年	普查长表中按人填报的项目有 26 项，按户填报的项目有 23 项，共计 49 项。	《第五次全国人口普查表短表》《第五次全国人口普查表长表》《死亡人口调查表》《暂住人口调查表》
第六次	2010 年 11 月 1 日 0 时	普查标准时点在中华人民共和国境内的自然人以及在中华人民共和国境外但未定居的中国公民，不包括在中华人民共和国境内短期停留的境外人员	1. 现住地登记原则； 2. 空间：普查小区	普查短表共有 18 个项目，按户填报的有 6 项，按人填报的有 12 项。普查长表共有 45 个项目，按户填报的有 17 项，按人填报的有 28 项。	《第六次全国人口普查表短表》《第六次全国人口普查表长表》《第六次全国人口普查表短表（供港澳台和外籍人员使用）》《第六次全国人口普查死亡人口调查表》

三、普查方法

人口普查所采用的方法并不是唯一的。随着普查经验的丰富、数据需求的变化和技术手段的提升，世界各国人口普查的主要方法也在不断演变，可从普查制度和调查方式两个层面加以概述。

（一）普查制度

世界各国迄今为止使用的人口普查制度主要分为四类：（1）传统问卷式普查（traditional census）；（2）登记式普查（registered-based census）；（3）登记式普查结合抽样调查（registered-based census with sampling survey）；（4）滚动式普查（rolling census）。大多数国家在2010年仍然采用传统问卷式普查，包括中国大陆地区，日本、韩国等其他亚洲国家，大洋洲、非洲、美洲各国（除美国外）等。中国台湾地区、新加坡、土耳其等则采用登记式普查结合抽样调查。西欧、中欧、北欧绝大部分国家采用登记式普查或者登记式普查结合抽样调查。美国和法国则开始采用滚动式普查方法（见表2.2）。

表2.2　世界各国及地区进行2010年人口普查的方法

普查制度类别	亚洲	欧洲	美洲	大洋洲、非洲
传统问卷式普查（多数）	中国大陆地区、日本、韩国等	1. 所有东欧与南欧国家； 2. 西欧仅英国与爱尔兰； 3. 中欧仅捷克与匈牙利	加拿大、中南美洲各国	全部
登记式普查（7国）	无	1. 所有北欧国家（含冰岛）； 2. 西欧：荷兰； 3. 中欧：斯洛文尼亚	无	无
登记式普查结合抽样调查（10国）	中国台湾地区、新加坡、土耳其、以色列、印度	1. 西欧：比利时； 2. 中欧：德国、波兰、奥地利、瑞士	无	无
滚动式普查（2国）	无	西欧：法国	美国	无

资料来源：颜贝珊，余清祥. 2010年各国人口普查制度之研究. 人口学刊，2010（40）：203-229.

1. 传统问卷式普查

问卷式普查是传统的人口普查方式，指借助调查问卷直接向被调查者收集信息。这一制度的优点是可以捕捉特定时点一个国家/地区人口的全貌，也可以反映该国/地区人口在不同区域层级的特点；其缺点是工作量大、成本高、数据类型单一、时效性差，且过分依赖被调查者的配合。①

① 陆康强. 现代人口调查的格局与发展. 南京人口管理干部学院学报，2010（3）：11-14.

2. 登记式普查

登记式普查是指用人口登记数据取代以传统问卷调查为主的人口普查。这一制度的优点在于有效节省普查的人力、物力和财力，获得的数据稳定、长期且一致，能够大幅提高调查覆盖率；缺点在于对各部门的协调能力有较高的要求，必须规定明确且统一的准则。此外，如何维持数据的及时更新也非常富有挑战性。①

瑞典于 2005 年首次完全使用来自不同行政记录来源的信息替代传统的人口普查，在这之前大约经历了 30 年的时间，以满足几个必要条件②：第一，建立计算机联网且高质量的、包含详细的住房和个人信息的全国住宅花名册。瑞典的全国住宅花名册依据全国土地调查的结果编制而成，在土地调查中，每一个居民的住宅都拥有一个独一无二的地址编码。第二，建立相关部门间的广泛协作关系。涉及统计部门、全国土地调查委员会、全国税收委员会和当地机构协会，以及全国的大都市政府机构和财产所有者。③

目前我国的部门行政记录数据主要是为普查登记提供基础信息，防止普查对象的漏登和错登。中国 2010 年第六次全国人口普查在普查准备阶段，首先对相关部门的行政记录进行整理，并按照普查区域进行划分；然后普查人员通过户口整顿和摸底，对部门行政记录进行核实，对其所负责的普查小区的人口情况，尤其是流动人口、人户分离人口、出生人口、死亡人口等情况有一个全面的了解和掌握，为正式登记做好准备。④

3. 登记式普查结合抽样调查

登记式普查与抽样调查相结合，类似于传统问卷式普查与抽样调查相结合，后者是当今世界人口普查通常的做法。在普查前进行抽样调查可以对普查进行可行性尝试；在两次普查之间进行抽样调查可以比较及时地反映人口的变化，并获得比普查更多的资料；在普查后进行抽样调查，则可以实现对普查结果的复核和检验。⑤ 在“人口抽样调查”一节我们将对这种方式做进一步介绍。

4. 滚动式普查

滚动式普查是美国、法国等国对人口普查制度的改革尝试。以美国为例，由于全国性人口普查每 10 年才进行一次，数据时效性存在天然缺陷。为了解决这一问题，美国人口普查局于 2003 年开始实施美国社区调查（American community survey，ACS）。该调查以社区作为抽样和统计的地理单元，以全国性、月度性的抽样调查形式，获得及时、可靠的社区人口、住房、社会和经济的年度数据。这一调查制度的特点是：（1）每月随机抽样，滚动累积年度样本；（2）抽样框经常更新；（3）交替使用不同形式的数据搜集方法；（4）调查内容与人口普查长表内容基本相同；（5）以“目前住所”为统计口径。这样可利用年内每月抽取的社区住户样本，估计全美国及州、县和多年份的人口、住房和社会经济状况，以

① 徐蔼婷，杨玉香．基于行政记录人口普查方法的国际比较．统计研究，2015（11）：88－96.
② 陆新华，胡桂华．国外人口普查：从全面调查到行政记录．西北人口，2010（4）：59－62.
③ 颜贝珊，余清祥．2010 年各国人口普查制度之研究．人口学刊，2010（40）：203－229.
④ 王谦，崔红艳，李睿，等．中国第六次人口普查：经验与启示．人口研究，2010（6）：19－31.
⑤ 陆康强．现代人口调查的格局与发展．南京人口管理干部学院学报，2010（3）：11－14.

取代人口普查的长表功能；还可以用连续的、社区层面的人口及相关数据弥补两次普查间的数据空白，为社会管理者和相关数据用户及时提供公共服务和资源配置的规划、评价和决策依据。① 2010 年美国的人口普查问卷就只采取短表的形式，长表则为社区调查所取代。

（二）调查方式

调查方式指数据采集方式，可分为入户调查、邮寄问卷、电话访问与网络调查四种。

目前大多数国家及地区采用的是入户调查方式（见表 2.3）；有些虽利用邮寄问卷执行普查，但同时辅以入户调查弥补覆盖邮政无法涵盖的地区。近年来，美国、新加坡、英国已经或计划采用电话访问方式让受访者回答问卷。随着网络技术的快速发展，新加坡成为全世界第一个使用网络问卷进行普查的国家。② 在网络调查中只需给每个住房单元一个唯一的用户名（如地址编码）与密码，即可让大规模的网络用户通过网络方便快捷地填写问卷。③ 英国也使用网络填报的方式来解决传统普查覆盖面广、普查员需要面对面访问而工作量大的问题，提高了问卷回答的速度和准确性。邮寄调查和网络调查成本低，覆盖面广。在邮政网点逐步完善和计算机网络日益普及的背景下，邮寄问卷和网络调查等方式均是方便可行的调查方法。

中国的第六次全国人口普查和世界绝大多数国家和地区的普查一样，采用的仍是入户调查方式。

表 2.3　世界部分国家和地区 2010 年度人口普查的基本情况

国家及地区	普查时点	普查方法	调查方式
美国	2010 年 4 月 1 日	滚动式普查	邮寄问卷调查，余下的入户访问；抽样调查采用电话辅助访问系统
加拿大	2011 年 5 月 10 日	传统问卷式普查	网络调查、邮寄问卷调查
澳大利亚	2011 年 8 月 8 日	传统问卷式普查	网络调查、电话访问，余下的入户访问
日本	2010 年 10 月 1 日	传统问卷式普查	入户访问
新加坡	2010 年 6 月 30 日	登记式普查结合抽样调查	网络调查、电话访问，余下的入户访问
英国	2011 年 3 月 27 日	传统问卷式普查	网络调查、电话访问，余下的入户访问
新西兰	2011 年 3 月 8 日	传统问卷式普查	网络调查、电话访问，余下的入户访问
德国	2011 年 5 月 9 日	登记式普查结合抽样调查	10%的家庭接受问卷调查
中国香港	2011 年 7 月 1 日	传统问卷式普查	网络调查、电话访问，余下的入户访问

资料来源：陈婉清．中国人口普查的改革与发展研究．调研世界，2012（11）：48－52.

① 陆康强．现代人口调查的格局与发展．南京人口管理干部学院学报，2010（3）：11－14.
② 颜贝珊，余清祥．2010 年各国人口普查制度之研究．人口学刊，2010（40）：203－229.
③ 陈婉清．中国人口普查的改革与发展研究．调研世界，2012（11）：48－52.

第二节　人口抽样调查

一、抽样调查的特点

抽样调查（sampling survey）是现代统计调查的主要形式。人口抽样调查是从所要研究的总人口中，随机抽取部分样本人口，并根据对这些样本人口调查所得到的数据，来推算总体人口相应指标的方法。抽样调查最主要的特点是遵循随机性原则，能够通过样本统计量推断总体参数。

抽样调查自20世纪30年代以来得到广泛使用。20世纪初，尽管人们已经知道抽样调查在原则上是可行的，但统计学家们还是就“非全面调查是否足以推断总体”进行过辩论。而时至今日，抽样调查已成为使用最为广泛的数据获取方法，其中美国密歇根大学教授莱斯利·基什在这一领域做出了巨大贡献。他编著的《抽样调查》一书，是研究抽样调查的经典著作；他所提出的偏差（bias）理论，为提高抽样调查结果的精度、推进抽样调查技术在更多领域的应用，奠定了重要的理论和技术基础。

抽样调查具有以下特点：第一，与人口普查相比较，抽样调查是非全面调查，只抽取部分单位进行调查。第二，与其他非全面调查如典型调查和重点调查相比较，抽样调查关注的是总体情况。第三，抽样调查可以随时根据不同目的而实施，更经济有效。抽样调查比全面调查更为经济，也可以更及时地报告调查结果。第四，抽样调查的内容更翔实具体，通过专题的抽样调查可以获得需要研究的特定方面的详细信息。第五，抽样调查的数据质量更容易得到保证。由于抽样调查规模小，便于集中高素质的调查人员，有利于提高数据质量；而且将资源集中用于总体的一部分，有可能使所收集资料的质量优于全面调查。因此，通过抽样调查事实上可能可以得到更准确的结果。

对于中国这样一个人口大国来说，主要由样本规模决定抽样误差的抽样调查比人口普查更有效率。

抽样调查的特点决定了在实施抽样调查时应注意两点：一是从总体中抽取样本的方法应是随机的，二是抽取的样本数量应能保证对总体具有代表性。确保随机性原则，以便总体的各单位都有同样机会被抽取，使样本统计量准确反映总体参数，是抽样调查的关键之处，需要专门的技术支持。

二、抽样调查的设计

抽样调查的设计包括调查设计和抽样设计两个部分，其中抽样设计是抽样调查独有的。

（一）调查设计

调查设计是在进行任何普查和调查时都要做的一项重要工作，通常在调查开展前进行。调查设计的内容包括明确调查目的、确定调查对象、选择数据收集方式（如入户访谈、电话访谈、自填问卷等）、问卷或访谈提纲设计、抽样设计、数据处理方法、数据质量、调查结果的发布与应用，以及调查报告的撰写等。通常调查设计的结果表现为调查方案。

对于抽样调查而言，调查设计的步骤之一是界定所要研究的总体。总体是指全部被研究的元素的集合。人口抽样调查的总体常常是具有某些特征的人的集合，如老年人、流动人口、妇女等。需要根据调查目的对总体进行明确而周密的定义，如时间、地域范围、特征界定等，调查的结果将取决于所采用的定义（即人口口径）。需要区分目标总体和调查总体。其中目标总体是按照调查目的的要求定义的理想总体（如全国调查中的全部人口）；调查总体则是指根据实际情况的限制对目标总体进行的修正（如可能需要排除港澳台地区人口，以及住在医院、旅馆、军营、监狱或其他机构中的人等），样本所代表的只是调查总体。先定义理想的目标总体的优点是，可以明确地识别被排除的部分，能够对推断的局限性的程度和后果做出估计。

元素是与总体相对应的概念，是构成和确定总体的基本单位，常常被作为收集信息的单位和基本分析单位。在抽样调查中，元素可以是人、户、农场、学校或任何其他单位。

样本是指从总体中抽选出来的元素的集合，是调查及后期进行分析的实际对象。

抽样框是指概率抽样中可以从中抽选样本元素的名单或程序。当总体所有元素的名单都可以获得时，元素名单可作为抽样框；否则抽样框一般是某种等效的、用以识别总体元素的程序。如在区域抽样中，总体的每一个元素都与一个特定的地理区域相联系（如人或户与他们居住的区域相联系，若他们有一个以上的居住地，则与主要的居住地相联系），然后，抽选一个由区域组成的样本，在被抽选出的区域中，或者调查所有的元素，或者从中再抽选部分元素。抽样框中的缺陷，如没能包括调查总体中的所有元素，可能会给样本带来有害的作用。

（二）抽样设计

抽样设计是抽样调查中技术性最强、对抽样调查质量具有直接影响的环节和内容。抽样设计包含两部分：一是选择过程，即如何按一定的规则和程序从总体中选取出所要调查的那部分样本；二是估计过程，即如何计算并根据样本统计量来估计总体参数。估计过程中的计算和估计方法取决于选择过程中的抽样方法。

抽样一般分为概率抽样与非概率抽样两种。对于概率抽样来说，每个元素都有一个已知且非零的机会入选样本，这样可以避免抽选偏差，并利用统计学理论得到调查估计量的性质。非概率抽样则涉及许多方法，包括使用志愿参加者，以及根据对总体的“代表性”有意识地选择部分元素作为样本。所有非概率抽样方法的弱点都是主观性，即缺乏一个为之提供支持的理论框架。一个志愿参加者样本，或者由专家挑选的代表性样本，只能依靠主观估计来取得，而不是根据不依赖于假定的统计方法。因此，只要有可能，一般建议采用概率抽样方法。目前许多概率抽样技术已经被开发出来，以提供有效、实用的抽样设计。其中最广为使用的是等距抽样、分层抽样、整群抽样、多阶段抽样，以及与规模成比例的概率抽样（PPS）。在实践中，这些技术常常被共同使用而形成复合设计。

总体参数值是指总体中所有 N 个元素的某种特征值的数量表现，是一个常数，如总体平均数 $\bar{Y}$ 就是最常被用到的总体参数值。样本统计量则是指从样本的 n 个元素中计算得到的估计值，如样本元素的平均值 $\bar{y}$ 就是依据某种抽样结果所得到的样本的统计量。由于抽样方法众多，抽样结果也各不相同，因此样本统计量是一个随机变量。样本统计量同时受抽样误差和非抽样误差影响。使用样本统计量（如样本均值）推断总体参数值（如总体均值）时，常常采用 $\bar{Y}=\bar{y}\pm t_p \cdot se(\bar{y})$ 的形式。其中 $se(\bar{y})$ 是估计量 $\bar{y}$ 的估计标准误，即由某抽样设计所确定的总体估计量抽样分布的标准差；t_p 是由置信水平决定的正态分布或 t 分布的常数值。

在实践中，抽样设计只是整个调查设计的一个组成部分，调查设计中的其他内容，尤其是资料收集过程中所涉及的经济性问题，对抽样技术的选择会产生很大的影响。小而紧凑的总体与大而分散的总体对抽样技术的要求不同。抽样框的一般构成情况以及它所包含的关于总体元素的信息也会对抽样技术的选择有很大的影响。

关于抽样调查的更详细信息，建议参考抽样调查专业书籍进行学习。

三、抽样调查与普查的结合

（一）结合方式

抽样调查与普查往往结合使用，取长补短，以获取更详细、更准确的人口统计数据。结合方式主要有四种。

第一种，普查的同时进行抽样调查。中国自 2000 年第五次全国人口普查开始，采取了全面调查和抽样调查相结合的普查方法（即长短表制度）。其中短表是针对全部人口的项目（普查），长表是针对其中 10%的人口的项目（抽样调查）；短表调查简要的信息，长表调查详细的信息。由于普查的主要目的是“数清人头”，因此调查项目不可能太详细。但随着社会经济的发展，需要了解的信息越来越丰富（如住房情况、人口流动状况等），长短表制度既能通过长表针对一些重要而复杂的项目获取丰富的信息，又可以借助抽样调查样本量有限的优势，减少普查员的工作量，降低普查的成本，尽可能地提高普查的效率。

第二种，在普查之前和之后进行抽样调查。普查之前的抽样调查可作为试调查，目的是检验普查表项目的设置情况；普查之后的抽样调查主要目的是评估普查数据质量，用抽样调查的结果与普查的结果相比对，获得漏报率等信息。我国在两次全国人口普查之间会进行百分之一人口抽样调查（简称小普查），作为对上一次人口普查结果的核查和对下一次人口普查创新的试验。中国国家统计局从 20 世纪 80 年代初建立了人口变动抽样调查的年报制度，这项调查是为准确、及时掌握全国年度人口变动情况，更好地检查人口政策的执行情况而进行的。调查采取派员逐户访问的办法，由经过训练的调查员和调查指导员负责进行。被调查人口约占全国总人口的千分之一，即年度千分之一人口变动抽样调查，主要项目包括：人口和住户的基本情况、户口登记状况、妇女的初婚年龄和生育情况、人口的迁移情况、人口的自然变动情况等。

第三种，从普查数据中进行抽样。这一般用于数据分析环节，特别是对于中国这样的人口大国而言。由于普查全部数据过于庞杂，在进行数据开发时，国家统计部门往往只对社会公布一个抽样数据库，供学界深入分析使用。

第四种，用普查数据作为抽样数据的质量依据。全国人口普查能够提供最为完整的人口性别、年龄结构等数据，之后所进行的人口抽样调查往往需要用人口普查数据中的结果或分布（如年龄结构等），来检验抽样调查的样本是否有偏差。

（二）一些国家的实践

抽样调查在世界各国的运用都极为普遍，作为普查的补充或辅助手段就是其中一项重要应用。如美国普查局为劳动统计局（the bureau of labor statistics）实施的全国性的“现有人口调查”（current population survey，CPS）是一项月度户调查，目的是提供劳动力就业情况（如就业、失业、收入、工作时间）的统计信息，同时也提供了年龄、性别、种族、受教育程度、婚姻状况、家庭结构、职业等丰富的人口统计特征信息，以及其他的社会和经济数据。这些数据会在美国劳动部劳动统计局的官网（www.bls.gov/cps）实时更新。CPS在操作上采取多阶段分层概率抽样方式：第一阶段在州范围内，以其中的县为基本抽样单位，按比例抽取县概率样本；第二阶段在每一个被抽取的县中，以住户群为抽样单位；最后一个阶段在住户群超过4个的地区，等距抽取部分适度规模的住户群样本。每月从全美抽取一个66 000户左右的住户群样本。每月样本以上月样本为基础，样本单位按一定比例进行轮替。在当月样本中，1/8为本月新样本单位，3/4为上月样本单位，1/8为包括上月的前8个月的样本单位。样本的轮替保证了样本在月与月、年与年之间具有可比性，同时减少了被调查者对反复调查可能产生的疲劳情绪。CPS的每月调查要求被调查者就上一周的情况做出回答，调查内容涉及人口诸多方面，也包括人口普查表上的部分项目。美国普查局一方面用CPS补充和验证普查结果，另一方面也为有关政府部门和机构提供所需要的统计信息。①

新加坡、德国、以色列等采取登记式普查与抽样调查相结合的国家，则尝试用抽样调查来弥补通过登记制度所无法获得的资料。普查问卷分为长、短表，其中短表的项目数据从行政登记数据库取得，长表则按一定的比例进行抽样调查。新加坡在2000年人口普查中首次使用行政记录与抽样调查相结合的人口登记方法。在1990年及以前的历次人口普查中，新加坡采用的是传统问卷式人口普查制度；2000年，随着对全面数据的及时性要求的

① 陆康强．现代人口调查的格局与发展．南京人口管理干部学院学报，2010（3）：11－14.

增加及互联网、数据库软件等信息技术的发展，新加坡在公众数据库的基础上，进行了第一次基于行政记录的人口普查，普查项目共54个。基本的人口统计特征项目数据直接从行政记录获取，其余普查项目数据从人口总体中抽取20%的家庭进行调查并借助抽样推断间接得到。[①] 新加坡能采用以行政记录代替基本的人口统计数据与其发达的家庭登记数据库（household registration database，HRD）密不可分。HRD建立在不同类型的统计系统和行政记录系统的广泛联系之上，可以提供全国每一个人的人口特征、房屋地址、全国人口总数等信息。此外，新加坡居民都有一个独一无二的识别号码，在新加坡居住或工作的外国人也有一个独一无二的外国人识别号码，这些号码与HRD的每一条个人行政记录是一一对应的关系。[②]

虽然新加坡在国情上与中国差异较大，但其HRD的建立和独一无二的识别码的应用，为中国人口普查的制度改革提供了一定的启发和借鉴。

第三节　人口登记

一、人口登记的概念与分类

人口普查和抽样调查往往获取的是某时间点（如普查标准时点）的截面数据，虽可借此了解调查时人口的状态，但时效性较差，也较难掌握导致状态发生或改变的事件。为了详尽准确地记录人们在某一段时期内所经历的人口事件，需要建立人口登记制度（population registration system）。

人口登记制度的目的兼顾行政管理和统计及其他，其具体形式、组织运行和实施机构等在各国存在差异，一般指对发生的事件进行经常性记录的国家制度。通常包括民事登记（civil registration）、生命统计（vital statistics）和户口登记（household register）三个系统。其中民事登记是国家对其国民的出生、死亡和婚姻等状况保持连续和完整记录的方式；生命统计是依法对生命事件（vital events）的特征及其发生进行的连续性、持久性和制度性的记录，是基本的人口登记类型，包括活产、死亡、新生儿死亡、结婚、离婚、分居、解除婚约、收养、合法化、认定等事件[③]；户口登记是指户口登记机关依据户口管理法规，以户为单位，将公民的基本情况记录在册的行政管理措施。

上述三类人口登记系统既有区别，又有联系。三个系统之间并没有泾渭分明的绝对划

① 陆新华，胡桂华．国外人口普查：从全面调查到行政记录．西北人口，2010（4）：59－62.

② 同①.

③ United Nations. Handbook of vital statistics systems and methods. Series F，1985（35）：3.

分，使用哪种系统也因国家和地区而异。世界上绝大多数国家将民事登记系统作为常设机构，详细记录个体所经历的各类生命事件及其主要特征，因而民事登记系统具有强制性特征，更侧重对个体层面的信息的记录与存储。生命统计系统针对生命事件，对其发生的频率、时间、地域分布等进行统计汇总，与民事登记内容往往有交叉。户口登记系统一般以户籍制度为基础，进行户籍登记、转移、取消等事件以及人口基本特征信息（如年龄、性别、婚姻状况等）的记录。

二、民事登记和生命统计的发展

欧洲早期的民事登记和生命统计（Civil Registration and Vital Statistics，CRVS）起源于其教堂事务，由教区居民的洗礼、葬礼、结婚记录演变而来，主要涉及各类生命事件，关注人口数量的变化。由于每个教区选取记录的指标不一定相同，因此这些人口登记结果不一定能够被汇总分析。1532 年英国颁布法令，要求伦敦各教区牧师每周统计上报死亡表，被视为人口登记系统发展的里程碑。1837 年，英国实施《出生、结婚和死亡登记法案》（Births，Marriages and Deaths Registration Act）并成立了相关机构。随后这一做法在欧洲其他国家及其殖民地国家也普及开来。①

目前世界大多数国家建立了 CRVS 系统，其组织结构大致分为两类：集权系统（centralized system）和分权系统（decentralized system)。集权性质的 CRVS 系统通常由一个统一的全国性机构或专门办公室来负责指导、协调和控制相关登记和统计工作的展开，典型的国家有菲律宾、西班牙、奥地利等；分权性质的 CRVS 系统由地方 CRVS 机构组织、协调整个地方的登记和统计工作，并直接由当地行政当局领导，典型的有美国、加拿大、墨西哥、印度等。根据联合国的统计，采用集权系统的国家占多数。事件登记通常分为发生地标准（place of occurrence）和居住地标准（place of residence)。前者是指生命事件在其发生的地方进行登记，后者是指生命事件在当事人的居住地或常住地进行登记。相对来讲，发生地标准不会发生所登记事件与发生地不符的情况，而居住地标准却会出现“人地不符”的疏漏，因而世界上大部分国家采用发生地标准进行登记。②

以美国为例。美国有相对完备的全国生命统计系统（National Vital Statistics System，NVSS)，生育、死亡、结婚、离婚等相关信息由各州/地区的法定登记机构进行登记和维护，并提供给 1960 年成立的国家卫生统计中心（National Center for Health Statistics，NCHS)，由其整理汇编并发布全美和各地的生命统计数据。③ 民事登记、公共卫生统计数据收集、出生证明是州和地方人口登记机构必须完成的三项基本任务，其中出生证明是许

---

① Siegel J S，Swanson D A. The methods and materials of demography. 2nd ed. Amsterdam：Elsevier Academic Press，2004：25.

② United Nations. Handbook of vital statistics systems and methods. Series F，1985（35）：8－11.

③ 参见美国疾病控制与预防官网，网址为 https：//www. cdc. gov/nchs/nvss/index. htm。

多其他重要文件和法律地位的基础文件。美国没有明确的户籍登记制度，但可以通过社会保障号和驾照登记获得公民的基本信息。美国公民每人拥有一个社会保障号，关乎一切社会保障和福利获取，因此美国公民每流动到一处，都会主动与当地社保局取得联系，以保证领取相应社会保障。这不仅在无形中起到了人口登记制度的作用，而且有效解决了因人口迁移造成的数据实时更新问题，能够实时追踪到人口所处地区和迁移流动的方向。此外，由于美国地广人稀，主要交通工具为机动车，因此驾照也成为美国公民证明身份的重要凭证。美国规定驾驶人员每到一个地方超过 15 天，就必须到机动车车辆处（Department of Motor Vehicles，DMV）进行登记，否则会被视为持无效证件驾驶。这样 DMV 就有了驾照人员流入流出的详细信息，当地政府也由此掌握了本地居民的流入流出情况。①

2014 年 3 月 3 日，全球民事登记和生命统计组织（Global Civil Registration and Vital Statistics Group）在美国纽约成立，这是一个国际性的 CRVS 组织，意味着 CRVS 系统作为一种人口数据的收集和统计方式，正在产生越来越广泛的影响。② 2014 年 5 月，世界银行、世界卫生组织等国际组织和一些国家联合发表了“2015—2024 年全球民事登记和生命统计扩大投资计划”，为 CRVS 系统的推广与改善提供了资金保障。③

虽然 CRVS 系统具有连续性和持久性的特征和优势，其运行机制在实践中已相对完善，但其运行效果在世界不同国家和地区不尽相同。CRVS 系统的有效运作要求国家必须具备先进的技术、充足的资金及合理的组织结构，因此欧美发达国家的 CRVS 系统相对来说比较完善，运行效率更高，获得的数据也更充实详尽且可信度高。其中，北欧国家以及荷兰等斯堪的纳维亚半岛国家的 CRVS 系统已经部分甚至完全替代了人口普查。相比较而言，非洲、拉美等欠发达地区的 CRVS 系统建设相对落后，运作乏力，国内区域间和城乡间 CRVS 系统运行效果差异显著，有的国家甚至连出生、死亡这两项基本登记都不完善，只能以不定期获得的人口调查数据来弥补。④

三、中国的人口登记制度

中国是最早建立户口登记制度的国家。秦献公时期，户籍制度初步确立⑤，出现了什伍与连坐制度，人口登记与兵役、徭役、赋税等紧密联系。秦汉时期，人口登记内容被细化，

---

① 高剑清，姚彩霞．美国的人口登记制度对我国的启示．党政干部参考，2010（10）：46－47.

② Global civil registration and vital statistics group：terms of reference.（2016－07－15）［2018－01－02］. https：//unstats. un. org/unsd/demographic/CRVS/Global _ CRVS _ Docs/TOR _ updated _ March _ 2017. pdf.

③ Global CRVS scaling up investment plan 2015—2024.（2015－03－04）［2018－01－02］. http：//www. worldbank. org/en/topic/health/publication/global-civil-registration-vital-statistics-scaling-up-investment.

④ Mikkelsen L，Phillips D E，AbouZahr C，et al. A global assessment of civil registration and vital statistics systems：monitoring data quality and progress. The Lancet，2015：1395－1406.

⑤ 陈小葵．中国古代户籍制度略论．法制与经济旬刊，2008（8）：29－31.

包含了户主的姓名、身份、籍贯和年龄等信息。[1] 三国以后，全国户口由“高支尚书”管理[2]；隋朝时，改为“民部尚书”；唐朝起，设为“户部尚书”，并一直沿袭到清末。1931 年，南京国民政府颁布了中国历史上第一部《户籍法》，提出了集体户概念与身份证制度，但由于时代所限未能得到有效实行。[3] 新中国成立之后，为了做好第一届全国人民代表大会和地方各级人民代表大会选举的准备工作，1953 年 4 月，政务院发布了《为准备普选进行全国人口调查登记的指示》。在 1953 年第一次全国人口普查的基础上，建立了简易的户口登记制度，开始进行人口经常性统计。1954 年，政府出台文件规范户口登记工作。1955 年 3 月，内务部和公安部发出《关于办理户口迁移的注意事项的联合通知》，正式建立户口登记制度和定期的统计报告制度，并建立了同户口相关的农产品统购统销制度。1958 年，《中华人民共和国户口登记条例》出台。

目前，中国的人口登记采取多部门分工形式进行，由公安部门负责户口、居民身份证和国籍管理，民政部门负责婚姻、死亡登记，卫健委（原卫计委）负责人口出生和生育登记，劳动和社会保障部门负责劳动力供给和就业失业相关信息，教育部门负责学龄人口及入学招生、毕业等相关信息，统计部门则负责包括人口统计数据在内的各类统计事务。

就户口登记而言，公安部门主要利用常住人口登记表和居民户口簿进行日常登记管理。[4] 常住人口登记表是证明公民身份状况以及家庭成员间相互关系的基本法律文书，为一人一表式，设置登记项目包括户别、户主姓名、与户主关系、姓名、性别、曾用名、民族、出生日期、监护人、监护关系、出生地、公民出生证签发日期、住址、本市（县）其他住址、籍贯、宗教信仰、居民身份证件编号、居民身份证签发日期、文化程度、婚姻状况、兵役状况、身高、血型、职业、服务处所、何时何因由何地迁来本市（县）、何时何因由何地迁来本址、何时何因迁往何地、何时何因注销户口、申报人签章、承办人签章、登记日期、登记事项变更和更正记载、记事等 34 项内容。居民户口簿则是公民依法履行常住户口登记义务的凭证，也是户口登记机关以户为单位管理常住人口和进行户籍调查、核对的主要依据，其登记内容与常住人口登记表的主要登记内容一致，包含了 28 个登记项目。2014 年国务院发布《关于进一步推进户籍制度改革的意见》，2015 年国务院办公厅发布《关于解决无户口人员登记户口问题的意见》，以进一步调整户口迁移政策，统一城乡户口登记制度，全面实施居住证制度，加快建设和共享国家人口基础信息库，以及全面解决无户口人员（包括不符合计划生育政策、未办理《出生医学证明》、未办理收养手续的事实收养和我国公民与外国人、无国籍人非婚生育等形成的无户口人员）登记户口问题，切实保障每个公民依法登记一个常住户口，努力实现全国户口和居民身份号码准确性、唯一性、权威性

---

① 曾庆江．户籍册上的古代中国．农村·农业·农民，2014（12）：55－57.

② 戚泉木，赵炎成．中国古代人口调查登记和管理．上海城市管理，1999（6）：16－17.

③ 姚秀兰．中国近代户籍变革探析．华东政法大学学报，2004（4）：71－75.

④ 参见《公安部关于启用新的常住人口登记表和居民户口簿有关事项的通知》，网址为 http://www.110.com/fagui/law_25684.html。

的目标。目前我国的户籍登记制度还在进一步改革完善中。

再以婚姻登记为例。早在 1931 年颁布的《中华苏维埃共和国婚姻条例》中，中国共产党就确立了婚姻登记制度，规定："男女结婚，须同到乡苏维埃或城市苏维埃举行登记，领取结婚证。"这是我国首次以法律形式对婚姻登记制度予以明文规定。新中国成立后，我国先后于 1950 年、1980 年颁布实施了两部《中华人民共和国婚姻法》，并在 2001 年对 1980 年《中华人民共和国婚姻法》予以修订。该法明确规定，只有办理结婚登记，才能成立合法的婚姻关系，才会受到国家和法律的承认和保护。民政部则分别于 1955 年、1980 年、1986 年、1994 年和 2003 年先后颁布了五部婚姻登记办法或条例①，以不断改进婚姻登记制度。根据 2003 年颁布施行的《婚姻登记条例》，中国大陆居民结婚登记时需要携带本人的户口簿和身份证，按照流程进行申请、审查、登记。结婚登记的男女双方要持证件共同到一方常住户口的区、县级市民政局（或镇人民政府）的婚姻登记机关提出申请，各填写一份《申请结婚登记声明书》，并在婚姻登记员面前亲自在声明书中签名或按指印；随后婚姻登记机关会对双方提交的证件、声明书进行审查，符合结婚登记条件的，准予登记。办理离婚登记时，除了户口簿和身份证，还需要提供本人的结婚证和双方共同签署的离婚协议书。其中，《申请结婚登记声明书》中就包含了多项重要的人口信息，如姓名、性别、国籍、出生日期、民族、文化程度、出生地、身份证件号、常住户口所在地、工作单位、职业、婚姻状况、联系电话等。结婚登记对数、结婚率、离婚率等指标也会被发布在每年的《中国民政年鉴》和《社会服务发展统计公报》中。

需要指出的是，我国尚未形成多部门登记协调机制，数据通常只在部门内部流通，难以得到很好的整合；多种来源的同类数据往往存在不一致甚至相互矛盾的现象，影响了数据的使用。

小　结

◇ 普查、抽样调查和登记是人口统计数据的三个主要来源。

◇ 普查标准时点是指作为普查数据登记统一时间的某一确切时间点。普查时间一般围绕普查标准时点展开：在普查标准时点前进行普查准备工作，在普查标准时点后进行普查登记和数据核查清理工作。普查标准时点的选取应以方便普查登记、确保普查数据质量为原则。

◇ 抽样调查最主要的特点是遵循随机性原则，能够从样本推断总体。抽样调查与普查往往结合使用，取长补短，以获取更详细、更准确的人口统计数据。

---

① 刘素萍．婚姻法学参考资料．北京：中国人民大学出版社，1989：62.

思考题

1. 除了本章所讲述的三种人口统计数据主要来源外，还有哪些人口统计数据来源？请进行简要阐述。

2. 请评价利用人口登记系统替代人口普查的方法及其在我国的适用性。

3. 请针对如何加强对不同来源数据的整合阐述你的观点。

推荐阅读书目

1. 戴世光．我国1953年的人口普查．教学与研究，1957（4）．

2. 徐蔼婷，杨玉香．基于行政记录人口普查方法的国际比较．统计研究，2015（11）．

3. 王谦，崔红艳，李睿，等．中国第六次人口普查：经验与启示．人口研究，2010（6）．

4. Mikkelsen L，Phillips D E，AbouZahr C，et al. A global assessment of civil registration and vital statistics systems：monitoring data quality and progress. The Lancet，2015.

第三章

人口规模及其变动的度量

【导读】

某国家或地区有多少人？看起来这是非常基本也很简单的一个问题。然而，回答这个问题并不容易，因其不仅涉及地区范围的合理判断，还涉及人口口径和时间的确定。第二章已经结合人口普查讲述了人口口径的概念，本章将从时间的划分入手，回答以下问题：如何准确统计一个人口的规模？为什么要计算平均人口数？有几种人口增长模式？年增长率和年均增长率的差别是什么？

第一节　人口规模相关指标

一、时点指标与时期指标

（一）时点与时期

时空属性是人口的基本属性，任何人口都是特定时点一定地域范围内的人类人口总和。在人口统计中，时间是一个与指标相伴的必备要素。人口数量 10 亿，出生 2 000 万，平均预期寿命 76 岁……所有这些数字，如果离开了具体的时间，都不能说是有意义的。因为时间不同，数值也会不同。

然而，时间如同河流里的滔滔逝水，想从时间的长河中剥离一点、一段，正如抽刀断水一般困难。如何才能确定人口状态、人口事件、人口指标与时间之间的对应关系？

尽管时间在本质上是一个连续函数，但在实践中，为了方便起见，时间经常被离散化处理，以便与某一人口状态或事件相联系。有两种将时间离散化的基本方法。一种是将时间"点"处理。即将时间尽可能细分，从而将一条连绵不绝的时间长线看作一个个点，即时点。时点的单位往往取为某年某月某日的某时，即将时间在某个点上定格。"定格"可用照相来理解，在快门按下的瞬间，时间被定格，影像被凝固。如在人口普查中通过规定普查标准时点（如 2010 年 11 月 1 日 0 时），将所有纷纷扰扰正在进行的人口活动瞬间定格，以获取相应的人口统计数据。另一种是将时间“段”处理。即将时间分成一段段长短不一的时期，每段时期从某一时点开始，到另一时点结束，在某一时期内刻画状态的变化或事件的发生。人们对人口现象的观察与了解，必然是某一时点上的某种状态，如某一时点上的人口总数、不同特征人口的结构或分布；或某一时期内的某个过程，如某一时期内出生、死亡、初婚、生育等的人数。

换个方式来理解，在时间轴上找两个点 t_0 和 $t_0+\Delta t$，根据 Δt 的值，可观察从其趋近于 0 时的时点，到长度不等的各个时期的人口状态与变化。

尽管人口总数通常是在规定的标准时点统计得到的，但最常用到的时间单位还是年。一方面是因为实践中常以年份（学年、财政年度等）作为统计单位，易于理解，也便于比较；另一方面是因为人的年龄也是以年为单位来计算的，年龄作为人口的自然属性之一，与时间表现为亦步亦趋的紧密关系。

按照时间的不同划分方法以及指标特性，人口统计基本指标可以被分为两种：时点指标与时期指标。

（二）时点指标

时点指标，也叫作静态指标，描述某特定时点的人口状态，通常是对人口存量的瞬时快照。所谓人口状态，广义上泛指人口规模、人口结构、人口分布及人口的自然变动、迁移变动、社会变动和人口与自然环境的关系等状态，即人口在这些特征方面的数量表现。

时点指标一般从普查或类似于普查的一次性调查中获取。时点指标绝对值的加减运算结果没有意义。如对 2000 年的人口数与 2010 年的人口数这两个时点指标进行加减乘除计算，结果没有任何意义。需要注意的是，两个时点指标间的差距代表的是两个时点构成的时期内该指标的变动，如 2010 年人口数与 2000 年人口数的差异代表的是 2000—2010 年期间人口数的变动。这并不说明两个时点指标相减有意义。

在给定一个时点指标时，必须给出其相应的统计时点。如中国人口 13.4 亿，泛泛来讲是没有意义的，必须指明这是在 2010 年 11 月 1 日 0 时普查标准时点所获得的数据，因为人口数会由于人口不断的生死流迁过程而随时间改变，13.4 亿只是人口数在这个时点的瞬间定格。

（三）时期指标

时期指标，也叫作动态指标，描述在某特定时期（通常是一年）内人口事件发生的情况，通常是对动态的人口流量的盘点。

时期指标一般通过人口登记系统获取。时期指标往往与某一时期内所发生的人口事件如出生、死亡、迁移、结婚等相联系，其绝对值的加减运算表明伴随时期延长所发生的事件的累加。

美国人口咨询局（Population Reference Bureau）每年发布的世界人口数据表（world population data sheet）中都有一张人口时钟表（population clock），记录了全世界及世界不同区域每年、每天、每分钟出生、死亡和自然增长的人口数。以 2015 年为例，全世界每分钟出生 278 人（其中 26 人来自发达国家，252 人来自发展中国家）、死亡 109 人（其中 23 人死于发达国家，85 人死于发展中国家）。[①] 每年的出生和死亡人数是每天出生和死亡人数的累加值，而每天的数值又是每分钟事件发生数的累加值。时期不同，数值迥异。

在给定一个时期指标时，必须给出其相应的统计时期。

（四）只有绝对指标才区分时点指标和时期指标

需要特别指出的是，并不是所有的人口统计指标都可以区分为时点指标和时期指标，只有绝对指标的区分才是有意义的。

绝对指标也叫作绝对数，是反映某一时点或某一时期人口状态或事件发生频率的数值。相对指标也叫作相对数，表示两个指标间的对比关系，通常是两个绝对指标之比。

由于相对指标往往涉及两个指标，而这两个指标的时点或时期属性可能并不相同，所以通常我们并不对相对指标进行时点或时期指标的区分。

二、人口总数

（一）概念

人口总数（the size of a population）也叫作总人口数，是人口统计中最基本的指标，是计算人口结构和各类人口相关指标的基础，也是反映一国人力资源状况的重要指标。人口普查的任务之一就是“数人头”，即得到一个国家或地区的人口总数。

人口总数并不总是能轻易获得的。在人类漫长的历史时期中，地球上有多少人口就是一个难解的谜题。有学者根据不同时期人类活动的范围，以及在当时的生存模式和生产力水平下，每平方公里自然环境可以养活的人数，大致估算各时期的人口总数，这当然是极其粗略的数据。即使是史书上对人口总数有过记载，其可信性也往往值得怀疑。在中国历史上，人口数量变动与朝代更迭有关。朝代更迭，其兴也勃焉，其亡也忽焉。鼎盛时期人口集聚，迅速增加；衰落时期人口萧条，急剧减少。起起落落，难以准确统计。

人口总数是在某特定时点、一定地域范围内，按某一口径统计的全部存活人口的总和，由不同性别、不同年代出生的人所组成。人口总数随人口的出生、死亡、迁入、迁出的变动而变动，也随考察的地域范围和依据的人口口径不同而不同。

---

① Population Reference Bureau. 2015 world population data sheet. (2015－12－11)［2017－12－03］. http：//www.prb.org.

（二）人口总数统计的三要素

要想准确统计人口总数，必须明确规定统计时点、地域范围和人口口径。

统计时点指的是与某人口总数对应的时点。人口数是时点指标。由于人口无时无刻不在变动，因此每一个具体的人口总数必须是某个确切时点的数值。人口普查往往要规定一个普查的标准时点，以便排除在调查期间发生的人口事件的干扰，利于各区域间人口的相互比较。中国第六次全国人口普查的标准时点为2010年11月1日0时，这就是普查人口的统计时点。在此时点之前和之后的人口数都会因各人口要素的变动而有所差异。

地域范围不同，所统计到的人口数也会有所不同。如中国全境内的人口（包含港澳台地区）与中国大陆地区31个省、市、自治区的人口总数就是有差异的。

人口口径是对统计人口的具体界定，通常可以分为常住人口、现有人口和户籍人口3个口径。户籍人口是指在某地区的户口登记机关登记为常住户口、拥有当地户籍身份的人口，与中国的户籍管理制度息息相关。公民在常住人口登记表和户口簿上登记的事项，具有证明公民身份的效力。户籍人口中还包括已进行户口登记的居留在中华人民共和国境内的外国人和无国籍的人。常住人口是指经常或久居本地的人口，包括居住本地暂时外出的人口，不包括在本地暂时居住的外地人口。衡量“经常”或“暂居”的时间标准因管理需求或调查目的不同，可能并不一样，通常以半年作为标准。在2000年第五次全国人口普查中，在某地居住半年以上或虽不到半年但已经离开户籍所在地半年以上的人口均被看作是常住人口。现有人口是指在一定时点居住于某地域范围内的全部人口，包括外来暂住人口，不包括本地暂时外出的人口。2005年百分之一人口抽样调查和2010年第六次全国人口普查使用的就是现有人口口径。造成上述三种口径人口数量差异的决定性因素是流动人口（或暂住人口），包括流入人口（外来暂住人口）和流出人口（外出暂住人口）。

为了方便年度间和国别间的比较，统计部门往往会公布年末（12月31日，也可看作是次年1月1日）人口数。使用人口数据时，需要关注数据来源中对于人口口径的注解与说明。如中国1982年之前的年末人口数是户籍统计数，而1982年之后按照历次普查和人口变动情况抽样调查采用的是常住人口口径，这是与中国人口迁移和流动的现实有关的：1982年之前，流动人口数很少，基本没有统计记录；而当前流动人口已经成为各地区常住人口的重要组成部分。即使由于历史和时代的原因，没有办法做到口径统一，也至少要做到心中有数。

表3.1和表3.2分别是中国历代人口数和1949年以来大部分年份中国人口数。

表3.1　　中国历代人口数（万人）

公元纪年	对应的历史时期	人口数
前5000年	出现原始农业	493
前340年	战国初期	3 000

续前表

公元纪年	对应的历史时期	人口数
前 221 年	秦朝初期	2 000
前 202 年	西汉初期	1 300
2 年	西汉平帝元始二年	6 300
157 年	东汉桓帝永寿三年	7 200
265 年	三国末期	2 500
300 年	晋惠帝永康元年	3 379
368—407 年	十六国东晋中后期	3 128
520 年	南北朝中期	5 240
581 年	南北朝末期	4 430
609 年	隋炀帝大业五年	5 542
624 年	唐高祖武德七年	2 274
755 年	唐玄宗天宝十四年	8 775
860 年	唐懿宗咸通元年	6 700
960 年	五代十国末期	3 979
1110 年	宋徽宗大观四年	11 946
1207—1223 年	金章宗泰和七年至宋宁宗嘉定十六年	12 540
1351 年	元惠宗至正十一年	9 730
1566 年	明世宗嘉靖四十五年	16 480
1661 年	清世祖顺治十八年	8 490
1691 年	清圣祖康熙三十年	11 023
1751 年	清高宗乾隆十六年	20 560
1805 年	清仁宗嘉庆十年	33 218
1851 年	清文宗咸丰元年	43 216
1874 年	清穆宗同治十三年	35 890
1912 年	中华民国元年	44 294

资料来源：国家卫生计生委计划生育基层指导司，中国人口与发展研究中心．人口与计划生育常用数据手册（2016）．北京：中国人口出版社，2017：113.

表 3.2　　1949—2016 年全国分性别的人口数（万人）

年份	年末人口数	男性	女性	年份	年末人口数	男性	女性
1949	54 167	28 145	26 022	1989	112 704	58 099	54 605
1950	55 196	28 669	26 527	1990	114 333	58 904	55 429
1951	56 300	29 231	27 069	1991	115 823	59 466	56 357

续前表

年份	年末人口数	男性	女性	年份	年末人口数	男性	女性
1952	57 482	29 833	27 649	1992	117 171	59 811	57 360
1955	61 465	31 809	29 656	1993	118 517	60 472	58 045
1957	64 653	33 469	31 184	1994	119 850	61 246	58 604
1960	66 207	34 283	31 924	1995	121 121	61 808	59 313
1962	67 295	34 517	32 778	1996	122 389	62 200	60 189
1965	72 538	37 128	35 410	1997	123 626	63 131	60 495
1970	82 992	42 686	40 306	1998	124 761	63 940	60 821
1971	85 229	43 819	41 410	1999	125 786	64 692	61 094
1972	87 177	44 813	42 364	2000	126 743	65 437	61 306
1973	89 211	45 876	43 335	2001	127 627	65 672	61 955
1974	90 859	46 727	44 132	2002	128 453	66 115	62 338
1975	92 420	47 564	44 856	2003	129 227	66 556	62 671
1976	93 717	48 257	45 460	2004	129 988	66 976	63 012
1977	94 974	48 908	46 066	2005	130 756	67 375	63 381
1978	96 259	49 567	46 692	2006	131 448	67 728	63 720
1979	97 542	50 192	47 350	2007	132 129	68 048	64 081
1980	98 705	50 785	47 920	2008	132 802	68 357	64 445
1981	100 072	51 519	48 553	2009	133 450	68 647	64 803
1982	101 654	52 352	49 302	2010	134 091	68 748	65 343
1983	103 008	53 152	49 856	2011	134 735	69 068	65 667
1984	104 357	53 848	50 509	2012	135 404	69 395	66 009
1985	105 851	54 725	51 126	2013	136 072	69 728	66 344
1986	107 507	55 581	51 926	2014	136 782	70 079	66 703
1987	109 300	56 290	53 010	2015	137 462	70 414	67 048
1988	111 026	57 201	53 825	2016	138 271	70 815	67 456

注：1981 年及以前数据为户籍统计数；1982 年、1990 年、2000 年、2010 年数据为当年人口普查数据推算数；2015 年数据由国家统计局在 2016 年 1 月 19 日发布；其余年份数据为年度人口抽样调查推算数；总人口和按性别分人口中包括现役军人。

资料来源：国家统计局．中国统计年鉴．(2017-01-01)[2018-02-11]．http://www.stats.gov.cn/tjsj/zxfb/201701/t20170120_1455942.html；国家卫生计生委计划生育基层指导司，中国人口与发展研究中心．人口与计划生育常用数据手册(2016)．北京：中国人口出版社，2017：114.

三、平均人口数

(一) 平均人口数的计算

由于人口总数是一个典型的时点指标，每个时点上的数值均有所不同，因此某一时点的人口数只能代表这一时点的人口规模，不能代表一个时期的人口规模。为了获得一个时期范围内相对稳定的人口数指标，反映一定时期人口规模的平均水平，需要计算平均人口数。平均人口数是进一步计算出生率、死亡率、人均国民收入等指标必需的基础指标。

与统计学中其他平均数指标的计算相似，平均人口数理论上可以通过简单平均数（公式 3.1）或加权平均数（公式 3.2）两种基本方法计算。

$$\overline{P}=\frac{\sum_{i=1}^{n}P_i}{n} \qquad \text{（公式 3.1）}$$

$$\overline{P}=\frac{\sum_{i=1}^{n}(P_i\cdot t_i)}{\sum_{i=1}^{n}t_i} \qquad \text{（公式 3.2）}$$

两者的差别在于：公式 3.1 仅考虑与人口数相对应的时点个数；公式 3.2 还需考虑各时点间的时期长度，因而以相应的时期长度比例作为权数。公式 3.1 可视为公式 3.2 在时期长度相等时的特殊情形。为方便起见，本节以下公式均以简单平均数的计算为例。

理论上，平均人口数准确的计算方法应当是将每一瞬间的人数相加，除以相应的时期长度。但在实际工作中，不可能取得每一瞬间的人口数字，即使是每日的人口数也难以取得，因此一般只计算平均人口数的近似值。

1. 序时平均数公式

在已知某一时期内若干时点的人口数的情况下，通过序时平均数公式计算平均人口数：

$$\overline{P}=\frac{\frac{P_0}{2}+P_1+P_2+\cdots\cdots+P_{n-1}+\frac{P_n}{2}}{n} \qquad \text{（公式 3.3）}$$

其中，$\overline{P}$ 为平均人口数，P_n 为第 n 时点的人数，n 为每两个时点所构成的时期个数。

需要特别提醒的是，时点数为 $n+1$ 个，时期个数为 n 个。

计算原理是：假设每两个时点间人口均匀变动，因而可以通过简单平均数的方法计算每两个时点的平均人口数，再将时期内所有两两时点间的平均人口数之和与时期个数相除，就可以得到包含若干时点人口数的某时期的平均人口数指标。

以计算 2000—2009 年间的平均人口数为例。从《人口统计年鉴》中得到每年的年末人口数，每年的年末人口数可近似看作是下一年的年初人口数，这样 2000 年的年初人口数也就是 1999 年的年末人口数。首先利用年初和年末两个时点的人口数计算每年的平均人口数，再将这些平均数加总求商得到 2000—2009 年 10 年间的平均人口数。计算公式为：

$$\begin{aligned}\overline{P}_{2000-2009}&=\frac{\overline{P}_{2000}+\overline{P}_{2001}+\cdots\cdots+\overline{P}_{2009}}{10}\\&=\frac{1}{10}\left[\left(\frac{P_{1999}+P_{2000}}{2}\right)+\left(\frac{P_{2000}+P_{2001}}{2}\right)+\cdots\cdots+\left(\frac{P_{2008}+P_{2009}}{2}\right)\right]\\&=\frac{\frac{P_{1999}}{2}+P_{2000}+\cdots\cdots+\frac{P_{2009}}{2}}{10}\end{aligned}$$

将表 3.2 中相应年份的人口数代入，就可以计算得到 2000—2009 年的平均人口数。

2. 简单算术平均数公式

如果只掌握期初和期末的人口数，也可以按简单算术平均数计算：

$$\overline{P}=\frac{P_0+P_1}{2} \quad \text{（公式 3.4）}$$

但这一公式通常仅用于较短的时期，如上例中对于每年平均人口数的计算。当时期过长时，时期内人口均匀变动的假设与实际情况不符的可能性更大，得到的结果会有较大偏差。

实践中，经常根据年初和年末人口数计算年平均人口数；也常用年中人口数来表示年平均人口数。这些计算方法均假设该年内人口数均匀变动（增加或减少）。如果整个时期内人口数是均匀变动的，则期中人口数恰好与该时期平均人口数相等。

3. 人口指数增长模式下的公式

如果我们已知某一较长时期内人口是按指数增长模式变化的，该时期的平均人口数则可以用下列公式计算：

$$\overline{P}=\frac{P_t-P_0}{\ln P_t-\ln P_0} \quad \text{（公式 3.5）}$$

其中 P_0 和 P_t 分别代表期初和期末的人口数。

（二）用期中人口数近似代替平均人口数

期中人口数是某一时期期中时点的人口数。对于日历年份而言，每年的 7 月 1 日 0 时是一年的中间时点，该时点的人口数可视为一年的期中人口数。我国 2000 年之前的普查用 7 月 1 日 0 时作为普查标准时点，其目的就是使得到的时点人口数恰好是年中人口数。

如果整个时期内人口数是均匀变动的，则期中人口数恰好与该时期平均人口数相等。

人口统计中经常在假设时期内人口均匀变动的条件下，用期中人口数代替平均人口数计算出生率、死亡率等人口统计指标和各种人均指标。

第二节　人口变动的测度

一、人口变动平衡公式

（一）人口变动

人口变动狭义上指人口总数的增减变化；广义上指人口状况受社会、经济、人口自身等各方面因素的影响，随着时间的推移而发生的变动。

人口总数的变动常被称作人口增长（population growth），包括了正向和负向的人口变动。正向变动为正增长，负向变动或人口减少被看作人口负增长。广义上的人口变动可分为自然变动、迁移变动和社会变动，分别反映人口变动过程的不同侧面。①

1. 自然变动

自然变动是指由于出生和死亡而引起的人口数的增减变动。对于封闭人口来说，自然变动是引起人口总数变动的唯一因素。

自然变动的绝对数表现为一定时期内人口出生数与死亡数之差，通常称为人口自然增长量，可以为正数，也可以为负数。

$$NI=B-D \qquad \text{（公式 3.6）}$$

自然变动的相对数表现为一定时期内的人口自然增长量和该时期平均人口数之比，通常称为人口自然增长率。

$$CRNI=\frac{NI}{P}=\frac{B-D}{P} \qquad \text{（公式 3.7）}$$

不同国家或地区的人口自然增长量受到该国家或地区人口规模的影响，差异巨大。人口自然增长率排除了人口基数的影响，可以用来进行国家或地区间的比较。

2. 迁移变动

迁移变动也被称作机械变动，指人口在空间上的移动，即人口从一个地区向另一个地区的迁移。包括永久性迁移和暂时性迁移、国内迁移和国际迁移等。

区域内的迁移变动不仅会改变一个地区的人口总数，还会改变当地人口的年龄、性别和社会经济结构，并对未来的人口增长趋势产生影响。世界范围内的人口迁移只会改变人口在各国间或地区间的分布及劳动力在不同地区的再分配，不会引起人口总数的变动。社会生产力的发展、社会经济条件的变化和国家移民政策的推行，都可能会引起人口迁移变动。

3. 社会变动

社会变动指人口从一个社会集团转入另一个社会集团的变动，包括人口的阶级、行业、职业、教育程度、宗教信仰、语言等的变动②，这种变动使人口社会构成发生变化，也会影响社会经济、文化的发展。如高中毕业生进入社会从事生产劳动，或者进入大学接受高等教育，均是社会变动的表现，其规模和比例对劳动就业和人力资本等产生不同程度的影响。

社会变动是由生产力发展，生产关系变化以及相应的社会、经济、政治、文化等方面的变化而引起的。如中国 1999 年的高校扩招政策，使很多原本无缘高等教育的高中毕业生得以进入大学校园，这改变了他们的社会变动轨迹。

人口社会变动与自然变动、迁移变动之间有着密切联系。如从农村往城市的人口迁移变动，往往会引起职业变动、相应的出生率和死亡率变动及人口自然变动等。

---

① 刘铮．人口学辞典．北京：人民出版社，1986：22.

② 同①164.

（二）人口变动平衡公式

人口变动平衡公式（balancing equation）简称人口平衡公式，也称人口变动平衡方程，是反映人口变动及其影响因素的基本公式，显示一段时期内人口增长受出生、死亡和迁移事件的影响。

$$P_t - P_0 = B - D + M_I - M_O \qquad \text{（公式 3.8）}$$

其中 P_t 是期末人口数，P_0 是期初人口数，B 为期内出生人口数，D 为期内死亡人口数，M_I 为期内迁入人口数，M_O 为期内迁出人口数。

对人口平衡公式进行变换，可求得人口自然增长量、迁移增长量和总增长量。

期内人口自然增长量为 $NI = B - D$，反映由于出生和死亡而引起的人口数的增减变动。

期内人口迁移增长量为 $NM = M_I - M_O$，反映由人口的迁入和迁出引起的变动。

期内的人口总增长量为 $PG = P_t - P_0$。

这样，平衡公式就可以转化为：

$$PG = NI + NM \qquad \text{（公式 3.9）}$$

将公式 3.9 中每个指标均与该时期的生存人年数（用时期长度乘以平均人口数估计）相除：

$$\frac{PG}{t \cdot \overline{P}} = \frac{NI}{t \cdot \overline{P}} + \frac{NM}{t \cdot \overline{P}}$$

得到：

$$CGR = CRNI + CRNM = CBR - CDR + CRIM - CROM \qquad \text{（公式 3.10）}$$

即人口的自然增长率 $CRNI$ 等于粗出生率 CBR 与粗死亡率 CDR 的差值，净迁移率 $CRNM$ 等于粗迁入率 $CRIM$ 与粗迁出率 $CROM$ 的差值，粗增长率 CGR 则是自然增长率与净迁移率之和。

人口变动平衡公式中所指的“时期”时间单位为“年”。

二、人口增长模式

人口的增长总是呈现一定的规律性，被称为人口增长模式。通常人口会呈现线性增长、几何增长和指数增长 3 种模式。

（一）线性增长

短期内，当人口各要素均匀变动时，人口增长可被视为线性增长。人口总量表现为时间的线性函数，或在同样时期长度内人口增量是一样的。公式为：

$$\Delta P = k \cdot \Delta t \qquad \text{（公式 3.11）}$$

利用算术平均数方法计算平均人口数时，假设条件就是人口均匀变动或呈线性增长模式。

线性增长也被称为算术级数增长。马尔萨斯在其名著《人口原理》中，曾描述粮食的增长呈现“算数级数增长”，即他认为粮食的增长遵循线性增长模式，也叫作等差级数模式。

(二) 几何增长

较长时期内，当把时间看作离散变量时，人口增长模式为几何增长，可用人口等比增长函数来反映。

人口等比增长函数以复利公式表示，基本形式为：

$$P_t = P_0 \cdot (1+\bar{r})^t \qquad \text{(公式 3.12)}$$

其中，$\bar{r}$ 是人口年均增长率，P_0 和 P_t 分别是基年和所关注时期内第 t 年的人口数，t 是以年份表示的时期长度。

同样，在马尔萨斯的《人口原理》中，他曾描述人口的增长遵循几何级数增长，因此人口增长最终将超过粮食增长，或在一定时期后人口总量将超过粮食总量，使人口陷入贫困。

(三) 指数增长

较长时期内，当把时间看作连续变量时，人口增长模式为指数增长，可用人口指数增长函数来反映。

人口指数增长函数的基本公式为：

$$P(t) = P(0) \cdot e^{\bar{r}t} \qquad \text{(公式 3.13)}$$

其中 e 为自然对数的底（2.718 28……）。

几何增长与指数增长均是表示人口总量随着时间而变动的人口增长模式，人口数均表现为时间的指数函数，即时间处于指数位置。基本形式为：

$$P = A \cdot B^t$$

其中，P 为人口数，t 为时间，A 和 B 为有关的参数。

当把时间离散化表达，即区分为不同时期（通常为一年）来计算人口增长时，人口数与时间的关系表现为几何增长。当把时间视为连续函数时，人口数与时间的关系则表现为指数增长。由于人口无时无刻不在增长变动，因此用指数增长模式表示人口增长，更符合人口增长过程的性质，结果也更为精确。

如果计算时期较短（如数年）或增长率数值较低（如 3%以下），等比增长函数和指数增长函数计算结果相差甚微。实际计算时，二者可通用；理论推导时，常使用指数增长函数。

在不同增长率条件下，比较 t 年后的人口总数与基年时的人口总数，可以发现：增长率不同在初期造成的差别不大，随着时间推移，差别迅速增大。

人口指数增长函数可用于在假定人口平均增长率不变的条件下，估算两次普查之间某一时刻的人数，或用来简单预测未来某一时刻的人数。但是当社会经济条件有较大变动或人口再生产方式有较大变化时，用人口指数增长函数进行简单预测，会带来很大误差。

(四) 罗吉斯蒂增长

除了上述增长模式之外，罗吉斯蒂（logistic）增长也是备受人们关注的一种增长模式，用罗吉斯蒂函数来反映。在这一模式中，人口增长率作为现存人口数的线性函数而下降，总人口逐渐趋向一个上限。

罗吉斯蒂函数通常用来描述在一个有限环境里，一个生物群内个体数目的增长过程，是一种指数函数。基本形式为：

$$P=\frac{L}{1+e^{a+bt}} \qquad \text{（公式 3.14）}$$

其中，t 为时间，P 为生物群在时间 t 的个体数目，e 为自然对数的底，L、a、b 均为有关参数，L 为 P 的最大极限值。

罗吉斯蒂函数的特点是：第一，P 值随 t 值的增长而增长，为单调增函数。第二，以拐点（$-a/b$，$L/2$）为中心呈中心对称。第三，在拐点以前，P 加速增长；过拐点以后，P 减速增长。即群内个体数目开始增长很慢，然后越来越快，达到一定数目（$L/2$）后，增长速度便越来越慢，当 P 接近极限值 L 时，增长接近于0。第四，函数以 $P=0$ 和 $P=L$ 为两条水平渐近线。

为了计算方便，函数形式也可以变换形式为：

$$\frac{1}{P}=K+ab^t \qquad \text{（公式 3.15）}$$

罗吉斯蒂函数曾于1838年由比利时学者维尔玉斯特（P. F. Verhulst）第一次提出，后湮没失传。1920年，美国学者珀尔（R. Pearl）和利德（L. J. Reed）在研究果蝇的繁殖中，重新发现这条曲线，并开始在人口估计和预测中推广应用，引起广泛注意。

罗吉斯蒂函数是对人口指数增长函数的一种修正。若假定每单位时间内人口增长率（或瞬间人口增长率）永远保持不变，$dP/Pdt=k$（P 为人口数，是时间的函数，t 为时间，k 为常数），即得人口指数增长函数 $P(t)=P(0)\cdot e^{kt}$；若假定每单位时间内人口增长率（或瞬间人口增长率）随着人口数 P 的增加而降低，$dP/Pdt=k\cdot(1-P/L)$（L 为可能达到的最高人口数），即得罗吉斯蒂人口函数 $P=\frac{L}{1+e^{a+bt}}$。

一些人口学家曾利用罗吉斯蒂函数进行人口预测。在短期内，其结果与用指数增长函数或其他函数推算相差不大，但是由于所有这些预测都是把人口数直接作为时间的函数，根据以往的人口发展趋势推算未来，并不考虑未来影响人口发展的各种社会经济因素和人口因素，所以预测时期稍长，结果就很难符合实际。

罗吉斯蒂函数并不能如珀尔和利德所称是人口发展规律的“通用模式”，因为它将人口发展完全等同于某些生物群的自然繁殖，忽略了人对自身行为的控制能力；同时把人类的生活环境和生存资料当作不变的常数，忽略了人类对于自然的改造能力。

三、人口增长率

（一）自然增长率

一个封闭人口（没有迁移流动发生）的变动完全取决于出生和死亡，一定时期的出生人口数与死亡人口数的差值即人口自然增长量。自然增长率（natural increase rate）就是用一定时期内人口自然增长量与该时期的平均人口数相比，表明人口自然增长的程度。通常以一年为期计算，用百分数表示。

$$CRNI=\frac{B-D}{\overline{P}}\times 100\% \qquad \text{（公式 3.16）}$$

人口自然增长率等于出生率与死亡率之差。

$$r=b-d \qquad \text{（公式 3.17）}$$

当全年出生人口数超过死亡人口数时，人口自然增长率为正值；当死亡人口数超过出生人口数时，则为负值。

自然增长率取决于出生率和死亡率两者之间的对比关系，且三个指标共同构成人口再生产模式的重要衡量指标。人口转变理论就描述了人类人口从高（出生率）高（死亡率）低（自然增长率）的传统再生产模式，经由高（出生率）低（死亡率）高（自然增长率），转变为低（出生率）低（死亡率）低（自然增长率）现代再生产模式的过程。

（二）年增长率

一个开放人口的变动除了受到自然变动的影响，还受到迁移变动的影响。期末和期初两个时点人口总量的差值即人口增长量。由于人口增长量的大小与人口规模基数有关，也与时期长短有关，因此一般并不直接比较人口增长量以反映人口增长的快慢，而是需要计算增长率指标。

人口年增长率一般也简称粗增长率（crude growth rate）或人口增长速度，是一定时期内人口增长量与时期平均人口数之比。通常以一年为期计算，用百分数表示。

当时期长度为一年时，人口年增长率用年末人口数减去年初人口数后与年平均人口数（或年中人口数）相除计算得到，反映一年内人口的增长程度。

$$r=\frac{P_1-P_0}{\overline{P}}\times 100\% \qquad \text{（公式 3.18）}$$

其中，r 为人口年增长率，P_1、P_0 和 $\overline{P}$ 分别为年末、年初和年平均人口数。

这样计算的人口增长率表明年内人口增长量与全年平均人口数的比。

有时也用年初人口数作分母，反映年内人口增长量与年初原有人口数的比。

$$r=\frac{P_1-P_0}{P_0}\times 100\% \qquad \text{（公式 3.19）}$$

根据人口变动平衡公式，全年人口增长量是一年内人口出生、死亡、迁入和迁出的综合结果，所以，人口年增长率为正数，表示年内人口总数在增加。相比较上年的人口年增长率下降只表明增长速度减缓，并不等于人口总数减少。只有当人口增长率为负数时，才表明人口总数在减少。

就全世界而言，人口增长率等于人口自然增长率；就一个国家或地区而言，人口增长率取决于人口自然增长率和人口净迁移率的博弈。有些国家或地区的人口增长主要来自人口自然增长，有些则主要来自人口迁移增长。自然增长和迁移增长都为社会经济条件和国家政策所制约。不同国家或不同时期人口增长率差别很大。

（三）年均增长率

针对不同时期长度的人口增长量，需要计算相对指标人口增长率。当时期为一年时，计算相对简单，通过计算年增长率指标反映某年内人口的增长程度，其背后逻辑是人口在一年内增长模式为线性增长。但是当时期长度超过一年时，线性增长的假设不符合人口增长的实际，时期长度越长，实际人口增长模式与线性增长的假设偏离程度越大，这时就需要计算人口年均增长率。

人口年均增长率也叫作人口平均每年增长率，或人口平均每年增长速度，反映较长时期内人口的增长程度。

人口年均增长率的计算有两种方法，取决于数据基础。如果有每年的人口数，可通过用各年人口发展速度连乘积再开方减 1 的方式计算人口年均增长率；如果只有期初和期末的人口数指标，则通过期末人口数与期初人口数相除再开方减 1 的方式进行计算。这两个公式是等值的，前提假设均是该时期内人口按照几何级数增长。

当一段时期内各年人口增长率不同，假定人口每年以一个固定的平均增长率 $\bar{r}$ 增长。按照复利公式，t 年后的人口总数 P_t 与期初人口总数 P_0 的关系为：

$$P_t = P_0 \cdot (1+\bar{r})^t$$

因此，在上述两种数据基础下，计算人口年均增长率的公式分别为：

$$\bar{r} = \sqrt[t]{\frac{P_1}{P_0} \cdot \frac{P_2}{P_1} \cdot \cdots\cdots \frac{P_t}{P_{t-1}}} - 1 \qquad \text{（公式 3.20）}$$

或者：

$$\bar{r} = \sqrt[t]{\frac{P_t}{P_0}} - 1 \qquad \text{（公式 3.21）}$$

其中，$\bar{r}$ 是人口年均增长率，P_t 是所关注时期内第 t 年的人口数，t 是以年份表示的时期长度，$\frac{P_t}{P_{t-1}}$ 是第 t 年的人口发展速度，$\sqrt[t]{\frac{P_1}{P_0} \cdot \frac{P_2}{P_1} \cdot \cdots\cdots \frac{P_t}{P_{t-1}}}$ 是人口年均发展速度。

需注意：上述年增长率和年均增长率计算中分母不同。前者的分母是该年平均人口数，是率指标定义下对分母人年数的估算方法；后者的分母则是期初人口数。实践中，人口年增长率（或年增长速度）的计算也会用年初人口数作分母，这虽然是对率指标的一种误用，但因其沿用已久，且计算简便、所得结果也并无太大差异，因此被广为接受和使用。

我们可以计算中国 1980—2000 年间的人口年均增长率指标：

$$\bar{r}_{1980-2000}=\sqrt[20]{\frac{P_{2000}}{P_{1980}}}-1=\sqrt[20]{\frac{126\ 743}{98\ 705}}-1=0.012\ 58=1.258\%$$

注意数据 P_{1980}、P_{2000} 分别代表的是 1980 年和 2000 年年末的数据，而 1980 年的年末数相当于 1981 年的年初数，因此看似是 1980—2000 年 21 年间的人口年均增长率指标，实际上计算的是从 1981 年年初到 2000 年年末 20 年间的人口增长情况，这也是时期长度为 20 年而非 21 年的原因。对应于期初、期末数据的时期长度的选择是在计算人口年均增长率指标时容易出错的地方。

如果已知每年的实际人口增长率 r_1、r_2……r_t，而不知人口总数，也可用如下公式计算年均增长率：

$$\bar{r}=\sqrt[t]{(1+r_1)\ (1+r_2)\ \cdots\cdots\ (1+r_t)}\ -1 \qquad (公式\ 3.22)$$

如果考虑到人口增长的连续性，在使用指数方程 $P(t)=P(0)\cdot e^{rt}$ 表示人口增长过程时，人口年均增长率则为：

$$\bar{r}=\frac{1}{t}\cdot\ln\left[\frac{P(t)}{P(0)}\right] \qquad (公式\ 3.23)$$

如果得到的是若干段长短不同的时期的年均增长率，希望计算整个时期的年均增长率，则需要用每段时期的年数来加权。公式为：

$$\bar{r}=\sqrt[t]{(1+\bar{r}_1)^{t_1}\ (1+\bar{r}_2)^{t_2}\cdots\cdots\ (1+\bar{r}_n)^{t_n}}\ -1 \qquad (公式\ 3.24)$$

其中，t_1、t_2……t_n 是各时期的年数，$t=t_1+t_2+\cdots\cdots+t_n$。

人口年均增长率指标可以用来反映较长时期内波动起伏的人口发展的平均速度，比较长度不同的两个时期的人口发展速度，或者对比同一时期内不同国家或地区的人口增长速度。

使用这一指标时应注意：第一，它的作用在于消除各年增长率之间的差异，表明全期的平均增长趋势，因此掩盖了各年的差别是必然的；第二，如果期内不仅有增长速度高低的变化，而且有方向上的差别，即人口有时增长，有时缩减，应该平均考察性质不同的各个时期；第三，若目的仅在于观察整个历史时期的总发展趋势，也可只看全期平均年增长率，而不计较期内各短期的人口增长。

(四) 人口倍增时间

人口倍增时间是反映人口增长速度的另一种方式，指如果人口按某一固定增长率增长，其人口总数增加一倍所需要的时间，通常用年数表示。增长率越高，增长越快，人口总量翻一番的时间就会越短。

有两种计算公式：

(1) 当使用复利公式表示人口增长时：

$$P_t=P_0\cdot(1+\bar{r})^t$$

则人口倍增时间为：

$$t_d=\frac{\lg 2}{\lg(1+\bar{r})}=\frac{0.3010}{\lg(1+\bar{r})}$$ （公式 3.25）

（2）当使用指数函数表示人口增长时：

$$P(t)=P(0)\cdot e^{\bar{r}t}$$

则人口倍增时间为：

$$t_d=\frac{\ln 2}{\bar{r}}=\frac{0.693}{\bar{r}}$$ （公式 3.26）

可见，人口倍增时间 t_d 与人口年均增长率 $\bar{r}$ 呈函数关系（见表 3.3）。

表 3.3　人口倍增时间与年均增长率的关系

年均增长率 $\bar{r}$（%）	人口倍增时间 t_d（年）		年均增长率 $\bar{r}$（%）	人口倍增时间 t_d（年）	
	复利公式	指数函数		复利公式	指数函数
0.1	693.5	693.1	2.0	35.0	34.7
0.5	139.0	138.6	2.5	28.1	27.7
1.0	69.7	69.3	3.0	23.4	23.1
1.5	46.6	46.2	3.5	20.1	19.8

资料来源：刘铮．人口学辞典．北京：人民出版社，1986：228.

在同样的年均增长率下，用指数函数计算的人口倍增时间略短；但若只取整数时，两种方式计算结果基本相同。

从后一公式可以得到一简便算法，即 $t_d=69/\bar{r}$（其中 $\bar{r}$ 用百分点表示），通称“69 定律”。

人口倍增时间和人口增长率是一枚硬币的两面，二者结合使用可更全面地反映人口增长情况。人口倍增时间比较通俗易懂，但它的计算是假定某一年的人口增长率或某几年的年均增长率长期保持不变，实际上很少有这种情况。因此要审慎解释这一指标。

（五）人口零增长

人口零增长（zero population growth，ZPG），是指人口自然增长率等于零，出生和死亡的人口数相等，人口总数不增不减。

人口零增长既是一种理想的静止人口状态，也是 20 世纪 70 年代西方学者提出来的主张人口、经济停止增长，使全球保持均衡，避免世界经济体系最终崩溃的一种人口理论。

20 世纪 60 年代，人口和自然环境及生态平衡的关系成为西方社会关注的话题。1972 年，麦多斯（D. Meadows）受罗马俱乐部的委托，撰写了《增长的极限》报告，认为人口增长、粮食供应短缺、资本投资、环境污染和资源枯竭是对世界经济增长最有影响的 5 个因素。这 5 个因素均呈指数增长，且每个因素的增长都有其循环体系结构，构成正负反馈回路。如人口增长的正反馈回路表现为出生率，负反馈回路表现为死亡率。在死亡率下降或保持不变时，必须降低出生率，延长两代人的生育间隔，才能降低人口增长率。上述 5 个因素相互影响：人口增长需要增加粮食供应，粮食供应取决于农业投资，农业增长需要更多的化肥和农药，会加剧环境污染，并消耗更多的石油、煤炭等非再生资源，而环境污染和自然资源枯竭反过来又影响人口自身发展。因此，避免世界体系最终崩溃的出路在于使全球保持均衡，使出生和死亡人数相等，实现人口零增长。①

关于人口零增长的深入理解，在本书第十一章“人口再生产分析”中还会涉及。

小　结

◇ 要想准确统计人口总数，必须明确规定统计时点、地域范围和人口口径。

◇ 人口总数是一个典型的时点指标，某一时点的人口数只能代表这一时点的人口规模，不能代表一个时期的人口规模。为了获得一个时期范围内相对稳定的人口数指标，反映一定时期人口规模的平均水平，需要计算平均人口数。

◇ 针对不同时期长度的人口增长量，需要计算相对指标人口增长率。当时期为一年时，可通过计算年增长率指标反映某年内人口的增长程度，其背后逻辑是人口在一年内的增长模式为线性增长。但是当时期长度超过一年时，线性增长的假设不符合人口增长的实际，时期长度越长，实际人口增长模式与线性增长的假设偏离程度越大，这时就需要计算人口年均增长率。

思考题

1. 在什么情况下期中人口数可以替代平均人口数？
2. 在什么情况下需要计算人口年均增长率？为什么？
3. 如何理解人口零增长？

推荐阅读书目

1. 朱国宏．中国历史人口增长再认识：公元 2—1949. 人口研究，1998（3）.
2. 刘铮，邬沧萍，林富德．对控制我国人口增长的五点建议．人口研究，1980（3）.
3. 蒋耒文．人口变动对气候变化的影响．人口研究，2010（1）.
4. 梅多斯，兰德斯，米都斯．增长的极限．北京：机械工业出版社，2013.

① 刘铮．人口学辞典．北京：人民出版社，1986：157－158.

第四章

人口统计基本指标与方法

【导读】

人口统计学有一些基本的指标和分析方法，与基础统计学和其他专业统计学中的同名概念或方法在思路和运用上不尽相同。哪些指标用来描述人口状态？哪些指标用来度量人口事件？如何绘制人口金字塔？时期分析和队列分析的差别是什么？为什么要采用假定队列分析方法？本章将对上述问题予以回答。

第一节　人口状态与结构的基本度量

一、人口状态与结构

规模及其变动规律是我们对于一个人口的初步认识。在了解了“有多少人”之后，紧接着我们会自然地关注到人口的结构特征，回答“有哪些人”和“在哪里”的问题。

（一）状态、过程与事件

人口状态（status）是人口系统所处的状况或所表现出来的形态，反映为一定地域范围内一定时点上的人口规模与结构。人口从一个状态转化为另一个状态，叫作人口过程（process）；状态的转化往往由人口事件（events）推动。如迁移事件使一个人或人群从静止状态转化为流动状态、从农村务农状态转化为城市务工状态；迁移前后，人口系统中流动人口与留守人口、乡村人口与城镇人口的规模及结构会发生变动。

人口统计指标据此可区分为两类：静态指标和动态指标。静态指标主要用来描述人口的状态，动态指标则主要用来度量人口过程和人口事件。人口状态是以往人口过程作用的结果，也奠定了未来人口事件发生的基础。以人口总数指标为例，它是一个静态时点指标，反映一定地域范围内特定时点上的人口规模。人口平衡公式则揭示了这一人口状态是如何受到出生、死亡、迁移等人口事件的影响，从而发生变动的。

（二）总人口、子人口与结构

除了总人口（total population）外，我们经常还会关心子人口（subpopulation），即具有某些特征的人口，如女性人口、老年人口、流动人口、残疾人口、贫困人口等。这些子人口既是总人口中的一部分，又可以独立成为我们的观察对象。作为独立观察对象的子人口，对其规模及变动的测度与第三章所讲述的内容完全一致，可以利用同样的思路和方法，度量子人口的规模大小，计算其在某一时期内的平均人口数，观察其随着人口事件如何发生变动，等等。而作为总人口一部分的子人口，需要与总人口相结合进行分析研究，这时往往使用人口结构的概念。

人口结构是根据某些属性将人口划分为不同类别或组，用来反映人口的内部特征。狭义的人口结构指人口的性别、年龄结构，是人口结构分析的最基本内容；广义的人口结构还包括人口的社会经济结构，如受教育程度、婚姻状态、行业、职业等结构。上面提到的女性人口、老年人口、流动人口、残疾人口、贫困人口等子人口，分别对应性别、年龄、流动特征、身体状况、经济水平等属性。

需要指出的是，在人口结构相关分析中，"结构"（structure）、"构成"（composition）与"分布"（distribution）三个相近概念往往被交替使用。[①] 尽管在大多数情形下，这三个概念可以被视作相同，但本书仍对其进行大致区分。其中，"分布"主要用来指人口的空间分布（spatial distribution）或地理分布（geographic distribution），如城乡分布和地区分布等，以及从数学和统计的函数分布角度侧重于总体内各部分的分配。"结构"和"构成"主要用来强调从总体的角度看内部各组成部分的情况。

度量人口结构往往需要使用相对指标。人口统计中的绝对指标通常是通过直接调查获得的，如人口总数；而相对指标则需要通过计算得到。相对指标可以被分为强度相对数（两个性质不同又具有某种联系的绝对数之比）、比较相对数（两个同类绝对数之比）、结构相对数（反映各部分占总体的百分比）等，本节首先介绍"比"和"比例"两个指标。

二、比与比例指标

（一）比指标

比（ratio）可以是任何一个指标与另外一个指标相比较的结果。比的公式形式为：

$$\text{ratio}=\frac{x}{y} \qquad \text{（公式 4.1）}$$

从构成比的分子和分母的关系来看，有三种类型的比指标：

---

① 联合国国际人口学会．人口学词典．北京：商务印书馆，1992：20.

(1) 同一总体中具有相同属性的两个数值的比较。即如果将一个整体分为不同的部分，比可以理解为整体内某一部分与另一部分的比较。如性别比（sex ratio)、抚养比（也称抚养系数）(dependency ratios)、儿童妇女比（the child/woman ratio）等。

(2) 不同总体的相同指标的比较。可以是不同地区同一时间上的相同指标比较，也可以是不同时间同一地区两个相同指标的比较。如2010年中印两国人口规模之比，或2010年与2000年世界人口总数之比。

(3) 同一地区两个不同性质指标的比较。人均指标或人口密度指标往往属于这一类比指标。

上述三种类型的比，前两种可归为比较相对数，第三种可视为强度相对数。

比的分子和分母往往是绝对指标，反映两个指标的相对大小。比的单位较为随意，可以是1（即系数)、百分数或千分数等。

（二）比例指标

比例（proportion）也叫作比重，可以看作一种特殊的比，其特点是分子包含在分母内。如果将一个总体分为不同的部分，比例可以理解为总体内某一部分与总体的比较。比例的公式形式为：

$$p=\frac{x}{x+y} \qquad \text{（公式 4.2）}$$

总体各部分比例集合形成总体的结构或分布，总体各部分比例之和为1。人口统计中经常用到的比例指标有：少儿人口比例、劳动年龄人口比例、老年人口比例等。

比例的单位可以是1（即系数)、10（即成数)、百分数或千分数等。百分比是最常使用的比例单位。

第二节　人口性别、年龄结构的度量

一、自然结构与社会经济结构

性别和年龄是个体最重要的自然属性，由人的生理过程决定。因此人口自然结构通常就指人口性别、年龄结构。

性别、年龄结构直接影响出生和死亡的发生率，也会对婚姻、迁移、职业结构以及实际上所有其他的人口特征产生影响。任何时期一个人口的性别、年龄结构都是过去生育、死亡和迁移变动的结果；反过来，又因为出生、死亡和迁移在不同年龄和性别人口中发生频率不同，而影响着目前的出生率、死亡率、迁移率和人口增长率。

人口的性别和年龄结构有许多重要的含义，既可以界定社会再生产的潜力，也是国家劳动力资源的基本决定因素，影响着学校入学、就业以及家庭形成、社会福利供给等事件的发生率以及各种必需商品和服务的需求。人口年龄结构数据以及性别分类，奠定了多种人口分析的基础。

在对人们的性别、年龄结构进行研究时，可以研究某一人口总体性别、年龄结构的现状和基本特征；也可以研究年龄、性别结构与人口的出生、死亡、迁移变动的相互关系；还可以分析各种自然的、社会的、经济的、政治的因素对人口性别、年龄结构的影响，以及人口性别、年龄结构对社会经济发展过程的影响等。①

生活于社会中的个体同时还具有许多重要的社会经济属性，最常见的如民族、地域、受教育程度、婚姻状况、从事的职业等，按照这些社会经济属性对人口所进行的分类，就称为人口的社会经济结构，我们将在第十四章中对这类结构的统计指标和方法加以阐述。

二、性别结构指标

个体性别通常可区分为男性和女性两类。人口的性别结构指标非常简单，分别是性比例、性别比和性别差异百分比。

（一）性比例

性比例（sex proportion）指男性或女性人口数占总人口数的比例。通常用百分比表示。

$$SP^m=\frac{P^m}{P}\times 100\% \qquad \text{（公式 4.3）}$$

$$SP^f=\frac{P^f}{P}\times 100\% \qquad \text{（公式 4.4）}$$

其中，SP^m 和 SP^f 分别是男性比例和女性比例；P^m 和 P^f 分别是男性和女性人口数；P 是总人口数，且 $P=P^m+P^f$。

性比例指标的均衡点（the point of balance）是 50%，在该均衡点意味着总人口中男性和女性各占一半。超过该均衡点则意味着某性别人口数多于另一性别人口数。

（二）性别比

性别比（sex ratio）指人群中某性别人口数与另一性别人口数之比。习惯上，将男性人口数作为分子。因此性别比指的是男性与女性人口数量之比，通常表达为每 100 名女性所对应的男性数量，也称为男性比（masculinity ratio）。其公式为：

$$SR=\frac{P^m}{P^f}\times 100 \qquad \text{（公式 4.5）}$$

在一些国家，如东欧的保加利亚和匈牙利，以及南亚的印度等国，性别比的计算公式

---

① 查瑞传．人口普查资料分析技术．北京：中国人口出版社，1991：126.

也可以表达为每 100 名男性对应的女性数量。但联合国及大多数国家对性别比指标采用公式 4.5 的概念界定和计算方式。①

性别比与性比例指标可以互相转换，如：

$$SP^{m}=\frac{SR}{1+SR}\times 100\%$$ （公式 4.6）

或：

$$SR=\frac{SP^{m}}{1-SP^{m}}\times 100$$ （公式 4.7）

性别比是使用最为普遍的性别结构指标。针对所研究人群的特点，还可以进一步细化为如下指标：

（1）出生性别比（sex ratio at birth，SRB）。也叫出生人口性别比、新生婴儿性别比或第二性别比，反映某时期新生婴儿中每 100 名活产女婴所对应的活产男婴数量。正常范围为 103～107。

（2）胎儿性别比。也叫第一性别比。胎儿性别是在母亲怀孕瞬间由精子和卵子的染色体性质决定的（女性为 XX 染色体、男性为 XY 染色体）。胎儿性别比反映了生命初始的性别结构。正常范围为 110～170。

（3）婚龄人口性别比。也叫第三性别比，反映婚龄人口的性别结构。正常范围为 100 左右。

（4）总人口性别比。指总人口中男性与女性的比例，反映一个人口总体的性别结构。正常范围为 95～102。

（5）年龄别人口性别比。指某一年龄或年龄组男性与女性人口数量相比得到的性别比，以同一年龄或年龄组内每 100 名女性所对应的男性人数表示，反映不同年龄人口的性别结构。一般随着年龄的增加，年龄别人口性别比数值会趋于减小。

此外，还可以计算各子人口如老年人口、迁移人口、劳动年龄人口、死亡人口的性别比等。

需要注意的是，性别比的正常区间只有在样本规模足够大、随机误差很小的情况下才有意义。例如，在一个小村庄，每年出生人数不足百人，出生性别比的年度波动会很大。就某年的村庄出生性别比而言，讨论其是否处于正常范围、是否存在失衡等就毫无意义。在这种情况下，回顾或追踪这个村庄长时期（如几十年）的数据可能会更有意义，但还需要考虑人口的迁移所造成的影响。

另一个需要注意的问题是性别比的单位。性别比指标在计算时虽乘了 100，表示每 100 名女性对应的男性数量，但其并不是百分比指标，一般直接用值（如 105、112 等）而不是用百分数来表示性别比。

① Siegel J S，Swanson D A. The methods and materials of demography. 2nd ed. Amsterdam：Elsevier Academic Press，2004：130.

（三）性别差异百分比

性别差异百分比指男女两性人口数之差相对于总人口的百分比，一般用男性人口数与女性人口数之差与总人口相比，反映男性相对于女性人口的剩余或不足量在总人口中的比例（the excess or deficit of males as a percentage of the total population）。性别差异百分比以0作为两性平衡点，与0的差异越大，说明两性人口的相对差异越大。分母为总人口，因而计算的是相对离差，可以用来进行比较。

$$MPP=\frac{P^m-P^f}{P}\times 100\% \qquad \text{（公式 4.8）}$$

三、年龄结构指标

年龄通常指日历年龄，即每个人自出生起开始计算的活过的时间长度，通常以年为单位。在进行人口年龄数据收集时，要注意使用周岁年龄概念。某些民族习惯于用虚岁计岁，意指母亲怀孕时的时间也被计入，因而婴儿出生时就已是一岁，甚而过农历新年时又是一岁，这些都不利于人口间的比较。

按照人的年龄对人口进行划分得到人口的年龄结构。在分析人口的年龄结构时，首先要将人口按年龄分组。有两种分组方式：一种是等距分组法，如按1岁或5岁分组；另一种是特殊分组法，即根据研究的需要按人口的生物特性或社会经济活动状况分组，如将人群划分为婴幼儿组、学龄儿童组、青少年组、劳动年龄人群（育龄人群）组、老年组等。最为常用的分组是三分法，即将总人口按年龄划分为少儿人口（0～14岁）、成年人口（15～59岁或15～64岁）和老年人口（60岁或65岁及以上）三组。

由于婴儿在人口研究中具有特殊的地位（源于其死亡率的特殊性），在进行1岁或5岁分组时，我们往往把0岁组单独列出来。

年龄是连续变量，通常使用三类指标进行人口年龄结构的统计。

第一类指标是比例。计算：

（1）分年龄人口百分比。即不同年龄人口占总人口的比例，用各年龄或年龄组人口数除以总人口数得到，用来细致描绘人口年龄分布，并进行不同人口间年龄结构的比较。

（2）人口系数。即按照三分法得到每组人口数，将其与总人口数相比较，分别得到“少儿人口系数”“成年人口系数”和“老年人口系数”。通过比较三个系数，可以判断人口的年龄结构类型。

第二类指标是比。计算：

（1）抚养比（dependency ratio）。同样是按照三分法得到每组人口数，由于成年人口在社会经济生活中担负着主要责任，少儿人口和老年人口受生理年龄和身体能力局限，往往需要依赖成年人口的经济活动，因而分别用少儿人口数、老年人口数与成年人口数相比较，其比值分别称作“少儿抚养比”（DR^C）和“老年抚养比”（DR^O）。由此反映一个人口中成年人口所担负的抚养少儿人口、老年人口的责任。也可以用少儿人口数和老年人口数之和与成年人口数相比较，计算反映成年人口担负的“总抚养比”（DR^T）。公式分别为：

$$DR^C=\frac{P^C}{P^A} \qquad \text{（公式 4.9）}$$

$$DR^O=\frac{P^O}{P^A} \qquad \text{（公式 4.10）}$$

$$DR^T=\frac{P^C+P^O}{P^A} \qquad \text{（公式 4.11）}$$

（2）老少比。是用同一人口总体中的老年人口数与少儿人口数相比较，以反映人口的年龄结构上下两端相对变动的趋势。

$$OCR=\frac{P^O}{P^C} \qquad \text{（公式 4.12）}$$

第三类指标是集中趋势指标。计算：

（1）平均年龄。通过计算各年龄组组中值与各年龄组人数乘积之和与人口总数相除得到，以综合反映人口总体的年龄水平。通常利用 1 岁组和 5 岁组数据计算。计算简便，但会受到极端值的影响。如果一个人口中有个别寿命极长的耄耋老人，就会整体提升该人口的平均年龄。

（2）年龄中位数（median age）。首先将人口按年龄从低到高的顺序进行排列，计算把人口数分成相等两部分的年龄值（公式 4.13）。年龄中位数同样是反映人口年龄状况的综合指标，但因为是位置平均数，因此能免受极端值的影响。

（3）年龄众数。是在人口总体中出现最频繁的年龄值，即在年龄分布上包含人数最多的年龄。与年龄中位数一样，年龄众数也是位置平均数。

$$a_{md}=x_{md}+\left(\frac{\frac{P}{2}-\sum P_x}{P_{md}}\right)\times n \qquad \text{（公式 4.13）}$$

四、人口性别、年龄结构测度与分析

（一）人口金字塔

同时度量人口性别、年龄结构的一个非常有效且广为使用的方法是人口金字塔（population pyramid，也称人口性别、年龄金字塔）这一图形工具。

人口金字塔图形分纵横两轴。纵轴是年龄，按从低龄到高龄的顺序依次从底端向顶端排列；横轴被纵轴均衡分为两侧，左侧为男性，右侧为女性。与纵轴垂直、与横轴平行的条形图长度在纵轴两侧分别表示每个年龄组男性或女性的人数或比例：条形越长表示该年龄该性别的人口数量越多或占比越大。由于高龄人口总是呈现衰减态势，所以图形整体上形似金字塔，可用来直观、形象地反映人口的性别、年龄结构（见图 4.1）。

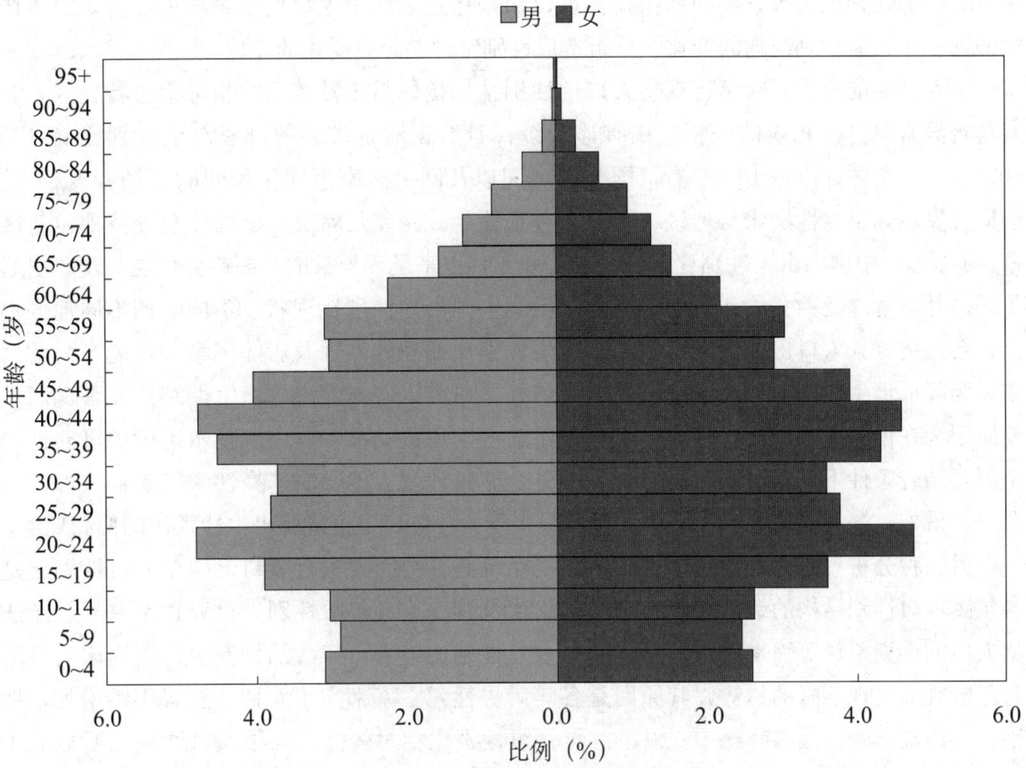

图 4.1　2010 年中国人口金字塔

资料来源：国家统计局．中国 2010 年人口普查资料．北京：中国统计出版社，2012.

高龄开口组（如 85 岁及以上）在金字塔顶端应该呈现尖顶状，如果不够尖甚至呈现砖块垒顶的形状，说明高龄开口组聚集了太多人口，需要进一步细化分组（如将 85 岁及以上进一步细分为 85～89 岁、90 岁及以上等）。图 4.1 的高龄开口组是 95 岁及以上。

另外一个需要注意的问题是，当条形图长度代表比例时，其计算应使用各性别、年龄人口数与总人口数相比。换言之，人口金字塔全部条形图面积代表总人口数（当条形图长度为绝对数时）或 1（当条形图长度为百分比时）。

根据人口金字塔的形状，可判断人口的再生产类型是下宽上尖的增长型、近似矩形的静止型，还是上尖中宽下窄的缩减型。生育率高且相对稳定的发展中国家的人口金字塔的典型形状是底部宽、两侧斜边陡峭，显示出有大量的儿童和年轻人口，以及较小比例的老年人口；而长期低生育率国家的人口金字塔几乎呈现矩形，只在老年组有轻微的倾斜；生育率已经下降的转变中的人口金字塔则呈现出底部缩小、中部突出的格局。

（二）性别结构分析

利用性别结构指标，可以分析具有不同特征的子人口的性别结构，如出生人口、迁移人口、死亡人口、分年龄人口的性别比，以及学龄人口、在业人口、育龄人口、老年人口、城乡人口的性别比等等。性别结构指标可以用来比较不同子人口性别结构的差异，或不同时间同一子人口性别结构的变化，分析造成性别结构差异或变化的原因。

一种常见的分析思路是将观察人口的性别结构指标与正常范围的指标值进行比较，看其是否异常并进行相应的分析。在有连续统计且数据质量较好的国家出生性别比普遍为103～107，点估计值是105左右，国与国之间以及同一国家不同年份间的变动幅度很窄。但研究发现，出生性别比与地区、种族、母亲的年龄、婴儿胎次、家庭社会经济地位等因素也有关。[①] 中国的出生性别比自20世纪80年代以来呈现异常的升高趋势，这一现象引起了国内外学者广泛的关注和重视，并随之围绕中国出生性别比现状、不同时期不同地区不同社会经济背景人口出生性别比差异、出生性别比偏高的原因及影响因素、可能产生的后果、为降低出生性别比采取的措施等方面展开了研究。研究发现，出生性别比异常偏高主要原因为在偏好男孩的文化传统、生育数量的主动和被动减少，以及技术手段的可获性三个因素结合条件下的非医学需要的胎儿性别鉴定和非医学需要的选择性人工流产（即“两非”）。另外，统计上的出生婴儿中女婴漏报多于男婴等，也会造成出生性别比的偏高现象。

另一种分析思路是对性别结构现状、变动及其影响因素进行分析。如总人口性别比是各年龄人口性别结构的综合表现，它受到出生性别比、各年龄性别人口死亡率差异、净迁移人口的性别差异等因素的影响，因此总人口性别比与人口年龄结构有关。性别比的值随着年龄升高呈现下降的趋势，其原因是各年龄男性死亡率都高于女性，随着年龄增加，性别比将逐渐下降，最终降至100以下。年轻组性别比相对较高，老年人口性别比明显低于青少年和成年人口，年龄越大的老年人性别比越低。随着出生率的下降，以及人口年龄结构逐渐进入老年型，总人口的性别比与历史阶段相比，应该呈现降低的趋势。

此外，还可以利用婚龄人口性别比指标研究婚姻挤压和未婚现象，利用死亡人口性别比研究社会性别平等问题，利用迁移人口性别比研究人口迁移规律，等等。

（三）年龄结构分析

借助年龄结构指标，可以对一个人口的年龄结构类型、不同年龄人口之间的相互关系及其对未来人口变动和社会经济发展的影响进行分析，也可比较同一人口不同时间或同一时间不同人口的年龄结构类型，以了解其差异及其形成原因。

20世纪初，瑞典人口学家桑德巴（Sundbarg）根据对欧洲各国人口年龄结构与增长率之间关系的观察，将人口年龄结构划分为三种类型：儿童（14岁及以下人口）比例和增长率都较高的增加型人口类型，儿童和老人（50岁及以上人口）比例适度、增长缓慢的静止型人口类型，老年人比例较高、人口数量不断下降的缩减型人口类型。随着人口平均预期寿命的不断延长，对于老年人口的年龄界定标准在提升。自20世纪70年代以来，利用60岁或65岁区分劳动年龄组（15～59岁或15～64岁）和老年组成为惯用的做法。当前是否

① Siegel J S，Swanson D A. The methods and materials of demography. 2nd ed. Amsterdam：Elsevier Academic Press，2004：133－134.

需要进一步提升老年人口的年龄下限仍处于不断探索和探讨过程中。尽管如此，我们仍使用增加型、稳定型、减少型（动态视角）或年轻型、成年型、老年型（静态视角）来界定人口年龄结构类型。

“人口红利”是与人口年龄结构密切相关的一个重要概念，指在人口转变过程中，由于生育率急剧下降导致少儿人口抚养比下降，而老年人口抚养比还未到较高水平，因而总人口抚养比整体较低时的人口结构。大量劳动年龄人口的存在，加之较低的社会抚养负担，有利于经济的迅速发展和社会财富的积累。

影响年龄结构的人口变量主要有生育率、死亡率和迁移等。死亡率的稳定下降、生育率的迅速下降以及大量的迁移造成了变化的人口年龄结构。可分析年龄结构变化趋势及其与人口事件之间的关系。

另外，年龄结构研究中一个特殊的领域是对人口老龄化的分析，包括是否老龄化、老龄化的程度和速度、老龄化的原因和后果、老龄化趋势等。

第三节　人口事件与率指标

一、人年数

（一）人年数的概念

人年数（person years），也叫作生存人年数，是人口统计学中表示人口生存时间长度的复合指标。顾名思义，它是人数与这些人生存年数的乘积总和。

人年数指标对应的是人口事件。最常用的人口事件是出生，因而人年数指的是发生了出生事件的人（即存活人口）所经历的时间长度，或所观察人口中每一个人所存活的年数的总和。作为人口统计学中的一个基本概念，人年数贯穿人口统计分析的全过程，可以用于任何规模的人口以及任意长度的时间。

人年数可以有分数和小数，比如 1 个人生存 1 年是 1 人年，2 个人各生存半年也是 1 人年，3 个人各生存了半年，则人年数是：

3（人）×1/2（年）=3/2（人年）

人年数是时期指标，可以进行累加。后面我们用到的生命表技术，就是通过累加各年龄人口的生存人年数，得到累计生存人年数指标。

（二）人年数的基本计算

在已知人数的情况下，要准确计算人年数，就需要知道每一个人具体生存的年数。比如一共有 5 个人，观察期间是 1980 年 1 月 1 日 0 时至 2000 年 1 月 1 日 0 时。在此期间，有 2 个人一直存活到观察期满，还继续生存着，有 1 个人只活到 1981 年 1 月 1 日 0 时就死去了，有 1 个人活到 1994 年 7 月 1 日 0 时，另有 1 个人活到 1998 年 4 月 1 日 0 时。这 5 个人在观察期间一共存活的人年数为：

2（人）×20（年）+1（人）×1（年）+1（人）×15.5（年）+1（人）×18.25（年）=74.75（人年）

（三）人年数的近似计算与应用

在研究大量人口时，不可能逐一计算该人口中每个个体的实际生存人年数，因此人们常常引入一些假定来简化计算。通常假定各年份出生和死亡的人数在年内的分布相对均匀和稳定，这样可以从总体上近似计算一个人口的年内生存人年数。

人口统计中计算死亡率、出生率等率指标时，通常会用年平均人数作为分母，而年平均人数实际上就是假定出生、死亡等人口事件在一年内均匀发生时，人口实际生存人年数的估计值。

在假定时期内人口事件均匀发生的情况下，通常用平均人口数与换算为年数的时期长度的乘积来近似计算人年数，这实际上是将已知人数、计算年数的任务转化成了固定年数、计算平均人数的任务。其中时期长度可以是任意值，但必须以年为单位；平均人数是相应时期内的人数平均值。

生命表中的平均预期寿命指标，就是通过首先计算生存人年总数求得的。

二、率指标

（一）率指标的计算

在人口统计学中，比和比例指标往往测度静态的人口状态或结构，而率指标则通常用来测度事件的发生强度或描述时间轴上的人口状态变化速度。严格来讲，率的分子是发生于某一时期的某种事件（如出生、死亡等）数；率的分母是在同一时期由经历相应事件的人口形成的“人年数”。率常常用千分数来表示。

$$rate=\frac{E}{PY} \qquad \text{（公式 4.14）}$$

其中，E 表示某时期发生的事件数，PY 代表同时期经历该事件的人年数。

在人口学中，时期长度常被定义为一年，因而率指标通常用来研究某年某事件的发生情况。由于人口学的出生、死亡等事件数往往和经历这些事件或者作为事件结果的人数一一对应，因此分子可用人数来粗略表示，如出生率的分子是作为出生事件结果的出生婴儿数、死亡率的分子是经历死亡事件的死亡人数等。严格来讲，作为率分母的人年数指标应是人数与时间长度的乘积之和，原始数据一般难以获得，在实践中，往往假设时期内事件均匀发生，并用时期平均人数（年平均人数）或期中人口数（年中人数）与以年为单位的时期长度的乘积来近似替代人年数进行计算。

人口统计中经常用到的率指标有：生育率、死亡率、自然增长率、结婚率、迁入率、迁出率等。

率指标的分子与分母是性质不同的时期指标，指标单位是人/人年，通常会省略。

（二）比、比例与率指标的应用与误用

比、比例与率都属于相对指标，是描述数据间数量关系的基本的人口统计工具。它们通过消除人口基数以及计量单位的影响，使得不同数量之间得以比较。

比、比例与率的主要区别在于其分子与分母的关系不同。其中，率指标最为复杂，其分母严格来讲应是经历分子所描述事件的人年数的概念；比的分子与分母可以毫无关系；比例的分子必须包含在分母中。区分这三类指标，有助于人们理解与把握指标名称背后的含义及其计算过程。

然而，在实践中，比、比例与率有时候被不加区分地运用，甚至是误用。如“文盲比例”是15岁及以上不识字的人在15岁及以上总人口中所占的比例，反映人口的受教育程度，是部分与整体的比较，应该是“比例”指标，可往往被称作“文盲率”，并一直沿用下来。“婴儿死亡率”实际上是一个“比”的指标，因为其分子包含了上一年出生却在本年死亡的婴儿，与分母当年出生事件没有关系，严格来讲分子与分母并未相互对应。同样被称作“率”指标的“总和生育率”计算更为复杂，甚至不属于上述三类指标中的任何一种。

另外，“系数”概念有时候被用在“比”指标上，如“抚养比”也被称作“抚养系数”或“负担系数”；有时候又被用在“比例”指标上，如“老年人口比例”也被称作“老年系数”。指标名称的混用会造成计算上的混乱，进而会造成理解上的歧义。

第四节　队列分析与时期分析

一、队列与时期人口

（一）队列

队列（cohort）也叫作同批人，指在某一时期（通常为一年）内发生过某种共同人口事件的一批人。人口事件可以是出生、入学、结婚、生育、就业、退休等，由此形成出生队列、入学队列、结婚队列、生育队列、就业队列和退休队列等。出生队列是最基本的队列，其他队列的存在都是以出生为前提的，如果没有特殊说明，单独使用“队列”一词一般是

指出生队列。队列概念中的某一时期通常指某一年，但也可以指某几年或与研究相关的某时代，如我们通常所说的“80后”实际上就是指在1980—1989年期间出生的同一批人，是一个出生队列。

在英文中，cohort原指古罗马军队中由一名指挥官统率，由300～600名士兵组成的步兵大队，后引申为具有某种共同属性的一群人；在美语用法中，cohort还有同伙或同谋者的意思，但含贬义。[①] 由于译法不同，队列也被称作固定组、同期群、期群人口、同龄群等。

鉴于队列的特点，一般会关注事件的发生时间长度，如出生队列的年龄、结婚队列的已婚年数、迁移队列的迁移时间长度等。需要注意区分队列得以界定的事件（如界定初婚队列的初婚事件）的发生与该队列随后经历的事件（如离婚）的发生。

（二）时期人口

时期人口是与队列相对应的概念。在第三章中，我们曾经将时期与时点相区分，两者是对离散化时间的不同表达。本节主要针对在某一时期（通常是一年）内存在的所有人，也叫同期人。时期人口与队列最大的差别在于，前者只与所对应的时期有关，后者则以某时期发生的某共同人口事件为标志。

我们可以将某日历年度或某一时期内由不同年龄人口构成的时期人口，看作是在不同年份出生的若干出生队列，如2000年时期人口中既包括当年出生的婴儿，也包括风华少年、强壮中年和耄耋老人，我们可以将这些人按其年龄看作分别在1900年、1910年……1980年、1990年和2000年出生的出生队列，这样就把队列与时期人口两个概念连接起来了，其中年龄是一个极其重要的连接要素。

二、队列分析与时期分析

队列分析（cohort analysis）和时期分析（period analysis）是人口统计中两种基本而又极其重要的分析方法。

（一）队列分析

队列分析，也叫作同批人分析，是对某队列随着时间变化过程的纵向的观察和描述。着眼点是以某共同发生的人口事件为标志的同一个队列，观察的角度是该队列随着时间的推移，在不同时期（通常为某日历年度）的行为表现和状态特征。由于人口统计中最常使用的队列是出生队列，因此队列分析往往追踪描述同时出生的某一批人的生命历程。

比如我们可以对1920年出生队列到目前为止的生存经历进行分析。首先要了解这一队列的人（即1920年出生的人）有多少，其次要了解这批出生的人随着时间的推移或年龄的

① 朗文当代高级英语辞典. 北京：商务印书馆，1998.

增长每年死去（退出这一队列）的人有多少，这样可以计算出各年龄死亡人口占这一队列人口的比例，最后还可以计算出到目前为止，在这批人中还有多大比例的人口仍然存活。经过分析，我们就可以得出这一队列人口的生命过程。当然我们还可以在这一结果分析的基础上，继续分析各时代存活人口的结婚过程，即各年代或各年龄人口结婚的比例，也可以分析这一队列人口的生育过程，等等。

队列分析的最大优点是：能够反映真实人口的实际生命历程，不会受到稍纵即逝的时期效应的影响；能够深入刻画事件之间的彼此联系，揭示生命现象的规律，并且从时间的角度上联系过去、现在和未来。因此在人口现象中，当有些后来发生的事件与以前发生的事件相互关联而非互相独立时，往往需要进行队列分析。如人口迁移现象，往往先表现为青年男性的大规模迁移，随后妇女和儿童的迁移水平也会上升，研究发现这两类迁移之间具有相互关联的影响，表现为青年男性个人迁移之后的家属随迁。如果只对不同性别、年龄人口的迁移率进行时期分析，就不易得出正确的结论；需要借助于时间纵向角度的队列分析方法，才能更好揭示现象之间的因果联系。当研究人的一生中各种生命现象的规律性时，也需要借助于队列分析。人口学中的生命表描述的是人从生到死的过程，结婚表描述的是婚姻的变化规律，这些都须建立在队列分析的基础上。当对过去进行倒估推算，对未来进行计划和预测时，也需要借助于队列的分析理念。进行队列分析，可以方便地测定后一事件与前一事件发生数量之比，以及测定后一事件与前一事件之间的时间间隔。

进行队列分析的局限性在于：第一，所需的长期的、持续的、追踪性的资料不易取得；第二，在进行实际队列的追踪研究时，会发生所谓“删截”（censor）现象，即不能预测研究对象在未来可能发生的事件，案例有可能丢失或新入等；第三，所得结果反映的是所研究队列的整个生命期或生育期，不能反映实际某一时期的人口现象与问题。为了弥补这些缺陷，人口统计中往往利用假定队列来代替实际队列。

（二）时期分析

时期分析，也叫作同期人分析，是指对某一时点的人口状态或某一时期（通常为某一年）所发生的人口事件进行横截面上的观察和描述。着眼点是某一时期某一地域范围（国家或地区）内的人口状态或事件，观察的角度是这一人口状态或事件在这一时期的水平或发生率。

由于时期分析较为简单，因此在人口统计中应用更为广泛。在现实中，我们对于人口的观察或统计一般都是随时间进行的，因此如 2009 年过去之后，人们就可以统计出 2009 年年底的人口性别、年龄结构状况，还可以统计得到 2009 年内出生人口和死亡人口，以及这一年内其他方面的人口状况和人口变动情况；同样，2010 年过去之后，人们也会记录和统计出这一年的人口状况和人口变动。这样，基于某一年人口现象的分析，既以年度统计为条件，也是监督以往人口运动，制定未来各年人口发展规划所必需的。人口学中常用的各种人口指标绝大多数属于时期分析指标，如粗出生率、粗死亡率、年龄别生育率、年龄别死亡率、结婚率、迁移率、平均初婚年龄、平均初育年龄等。

进行时期分析有三个主要优点：一是资料容易获得；二是可以随时更新，能够说明某一时期的人口现象，或者揭示某一时期人口现象的影响因素，具有现实意义；三是便于在不同时期之间或不同地域之间进行比较分析。

时期分析的缺点在于：第一，资料受时期的限制，难以对状态或现象的发展趋势进行准确描述；第二，不容易深入揭示人口现象之间的内在联系。

（三）队列分析与时期分析的区别与联系

队列分析针对的是某个队列，时期分析针对的是某时期人口，二者的分析对象不同；队列分析重在揭示事件之间的因果联系，时期分析重在揭示某时期的人口状态表现，二者的分析重点不同；队列分析需要获取某队列连续若干年的纵向数据，时期分析只要有一次性截面调查数据即可进行，二者的数据获取难度明显不同。

队列分析和时期分析是人口分析的两个角度。队列分析是针对某队列，分析其随着时间的推移或年龄的增长直到死亡的整个经历或过程。在这一生命过程中，该队列人口会经历各种自然的或社会的变动，如接受教育、结婚、生育、就业乃至死亡等。队列分析追踪这些生命过程，刻画该队列在不同时期或年龄发生的变化，揭示各类事件之间的内在联系。时期分析则是针对某时期人口，描述某一时点的人口状态或某一时期（通常为一年）的人口过程，揭示该时期不同特征人群间的差异。

队列人口和时期人口并非截然分开的两种人口，某时期的全体人口实际上是由若干出生队列所组成的综合体，在该时期，每个出生队列处于不同的年龄阶段，因而表现为各年龄人口。就人口生命历程而言，队列的指标和分布是基础，时期现象实际上是队列行为在各个时期具体条件影响下的表现，是不同队列在时间轴上的投影叠加。

需要指出的是，许多人口指标既可以利用时期数据就同一时期人口进行计算，也可以就某一队列（实际的或假定的）进行计算，所得结果在解释上应注意加以区分。对有些现象，如人口迁移率，只宜作时期分析，以便指导现实政策。对另一些现象，如平均每个妇女生育子女数等，则更宜作队伍分析。究竟采用哪种分析方法，取决于研究的目的和所要回答的问题。在进行人口研究时，更常用的是将两种方法互相结合，取长补短，进行综合分析。

三、假定队列分析

由于队列概念是借助于某一共同发生的人口事件将现实人口人为地加以区分而形成的，在研究队列时，往往需要以此人口事件的发生时间为起点，在时间的流逝中，通过这一事件后所经过的时间来研究这一队列人口的生命历程和特质。与只要确定某一个时期（通常是某一年）就可以圈定该时期所有人口作为时期人口，并对其进行观察研究相比，队列人口资料获取更困难，历时更长。在这种背景下，人口学中产生了实际队列与假定队列的概念。

（一）实际队列

实际队列是指确实在某一时期（通常为某一日历年度）内发生过某种共同人口事件的一批人。如在1980年出生的一批人是实际出生队列，在2000年进入小学的一批人是实际入学队列，在2003年结婚的一批人是实际结婚队列，等等。以实际入学队列为例，如果我们对这一批人的教育经历感兴趣，希望了解他们受教育的最终水平以及受教育状态的变化特征，那么我们能做的只有耐心等待，因为只有随着时间的流逝，这些人才会逐渐发生分化，会有退学、辍学以及升学事件发生，按照目前的中国教育制度，等到这些人基本完成大学教育，至少需要20年的时间。更不用说如果要研究出生队列一生的经历，则需要等上一个世纪。事实上，也很难找到一批人从出生到死亡全过程的详细的、准确的数据资料。虽然我们可以用某几年、十几年或更长时期的跟踪调查或回顾性调查资料对某一特定人口队列进行分析，但是对从出生到死亡的全过程的队列分析，则几乎只是理论假想。

（二）假定队列

假定队列是假想出来的、实际上并不存在的一个队列，为的是解决研究实际队列时期过长的困难。在研究中，可以把某一时期（通常为某一年）各年龄人口的年龄别指标（如年龄别生育率）或按其他标志区分的指标（如婚后年数别生育率）设想为假定队列在其生命历程中各个年龄所经历的相应指标，以便于研究。如要考察人口死亡率，如果按照实际队列的做法，则需要等待观察的所有人口全部死亡之后，才能得到相应的指标，但这样做，不仅耗时过长，而且得到的指标对所观察人群已没有任何意义。因此，可以转而考察某一年内所有人口的死亡现象，根据不同年龄人口的死亡率，构造假定队列，得到某年人口的死亡水平。

按照所赋予名称的不同，假定队列（hypothetical cohort）也称为虚构队列（fictitious cohort）或综合队列（synthetic cohort）。

（三）假定队列分析的基本思路与注意事项

假定队列分析充分利用了时期数据易于获取以及队列分析方法有利于揭示事件因果关系的优势，在人口学中使用相当普遍。生命表、结婚表、生育表、总和生育率、粗再生产率、净再生产率、平均世代间隔这些人口学中的重要指标都是利用假定队列分析方法编制或计算的。

假定队列分析的基本思路是，将某时期年龄别事件率看作某假定队列在生命历程不同年龄阶段将会发生的事件率，观察该假定队列按照该时期年龄别事件率度过一生（或某段生命历程）将会经历的过程与发生的结果。

假定队列分析能够综合反映某一时期的人口现象的水平。因为同时期的人口由不同年龄、不同特征的人群构成，难以用综合指标概括表现；而将散落在不同年龄人口中的某一特性假定为某一队列人口生命历程不同年龄阶段的特性，既便于理解也便于归纳。

需要注意的是，假定队列分析所得的结果并不能够反映任何一个真实队列。由于其将不同人群某一时期的数据假定为同一个队列在不同时期的行为，因此所得结果受数据所在时期的影响极大，只能反映该时期的具体情况，若用来推测时间轴上的过去或未来则具有很大的假定性。以教育为例，如果仅利用 1990 年中国各级各类学校入学和升学人口的资料，作假定入学队列分析，来研究未来中国各级各类教育的发展，则这一预测毫无疑问会遭遇 1998 年全国高校大幅度扩招这样的政策和形势变动的挑战。所以在考察假定队列时，需要注意其局限性及对结果的影响。

社会经济条件越稳定，人口现象越少突变，时期现象和队列现象便越接近或相似，甚至重合。这时用某时期的年龄别指标来代替某队列的相应指标不会带来很大误差。但在人口现象变动较快、变动幅度较大的情况下，不加区别地滥用假定队列进行分析会造成较大失误，甚至严重后果。

另外，有些人口统计指标，分别利用实际队列和假定队列计算，所得结果名称并不相同。如把一批实际出生队列妇女的年龄别生育率相加，所得到的是妇女的终身生育率，或称这一批妇女的平均生育子女数；而把视作假定队列的某一年各年龄妇女的生育率相加，所得到的则是妇女的总和生育率，是假定有一批妇女按这一年妇女的年龄别生育率度过整个育龄期所生育的平均子女数。有的人口指标，按实际队列和假定队列计算，指标名称一样，但内容却不同。如平均结婚年龄既可以按实际结婚队列的逐年结婚人数和相应年龄计算，也可以按某一年的所有结婚者及其相应年龄进行计算。还有一些人口指标，只能就实际队列计算才有意义。如不婚率应是实际出生队列中所有未婚者的比例。

小 结

◇ 人口统计指标可大致区分为静态指标和动态指标。静态指标主要用来描述人口的状态，动态指标则主要用来度量人口过程和人口事件。

◇ 在人口统计学中，比和比例指标往往测度静态的人口状态或结构，而率指标则通常用来测度事件的发生强度或描述时间轴上的人口状态变化速度。严格来讲，率的分子是发生于某一时期的某种事件（如出生、死亡等）数，率的分母是在同一时期由经历相应事件的人口形成的“人年数”。率常常用千分数来表示。

◇ 假定队列分析充分利用了时期数据易于获取以及队列分析方法有利于揭示事件因果关系的优势，在人口学中使用相当普遍。假定队列分析的基本思路是，将某时期年龄别事件率看作某假定队列在生命历程不同年龄阶段将会发生的事件率，观察该假定队列按照该时期年龄别事件率度过一生（或某段生命历程）将会经历的过程与发生的结果。

思考题

1. 请绘制一个人口金字塔，并根据图形描述该人口的性别、年龄结构特征。

2. 请举例说明比、比例和率指标的误用。

3. 请比较时期分析和假定队列分析两种方法的异同。

推荐阅读书目

1. 刘铮．衡量人口年龄构成类型的基本指标．人口研究，1980（2）．

2. 顾宝昌，徐毅．中国婴儿出生性别比综论．中国人口科学，1994（3）．

3. 姜向群，丁志宏．对我国当前人口老龄化问题研究的概念和理论探析．人口学刊，2004（5）．

4. 游允中．人口年龄结构的相对概念．人口与发展，2008（1）．

5. Coale A J. The effects of changes in mortality and fertility on age composition. Milbank Memorial Fund Quarterly，1956，34（1）．

第五章

死亡水平的度量与比较分析

【导读】

人类历史在某种意义上就是战胜死亡、不断延长寿命的过程。死亡是影响人口自然变动的主要因素之一。1662 年约翰·格兰特关于死亡表的研究，成就了第一本人口学著作，也揭开了死亡分析的序幕。自此，死亡成为人类密切关注且持续进行深入探索的领域。本章的重点问题是：如何度量死亡水平？为什么要区分粗率和别率？年龄结构标准化方式有哪几种？死亡率差异分解的基本思路是什么？

第一节　死亡水平的度量

一、死亡界定与死因分类

（一）死亡的界定

死亡既是一种生物学现象，也是一种社会。[①] 现象对于个人生命历程而言，死亡是终结生命的事件。死亡意味着个体生命的结束；但死亡发生的原因和后果，以及一个人口中死亡水平的高低，则与社会经济发展有着直接的依存关系。

死亡的界定在不同学科中并不相同，且随着科学的进步，对死亡的判断也在发生变化。一般认为，死亡是一个人在出生以后的任何时间，其所有生命迹象的永久消失，是机体生命活动和新陈代谢的终止。其过程分为 3 个阶段。[②] 第一阶段为濒临死亡，表现为：（1）各

① 刘铮，邬沧萍，查瑞传．人口统计学．北京：中国人民大学出版社，1981：94.

② 当代社会科学大词典．南京：南京大学出版社，1995：678.

器官机能发生严重障碍；（2）各种反射迟钝；（3）心跳、呼吸减弱，血压降低。第二阶段为临床死亡，表现为：（1）心跳、呼吸停止，反射消失；（2）机体一些组织仍进行着微弱的代谢过程，在某些条件下，如及时采取有效措施，机体可复苏。第三阶段为生物学死亡，表现为：（1）机体各系统新陈代谢完全停止，不能恢复；（2）人的整个机体的重要生理功能停止，不能恢复。掌握死亡的过程，对抢救呼吸、心搏骤停的病人有重要意义。

以心跳和呼吸永久停止判断死亡是传统界定，近年又提出了脑死亡的概念，指原发于脑组织严重外伤或脑的原发性疾病，致使脑的全部机能不可逆地停止。随着生命科学的发展和医学的进步，脉搏停跳、心脏停搏、呼吸停止等已经不具有不可逆转性，但从目前的医学水平看，一旦脑死亡，则很难恢复其功能，因此越来越多的国家采用脑死亡作为判断死亡的标准。

（二）死因及其分类标准

1. 死因的概念

死因（cause of death）是“引发一连串病态事件直接导致死亡的疾病或伤害，或者产生致命伤害的事故或暴力环境”[①]。从上述定义可知，疾病、伤害、事故、暴力环境都可能导致死亡。

死因可分为主要死因、直接死因和辅助死因。[②] 主要死因是引起死亡的主要疾病或损伤，直接死因是来自主要死因的致命性病变，而辅助死因是在导致死亡的作用中仅起到辅助作用的因素。死因资料比疾病资料具有更高的完整性与可靠性，是了解一个国家或地区人群健康状况、分析与改进医疗卫生服务的重要依据。

人口死因构成反映了社会经济发展、生活水平、医疗卫生条件等外在环境的优劣。一般而言，经济社会发展水平低的地区，往往以呼吸系统疾病和传染性疾病为主要死因；而发达地区则往往以慢性非传染性疾病为主要死因。人口转变中死亡转变的实质就是死因的转变。

2. 国际疾病分类

判断死因可以依据国际疾病分类（International Classification of Diseases，ICD）[③]，这是国际通用的传染病、健康管理和临床标准诊断工具，把数千种病伤和众多的死亡原因按一定标准分成若干大类，大类下再分小类，用于监测疾病和其他健康问题的发生及流行，提供各国人口的基本健康状况。ICD 提供了世界范围内通用的医疗信息语言，通过 ICD 代码，不同地区医院之间、医院和保险公司之间，可以进行对等的数据分享和比较，这对医疗信息和费用的管理起到了积极的推动作用。据世界卫生组织统计，全球 70%的医疗记录采用了 ICD 编码。

---

① http：//www. who. int/topics/mortality/en/.

② 武广华，等 . 中国卫生管理辞典 . 北京：中国科学技术出版社，2001：460.

③ http：//www. who. int/classifications/icd/en/.

最早的疾病名称和死因分类是在1853年由国际统计学会（the International Statistical Institute）着手编制的。经四次修订，到1893年产生了只包括死因的国际疾病与死因分类，被称作贝迪永分类（the Bertillon Classification）或国际死因表（International List of Causes of Death），同时规定每隔十年修订一次。1948年第6次修订时，国际死因表改名为“国际疾病分类”（即ICD-6）。第二次世界大战后，ICD由世界卫生组织负责出版。1967年世界卫生组织发布命名规则（WHO nomenclature regulations），规定成员国在死亡和疾病统计中应使用最新版本的国际疾病分类。1975年第9次修订的分类表于1977年由世界卫生组织出版，并规定从1979年1月起使用10年。

1981年中国成立世界卫生组织疾病分类合作中心，开始了推广应用ICD-9的工作。1993年5月，国家技术监督局发布了采用ICD-9编制的“疾病分类与代码”国家标准。

1990年5月，第43届世界卫生大会正式通过了ICD-10，题目由“国际疾病分类”改为“国际疾病和有关健康问题的统计分类”（International Statistical Classification of Diseases and Related Health Problems），但为保持连续性，仍沿用ICD（国际疾病分类）这一简称。编码亦由原来的“纯数字编码”改为“字母数字编码”形式。ICD-10分为3卷21章。ICD-10从1994年开始被世界卫生组织成员国使用，后来被超过100个国家使用，被翻译成43种语言。中国从2000年开始使用ICD-10。

从2000年起，世界卫生组织开始筹备ICD-11的修订工作，中国也积极加入该版本的修订工作。2012年在世界卫生组织官网上公布了ICD-11 Beta草案版，用5年的时间广泛征求各方意见并进行相应修订，最终版本在2018年6月18日发布。[①] ICD-11共收录了55 000个编码，且首次采用全电子版本，以便于使用。

3. 多死因的主死因判断标准

引起一个人死亡的原因常常不止一种，当死者患有多种疾病和损伤时，必须从中选出一种最重要的致死原因作为死者的主死因，以主死因作为人口统计和卫生统计等关于死因分类的依据。因此，选择主死因是正确进行死因分类的基本条件。

死因归类原则是：第一，传染病与寄生虫病，除丹毒、破伤风、败血症、脓毒血症、气性坏疽需按具体情况判定是原发或继发外，当它与其他疾病共同存在时，一概选为主死因；第二，恶性肿瘤与其他疾病共同存在时，选恶性肿瘤为主死因；第三，先天畸形和其他疾病共同存在时，选先天畸形为主死因；第四，其他死因中的原发病与继发病当中，选原发病为主死因；第五，老衰、诊断不明确的疾病和其他疾病在一起时，选其他疾病为主死因；第六，损伤和中毒及其他死因在一起时，选损伤和中毒为主死因。

判断主死因对于认识人口健康素质高低对人口死亡的影响，为人类同疾病做斗争，寻找提高平均预期寿命的途径等都有重要意义。

---

① http：//www. who. int/classifications/icd/en/.

二、死亡水平与死亡模式

（一）事件的水平与模式

包括死亡在内的任何生命事件都可从两个维度进行研究：水平（level）维度和模式（pattern）维度。其中水平维度衡量事件发生的多少，以及事件发生强度的大小；模式维度衡量事件随年龄或时间的分布情况。

以死亡事件为例，我们既关心死亡水平的高低（多少人死亡），也关心死亡者的年龄分布（在什么年龄死亡）。死亡水平通常借助死亡人口数多少、死亡率高低、平均预期寿命长短等指标加以衡量，而死亡模式则一般通过年龄别死亡率指标进行测度。

（二）死亡人口数

死亡人口数（deaths，简写为 D）是基本的死亡水平度量指标，也是计算其他死亡率基本指标的基础，是某特定时期（通常为一年）内某地区人口中因各种原因失去生命的人数的累计。

死亡人口数是一个时期指标，其指标大小与统计时期的长度有关，可能涉及不同性别及各个年龄段的人口。在进行死亡人口数指标的比较时，需要注意总人口基数以及时期长短的影响。

死亡人口数的统计包括死亡人口总数（D）、年龄别死亡人口数（D_x）、分性别死亡人口数、分死因死亡人口数等。

在统计死亡人口数时，要特别注意婴幼儿人口，通常不包括出生时已无生命现象的胎儿死产数，但需要包括出生后不久就死亡的活产婴儿死亡数。对后一部分人口的漏登是造成婴幼儿人口死亡数不准确，进而影响整个人口死亡数据准确性的主要原因。

三、粗死亡率

（一）粗死亡率的概念与计算

粗死亡率（crude death rate 或 crude mortality rate，CDR，简写为 d）也称总死亡率（general death rate 或 general mortality rate），是死亡率诸项指标中计算最为简便、资料也相对易得的一个。指一定时期（通常为一年）内某地区死亡人口数与同期该地区生存人年数的比较，说明某一地区人口在某一时期的死亡强度，通常用千分率表示。

当时期内的死亡事件均匀发生时，分母中的生存人年数往往用时期平均人口数（或期中人口数）近似表示。在没有特殊说明时，死亡率指标一般指的是粗死亡率。

$$CDR=\frac{D}{t\cdot\overline{P}}\times 1\ 000‰ \qquad \text{(公式 5.1)}$$

其中，CDR 为粗死亡率，D 为时期死亡人口总数，t 为以年为单位的时期长度，$\overline{P}$ 为该时期平均人口数。

(二) 理解粗死亡率指标

之所以称作“粗”死亡率，是因为该指标的分母是包含了所有年龄、性别人口的总人口，描述的是总人口的死亡水平；由于不同年龄、性别的人口具有不同的死亡率水平，因此粗死亡率的“粗”对应的是区分了不同年龄、性别人口死亡水平的“细”（specific）率指标。

计算粗死亡率指标时，分子与分母的统计范围要一致。死亡率一般按年计算，分子与分母分别是某年的死亡人口数与该年的平均人口数或年中人口数。严格来讲，分母应该是总人口在该年间的总生存人年数，但为了计算简便，通常假设人口的死亡在一年内均匀发生，因此可以用年平均人口数或年中人口数来代替总生存人年数。

如果计算不满一年或超过一年的某人口死亡率，则需要将时期单位折算成一年后再进行计算，以便进行地区间或时期间的比较。因此粗死亡率指标通常是一个“年化”（annualized）指标。

假设已知某地区连续 5 年的死亡人口数为 D，5 年期间平均人口数为 $\overline{P}$。在计算该地区这 5 年的粗死亡率指标时，需要注意在分母中乘以时期长度 5 年，以获得人年数指标。再假设已知某地区某年 1 月份死亡人口数为 D，该月平均人口数为 $\overline{P}$。在这种情况下，要计算该地区人口的年度粗死亡率，需要将时期进行年化处理。虽然一年有 12 个月，但由于各月的具体天数并不相同，因此需要使用天数进行转化。假设一年 365 天中，死亡均匀发生，这样分母中的时期长度就是一月份 31 天除以 365 天。用 D 做分子，分母是平均人口数 $\overline{P}$ 与时期长度 31/365 的乘积，得到的该地区人口粗死亡率，才可与其他时期或其他地区人口的粗死亡率进行比较。

(三) 粗死亡率的应用

死亡率反映人口死亡的强度，是说明人口健康状况的主要指标之一。由于人口健康状况受社会经济条件、文化及医疗卫生水平的影响，因此，社会经济发达、医疗卫生保健水平较高的地区，往往拥有较低的人口死亡率。可以通过人口死亡率水平的高低来比较不同时期或不同地区社会经济及医疗卫生事业的发展。

尽管粗死亡率指标易于计算和理解，但由于一个地区总人口的死亡率总会受到该地区人口性别、年龄结构的影响，因此在进行地区间或不同时期死亡率水平的比较时，需要考察人口结构的影响，谨慎使用比较结果。如数据显示①，2017 年世界各国和地区的粗死亡

① http：//www. worldpopdata. org.

率水平，最高的是东欧的保加利亚，为 15‰；最低的是西亚的卡塔尔，仅为 1‰；世界发达国家和发展中国家人口粗死亡率的平均水平则分别为 10‰和 7‰。如何理解上述数据，需要结合多种因素，而不能贸下结论。

粗死亡率指标的一个重要应用是与粗出生率（crude birth rate，CBR，简写为 b）一起计算人口的自然增长率（natural increase rate，NIR，简写为 r）：$r=b-d$。粗出生率、粗死亡率和自然增长率这三个指标可以共同描述人口再生产类型的转变过程。对于封闭人口（没有迁入、迁出的人口）而言，人口数量的变动主要取决于出生率和死亡率水平。当出生率水平较为稳定时，死亡率水平越高，人口增长越缓慢；死亡率水平越低，则有利于人口的增长。在对未来人口进行预测时，出生率和死亡率是决定未来人口发展趋势的必要考虑因素。

中国人口的粗死亡率 1949 年为 20‰，20 世纪 50 年代在 10‰以上，自 1965 年降至 10‰以下，1977 年后则稳定在 6‰左右，由此可见中国总人口的死亡率经历了一个快速下降的过程；2004 年起，粗死亡率数值开始呈现缓慢上升态势，2008 年再次回升至 7‰以上。[①]

四、死亡别率

粗死亡率度量的是某时期某地区总人口的死亡强度。由于死亡风险在不同特征人群中存在差异，因此需要计算按特征分类的人群的死亡强度。下面主要介绍按年龄、性别、死因区分的人口的死亡率。

（一）年龄别死亡率

1. 年龄别死亡率的计算

年龄别死亡率（age-specific death rate，ASDR，简写为 ${}_nm_x$）度量的是不同年龄人口的死亡强度，以年龄为特征进行人口区分，是某时期（通常为一年）某年龄组死亡人口数与该时期同年龄组平均生存人年数之比。一般用千分率表示。

当时期内该年龄人口死亡均匀发生时，年龄别死亡率的计算公式为：

$$ {}_nm_x=\frac{{}_nD_x}{t\cdot \overline{{}_nP_x}}\times 1\,000‰ \quad \text{（公式 5.2）}$$

其中，${}_nm_x$ 表示 $x\sim x+n$ 岁年龄区间人口的死亡率，${}_nD_x$ 为某时期 $x\sim x+n$ 岁年龄区间死亡人口数，t 为以年为单位的时期长度，$\overline{{}_nP_x}$ 为该时期 $x\sim x+n$ 岁年龄区间平均人口数。n 为年龄区间，通常为 1 或者 5，代表年龄分组一岁一组或五岁一组。

2. 死亡的年龄模式

年龄别死亡率的一个重要功能是描述人口死亡的年龄模式（一般简称为死亡模式），揭

① 国家卫生计生委计划生育基层指导司，中国人口与发展研究中心．人口与计划生育常用数据手册（2016）．北京：中国人口出版社，2017：115－116.

示不同年龄人口死亡强度的差异。低龄组和高龄组人口死亡率通常高于其他年龄组人口。分年龄组人口的死亡率曲线一般呈“U”形或“J”形，表现为不满一岁的婴儿（尤其是不满一个月的新生儿）死亡率很高，以后各年龄组人口死亡率随年龄而下降，在10～14岁组时通常达到最低点，15岁组以后缓慢上升，50岁组以后随着年龄的增加死亡率急剧上升。

不同地区人口的死亡率相差很大：在经济落后、卫生医疗条件较差的地区，其婴幼儿死亡率往往很高，人们的平均预期寿命也较短，分年龄组人口的死亡率曲线一般呈“U”形；在经济发达、医疗卫生条件先进的地区，婴幼儿死亡率往往能够降到较低水平，人们的平均预期寿命较长，分年龄组人口的死亡率曲线一般呈“J”形。

随着死亡率水平的普遍下降，不同人口死亡的年龄模式逐渐趋同，由婴幼儿死亡率所导致的人群寿命损失不断减小，目前学界关注的热点是老年人口特别是高龄人口的死亡率变化趋势及其影响因素，而这些研究与生物学、医学、基因科学等存在紧密联系。

（二）性别年龄别死亡率

死亡率水平存在性别差异，但我们通常并不单纯按性别计算分性别人口的粗死亡率，而是结合年龄特征，计算性别年龄别死亡率，描述不同性别、年龄人口的死亡率差异。一般来说，各年龄组男性死亡率均高于女性。

性别年龄别死亡率是某时期（通常为一年）某性别某年龄组死亡人口数与该时期同性别同年龄组生存人年数之比。在死亡均匀发生的假设条件下，可以用该时期该性别年龄平均人口数近似计算。

$$ {}_nm_x^m=\frac{{}_nD_x^m}{t\cdot {}_n\overline{P}_x^m}\times 1\,000‰ \qquad \text{（公式 5.3）}$$

$$ {}_nm_x^f=\frac{{}_nD_x^f}{t\cdot {}_n\overline{P}_x^f}\times 1\,000‰ \qquad \text{（公式 5.4）}$$

其中，上标 m、f 分别代表男性和女性，${}_nm_x^m$、${}_nm_x^f$ 分别为 $x\sim x+n$ 岁年龄区间男性和女性人口的死亡率。

性别年龄别死亡率应用非常广泛，是编制生命表、计算平均预期寿命以及人口预测时所需的基础数据之一。该指标的水平与变动是评价人口健康状况和卫生工作效果的重要依据，具有重要的社会经济意义。

（三）死因别死亡率

1. 死因别死亡率的一般计算

死因别死亡率（cause-specific death rate，简写为 CDR^i）是死因分析的主要指标，指按各种病伤死因分别计算的死亡率，表示为某时期（通常为一年）因某种（类）死亡原因（或疾病）死亡的人口数与该时期生存人年数之比，通常用十万分率表示。

$$ CDR^i=\frac{D^i}{t\cdot \overline{P}}\times 100\,000/10\text{万} \qquad \text{（公式 5.5）}$$

其中，i 为某种死因，CDR^i 为某死因别死亡率；D^i 为某时期由于某死因死亡的人口总数，t 为以年为单位的时期长度，$\overline{P}$ 为该时期平均人口数。

2. 特殊死因的死因别死亡率

死因别死亡率表示在某时期内因某种（类）病伤在某一人群中导致死亡的强度，反映该种（类）病伤死亡危害居民健康的严重程度。当时期为一年且假设死亡均匀发生时，死因别死亡率一般都以全年平均人口数或年中人口数为分母。某些特殊死因别死亡率，为保证所计算指标的分子与分母属于一个更能说明死因的人口总体，常常采用特殊人群的人口数，或可能发生某种死因死亡的人口数为分母。如妊娠疾病的死亡率用 15～44 岁女性人口数为分母；新生儿疾病死亡率用出生数为分母等。

在各类死亡中，由怀孕、分娩或产褥期并发症等造成的孕产妇死亡是影响女性人口死亡水平的一个重要因素。用来说明孕产妇死亡水平的指标孕产妇死亡率（maternal mortality rate，MMR），其计算方法是用万分比或十万分比表示的孕产妇死亡数与活产数相除。

$$MMR=\frac{D^m}{B}\times 100\ 000/10\text{万} \qquad \text{（公式 5.6）}$$

其中，MMR 为孕产妇死亡率，D^m 为某时期孕产妇死亡人数，B 为同时期活产婴儿数。

孕产妇死亡率并非真正的率指标。因此在计算各种死因别死亡率时，应注意分母的差别及指标的实质含义。

3. 分性别年龄死因别死亡率

为分析不同性别、年龄人口的主要死亡原因，也可以进一步计算分性别、年龄别人口死因死亡率，仍以十万分率作为单位。

$$_nm_x^i=\frac{_nD_x^i}{t\cdot \overline{_nP_x}}\times 100\ 000/10\text{万} \qquad \text{（公式 5.7）}$$

其中，i 为某种死因，$_nm_x^i$ 为 $x\sim x+n$ 岁年龄区间某死因别死亡率，$_nD_x^i$ 为某时期 $x\sim x+n$ 岁年龄区间由于某死因死亡的人口总数，t 为以年为单位的时期长度，$\overline{_nP_x}$ 为该时期 $x\sim x+n$ 岁年龄区间平均人口数。

$$_nm_x^{m,i}=\frac{_nD_x^{m,i}}{t\cdot \overline{_nP_x^m}}\times 1\ 000‰ \qquad \text{（公式 5.8）}$$

$$_nm_x^{f,i}=\frac{_nD_x^{f,i}}{t\cdot \overline{_nP_x^f}}\times 1\ 000‰ \qquad \text{（公式 5.9）}$$

其中，上标 m、f 分别代表男性和女性，i 为某种死因，$_nm_x^{m,i}$、$_nm_x^{f,i}$ 分别为 $x\sim x+n$ 岁年龄区间男性和女性人口因死因 i 致死的死亡率。

计算死因别死亡率，对分析影响人们死亡的主要原因，从而控制疾病、预防死亡，具有极其重要的作用。

不同性别、不同年龄人口的主要死亡原因往往不同：男性因战争和各种意外死亡的发生率较高，女性则往往受各种妇科病及相关癌病的困扰；急性传染病多见于婴幼儿，结核病和意外死亡多见于儿童和青壮年，心血管病和恶性肿瘤则多发于老年人。

不同时期或不同地区的死因别死亡率描述该时期或该地区居民的病伤死亡结构，可以据此找出主要死因。人类历史上的死亡率转变的实质是死因转变，从以传染病为主要死因转变为以慢性疾病为主要死因。因此一些疾病如结核病、传染病、败血病的死亡率高低，是反映人口健康素质的重要标志。分析某地不同时期的死因别死亡率，可以阐明该地居民死因变动规律，用以评价疾病防治效果，指出改进方向。

有学者根据 2017 年我国全国肿瘤登记中心收集的 2014 年全国恶性肿瘤登记资料，估计得到 2014 年中国全国恶性肿瘤死亡率为 167.89/10 万，东、中、西部地区的恶性肿瘤死亡率分别为 181.01/10 万、167.31/10 万和 151.65/10 万。同时发现按死亡例数顺位，肺癌位居全国恶性肿瘤死亡之首，其后依次为肝癌、胃癌、食管癌和结直肠癌。①

4. 死因构成比

死因别死亡率度量的是在全部人口中由于某死因所导致的人口死亡强度，分子和分母一般相差悬殊，因此需要采用十万分率表示。在实际应用中，为了说明某种死亡原因的严重程度，还可以计算死因构成比（也称死因死亡比例）指标。

$$PCD=\frac{D^i}{D}\times100\% \qquad \text{（公式 5.10）}$$

其中，PCD 为死因构成比，D^i 为某时期由于某死因死亡的人口总数，D 为该时期死亡人口总数。可以看到，死因构成比的实质是因某种原因死亡的人数占总死亡人数的百分比。

在死因分析中，一般按各种（类）死因死亡人口数或其构成比的大小顺序排列，也叫作死因顺位，以便为医务工作者指出应重点防治的疾病。死因构成比可以从一个侧面分析居民的健康状况及该地区卫生工作的水平。在一些发展中国家的死因构成中，各种传染病仍占很高的比重，卫生事业发达的国家致死的主要疾病是心脏病、恶性肿瘤和脑出血等。

死因构成比不能说明某种死因死亡的绝对水平，只有与死亡率结合起来才能得出某地居民死因特征及其变动的全貌。例如，卫生水平较低地区的心血管疾病死因构成比较低，这是因为急性传染病、结核病、呼吸系统疾病、新生儿疾病等死因占的比重大，不能直接用来说明因心血管疾病死亡的严重程度。

第二节　死亡率的比较分析

一、年龄结构标准化方法

（一）采用标准化方法的原因

人口事件与人口结构之间存在着相互依存的关系：现实人口结构是过去人口事件的结

① 陈万青，孙可欣，郑荣寿，等. 2014 年中国分地区恶性肿瘤发病和死亡分析. 中国肿瘤，2018（1）：1-14.

果，未来人口事件又受现实人口结构的制约。一般来讲，出生、死亡、迁移等人口事件在不同年龄、性别人口中的发生率是不同的：出生往往发生于育龄妇女，死亡往往发生于老年人，迁移往往发生于年轻人口。相应地，在某一特定时期发生于某一人口的事件不仅受到事件本身规模和水平的影响，还受到该人口年龄、性别结构的影响。因此，消除人口年龄、性别结构的影响，度量人口事件的相对不受干扰的影响成为人口统计的一项主要任务。

以死亡事件为例：不同性别、年龄人口的死亡率水平相差很大。一般而言，在世界上大部分地区，男性死亡率在各个年龄上都普遍高于女性，婴幼儿及老年人死亡率远远高于其他年龄人口。因此，一个地区总人口的死亡率水平不仅取决于各性别、年龄人口的实际死亡率水平，还会受到该地区人口性别、年龄结构的影响。

性别结构的影响比较容易剥离，只需要将死亡率分性别进行计算即可。但在进行死亡水平比较时，如何分离年龄结构的影响，以排除不同时期或不同地区人口所具有的年龄结构的干扰，则需要特别的方法和技术。一个可能的手段是计算年龄别死亡率，甚至一岁一组进行计算、逐一比较，但这样的比较缺乏整体意义，难以综合反映两个人口的死亡水平差异。

举例而言，有 A、B 两个人口，其各自的年龄结构以及年龄别死亡率如表 5.1 所示。

表 5.1　　假定人口的死亡率水平比较

年龄组	A人口		B人口	
	年龄结构（%）	年龄别死亡率（‰）	年龄结构（%）	年龄别死亡率（‰）
0～14	20	10	30	10
15～64	60	5	40	5
65＋	20	10	30	10
粗死亡率	7‰		8‰	

由表 5.1 可见，虽然两个人口的年龄别死亡率完全一样，但由于年龄结构的影响，总人口的死亡水平有所差异，反映为婴幼儿及老年人口比例较高的 B 人口的总死亡率水平较高。显然这样的结果未能真实反映人口的死亡水平，而是受到了年龄结构的干扰。

一般而言，婴幼儿和老年人口比重较高的地区，人口死亡率也相应较高；对某一个地区而言，即使各年龄组死亡率不变，也可能因婴幼儿和老年人比重上升，造成总死亡率升高的现象。前述我国人口粗死亡率自 2004 年以来的缓慢提升，就与我国人口老龄化形势及相应的年龄结构变化有关。因此要准确比较不同地区人口的死亡率水平，需要消除人口年龄结构的影响。

（二）粗死亡率指标的分解

在介绍标准化方法之前，我们首先对粗死亡率指标进行分解，将其表达为年龄别死亡率与年龄结构的乘积形式。为了简便起见，我们假设时期为 1 年，且分母用年中人口数代替。当时期为任意长度，用平均人口数近似计算人年数指标时，粗死亡率指标的分解是一样的。

$$CDR = \frac{D}{P} = \frac{\sum_{x=0}^{\infty} {}_nD_x}{P}$$

$$= \frac{\sum_{x=0}^{\infty}\left(\frac{{}_nD_x}{{}_nP_x} \cdot {}_nP_x\right)}{P} = \sum_{x=0}^{\infty}\left(\frac{{}_nD_x}{{}_nP_x} \cdot \frac{{}_nP_x}{P}\right)$$

$$= \sum_{x=0}^{\infty}({}_nm_x \cdot {}_nC_x) \qquad \text{(公式 5.11)}$$

（三）标准化法与标准化率

根据数据的可获性，有两种标准化法，分别称作“直接标准化法”（direct standardization）和“间接标准化法”（indirect standardization）。

1. 直接标准化法

直接标准化法的基本思路是用一个标准人口的年龄结构取代实际人口的年龄结构，得到两个待比较人口的标准化粗死亡率（standardized mortality rate）。这样进行两个人口的比较时，可以衡量控制了年龄结构之后的死亡水平差异。

假设这两个人口分别为 A 和 B，其中 A、B 的粗死亡率分别为：

$$CDR^A = \sum_{x=0}^{\infty}({}_nm_x^A \cdot {}_nC_x^A)$$

$$CDR^B = \sum_{x=0}^{\infty}({}_nm_x^B \cdot {}_nC_x^B)$$

如果将 A、B 两个人口的粗死亡率直接进行比较，会分别受到这两个人口的年龄别死亡率和年龄结构的共同影响。

所以首先用一个标准人口的年龄结构${}_nC_x^S$，分别代替实际人口的年龄结构${}_nC_x^A$ 和${}_nC_x^B$，得到两个人口的标准化粗死亡率；然后用标准化粗死亡率比较得到比较死亡比：

$$CMR = \frac{CDR^{AS}}{CDR^{BS}} = \frac{\sum_{x=0}^{\infty}({}_nm_x^A \cdot {}_nC_x^S)}{\sum_{x=0}^{\infty}({}_nm_x^B \cdot {}_nC_x^S)} \qquad \text{(公式 5.12)}$$

其中，CMR 为比较死亡比（comparative mortality ratio），CDR^{AS} 和 CDR^{BS} 分别是 A、B 两个人口的标准化粗死亡率。

比较死亡比指标说明当人口的年龄结构相同时，不同时期或地区人口死亡率的相对水平。

2. 间接标准化法

进行直接标准化法操作需要得到两个人口的年龄别死亡率，当这一数据无法获得，只能获得两个人口的死亡人口数时，我们可以采用间接标准化法比较两个人口的死亡水平。

间接标准化法的基本思路是用一个标准人口的年龄别率，替代实际人口的年龄别率，与所研究人口的年龄结构相乘，得到期望事件数；用所研究人口的观察事件数与计算所得的期望事件数相比，得到标准化比（standardized ratio）；然后用此标准化比与标准人口的粗率相乘，得到间接标准化率。

在比较不同地区的死亡率水平时，采用一个标准人口的年龄别率与待比较人口的年龄结构相乘，得到期望死亡人口数；用实际死亡人口数与该期望死亡人口数相比，得到标准化死亡比（standardized mortality ratio，SMR）；用标准化死亡比与标准人口的粗死亡率相乘，得到标准化粗死亡率。

$$CMR=\frac{CDR^{AS}}{CDR^{BS}}=\frac{SMR^{A}\cdot CDR^{S}}{SMR^{B}\cdot CDR^{S}}$$

$$=\frac{SMR^{A}}{SMR^{B}}=\frac{\dfrac{D^{A}}{D^{AS}}}{\dfrac{D^{B}}{D^{BS}}}=\frac{\dfrac{\sum_{x=0}^{\infty}({}_{n}m_{x}^{A}\cdot {}_{n}C_{x}^{A})}{\sum_{x=0}^{\infty}({}_{n}m_{x}^{S}\cdot {}_{n}C_{x}^{A})}}{\dfrac{\sum_{x=0}^{\infty}({}_{n}m_{x}^{B}\cdot {}_{n}C_{x}^{B})}{\sum_{x=0}^{\infty}({}_{n}m_{x}^{S}\cdot {}_{n}C_{x}^{B})}} \qquad \text{（公式 5.13）}$$

其中，SMR^{A} 和 SMR^{B} 分别是待比较人口 A 和 B 的标准化死亡比，${}_{n}m_{x}^{S}$ 是标准人口的年龄别死亡率。

同样，比较死亡比指标说明在控制年龄结构的条件下，不同时期或地区人口死亡率的相对水平。

3. 两种标准化法的比较

在直接标准化法中，标准化率直接通过用标准人口的年龄结构替代实际人口的年龄结构，乘以实际人口的年龄别率得到；而在间接标准化法中，需要首先计算标准化死亡比，再将其与标准人口的粗死亡率相乘，才能得到标准化率。这也许就是所谓“直接”与“间接”的区别所在。

采用哪一种标准化法，主要取决于研究目的和数据的获取情况。如果能够得到实际人口的年龄别率指标，就使用直接标准化法；如果得不到实际人口的年龄别率指标，就只能采用间接标准化法。一般来讲，如果标准选择适当的话，两种标准化法所得到的结果基本一致。

使用间接标准化法的优点在于，无须知道待比较人口的年龄别死亡率，只要有死亡人口数即可，所需数据更易获得。另外，对于人口很少以及发生频率很低的人口事件，尽管有了分年龄记录的人口事件，但由于事件数很少，年龄别事件数会更少，因此计算出的年龄别事件率受随机误差的影响很大而可信度低。这时可通过选取一个较大的人口的年龄别率作为标准，进行间接标准化指数的比较。

两种标准化法的比较如表 5.2 所示。

表 5.2 两种标准化法比较示意表

人口	A	B	标准
年龄别率	${}_nm_x^A$	${}_nm_x^B$	${}_nm_x^S$
年龄结构	${}_nC_x^A$	${}_nC_x^B$	${}_nC_x^S$
粗率	CDR^A	CDR^B	CDR^S
直接标准化法			
标准化率	$CDR^{AS}=\sum_{x=0}^{\infty}({}_nm_x^A\cdot{}_nC_x^S)$	$CDR^{BS}=\sum_{x=0}^{\infty}({}_nm_x^B\cdot{}_nC_x^S)$	/
比较死亡比	$CMR=\frac{CDR^{AS}}{CDR^{BS}}=\frac{\sum_{x=0}^{\infty}({}_nm_x^A\cdot{}_nC_x^S)}{\sum_{x=0}^{\infty}({}_nm_x^B\cdot{}_nC_x^S)}$		/
间接标准化法			
标准化死亡比	$SMR^A=\frac{D^A}{D^{AS}}$	$SMR^B=\frac{D^B}{D^{BS}}$	/
标准化率	$CDR^{AS}=SMR^A\cdot CDR^S$	$CDR^{BS}=SMR^B\cdot CDR^S$	/
比较死亡比	$CMR=\frac{CDR^{AS}}{CDR^{BS}}=\frac{SMR^A}{SMR^B}$		/

(四) 标准化法的应用与标准人口的选择

标准化法是最基本的统计学技术，其主要目的在于使指标具有可比性。

本节所介绍的标准化法，不仅仅局限于死亡率研究，也应用于生育率研究，以及婚姻、迁移等其他领域的分析；同时其并不局限于年龄结构标准化，而是可对任何人口结构特征进行标准化。通过去除或抑制不同结构要素的影响，可以对不同人口的“粗”率指标进行更为准确的比较。标准化法也广泛应用于其他学科领域，如经济领域的“消费者价格指数”(CPI)，就是使用标准化法得到的指标。计算方法是将不同商品的价格进行加权平均，权数是利用“标准市场菜篮商品”得到的价格结构。

标准化法可用于比较两个或多个人口的总体层次变量（如率或比例），或对同一人口的不同时期的特征进行比较。其适用条件是变量值在每个人口中的子人口之间不同（如年龄组间存在差异），目的则是消减人口结构的差异对比较结果的影响。

需要注意的是，无论使用直接标准化法还是间接标准化法，所计算得到的标准化率指标都采用了一个假定的年龄结构或假定的年龄别率，只能说明待比较人口的事件率的相对水平，而不能反映任何时期或地区的实际事件率水平。如本章中所计算得到的标准化死亡率只能用于比较分析，不能反映实际的死亡水平。

标准化率的实质是对实际人口年龄别率的加权，因此权数对于结果的影响是不可避免的，有时甚至会影响比较结果的方向。因此，对标准人口的选取需要特别注意。一般而言，标准人口的年龄结构通常选用待比较人口的年龄结构的平均值。对区域人口进行比较时，也可以用全域人口作为标准人口。

此外，如果被比较人口的别率指标随着年龄或其他特征存在系统性变动的话，不应该通过标准化法、以一个单一的标准化率的结果掩盖其本质，而需要在每个年龄之间做出单独的比较。

二、死亡率差异的分解

从公式 5.11 我们看到，粗率指标包含了年龄结构的因素，实际上是年龄别率指标的加权平均数。通过利用标准化法，我们可以在控制年龄结构影响的条件下，进行年龄别率的比较，从而得到事件的不受干扰的作用强度。有时我们的目标则是分解影响粗率指标的各个因素的作用，比如回答下述问题：在 A 人口和 B 人口的死亡率差异中，年龄结构差异起多大作用？

为了回答这一问题，我们通常采用因素分解的策略。接下来我们仍以粗死亡率为例，对两个人口的死亡率差异进行分解。

（一）绝对差异分解

假设 A、B 两个人口的粗死亡率分别为 CDR^A 和 CDR^B，则

$$\begin{aligned}
AD &= CDR^B - CDR^A \\
&= \sum_{x=0}^{\infty}({}_nm_x^B \cdot {}_nC_x^B) - \sum_{x=0}^{\infty}({}_nm_x^A \cdot {}_nC_x^A) \\
&= \sum_{x=0}^{\infty}\left[{}_nC_x^B\left(\frac{{}_nm_x^B + {}_nm_x^A}{2}\right)\right] - \sum_{x=0}^{\infty}\left[{}_nC_x^A\left(\frac{{}_nm_x^B + {}_nm_x^A}{2}\right)\right] \\
&\quad + \sum_{x=0}^{\infty}\left[{}_nm_x^B\left(\frac{{}_nC_x^B + {}_nC_x^A}{2}\right)\right] - \sum_{x=0}^{\infty}\left[m_x^A\left(\frac{{}_nC_x^B + {}_nC_x^A}{2}\right)\right] \\
&= \sum_{x=0}^{\infty}\left[({}_nm_x^B - {}_nm_x^A)\left(\frac{{}_nC_x^B + {}_nC_x^A}{2}\right)\right] + \sum_{x=0}^{\infty}\left[({}_nC_x^B - {}_nC_x^A)\left(\frac{{}_nm_x^B + {}_nm_x^A}{2}\right)\right]
\end{aligned}$$

（公式 5.14）

其中，AD 为两个人口粗死亡率的绝对差异。

可以看到，两个人口的粗死亡率绝对差异，等于以平均年龄别死亡率加权的年龄结构差异与以平均年龄结构加权的率指标差异之和，或者等于年龄结构差异贡献与年龄标准化死亡率指标差异贡献之和。

（二）相对差异分解

除了对两个人口的粗死亡率通过相减的方式进行绝对差异分解之外，还可以通过相除的方式进行相对差异分解。

$$RD = \frac{CDR^B}{CDR^A} = \frac{\sum_{x=0}^{\infty}({}_nm_x^B \cdot {}_nC_x^B)}{\sum_{x=0}^{\infty}({}_nm_x^A \cdot {}_nC_x^A)} = \frac{\sum_{x=0}^{\infty}({}_nm_x^B \cdot {}_nC_x^A)}{\sum_{x=0}^{\infty}({}_nm_x^A \cdot {}_nC_x^A)} \times \frac{\sum_{x=0}^{\infty}({}_nm_x^B \cdot {}_nC_x^B)}{\sum_{x=0}^{\infty}({}_nm_x^B \cdot {}_nC_x^A)} \qquad \text{(公式 5.15)}$$

其中，RD 为两个人口粗死亡率的相对差异。

可以看到，两个人口的粗死亡率相对差异，等于在控制年龄结构的条件下两个人口年龄别率的相对差异，与在控制年龄别率的条件下两个人口年龄结构的相对差异的乘积。

有学者利用 2006—2013 年我国全国疾病监测系统分病因死亡率资料，采用死亡率差异分解方法，计算了主要慢性病死亡率变化受人口老龄化因素影响的程度。发现人口老龄化是中国人群主要慢性病死亡率增加的重要因素，影响程度存在性别和城乡差异。[①] 2006—2013 年期间中国人群肺癌、肝癌、冠心病、脑血管疾病和道路交通伤害死亡率的增加幅度中，分别有 76.9%、178.5%、51.2%、105.3%和 22.7%归因于人口老龄化。且人口老龄化对脑血管疾病、道路交通伤害死亡率增加的影响程度在女性人群中更为明显，对肺癌、肝癌、冠心病死亡率增加的影响程度在男性人群中较为明显；对肺癌、肝癌、冠心病、脑血管疾病死亡率增加的影响程度在城市人群中较突出，对道路交通伤害死亡率增加的影响程度在农村人群中更明显。

需要指出的是，无论是绝对差异还是相对差异，差异分解有多种方法，本节介绍的是一种不产生冗余项或交叉项的方法，可用来将年龄别事件率与人口年龄结构的影响分离。

小　结

◇ 在统计死亡人口数时，要特别注意婴幼儿人口，通常不包括出生时已无生命现象的胎儿死产数，但需要包括出生后不久就死亡的活产婴儿死亡数。

◇ 粗死亡率指标的分母是包含了所有年龄、性别人口的总人口。

◇ 年龄别死亡率的一个重要功能是描述人口死亡的年龄模式，揭示不同年龄人口死亡强度的差异。

◇ 标准化法是最基本的统计学技术，其主要目的在于使指标具有可比性。采用哪一种标准化法，主要取决于研究目的和数据的获取情况。

① 何柳，石文惠．人口老龄化对中国人群主要慢性非传染性疾病死亡率的影响．中华疾病控制杂志，2016 (2)：121-124，133.

思考题

1. 1949 年以来中国人口的死亡模式发生了何种变化?

2. 为什么要进行标准化计算? 在进行标准化计算时，如何选择一个标准人口?

3. 如何对两个人口的死亡人口数进行标准化计算和差异分解?

推荐阅读书目

1. 陈万青，孙可欣，郑荣寿，等 . 2014 年中国分地区恶性肿瘤发病和死亡分析 . 中国肿瘤，2018 (1).

2. 何柳，石文惠 . 人口老龄化对中国人群主要慢性非传染性疾病死亡率的影响 . 中华疾病控制杂志，2016 (2).

3. 王伟进，陆杰华 . 异质性、家庭支持与中国高龄老人的死亡率：虚弱度模型的应用. 人口学刊，2015 (1).

4. 郑晓瑛 . 中国死亡模式转变与国家卫生服务利用效率的关系 . 中国人口科学，2003 (4).

第六章

婴儿死亡率分析

【导读】

死亡的发生与年龄密切相关，不同年龄人口的死亡水平各不相同。在人口规模足够大时，死亡率在年龄上的分布具有一定的规律且比较稳定。通常婴儿和老年人口死亡强度及死亡风险都更高。本章我们将主要关注：死亡强度与死亡风险的度量指标分别是什么？列克西斯图有什么用处？如何利用时期数据度量婴儿死亡风险？

第一节　死亡概率

事件发生水平最简单的度量指标是事件发生数，这是一个绝对数指标，一般可通过调查和登记直接获得；但其受暴露于事件发生风险的群体规模及结构的影响，不利于直接进行比较。用事件发生数与暴露于事件发生风险的群体相比，计算相对数指标，就能够在一定程度上避免上述问题。然而，在进行相对数的计算时，分母有两种不同的处理方式，取决于指标的度量目的。

一、率与概率的差别

（一）率指标度量事件发生强度

当我们需要度量某时期某人口事件的发生强度（intensity）时，往往使用率指标。率指标的分子是某时期事件发生数（number of events），为了数据的获取方便性，通常会用该时期发生该事件的人口数近似替代事件发生数。率指标的分母是一个复合指标，即人年数，是用年数为单位表示的时期长度与人数的乘积，人数一般用该时期事件均匀发生条件下的平均人口数替代。一般而言，较大规模人口中事件发生数会相对较多；人口成员暴露于事件发生风险的时间越长，发生该事件的总数就越大。因此，率指标的分母综合了上述两种特征，同时包含了人口数量和时间长度，反映了事件风险暴露总量。①

率指标的基本公式为：

$$R=\frac{E}{t\cdot\overline{P}}\times 1\,000‰ \qquad \text{(公式 6.1)}$$

其中，R 为率指标，E 为某时期某人口事件的发生数，t 为用年数表示的时期长度，$\overline{P}$ 为该时期平均人口数。

如粗死亡率指标就是用某时期死亡人口数（近似替代该时期发生的死亡事件数）除以用年表示的该时期长度与时期平均人口数的乘积，表示所观察时期某人口死亡事件的发生强度，以描述某时期某人口的平均死亡水平。

$$CDR=\frac{D}{t\cdot\overline{P}}\times 1\,000‰$$

可见，率指标涉及了事件发生数、时期长度、时期平均人口数三个指标，是对某时期某人口已经发生的事件强度的度量。

（二）概率指标度量事件发生风险

在实践中，我们不仅关心某时期某人口已经发生的事件的强度，也关心这一事件发生的风险（risk）或可能性（probability），这就涉及概率指标。

概率是对随机事件发生的可能性的度量。随机事件是指在一定的条件下可能发生也可能不发生的事件。概率的值域为 0～1，越接近 1，说明事件发生的可能性越大；越接近 0，说明事件越不可能发生。

概率是数学中的概率论与数理统计的基础概念，根据古典定义和统计定义，有两种理解和计算方式。

概率的古典定义来自对赌博游戏中掷骰子问题和比赛奖金分配问题的思考与计算，涉及一个古典试验。该试验满足两个条件：（1）试验只有有限个基本结果；（2）试验的每个基本结果出现的可能性一样。这时概率表示为该试验中事件 A 发生的可能性，等于事件 A 所包含的基本事件个数 m 除以基本空间的基本事件的总个数 n。公式 6.2 是古典概率公式。

$$P(A)=\frac{m}{n} \qquad \text{(公式 6.2)}$$

概率的统计定义则涉及重复试验。在一定条件下，重复做 n 次试验，n^A 为 n 次试验中事件 A 发生的次数，如果随着试验次数 n 逐渐增大，频率 n^A/n 逐渐稳定在某一数值 p 附近，则数值 p 称为事件 A 在该条件下发生的概率。公式 6.3 是统计概率公式。

$$P(A)=p=\frac{n^A}{n} \qquad \text{(公式 6.3)}$$

在人口统计中，概率指在某人口中某事件发生的可能性，表示为发生了某一人口事件

① 普雷斯顿，霍伊维兰，吉略特．人口统计学——人口过程的测量与建模．北京：社会科学文献出版社，2012：3.

的人数中后续事件的发生人数。

$$p=\frac{P^B}{P^A} \quad (公式 6.4)$$

其中，A 和 B 分别代表先后发生的两个事件，且 A 事件早于 B 事件发生；P^B 是指在发生了 A 事件的 P^A 人中，发生了 B 事件的人数，类似于比例指标。

以离婚事件为例，A 指结婚事件，B 指离婚事件；结婚必然发生在离婚之前。离婚概率即离婚事件发生的风险，是指在一个结婚队列人口 P^A 中发生了离婚事件的人数 P^B。

由此，我们看到概率指标涉及两个事件、发生这两个事件的人数，以及两个事件相距的时间，是对在发生了前一个事件的人口中，随着时间的推移，发生后一事件的可能性的度量。由于分母的事件必定发生在分子的事件之前，且分子的事件发生数不可能大于此前发生的事件数，因此概率值为 0～1。

（三）时期率与队列概率

综上，时期分析往往计算率指标，或率指标度量时期事件发生强度；队列分析更为关注概率指标，或概率指标的准确计算必须仰仗队列而非时期人口。

如果我们获得了某年的结婚数和离婚数，用离婚数与结婚数相比得到的所谓“离结比”指标没有太大意义，因为其反映的是不同年龄（或出生队列）人口在同一时期的两个事件而已，这两个事件或发生这两个事件的人群之间并无太大关系。但如果获取的是某出生队列的结婚数和离婚数，则离婚数与结婚数相比得到的是该出生队列的离婚概率；如果针对的是某结婚队列，即同时期结婚的人口中后来有多少以离婚告终，所得指标同样也是该结婚队列的离婚概率。

只有在具有事件经历风险的队列中统计事件发生，才能合理地定义概率。换言之，概率概念仅适用于队列而不适用于人口。人口没有概率，除非他们属于人口中的队列。[①]

二、列克西斯图

（一）定义

在上述率和概率指标的界定中，都出现了时间维度，但其表达方式在两个指标中各不相同。在率指标中，时间通过以年为单位的时期长度的方式出现在分母中，其目的是构建分母的人年数指标，将分子事件发生数与在某一时期经历分子事件的人年数进行比较，度量事件发生的强度。在概率指标中，时间看似并没有出现在计算公式中，而是隐含在分子和分母事件的先后顺序中，是针对已经发生了事件 A 的人口，计算其随后发生事件 B 的可

① 普雷斯顿，霍伊维兰，吉略特．人口统计学——人口过程的测量与建模．北京：社会科学文献出版社，2012：16-17.

能性。

时间与空间是界定人口的两个基本维度，而年龄和性别则是人口最基本的自然属性。其中时间与年龄是相对应的两个变量。对于个体而言，每度过一年，自然增龄一岁。某时期某个人口中包含不同年龄的人口。由于出生日期不同，在一年之中，人们总是在不同时点上陆续改变年龄。

19 世纪法国人口学家列克西斯（Lexis）创造出了一种把人的出生日期、观察日期与年龄联系起来进行考察的坐标图，后人以他的名字命名这种坐标图，即列克西斯图（Lexis diagram 或 Lexis chart），有时也按其图形形状称作时间年龄方格图。

（二）图示与解释

最基本的列克西斯图类似于一个可以向右（时间）和向上（年龄）持续延展的方格图（见图 6.1）。

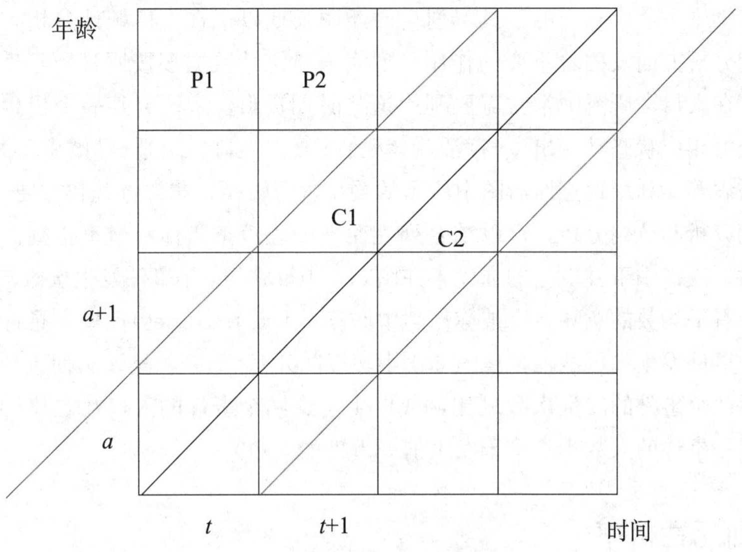

图 6.1　列克西斯图示意图

在图 6.1 中，横轴代表人口事件发生的时间，一般以年为单位，t 和 $t+1$ 代表相邻的两个时期。纵轴及其平行线与横轴相交的垂线点表示年初（如 1 月 1 日）、年末（如 12 月 31 日）和一年中的任何时点。人口事件（如出生、死亡等）发生的日期可以在横轴上进行标示。

纵轴代表年龄，一般以岁为单位，a 和 $a+1$ 代表相邻的两个年龄。横轴及其平行线与纵轴相交的横线点表示任意确切年龄。

在以时间与年龄构成的、间隔相等的这一张方格二维图中，最具有创意的是与横轴呈 45°角的对角线，它把事件发生日期、观察日期与年龄连接起来。对于个体而言，在横轴上，从与其出生日期对应的点开始，向右上方画一条呈 45°角的斜线，这条线就被称为生命线。生命线与横轴平行线的交点代表其周岁年龄，与纵轴平行线的交点则代表不同时点。

个体死亡时，生命线在标志死亡时间的横轴上方中断。对于一个出生队列而言（如 C1 或者 C2），该队列中所有个体的生命线被分别从期初和期末出发的两条对角线所包含。

（三）性质与应用

利用列克西斯图可以将时间与事件进行有机结合，同时在二维空间中展示三维变量。

列克西斯图形象地表示出队列分析和时期分析之间的关系。在图 6.1 中，如果沿对角线圈定的范围观察某一年出生队列（如 C1 或 C2）所度过的时间及各年龄人数变化，则为队列分析。如果沿垂线圈定的范围观察某一时期（如 P1 或 P2）的人口事件和各年龄的人口数量，则为时期分析。

在时间、年龄和队列三个要素中，某一年（如 2010 年）的出生队列在某一日历年（如 2013 年）内，将分别跨两个年龄组；同一出生队列处于某一年龄组的时间，要延续两个日历年度；而在某一日历年度内所看到的某一年龄组的人，总是属于两批出生队列。

作为人口学中一个极有用的工具，列克西斯图长期以来在人口统计分析，特别是在队列分析与时期分析方面发挥着重要的作用。现实人口统计数据多按照日历年度收集，较多为时期指标。在人口学研究中常常需要利用这些时期资料，来研究某一个出生队列经历的事件及其所处的相应状态（如出生-存活者、死亡-死亡人口、结婚-已婚者等），需要编制生命表、结婚表等。利用列克西斯图中所示的关系进行转换，非常直观和方便。

基于时期分析和队列分析，可以结合列克西斯图理解率指标和概率指标。率指标通常关注的是某时期人口中事件发生的强度，在图 6.1 中反映为 t 年事件发生次数与该年平均人口数之比，具有平均数的意味，也被称作“中心率”（central rates）；概率指标则常常关注某队列人口中事件发生的可能性，在图 6.1 中，以队列 C2 为例，是该队列人口在一定时期长度内、先后两个事件的发生次数之比，或发生了这两个事件的人口数之比，具有比例的意味（发生后一事件的人数小于等于发生前一事件的人数）。

三、年龄别死亡概率

（一）年龄别死亡率的分母

在第五章中，我们已介绍过年龄别死亡率指标。相对于不考虑人口中性别、年龄结构的粗死亡率指标，年龄别死亡率指标是“细率”或“别率”指标，对死亡水平的测度更细致。分子是某时期各年龄死亡事件发生数（通常用各年龄死亡人口数来近似替代），分母是在事件均匀发生的条件下，以年为单位的该时期长度与同时期、同年龄平均人口数的乘积。它度量的是不同年龄人口死亡发生强度，反映了死亡的年龄模式。

某时期 20 岁人口的死亡水平有多高？回答这一问题需要计算 20 岁人口的死亡率。为了简便起见，我们假设时期长度为一年，年龄间距为一岁，在死亡事件均匀发生的条件下，20 岁人口的死亡率公式为：

$$m_{20}=\frac{D_{20}}{\overline{P_{20}}}\times 1\ 000‰$$

其中，D_{20}为该年20～21岁死亡人口数，$\overline{P_{20}}$是同年20～21岁平均人口数。

（二）年龄别死亡概率的分母

如果我们关心的是20岁人口的死亡风险，即一个20岁青年遭遇死亡的可能性，就需要计算年龄别死亡概率指标。由于概率指标涉及前后依次发生的两个事件，对于年龄别死亡概率而言，分子是年龄别死亡人口数，分母则应该是进入该年龄的人口数。20岁人口的死亡概率公式为：

$$q_{20}=\frac{d_{20}}{l_{20}}$$

其中，d_{20}为在20～21岁年龄区间死亡的人口数，l_{20}是进入20岁的人口数。

问题在于如何在现实中得到l_{20}这一指标。上面的公式在计算q_{20}时，分母使用的是静止人口中确切年龄为20岁的尚存人口数。但在现实中，人口数是一个时点指标，在任何一个时点得到的人口数通常都是包含了各个年龄的人数。即使聚焦于20岁年龄，也包含了从刚刚进入20岁到即将退出20岁进入21岁的多个时点的人口。勉强比拟的话，20岁人口的死亡概率可用在度过20岁生日的人口中，死于20周岁还未来得及过21岁生日的人的比例近似替代。但事实上，每个人度过20岁生日的时点并不相同，因此根据以年为单位的P_{20}并不能得到到达确切年龄20岁的人口数，即使用更小的时间单位如天、小时等为单位，在现实中获得一个类似于l_{20}的指标也不是一件易事。

虽然利用时期数据计算年龄别死亡概率会遇到上述挑战，但在各年龄人口中，婴儿与出生事件关系最为紧密，可更为直观地帮助我们理解这一挑战。因此下一节我们将用婴儿死亡率指标进一步阐述时期死亡概率计算存在的问题和可能的调整思路。

第二节　婴儿死亡率

一、婴儿死亡及相关界定

（一）婴儿死亡

婴儿是指出生后未满一周岁的人，既包括刚脱离母体的新生儿，也包括即将满周岁的小孩。人口统计中常将这一年龄段的人在年龄分组时归为0岁组人口。即使是对人口进行5岁分组，0岁组人口也往往被单独处理。

婴儿由于机体发育尚未成熟，对外界环境的适应能力较差，容易生病夭亡。影响婴儿死亡率的因素包括母亲的健康状况、怀孕时期长短、婴儿喂养习俗、新生儿体重、婴儿性别、种族等。在卫生医疗条件比较好的地区，婴儿的存活率较高；而在经济落后地区，婴儿死亡率往往较高。因此婴儿死亡率常常被用来作为反映人口健康水平、社会经济及卫生服务水平，特别是妇幼卫生服务质量的敏感指标。

（二）新生儿死亡

新生儿是指出生不满四周或一个月的婴儿。新生儿的成熟度与妊娠期长短有关。凡妊娠37～40周，出生体重达到或超过2 500克，身长达到或超过45厘米者，叫作足月新生儿。如果妊娠28～37周，出生体重为1 000～2 499克，身长在45厘米以下者，叫作早产儿。①

由于新生儿刚脱离母体不久，机体发育不成熟，许多器官在结构和机能方面尚不完善，对外界的适应和抵抗能力更弱，极易夭折。新生儿死亡在婴儿死亡中占了很大比重（约为60%），因此一般会把婴儿死亡按出生后存活时间分为新生儿死亡和新生儿后期死亡两个部分。婴儿死亡率越低，新生儿死亡占婴儿死亡的比例越高。

造成新生儿死亡的原因往往与造成其他年龄婴儿死亡的原因不同。新生儿死亡主要是由细胞缺陷等先天生理原因导致，医疗条件的改善较难对其产生很大作用。

（三）胎儿死亡

胎儿脱离母体时无呼吸、心跳、脐带搏动及随意肌收缩等生命现象者称为胎儿死亡(fetal deaths)。胎儿死亡按其时间分为流产（miscarriage/abortion）和死产（stillbirth）两种情况。

流产俗称“小产”，是指在妊娠28周前，胎儿及胎盘自发地从子宫排出的现象。连续自然流产三次以上，称习惯性流产。流产发生在妊娠12周前者，称为早期流产；发生在妊娠12～28周者，称为晚期流产。引起流产的原因很多，如胚胎发育不良、母体患有急性传染病、母儿血型不合等均可能引起流产。此外，因避孕失败，因孕妇患病，因经羊水检查显示胎儿有先天性缺陷不宜继续妊娠时，用药物或手术终止妊娠者，称为人工流产。②

不论怀孕时间长短，凡胎儿在从母体完全娩出之前死亡者，均称为死胎或死产。有的规定妊娠第20周以后胎儿死亡为死产，也有的规定第28周以后胎儿死亡为死产。③ 死产往往由于胎儿本身或母体的疾病，使胎儿在宫内死亡，或分娩过程中受到损伤而死亡。导致死产的原因有胎儿畸形、脐带异常、胎盘早期剥离、妊娠高血压综合征、过期妊娠和糖尿病等。④

---

① 周树森．中国女性百科全书·医药保健卷．沈阳：东北大学出版社，1995：326.

② 吴忠观．人口科学辞典．成都：西南财经大学出版社，1997：182-183.

③ 王翔朴，王营通，李珏声．卫生学大辞典．青岛：青岛出版社，2000：697.

④ 邹瑜，顾明．法学大辞典．北京：中国政法大学出版社，1991：497.

胎儿死亡一般并不计入死亡人口数中。蒋庆琅曾总结了与婴儿死亡相关的概念界定，如表 6.1 所示。

表 6.1　婴儿死亡相关概念界定

名称	区间
早期胎儿死亡	妊娠 20 周以内
中期胎儿死亡	妊娠 20～27 周
晚期胎儿死亡	妊娠 28 周及以上
围产期死亡	妊娠 28 周到出生后 7 天；妊娠 20 周到出生后第 28 天
新生儿死亡	出生后 28 天以内
出生后死亡	出生后 28 天到 1 周岁
婴儿死亡	1 周岁以内

资料来源：蒋庆琅．寿命表及其应用．上海：上海翻译出版公司，1984：52.

二、婴儿死亡率的计算

如果仅从年龄分组的角度来看，婴儿是指 0 岁组人口，因此婴儿死亡率应该是年龄别死亡率的一部分，是 0 岁组人口死亡率，然而，事实并非如此。

（一）婴儿死亡率不等于 0 岁组人口死亡率

在计算年龄别死亡率时，其分母通常假设时期内该年龄人口死亡均匀发生，并用平均人口数或期中人口数来代替严格意义上的生存人年数指标。

回顾公式 5.2 年龄别死亡率：

$$ {}_nm_x=\frac{{}_nD_x}{t\cdot {}_nP_x}\times 1\ 000‰ \qquad \text{（公式 5.2）}$$

然而，婴儿自出生到满周岁，遭遇的死亡风险并不是相同的。出生不久的婴儿（如新生儿）死亡风险和死亡强度都更大，因此时期（通常是一年）内婴儿死亡均匀发生的假设并不成立。可是我们又很难获得真实的婴儿生存人年数指标，这样准确的婴儿死亡率指标计算就遇到了瓶颈。

即使我们在计算年龄别死亡率指标时，直接用 0 岁死亡人口与 0 岁平均人口数相除得到了所谓的 0 岁组人口死亡率，这一指标也并不能描述婴儿的死亡强度，因为分母中的 0 岁平均人口数与时期长度的乘积，因无法满足死亡均匀发生的假设，故不能用来替代率指标分母中的人年数。

$$ m_0=\frac{D_0}{t\cdot P_0}\times 1\ 000‰ \qquad \text{（公式 6.5）}$$

需要注意的是，公式 6.5 中的 0 岁组人口死亡率并不是婴儿死亡率。

（二）时期婴儿死亡率不是严格意义上的率指标

婴儿死亡率（infant mortality rate，IMR）指的是婴儿出生后一周岁以内的死亡率，一般以年为时间计算单位，以千分数表示。

在实际应用中，常常用某年未满周岁死亡的婴儿数与该年的活产婴儿数相比计算婴儿死亡率。公式为：

$$IMR=\frac{D_{0,t}}{B_t}\times 1\ 000‰ \qquad \text{（公式 6.6）}$$

需要注意的是，上述婴儿死亡率的计算公式中存在着分子和分母不一致的问题。分子——某年内未满周岁的死亡婴儿中，既包括前一年出生、在本年夭折的未满一岁婴儿，也包括当年出生、当年死亡的婴儿；而分母——同年活产婴儿中，既有当年出生但已夭亡的部分，也有当年仍健康存活的部分。

因而，通过公式 6.6 所获得的婴儿死亡率并不是严格意义上的率指标：其分母并非分子所指事件的历险人年数。虽然表达为当年所有活产婴儿中未满周岁死去的婴儿数的比例更易于理解，但通过公式 6.6 所计算得到的婴儿死亡率也不是一个比例指标。它实际上只是一个分子与分母没有太大关系的比指标。

为什么要用公式 6.6 来计算婴儿死亡率？该指标计算是否存在制约条件？接下来我们详细介绍婴儿死亡率的计算思路与相应公式。

（三）从婴儿死亡概率入手理解时期婴儿死亡率

如果从队列的角度来看，一个出生队列在 0～1 岁期间存在死亡，将期间的死亡人口数与出生人口数相比较，可以反映该队列人口在婴儿时期的死亡风险。这也正是我们用未满周岁死亡的婴儿数除以当年活产婴儿数计算婴儿死亡率指标的初衷。

然而，在队列视角下计算得到的婴儿死亡率实际上是婴儿死亡概率，即活产婴儿在满周岁之前死去的可能性，或 0～1 岁期间婴儿死亡的风险。从列克西斯图（如图 6.2 所示）我们知道，同一队列同一年龄的人口必定分属两个时期，也就是说，同一出生队列在 0～1 岁期间死去的婴儿分属两年。

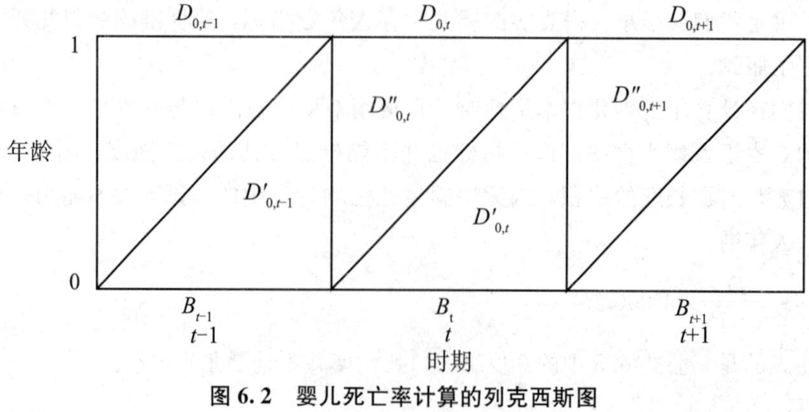

图 6.2　婴儿死亡率计算的列克西斯图

以图 6.2 为例，根据可获数据和给定假设的不同，婴儿死亡率的计算有如下 6 种方式。

方式 1：如果我们有当年出生、当年死亡以及当年出生、次年死亡的婴儿数据，可以直接计算得到婴儿死亡概率，公式为：

$$IMR_1=\frac{D'_{0,t}+D''_{0,t+1}}{B_t} \qquad \text{（公式 6.7）}$$

其中，B_t 为 t 年出生的活产婴儿数，$D'_{0,t}$ 为 t 年出生、t 年死亡的婴儿数，$D''_{0,t+1}$ 为 t 年出生、$t+1$ 年死亡的婴儿数。

方式 2：实践中，常常立足于当年进行分析，无法得到下一年死亡的婴儿数据（因为事件尚未发生）。若假设婴儿当年出生、次年死亡的概率在连续的年份是一样的，则可以用上一年出生、本年死亡的婴儿死亡概率替代本年出生、次年死亡的婴儿死亡概率，根据概率可加性特点，公式转变为：

$$IMR_2=\frac{D'_{0,t}}{B_t}+\frac{D''_{0,t}}{B_{t-1}} \qquad \text{（公式 6.8）}$$

其中，B_{t-1} 为 $t-1$ 年出生的活产婴儿数，$D''_{0,t}$ 为 $t-1$ 年出生、t 年死亡的婴儿数。

这样计算的好处是只需要考虑当年的婴儿死亡，但问题是需要将当年死亡的婴儿按照出生年份进行拆解，即区分出在 t 年死亡的婴儿中哪些是 t 年出生、t 年死亡的，哪些是 $t-1$ 年出生、t 年死亡的。

方式 3：如果由于数据的局限，只能获得当年死亡婴儿总数，可以借用死亡分离系数的经验值进行估算，公式为：

$$IMR_3=\frac{f\times D_{0,t}}{B_t}+\frac{(1-f)\times D_{0,t}}{B_{t-1}} \qquad \text{（公式 6.9）}$$

其中，$f=\frac{D'_{0,t}}{D'_{0,t}+D''_{0,t}}=\frac{D'_{0,t}}{D_{0,t}}$，即当年出生、当年死亡的婴儿占某年全部死亡婴儿的比例。婴儿死亡率越低，新生儿死亡率所占比重越高，则死亡分离系数 f 值越大。

方式 4：在实践中，为了公式表达的简洁，往往会用分离系数去调节分母，得到公式：

$$IMR_4=\frac{D_{0,t}}{f\cdot B_t+(1-f)\cdot B_{t-1}}\times 1\,000‰ \qquad \text{（公式 6.10）}$$

虽然 f 为基于死亡婴儿数计算的死亡分离系数，但将其用于调节连续年份的出生人口数，也可以使分子和分母在属性上尽量保持一致。且这一公式在实际中应用得更普遍。

方式 5：当连续年份的出生人数基本相等时，用当年死亡婴儿与当年出生人数相除的方式（即公式 6.6）计算婴儿死亡率是最为简便有效的方法。

$$IMR_5=\frac{D_{0,t}}{B_t}\times 1\,000‰ \qquad \text{（公式 6.6）}$$

方式 6：另外，如果并不拘泥于某特定年份的婴儿死亡率，也可以计算连续 3 年或 5 年的婴儿死亡率平均值，以减少上述队列、时期、年龄三个因素不能同时一致（即同队列同时期必属两个年龄、同队列同年龄必属两个时期、同时期同年龄必属两个队列）的问题。公式为：

$$IMR_6=\frac{D_{0,t-1}+D_{0,t}+D_{0,t}}{B_{t-1}+B_t+B_{t+1}}\times 1\ 000‰ \quad （公式 6.11）$$

可见，婴儿死亡率的上述计算公式经历了从死亡概率到类概率的转化，其最主要的原因是数据的可得性。如果在追踪出生队列存活情况时，可以得到详细的婴儿死亡数据（特别是能够区分不同出生队列婴儿的确切死亡日期），就能够保证分子与分母范围的同一性，计算出真正的婴儿死亡概率指标，即全部出生婴儿中在满周岁之前死去的可能性。否则只能依据假设条件，构建类似概率的所谓婴儿死亡率指标，但事实上，这些指标既不是真正的概率，也不是真正的率。上述从公式 6.6 到公式 6.11 的婴儿死亡率的 6 种计算方式，正是在详细数据不可获得的情况下，利用假设条件步步退让的结果，这也正是实践中利用时期（某一年）数据计算概率指标的困难所在和权宜之计。在使用上述公式时，应注意是否满足基本假设或条件。

日本的婴儿死亡登记数据较为完备，我们以 1994—1997 年日本的数据为例，来看上述公式的计算结果有何不同（见表 6.2）。

表 6.2　1994—1997 年日本婴儿死亡率数据及计算

基础数据/假设	字母/公式	1994 年	1995 年	1996 年	1997 年
出生人数（人）	B	1 238 328	1 187 064	1 206 555	1 191 665
死亡婴儿数（人）	当年出生、当年死亡（$D'_{0,t}$）	/	3 964	3 598	3 489
	上年出生、当年死亡（$D''_{0,t}$）	/	1 108	948	914
	年度死亡数（$D_{0,t}$）	/	5 072	4 546	4 403
分离系数	$f=\frac{D'_{0,t}}{D_{0,t}}$	/	0.782	0.791	0.792
婴儿死亡概率（‰）	$IMR_1=\frac{D'_{0,t}+D''_{0,t+1}}{B_t}$	/	4.138	3.740	/
假设相邻年概率相等（‰）	$IMR_2=\frac{D'_{0,t}}{B_t}+\frac{D''_{0,t}}{B_{t-1}}$	/	4.234	3.781	3.685
死亡分离系数调整分子（‰）	$IMR_3=\frac{f\times D_{0,t}}{B_t}+\frac{(1-f)\times D_{0,t}}{B_{t-1}}$	/	4.234	3.781	3.685
死亡分离系数调整分母（‰）	$IMR_4=\frac{D_{0,t}}{f\cdot B_t+(1-f)\cdot B_{t-1}}$	/	4.233	3.781	3.685
假设相邻年出生数相等（‰）	$IMR_5=\frac{D_{0,t}}{B_t}$	/	4.273	3.768	3.695
多年平均数（‰）	$IMR_6=\frac{D_{0,t-1}+D_{0,t}+D_{0,t}}{B_{t-1}+B_t+B_{t+1}}$	/	/	3.911	/

注：除出生和死亡基础数据外，其他结果均为笔者计算得到。

资料来源：Siegel J S，Swanson D A. The methods and materials of demography. 2nd ed. Amsterdam：Elsevier Academic Press，2004：284.

表 6.2 显示，婴儿死亡率的不同计算公式所需的数据和假设条件各不相同，所得结果在万分位数上存在差异。在有 4 年出生人口数据的条件下，多年平均数的计算公式（即 IMR_6）只能得到 1 年的数值，婴儿死亡概率的公式（即 IMR_1）可以得到 2 年的数值，其他公式均可得到 3 年的数值。比较用各公式计算得到的 1996 年的数值，发现多年平均数数值最大、死亡概率数值最小，其他几个公式结果相差不多。

在数据完备的条件下，使用 IMR_1 公式计算，可获得准确的婴儿死亡概率数值。在只能获得年度出生人口和年度婴儿死亡数据的情况下，当相邻年度的出生数相等时，可以使用 IMR_5 公式计算婴儿死亡率，计算简便；然而，当年度出生人口数波动较大时，建议使用 IMR_4 公式，其中的分离系数 f 可以采用经验值。表 6.3 是利用寇尔-德曼模型生命表计算出的、与不同婴儿死亡率水平相对应的、死亡分离系数的经验值。

表 6.3　婴儿死亡率与死亡分离系数的对应值

IMR（‰）	200	150	100	50	25	15
分离系数	0.60	0.67	0.75	0.80	0.85	0.95

资料来源：Siegel J S，Swanson D A. The methods and materials of demography. 2nd ed. Amsterdam：Elsevier Academic Press，2004：285.

由于婴儿死亡漏报和计算公式的不一致，关于近期我国婴儿死亡率的数值仍存在一些争议，但观察其历史变化，可发现清晰的下降态势。1949 年之前，我国婴儿死亡率在 200‰左右；20 世纪 50 年代下降为 100‰～200‰；50 年代末期（除个别年份外）之后，稳定保持在 100‰以下。[①] 1982 年约为 50‰[②]；2010 年则降至 20‰以下[③]。2017 年婴儿死亡率的世界平均水平是 32‰，发达国家平均水平为 5‰，包含中国在内的发展中国家平均水平为 35‰。[④]

三、新生儿死亡率及其他

（一）新生儿死亡率与新生儿后期死亡率

新生儿死亡率（neonatal mortality rate，NMR）是指婴儿出生后四周或第一个月内的死亡率，一般以年为时间计算单位，以千分数表示。

与婴儿死亡率的计算方法相似，新生儿死亡率的分子是某年未满四周或一个月死亡的婴儿数，而分母是该年的活产婴儿数。计算公式为：

$$NMR=\frac{D_{<1month}}{B}\times 1\,000‰ \qquad \text{（公式 6.12）}$$

① 明艳．我国婴儿死亡率的变动趋势及区域差异研究．人口研究，2009（5）：77－87.

② 鲍思顿．中国婴儿死亡率模式．人口研究，1991（3）：29－35.

③ 赵梦晗，杨凡．六普数据中婴儿死亡率及儿童死亡概率的质疑与评估．人口研究，2013（5）：68－80.

④ http：//www.worldpopdata.org.

有时也会计算新生儿死亡占婴儿死亡的比例，计算公式为：

$$NMp=\frac{D_{<1month}}{D_0}\times 100\%$$ （公式 6.13）

在更精确的计算中，有时会将新生儿死亡率细分为早期新生儿死亡率（early neonatal mortality rate）和晚期新生儿死亡率（late neonatal mortality rate）两个指标。其中早期新生儿死亡率指的是在出生后一周内死亡婴儿数与当年活产婴儿数的比；晚期新生儿死亡率是在出生一周之后四周之内死亡婴儿数与当年活产婴儿数的比。一般均用千分数表示。

新生儿后期死亡率（post-neonatal mortality rate）则是指四周或一个月以后、一岁之前死亡婴儿数与当年活产婴儿数的比，用千分数表示。

婴儿死亡率与新生儿死亡率之间的关系如图 6.3 所示。

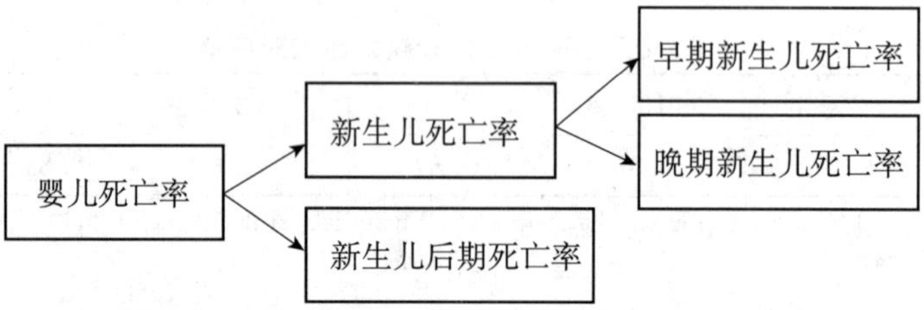

图 6.3 婴儿死亡率与新生儿死亡率之间的关系

新生儿死亡率的高低与孕妇保健、产科服务及新生儿护理工作质量有关，受制于社会经济状况和医学科技发展水平。降低总人口死亡率的关键在于降低婴儿死亡率，而降低婴儿死亡率的关键又往往在于降低新生儿死亡率。掌握新生儿死亡情况，对加强新生儿的卫生保健工作以及研究制定进一步降低婴儿死亡率的措施有重要意义。

（二）胎儿死亡率与死产率

胎儿死亡率（foetal mortality rate，FMR）指某年内登记的流产、死胎和死产数与同期登记的出生总数之比，一般用千分数表示。计算公式为：

$$FMR=\frac{D_m+D_f+D_s}{B}\times 1\,000‰$$ （公式 6.14）

其中，分子 D_m、D_f 和 D_s 分别指流产、死胎和死产数。

死产率（stillbirth rate，SBR）是指妊娠满 28 周及以上的死产数与生育数（包括活产与死产数）的比。一般以年为时间计算单位，以千分数表示，表明一年内每千次生育中平均发生的死产次数。

死产率的计算公式为：

$$SBR=\frac{D_s}{D_s+B}\times 1\,000‰$$ （公式 6.15）

死产主要是由孕妇方面的原因造成的，因此死产率能够反映孕产妇保健工作的质量。死产率的计算需要较为完备的出生、流产和死产登记制度及较为准确的资料。

（三）围产期死亡率

由于死产和早期新生儿死亡的原因相近，降低死产率与降低早期新生儿死亡率的措施相同，而在实际工作中，死产与早期新生儿死亡有时不易区分，因此在统计时，可以将死产率与早期新生儿死亡率合并，用围产期死亡率来计算。

围产期是指产妇分娩前后这一段时间。期间孕妇要经历妊娠、分娩和产褥期三个阶段，胎儿要经历从不成熟到成熟和出生后开始独立生活的复杂变化。国际上对围产期的划分方法有四种：(1) 从孕满 28 周（即胎儿体重≥1 000 克）至产后 1 周；(2) 从孕满 20 周（即胎儿体重≥500 克）至产后 4 周；(3) 从孕满 28 周至产后 4 周；(4) 从胚胎形成至产后 1 周。一般采用第一种时间范围，因大多数产科并发症发生在妊娠 28 周以后，2/3 新生儿死亡发生在出生后 7 天以内。[①] 围产期的质量由以下三方面来衡量：(1) 孕产妇死亡率；(2) 胎儿和新生儿围产期死亡率；(3) 新生儿后遗症（或称障碍儿）的发生率。降低这三方面的指标是保证孕妇和新生儿健康安全的基本条件，也是围产期的重要工作内容。[②]

围产期死亡率（perinatal mortality rate，PMR）有两种计算方法。一种是以时间来划分的，是妊娠 28 周至产后 1 周内的胎、婴死亡人数与同期全部出生人数之比；另一种是以出生儿的体重来划分的，指体重在 1 000 克以上的出生儿中的死胎、死产和 1 周内死亡的新生儿，与同期体重 1 000 克以上的出生数之比。计算公式分别为：

$$PMR=\frac{D_s+D_{1week}}{D_s+B}\times 1\,000‰ \qquad \text{（公式 6.16）}$$

$$PMR=\frac{D_{f,weight\geqslant 1\,000g}+D_{s,weight\geqslant 1\,000g}+D_{1week,weight\geqslant 1\,000g}}{B_{weight\geqslant 1\,000g}+D_{f,weight\geqslant 1\,000g}+D_{s,weight\geqslant 1\,000g}}\times 1\,000‰ \qquad \text{（公式 6.17）}$$

围产期死亡占婴儿死亡的很大一部分，因此围产期死亡率是反映人口健康状况的一个重要指标。在围产期死亡中，死胎与死产约占 2/3，周内新生儿死亡约占 1/3。两者死亡中绝大多数体重低于 2 500 克。

围产期死亡率的计算需要较完备的出生和新生儿登记制度，以及原始资料登记的完整性。

小　结

◇ 率指标度量事件发生强度，概率指标度量事件发生风险。

◇ 婴儿死亡率不等于 0 岁组人口死亡率，也不是一个严格意义上的率指标。

◇ 列克西斯图结合了时期、队列和年龄三个要素，是人口统计分析的重要工具。

---

① 周树森．中国女性百科全书·医药保健卷．沈阳：东北大学出版社，1995：238.

② 陈会昌．中国学前教育百科全书·心理发展卷．沈阳：沈阳出版社，1995：50.

思考题

1. 请结合列克西斯图，解释婴儿死亡率计算从队列年龄别概率到时期年龄别率的近似过程。

2. 如何利用时期数据计算年龄别概率指标?

3. 请结合列克西斯图，用图展示时期率、队列概率、时期概率、队列率四类指标的计算思路。

推荐阅读书目

1. 明艳．我国婴儿死亡率的变动趋势及区域差异研究．人口研究，2009 (5).

2. 赵梦晗，杨凡．六普数据中婴儿死亡率及儿童死亡概率的质疑与评估．人口研究，2013 (5).

3. 鲍思顿．中国婴儿死亡率模式．人口研究，1991 (3).

第七章

生命表及其编制

【导读】

生命表是一个统计模型，不仅应用于保险精算等死亡分析领域，表中的函数关系、编制思路等也被广泛用于婚姻、生育、迁移、家庭、健康、流行病学、劳动经济等很多其他领域，成为最有力的人口统计分析工具之一。在时期死亡分析中，无论是粗死亡率还是年龄别死亡率，都不能既准确又综合地度量死亡水平。利用生命表技术，我们将获得一个综合的时期死亡率度量指标。本章将介绍：什么是生命表？生命表中有哪些主要函数？编制一张时期生命表的基础数据、基本思路和主要内容有哪些？

第一节　生命表简介

一、编制生命表的意义

在第五章我们已经学习过一些基本的死亡率度量指标，其中总人口的死亡水平可以利用粗死亡率（CDR）来描述，但这一指标的最大问题在于受人口性别、年龄结构的影响；年龄结构标准化死亡率（ASCDR）尽管消除了人口年龄结构的影响，但由于标准化过程中需要借用一个标准人口的年龄结构模式（直接标准化时）或年龄别死亡率（间接标准化时），因此计算结果只能用于比较，不能揭示真实人口的死亡水平；性别、年龄别死亡率［$m_x^{m(f)}$］不仅能够准确描述不同性别、年龄人口各自的死亡水平，还可以揭示死亡的年龄模式，但计算所得的是一系列指标，不能综合概述人口总体死亡水平，且年龄分组越细，指标就越烦琐。可见，在上述死亡率度量指标中，还缺乏一项简单、综合而又准确的指标。

时期生命表基于年龄别死亡率数据，利用假定队列方法，解决了上述指标的不足，计算得到的平均预期寿命是易于理解的综合死亡率度量指标，不受实际人口年龄结构的影响，也无须借助标准人口即可比较。生命表技术特别是其“存活分析”（survival analysis）的思路目前已经被运用到很多领域。如在商业保险领域，其可以用来判断不同年龄的人在购买生命保险时应支付多少保险费；在劳动经济学领域，可以结合死亡率和劳动参与率，估算每个个体或每个劳动者的平均工作年限；还可以计算婚姻平均持续时间、平均健康寿命长度等。有学者认为，19 世纪末以前所谓正规人口学的发展轨迹，在某种程度上就是生命表技术的演变历程。①

二、生命表的概念与历史

生命表（life table）是以表格形式展现的、分析和描述死亡数据的一种方法，是根据年龄别死亡率编制的、反映一个出生队列从出生后陆续死亡的全部过程的一种统计表。由于生命表的基础是年龄别死亡率，因此又称死亡率表或死亡表。由于表中计算出了各年龄平均预期寿命，因此生命表有时又称作寿命表。

与现代生命表具有某些相似之处的最早的生命表，可追溯到公元 3 世纪中叶的古罗马时期，据说由古罗马执政官乌尔比安（Ulpianus）编制，其目的是为确定年金提供依据。这张表直到 18 世纪末仍在意大利北部为官方所使用②。人口学意义上的第一个类生命表，被认为由约翰·格兰特于 1662 年基于伦敦“死亡表”（bills of mortality）的分析所编制，尽管其编制方法与目前的流行做法完全不同，但表中包含了各种年龄存活者的比例，平均预期寿命大约为 18.2 岁（见表 7.1）。第一张公认的生命表，由波兰皇家天文学家埃德门德·哈雷（Edmund Halley）（哈雷彗星的发现者与命名者）基于波兰西南部城市布雷斯劳（Breslau）1687—1691 年间的出生和死亡登记数据，于 1693 年编制完成，这张表中已经包含了今天生命表中的大部分项目，但因其假设布雷斯劳人口在观察期间为静止人口并不符合实际，故该生命表结果的准确性遭到质疑。第一张被认为科学准确的生命表由约书亚·梅尔尼（Joshua Milne）基于英格兰西北部城市卡莱尔（Carlisle）两个教区 1779—1787 年间的年龄别人口和死亡数据，于 1815 年编制完成，被公认为规范了生命表的常规计算方法与表达形式，并被沿用至今。③

我国直到 1982 年第三次全国人口普查后，才获得了较为详细的年龄别死亡数据，并编制了中国第一套全国和区域完全生命表。

表 7.1　1662 年格兰特生命表

确切年龄	存活者
0	100
6	64

① Siegel J S，Swanson D A. The methods and materials of demography. 2nd ed. Amsterdam：Elsevier Academic Press，2004：302.

② 蒋庆琅 . 寿命表及其应用 . 上海：上海翻译出版公司，1984：72.

③ Newell C. Methods and models in demography. London：Belhaven Press，1988：5.

续前表

确切年龄	存活者
16	40
26	25
36	16
46	10
56	6
66	3
76	1
86	0

资料来源：Newell C. Methods and models in demography. London：Belhaven Press，1988：81.

三、生命表的分类

（一）队列生命表与时期生命表

生命表的基本概念源于队列分析，如果追踪一个出生队列，获取其每个成员的死亡时间或生命历程信息，即可编制一个真实队列的生命表；也可以利用假定队列方法，依据时期人口死亡数据编制生命表。前者叫作队列生命表（generation life table 或 cohort life table），后者叫作时期生命表（current life table 或 period life table）。

队列生命表的思路往往用于死亡率预测、死亡趋势研究，或生育率与再生产水平度量。由于编制真实队列生命表需要追踪一个实际队列（actual cohort）人口的生命历程，数据极难获得，而且在这批人全部死亡之后编制出来的生命表对实际队列人口已没有意义，因此人口学中经常利用假定队列（hypothetical cohort）方法编制时期生命表。除非特别指出，通常所说的生命表指的均是时期生命表。

时期生命表是一种统计模型，并不表示任何一个实际队列人口的死亡水平与模式，而是基于某时期全部人口的年龄别死亡率，通过将其转化为一个假定队列的年龄别死亡概率，模拟这个假定队列按照该时期的死亡率水平度过一生将会发生什么，综合反映该时期该人口的死亡水平与模式。除了指定的生命表出生人口 l_0 外，生命表中的每一个指标实质上都是相应的未知理论值的估计值。[①] 编制时期生命表的时期长度通常是一年，也可以是3～5年；地域范围可以是全国，也可以是各地理及行政区域。不过在编制区域生命表时，地区范围不宜过小，以免个别年龄的死亡数据为零，不能准确反映生命规律。

由于男女死亡率不同，一般会分性别编制男性和女性生命表。本章以下在提到生命表

① 蒋庆琅．寿命表及其应用．上海：上海翻译出版公司，1984：83.

时，一般指的是单性别生命表。

（二）完全生命表与简略生命表

按照年龄分组，生命表可以分为完全生命表和简略生命表两类。

1. 完全生命表

完全生命表（unabridged life table 或 complete life table）是指以单岁组死亡率为基础编制的生命表。完全生命表的基本形式如表 7.2 所示。

表 7.2 完全生命表的基本形式

年龄组 x	死亡概率 q_x	尚存人数 l_x	死亡人数 d_x	生存人年数 L_x	累计生存人年数 T_x	平均预期寿命 $\overset{0}{e}_x$
0						
1						
2						
3						
……						
99						
100						
……						
$\omega-1$						

在表 7.2 中，年龄 x 岁既用来表示确切年龄为 x 岁，也用来表示 x～$x+1$ 岁的年龄组；死亡概率（q_x）指活到确切年龄 x 岁的人在满 $x+1$ 岁之前可能死亡的风险；尚存人数（l_x）指一个出生队列人口中活到确切年龄 x 岁的人数；死亡人数（d_x）指活到确切年龄 x 岁的 l_x 人在 x～$x+1$ 岁期间、满 $x+1$ 周岁之前死亡的人数；生存人年数（L_x）是活到确切年龄 x 岁的 l_x 人在 x～$x+1$ 岁期间累计存活的年数，也叫生命表人数。

完全生命表的优点是：（1）能够详细反映各年龄人口的死亡水平和死亡风险；（2）便于进行逐岁的推算。缺点是：（1）需要的资料较详细，不易取得；（2）分组太细，容易出现偶然性波动，影响对主要趋势的观察；（3）表太长，计算与使用都不便。

2. 简略生命表

简略生命表（abridged life table）是指按照 5 岁或 10 岁年龄组编制的生命表。由于婴儿死亡水平的特殊性，一般即使在编制简略生命表时，也将 0 岁组作为单独的一组。相应地，如果是 5 岁分组生命表，就将 1～4 岁组作为第二组，其后年龄组依次为 5～9、10～14、15～19……岁组。如果是 10 岁分组生命表，则依次为 1～9、10～19、20～29……岁组。一般最后一组为开口组，用 $\omega-n$ 来表示。简略生命表的实际运用要比完全生命表更为普遍。

以 5 岁分组为例，简略生命表的基本形式如表 7.3 所示。

表 7.3 简略生命表的基本形式

年龄组 x	死亡概率 ${}_nq_x$	尚存人数 l_x	死亡人数 ${}_nd_x$	生存人年数 ${}_nL_x$	累计生存人年数 T_x	平均预期寿命 $\overset{0}{e}_x$
0						
1～4						
5～9						
10～14						
……						
75～79						
80～85						
……						
$\omega-n$						

在表 7.3 中，尚存人数（l_x）、累计生存人年数（T_x）和平均预期寿命（$\overset{0}{e}_x$）中的年龄概念指的是确切年龄 x 岁；而死亡概率（${}_nq_x$）、死亡人数（${}_nd_x$）与生存人年数（${}_nL_x$）中的年龄概念指的是从 x～x+n 岁的年龄区间。

简略生命表的优点是：（1）简单醒目，易于阅读；（2）需要的原始资料较容易获得；（3）计算量相对较小。缺点是：（1）分组掩盖了年龄组内部各年龄之间死亡水平的差别；（2）不便于进行逐岁推算。

（三）单递减生命表、多递减生命表与多增减生命表

根据生命表中核心函数的性质，还可以将生命表区分为单递减、多递减和多增减三种类型（见图 7.1）。其中单递减生命表是应用最为广泛的一种生命表，也是其他两类生命表的基础。

单递减生命表（conventional life table 或 standard life table）是只考虑一个削减因素的生命表。最典型的单递减生命表就是常规生命表或死亡表，它只考虑一个出生队列人口因死亡过程随着年龄逐渐削减的过程。

多递减生命表（multiple decrement table）则考虑到多种削减因素。由于死亡因素不可避免，因此多递减因素往往是死亡因素与其他削减因素的综合。在现实中，多递减过程比单递减过程更为常见。实践中常常编制的是双递减生命表（double decrement table），如编制涉及死亡和初婚两个事件的初婚表。对于一个未婚队列而言，处于未婚状态的人口数一方面由于死亡因素而自然递减，另一方面随着人群陆续经历初婚事件而递减。

多增减生命表（increment-decrement table）则考虑多个增减因素。如就业会涉及劳动力的进入和退出（不仅因为死亡，还因为失业、辞职、解聘等）；教育会涉及学生的进入和

退出（因为死亡、毕业、辍学等）；结婚表不仅涉及死亡、初婚等递减过程，还会面临再婚等重新进入婚姻的过程；等等。这时的生命表更可能呈现一种多状态转换（multistate）的关系，在经典生命表的基础上将人口区分为在状态的（in the state）和不在状态的（not in the state），通过状态间的转换率构建多增减生命表。

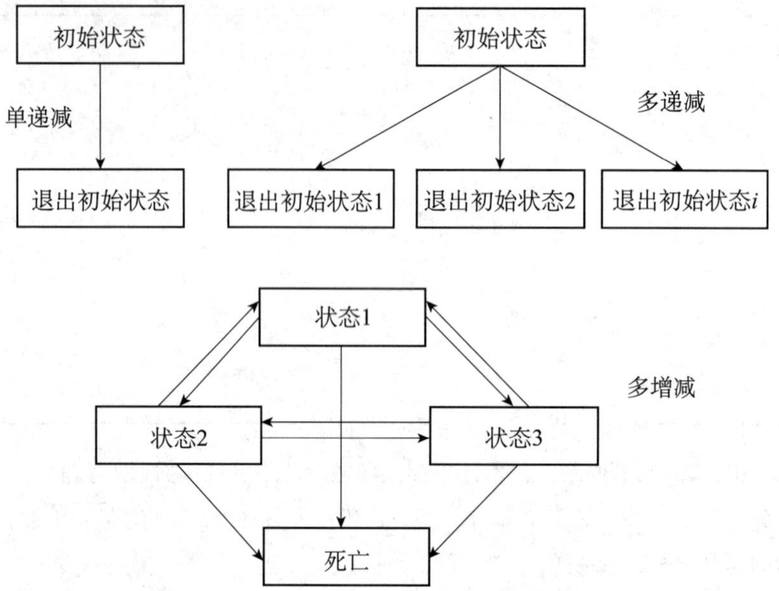

图 7.1　单递减、多递减和多增减生命表示意图

第二节　生命表的主要内容

生命表的主要内容包括：年龄、死亡概率、表上死亡人数、生存人年数、尚存人数、累计生存人年数、平均预期寿命 7 项指标。大部分指标彼此相关，可以通过对其他指标的运算得到。其中年龄别死亡概率（probability of dying at a given age）是最基本的指标。

一、年龄

生命表中的年龄（x）有两个含义：一是指某一确切年龄 x，此时的 x 是一个确切值，不多也不少，恰好为 x 岁；二是指某一年龄组 $x\sim x+n$ 岁，此时的 x 是一个年龄组的下限值，已满 x 周岁而未满 $x+n$ 周岁的人口均被归入 x 岁组。

年龄含义如何，因表中指标而异。n 为年龄区间的长度，对于不同年龄也有差别。一般在完全生命表中，$n=1$；而在 5 岁分组简略生命表中，$n=5$（但对于简略生命表中的 0 岁组，$n=1$；1～4 岁组，$n=4$）。

年龄的下限为0，年龄的上限一般用希腊字母ω表示。对于年龄组来讲，最高年龄组为$\omega-n$岁组。

接下来，我们依据年龄的不同含义，将生命表中的其他指标区分为两类。

二、死亡概率、表上死亡人数与生存人年数

死亡概率、表上死亡人数与生存人年数这三个指标中的年龄均指的是年龄区间，x是年龄组下限值。

死亡概率（${}_nq_x$）指活到确切年龄x岁的一批人在$x\sim x+n$岁之间可能死亡的比例，反映每个活到确切年龄x岁的人在$x\sim x+n$岁之间死亡的概率。其中n可以是1，也可以是5，取决于是编制完全生命表还是简略生命表。死亡概率是生命表中最基本的内容，生命表中的其他指标均从死亡概率推算出来。

表上死亡人数（${}_nd_x$）指活到确切年龄x岁的人中在$x\sim x+n$岁之间死亡人数。表上死亡人数不同于我们日常统计获得的死亡人口数（${}_nD_x$），因其取决于生命表的基数人口及死亡概率。各个年龄组的表上死亡人数构成一个死亡序列，表明生命表基数人口在各个年龄逐渐死亡削减的比例。在最高年龄组，全部人口都将死去。为了简略起见，表上死亡人数往往被称为死亡人数。

生存人年数（${}_nL_x$）指活到确切年龄x岁的人在$x\sim x+n$岁之间生存过的人年数，包括活到确切年龄$x+n$的人在该年龄期间度过的人年数和在$x\sim x+n$岁期间死去的人在同期度过的人年数。这个指标与我们之前在介绍率指标时提到的率指标的分母“人年数”指标具有同样的性质和计算方法，但人数是生命表中的相应指标，而不是现实统计的人数。在一岁一组的完全生命表中，某一岁的生存人年数也就是这一年中的平均生存人数，每个年龄上的平均生存人年数构成一个各年龄组平均生存人数的数列。

三、尚存人数、累计生存人年数与平均预期寿命

尚存人数、累计生存人年数与平均预期寿命这三个指标中的年龄均指的是确切年龄。

尚存人数（l_x）是生命表特有的指标，指一个出生队列人口活到确切年龄x岁还留存的人数。其中作为起点的l_0是生命表出生人口数，也称为生命表的基数（radix），其他人数都是相对于基数而变化的比较值，每个年龄上的尚存人数（l_x）构成一个递减数列。一般常取$l_0=100\ 000$作为基数。当l_0取为1时，表中所有尚存人数指标均变为与出生人数之比的相对数（比例），这时也称l_x为尚存率。

累计生存人年数（T_x）是从确切年龄x岁到生命终结期间各年龄组生存人年数的累计。

平均预期寿命（$\overset{0}{e}_x$）是就已经活到确切年龄x岁的尚存人数（l_x）而言，今后平均每人预期尚可存活的年数。当确切年龄为0时，平均预期寿命也称作出生时平均预期寿命，指一批新生婴儿平均一生预期可能存活的年数，即其可能的寿命长度，具有特殊的重要意义，

是最常被使用的指标。不加特别说明时，平均寿命就指出生时平均预期寿命。生命表编制最主要的目的就在于依据年龄别死亡率，最后获得在此死亡水平下的人口的平均预期寿命，是对死亡率指标最为综合而又易于理解的概括。

第三节　时期生命表的编制

一、编制原理与流程

（一）编制原理

1. 实际数据与表中指标的关系

在编制时期生命表时，最容易混淆的是实际人口数据与生命表相关指标的关系，如实际人口的年龄别死亡人数（${}_nD_x$）与表上死亡人数（${}_nd_x$）、实际年龄别人数（${}_nP_x$）与生命表中尚存人数（l_x）及生存人年数（${}_nL_x$）的关系等。

由于时期生命表的编制是利用某时期实际人口的年龄别死亡率数据，借用假定队列的思路，假设有一个出生队列按照某时期年龄别死亡率度过一生，所发生的人口因死亡而逐渐削减的过程，因此编制时期生命表的基础数据只有年龄别死亡率（${}_nm_x$）。除此之外，所有的生命表指标都是围绕生命表基准人口（l_0）的相对函数，与实际人口没有直接关系。

在这个意义上，时期生命表仅是个统计模型①，基于两个基本假定得以实现：首先假定一个出生队列按某时期实际人口的年龄别死亡率度过一生，其次假定该假想队列在时期生命表中的年龄别死亡率与实际人口的时期年龄别死亡率数值相等。

2. 基础数据与思路

编制时期生命表的基础是某一时期（通常为一年，也可以是数年）的年龄别死亡率，同时利用了人口学中假定队列的重要方法。在本章中，我们并不特别留意构建生命表所需基础数据的准确性问题，而是假设这些数据均是质量可靠的；关于数据质量和评估问题，我们将在第十六章中详细讨论。总体而言，对数据质量的要求取决于生命表的编制和使用要求。

年龄别死亡率说明的是某时期（通常为一年）不同年龄人口的死亡状况，而同一时期（或同一年）不同年龄人口可以看作在不同年份出生的队列，因此首先将不同年龄人口数据视为不同出生队列的数据。假定有一个出生队列，在其生命历程的每个年龄阶段分别经历

① 普雷斯顿，霍伊维兰，吉略特．人口统计学——人口过程的测量与建模．北京：社会科学文献出版社，2012：35.

了这一时期（或这一年）各年龄的死亡率水平（见图7.2），那么我们可以在表格上追踪这一批人的生命轨迹，并关注其因为死亡而削减的过程。生命表说明的是同时期出生的一批人陆续死亡减少的全过程，是出生人数、活到各确切年龄的人数、在各年龄死亡的人数、处于各年龄组的平均人数之间的相对比例，以及活到各确切年龄时的预期未来可继续生存的年数。

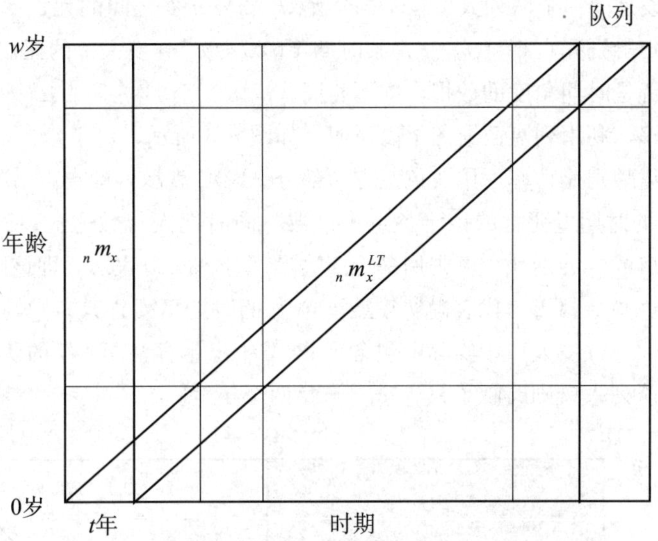

图7.2　时期年龄别死亡率视为队列年龄别死亡率

3. 时期生命表指标反映的是时期死亡水平

需要注意的是，时期生命表虽然追踪了一个假定出生队列的生命历程，但其基础是实际某时期的不同年龄人口死亡水平。因此编制出的时期生命表并不代表任何一个实际的出生队列，而仅代表以所选取的时期年龄别死亡率为一生各年龄死亡率的假定队列。生命表中计算出的各项指标如平均预期寿命也并不说明任何一个实际人口的实际寿命或未来的平均寿命，只是描述一个假定出生队列如果按照这样的各年龄死亡率经历一生的话，其可能的平均寿命状况。

这样生命表技术既利用了年龄别死亡率的准确性优点，又通过表格的形式以及最后综合指标平均预期寿命的计算，弥补了年龄别死亡率不能综合说明人口总体死亡水平的缺憾。因此生命表真正反映的还是某时期的人口死亡水平，不过借用了假定队列作为载体，以便于观察各年龄死亡水平的综合效应，同时使人们易于理解。

（二）编制流程及其指标解释

1. 实际人口的年龄别死亡率

现在我们准备编制一个死亡单递减时期生命表。

基础数据是某时期实际人口的年龄别死亡率（${}_nm_x$）。我们既可以直接使用现成的年龄别死亡率数据，也可以通过获取某时期实际人口的年龄别死亡人口数（${}_nD_x$）和该时期年龄别平均人口数（$\overline{_nP_x}$），计算得到时期人口年龄别死亡率指标，回顾公式 5.2。

$$_nm_x=\frac{_nD_x}{t\cdot\overline{_nP_x}}\times 1\ 000‰ \qquad \text{（公式 5.2）}$$

2. 假设生命表人口年龄别死亡率与实际人口的年龄别死亡率相同

由于生命表要描述一个出生队列的生命历程，因此严格来讲，生命表人口的年龄别死亡率（$_nm_x^{LT}$）应该是同一个队列人口在不同年龄 $x\sim x+n$ 岁之间的死亡率。而实际调查得到的某时期人口年龄别死亡率（$_nm_x$）是某时期年龄 $x\sim x+n$ 岁人口的死亡率，前者是队列角度的数据，后者是时期角度的数据，并不相同。

为了便于理解，利用列克西斯图予以说明。如图 7.3 所示，对于 t 年年龄为 $x\sim x+n$ 岁的人口来讲，其年龄别死亡率可用灰色正方形部分 ABDE 表示，即在由 AE（代表期初）到 BD（代表期末）的时期里死亡的该年龄组人口数与同时期人年数之比；而一个年龄为 $x\sim x+n$ 岁的队列人口的年龄别死亡率则用平行四边形部分 ABCD 表示，即该队列人口在从 AB（代表确切年龄 x 岁）到 CD（代表确切年龄 $x+n$）的时期里死亡人口数与该年龄区间人年数之比。时期 $x\sim x+n$ 岁人口中实际上包含了 $t-x$ 年出生存活至 t 年的队列人口，而年龄为 $x\sim x+n$ 岁的队列人口则跨越了 t 年与 $t+n$ 年两个年度。

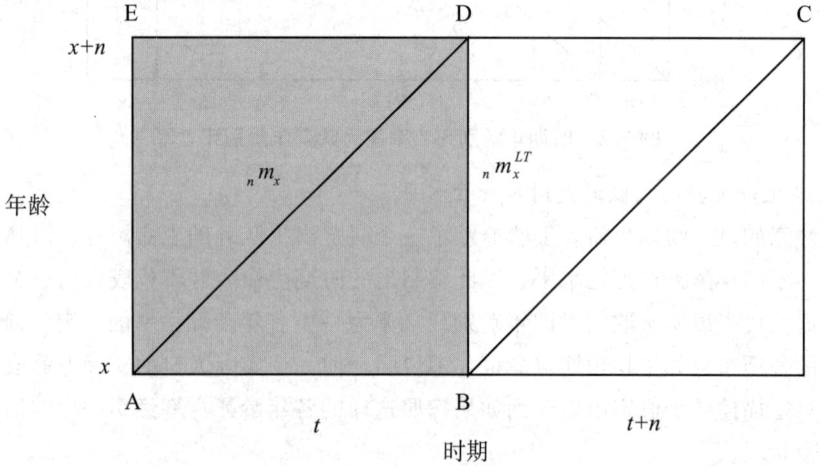

图 7.3 年龄别死亡率列克西斯示意图

为了计算简便，也由于二者差异不大，实际编制时期生命表时，一般假设生命表人口的年龄别死亡率（$_nm_x^{LT}$）与实际人口的年龄别死亡率（$_nm_x$）相等，并将其作为推算死亡概率的基础数据。正是从这一步开始，生命表的编制不再依赖时期实际人口数据，而是进入假定队列模拟部分。

3. 从死亡率到死亡概率

在第六章中我们已经介绍过，率指标度量的是时期事件发生的强度，而概率指标度量的是队列事件发生的风险。对于一个队列人口而言，我们更关注的是在不同年龄人们可能遭遇的死亡风险。这样就需要将死亡率数据转换为死亡概率。

从二者的公式可见：年龄别死亡率是生命表中某年龄组死亡人数与该年龄组的平均生

存人年数之比：

$$ {}_n m_x^{LT} = \frac{{}_n d_x}{{}_n L_x} \quad \text{（公式 7.1）} $$

而死亡概率则是生命表中某年龄组死亡人数与进入该年龄组的初始人数之比：

$$ {}_n q_x = \frac{{}_n d_x}{l_x} \quad \text{（公式 7.2）} $$

二者的差异主要体现在分母上，死亡率与死亡概率的基本转换公式是：

$$ {}_n q_x = \frac{n \cdot {}_n m_x}{1 + (n - {}_n a_x) \cdot {}_n m_x} \quad \text{（公式 7.3）} $$

其中，${}_n a_x$ 是年龄别死亡率与年龄别死亡概率转换中至关重要的参数，表示在年龄 x～$x+n$岁区间死去的人口（${}_n d_x$）在该年龄区间生存的平均年数（the average number of years lived by those who die）。${}_n a_x$ 越小，表明死亡越集中于年龄组初始端（如婴幼儿组）；${}_n a_x$ 越大，表明死亡越集中于年龄组末端（如高龄组）。当死亡在年龄组内均匀发生时，${}_n a_x$ 为 $n/2$。

需要指出的是，有些教材将${}_n a_x$ 界定为在年龄 x～$x+n$ 岁区间死去的人口（${}_n d_x$）在该年龄区间生存的平均时间比例（the average proportion of the time lived in the interval x to $x+n$ by those who die during that interval）。[①] 在这种界定下，${}_n a_x$ 的值域限定为 0～1。构建完全生命表时，两种界定下的${}_n a_x$ 值没有差别；但在构建简略生命表时，该种界定的${}_n a_x$ 值需乘以 n 才是本书界定的${}_n a_x$ 值。

由于编制真实队列生命表时，年龄别死亡率和年龄别死亡概率均可直接获得，因此，${}_n a_x$的重要作用是在编制时期生命表时进行年龄别死亡概率和年龄别死亡率的转换。

当死亡均匀发生时，就大多数年龄组而言，从年龄别死亡率转换为年龄别死亡概率的公式为：

$$ {}_n q_x = \frac{2n \cdot {}_n m_x}{2 + n \cdot {}_n m_x} \quad \text{（公式 7.4）} $$

最高龄开口组的年龄别死亡概率等于 1：

$$ q_{\omega-n} = 1 \quad \text{（公式 7.5）} $$

在死亡水平很低的情况下，完全生命表中的年龄别死亡率与年龄别死亡概率数值非常接近。一般在增长型人口中，年龄别死亡率的值会略高于年龄别死亡概率的值。[②]

4. 计算尚存人数与年龄别死亡人数

尚存人数的基数（l_0）也叫作生命表的基准人口。在获得了各年龄死亡概率之后，我们可以利用尚存人数、死亡概率和年龄别死亡人数之间的关系，交替计算得到尚存人数与年龄别死亡人数两个指标。

首先界定 l_0＝100 000，这一数值是人为任意界定的，通常给定 10 万人。也可以根据需要给定其他数值。

---

① Newell C. Methods and models in demography. London：Belhaven Press，1988：74.

② 同①70.

然后利用0岁组人口死亡概率和l_0，得到0岁组死亡人口数：

$$d_0=l_0\cdot q_0$$

1岁组的尚存人数是0岁组尚存人数与0岁组死亡人数的差值：

$$l_1=l_0-d_0$$

接下来，继续计算1岁组死亡人数：

$${}_nd_1=l_1\cdot {}_nq_1$$

…………

概括表示为：

$${}_nd_x=l_x\cdot {}_nq_x \quad \text{（公式 7.6）}$$

$$l_{x+n}=l_x-{}_nd_x \quad \text{（公式 7.7）}$$

在最高年龄组，所有的尚存人数都将死亡，因此：

$$d_{\omega-n}=l_{\omega-n} \quad \text{（公式 7.8）}$$

5. 计算生存人年数

实际上，在用公式7.3进行死亡概率与死亡率的转换时，我们已经发现生存人年数与尚存人数之间的关系。按照生存人年数的定义，它是活到确切年龄x岁的尚存人数（l_x）在$x\sim x+n$岁之间一共生存过的人年数，包括活到确切年龄$x+n$岁的人度过的人年数（完整度过n年）和在$x\sim x+n$岁期间死去的人度过的人年数（平均度过${}_na_x$年）。因此：

$${}_nL_x=n\cdot l_{x+n}+{}_na_x\cdot {}_nd_x \quad \text{（公式 7.9）}$$

当在$x\sim x+n$岁之间的死亡均匀发生时，${}_na_x$为$n/2$，则：

$${}_nL_x=\frac{n}{2}\cdot (l_x+l_{x+n}) \quad \text{（公式 7.10）}$$

6. 计算累计生存人年数

累计生存人年数的计算既是为计算平均预期寿命指标做准备，也表明活到确切年龄x岁的尚存人数（l_x）未来还能继续生存的人年数。因此累计生存人年数的计算需要从高龄组向低龄组进行。

在最高年龄开口组，计算公式为：

$$T_{\omega-n}=L_{\omega-n} \quad \text{（公式 7.11）}$$

其他年龄组的累计生存人年数公式为：

$$T_x=\sum_{x}^{\omega-n}{}_nL_x \quad \text{（公式 7.12）}$$

或

$$T_x=T_{x+n}+{}_nL_x \quad \text{（公式 7.13）}$$

7. 计算平均预期寿命

x岁平均预期寿命（$\overset{0}{e}_x$）是指在一定的年龄别死亡水平下，活到确切年龄x岁的尚存人数（l_x）今后平均每人还能继续生存的年数。计算公式为：

$$\overset{0}{e}_x=\frac{T_x}{l_x} \quad \text{（公式 7.14）}$$

特别地，出生时平均预期寿命等于一个出生队列终身能活的总人年数与出生人数之比，即

$$\overset{0}{e}_0=\frac{T_0}{l_0} \qquad \text{（公式 7.15）}$$

图 7.4 是生命表中各指标的关系示意图。

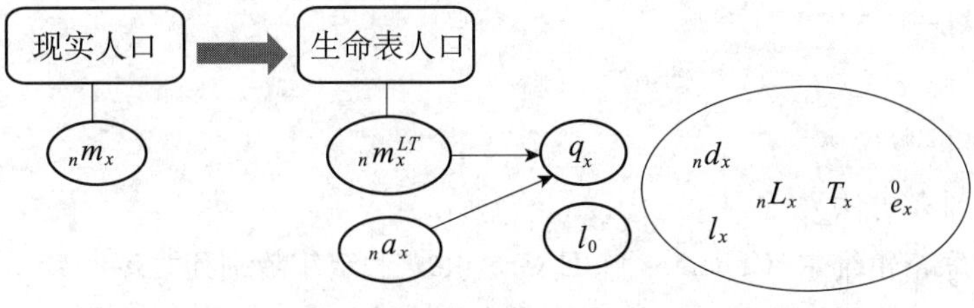

图 7.4 生命表相关指标关系示意图

二、特殊年龄组的指标计算

虽然我们已经知道了生命表的主要内容和编制过程，但并不意味着我们现在就可以成功编制一张生命表了。事实上，在生命表中，有些指标的计算方法并不唯一，另外有些特殊年龄的指标还需要特殊处理。

（一）死亡概率

1. 利用年龄别死亡率估计年龄别死亡概率

死亡概率（$_nq_x$）与生命表基数人口（l_0）是编制时期生命表的基础。然而，死亡概率需要基于年龄别死亡率指标转换获得。公式 7.3 是最常使用的转换方法。

$$_nq_x=\frac{n\cdot{}_nm_x}{1+(n-{}_na_x)\cdot{}_nm_x} \qquad \text{（公式 7.3）}$$

年龄别死亡率（$_nm_x$）和由其绘制的函数曲线斜率本身可以提供关于该年龄区间死亡人口的相关信息。在此基础上，不同学者基于不同的函数分布假设，给出了依据年龄别死亡率估计年龄别死亡概率的公式。

（1）指数法。

假设人口呈指数增长，且在 $x \sim x+n$ 岁之间因死亡以固定率 μ 衰减，则 $P_{x+n}=P_xe^{-n\mu}$；假设$_nm_x$ 是 μ 的最优估计值，则 $P_{x+n}=P_xe^{-n_nm_x}$。这样人口在 $x \sim x+n$ 岁之间的存活概率是 $_np_x=\frac{P_{x+n}}{P_x}=e^{-n\cdot{}_nm_x}$，死亡概率为：

$$_nq_x=1-{}_np_x=1-e^{-n\cdot{}_nm_x}\left[\text{或}\,{}_nq_x=1-e^{-\int_x^{x+n}n\cdot\mu(x)dx}\right] \qquad \text{（公式 7.16）}$$

（2）里德-梅里尔方法。

里德-梅里尔方法由美国生物统计学家里德（Lowell Reed）和梅里尔（Margaret Merrell）在 1939 年提出，很长时期以来成为编制简略生命表时最常用的方法之一。[①] 该方法利用指数多项式公式进行年龄别死亡率与年龄别死亡概率的转换：

$$ {}_nq_x=1-e^{(-n\cdot{}_nm_x-a\cdot n^3\cdot{}_nm_x^2)} \quad \text{（公式 7.17）}$$

其中 $a=0.008$。

当 $n=5$ 时，

$$ {}_1q_0=1-e^{-m_0(0.9539-0.5509m_0)}$$

$$ {}_4q_1=1-e^{-4\cdot{}_4m_1(0.9806-2.079\cdot{}_4m_1)}$$

$$ {}_5q_x=1-e^{-5\cdot{}_5m_x-5m_x^2}$$

（3）格雷维尔方法。

美国数学家格雷维尔（Thomas N. E. Greville）假定年龄别死亡率与年龄之间存在对数线性相关关系，给出了在这种对数线性相关关系的斜率确定的情况下的转换公式[②]：

$$ {}_nq_x=\frac{{}_nm_x}{\frac{1}{n}+{}_nm_x\left[\frac{1}{2}+\frac{n}{12}\left({}_nm_x-k\right)\right]} \quad \text{（公式 7.18）}$$

其中 $k=0.095$。

（4）凯菲茨-弗朗恩索方法。

加拿大人口学家凯菲茨（Nathan Keyfitz）和弗朗恩索（Frauenthal）假定在 $x-n$ 到 $x+2n$ 年龄区间内，年龄分布和年龄别死亡率均为线性，且两者不必相互一致，由此推出如下估计公式[③]，并证明里德、梅里尔和格雷维尔的公式是他们所给出的公式的特例：

$$ {}_nq_x=1-e^{-n({}_nm_x+C)}\text{，其中 } C=\frac{\left({}_nP_{x-n}-{}_nP_{x+n}\right)\left({}_nm_{x+n}-{}_nm_{x-n}\right)}{48\cdot{}_nP_x} \quad \text{（公式 7.19）}$$

这一公式在年龄结构比较稳定的时候可以得到较为满意的结果，但在年龄结构不稳定的情况下，估计结果并不比其他方法优越。[④]

2. ${}_na_x$ 的取值选择

当年龄别死亡概率由年龄别死亡率经公式 7.3 转化而来时，${}_na_x$ 的取值至关重要，特别是在低龄组人口死亡分布不均匀的情况下，不能用 $n/2$ 简单处理。${}_na_x$ 值可由原始数据计算得到，但更经常通过估计而来。下面给出几种可能的 ${}_na_x$ 取值方法。

（1）蒋庆琅经验系数法。

美籍华裔生物统计学家蒋庆琅通过对实际数据的经验统计分析发现，${}_na_x$ 值与死亡水平有关，与性别、种族、死因及地区等因素关系不大。他给出了编制完全生命表时的 ${}_na_x$ 的估计值（见表 7.4）。

---

① Siegel J S，Swanson D A. The methods and materials of demography. 2nd ed. Amsterdam：Elsevier Academic Press，2004：312.

② 同①313.

③ 同①314.

④ 普雷斯顿，霍伊维兰，吉略特. 人口统计学——人口过程的测量与建模. 北京：社会科学文献出版社，2012：38-39.

表 7.4　　编制完全生命表时低龄组 $_na_x$ 的估计值（蒋庆琅法）

a_x	a_0	a_1	a_2	a_3	a_4
估计值	0.09	0.43	0.45	0.47	0.49

资料来源：蒋庆琅．寿命表及其应用．上海：上海翻译出版公司，1984：75.

（2）寇尔-德曼模型生命表法。

美国人口学家寇尔和德曼在研究区域模型生命表时，发现 $_na_x$ 值随死亡概率的变化而变化。基于世界各国不同时期的死亡统计资料，他们分别在 1966 年和 1983 年给出了编制简略生命表时分性别的 0 岁组和 1～4 岁组 $_na_x$ 经验值（见表 7.5 和表 7.6）。其中 1983 年修正后的 $_na_x$ 依据 0 岁人口死亡率 $_1m_0$ 而非 0 岁人口死亡概率 q_0 计算，数据更容易获取。

表 7.5　　编制简略生命表时分性别低龄组 $_na_x$ 值（寇尔-德曼法）

死亡率水平	男性		女性	
	a_0	$_4a_1$	a_0	$_4a_1$
$q_0>0.100$	0.33	1.352	0.35	1.361
$q_0<0.100$	$0.0425+2.875q_0$	$1.653-3.013q_0$	$0.05+3.0q_0$	$1.524-1.627q_0$

资料来源：Coale A J，Demeny P. Regional model life tables and stable population. Los Angeles：Preston University Press，1966：12-14.

表 7.6　　编制简略生命表时分性别低龄组 $_na_x$ 值（寇尔-德曼法修正法）

死亡率水平	男性		女性	
	a_0	$_4a_1$	a_0	$_4a_1$
$_1m_0\geqslant 0.107$	0.33	1.352	0.35	1.361
$_1m_0<0.107$	$0.045+2.684{}_1m_0$	$1.651-2.816{}_1m_0$	$0.053+2.80{}_1m_0$	$1.522-1.518{}_1m_0$

资料来源：Coale A J，Demeny P，Vaughan B. Regional model life tables and stable populations. New York：Academic Press，1983：20.

（3）凯菲茨估计法。

凯菲茨根据生命表中死亡人口的年龄分布信息，假设其在 $x-n$ 到 $x+2n$ 年龄区间内，服从二项式分布，则：

$$_na_x=\frac{-\frac{n}{24}{}_nd_{x-n}+\frac{n}{2}{}_nd_x+\frac{n}{24}{}_nd_{x+n}}{_nd_x} \quad \text{（公式 7.20）}$$

如果死亡人口在 3 个年龄组均匀分布，则 $_na_x=\frac{n}{2}$。

在上述公式中，$_na_x$ 的估计需要（$_nd_x$）；而生命表中年龄别死亡人口数（$_nd_x$）又需要在已知年龄别死亡概率和尚存人数的情况下得到，由此二者形成循环估计的关系。可应用迭代运算法解决这一问题。首先通过设定 $_na_x=\frac{n}{2}$ 进行年龄别死亡率到年龄别死亡概率的转换，并得到第一套$_nd_x$的估计值；将其代入上述公式，计算新的$_na_x$估计值。重复这一过程，直到获得稳定的$_na_x$和$_nd_x$的值。一般需要两到三次迭代过程即可得到稳定结果。

这一方法的局限性在于，无法估计第一个和最后一个年龄的$_na_x$值，且其要求所有年龄区间n都相等。①

(4) 联合国法。

联合国人口司在编制发展中国家模型生命表的过程中，结合寇尔-德曼方法和格雷维尔方法，提出了一套$_na_x$值经验公式。其中分性别的0岁和1～4岁值与寇尔-德曼的经验值完全相同；对于5岁以上各年龄组，有：

$$_5a_5 = {}_5a_{10} = 2.5$$

$$_5a_x = 2.5 - \left\{\frac{25}{12}\left[{}_5m_x - 0.2\ln\left(\frac{_5m_{x+5}}{_5m_{x-5}}\right)\right]\right\} \quad (x=15, 20, 25, \cdots\cdots, \omega-5)$$

(公式 7.21)

$$a_{\omega-n} = \frac{1}{m_{\omega-n}} \qquad \text{(公式 7.22)}$$

联合国法考虑了10岁以上年龄组死亡率变化趋势对$_na_x$的影响，更为精确，但计算量也更大。②

(5) 世界卫生组织a_0值估计。

世界卫生组织曾给出如何依据婴儿死亡率来估计a_0值（见表7.7）。

表7.7　世界卫生组织根据婴儿死亡率估计a_0值

婴儿死亡率‰	a_0值
<20	0.09
20～40	0.15
40～60	0.23
>60	0.30

资料来源：蒋庆琅．寿命表及其应用．上海：上海翻译出版公司，1984：91.

(6) 其他人口经验值。

如果有理由相信某个人口的年龄别死亡率与所研究人口的相似，则可以使用该人口现成的$_na_x$作为所研究人口$_na_x$值的估计值。一般来说，由于死亡率的性别差异，应该分性别使用$_na_x$值。表7.8是凯菲茨和弗利格提供的一些人口的$_na_x$经验值。

① 普雷斯顿，霍伊维兰，吉略特．人口统计学——人口过程的测量与建模．北京：社会科学文献出版社，2012：38.

② 曾毅，张震，顾大男，等．人口分析方法与应用．2版．北京：北京大学出版社，2011：105.

表 7.8 不同死亡水平下的${}_{n}a_{x}$ 经验值

$\overset{0}{e}_0$	瑞典（1900 年）		瑞典（1985 年）		美国（1985 年）		危地马拉（1985 年）	
	男性	女性	男性	女性	男性	女性	男性	女性
	51.528	54.257	73.789	79.830	71.266	78.422	60.582	64.415
x	${}_{n}a_{x}$							
0	0.358	0.375	0.083	0.081	0.090	0.086	0.165	0.150
1	1.235	1.270	1.500	1.500	1.500	1.500	1.500	1.500
5	2.500	2.500	2.500	2.500	2.500	2.500	2.500	2.500
10	2.456	2.469	3.006	2.773	3.014	2.757	2.469	2.390
15	2.639	2.565	2.749	2.617	2.734	2.644	2.711	2.665
20	2.549	2.536	2.569	2.578	2.564	2.552	2.628	2.601
25	2.481	2.514	2.561	2.665	2.527	2.588	2.573	2.563
30	2.505	2.509	2.600	2.649	2.571	2.632	2.593	2.627
35	2.544	2.521	2.638	2.625	2.622	2.678	2.545	2.566
40	2.563	2.522	2.695	2.662	2.666	2.706	2.541	2.543
45	2.572	2.561	2.705	2.722	2.688	2.702	2.604	2.592
50	2.574	2.578	2.706	2.694	2.684	2.683	2.596	2.627
55	2.602	2.609	2.687	2.670	2.657	2.671	2.623	2.661
60	2.602	2.633	2.673	2.689	2.626	2.650	2.635	2.623
65	2.591	2.628	2.643	2.697	2.608	2.642	2.616	2.676
70	2.561	2.585	2.607	2.706	2.571	2.631	2.557	2.607
75	2.500	2.517	2.547	2.650	2.519	2.614	2.486	2.532
80	2.415	2.465	2.471	2.607	2.460	2.596	2.409	2.447
85+	3.488	3.888	4.607	5.897	5.455	6.969	4.611	4.836

资料来源：普雷斯顿，霍伊维兰，吉略特．人口统计学——人口过程的测量与建模．北京：社会科学文献出版社，2012：39.

可见，仅就死亡概率的计算而言，由于${}_{n}a_{x}$ 取值不同，以及对人口增长的模式设定不同，同样的时期年龄别死亡率转换得到的死亡概率不一定相同。

一般而言，在编制完全生命表时，我们可用基于实际数据和在一定假设条件下计算出的婴儿死亡率指标直接代替 $q_0$①；在编制简略生命表时，对于 0 岁和 1～4 岁两个低龄组，我们可以采用蒋庆琅经验系数法或寇尔-德曼模型生命表法估算${}_{n}a_{x}$。或者对低死亡率人口 a_0 直接取值 0.1，对高死亡率人口 a_0 直接取值 0.3；${}_{4}a_{1}$ 均直接取值 0.4。② 其他年龄则依据死亡均匀发生的假设，选取${}_{n}a_{x}=\frac{n}{2}$。这样对于完全生命表，有${}_{n}q_{x}=\frac{2\cdot m_x}{2+m_x}$；对于简略生命表，则有${}_{n}q_{x}=\frac{2\cdot n\cdot {}_{n}m_{x}}{2+n\cdot {}_{n}m_{x}}$。

① Newell C. Methods and models in demography. London：Belhaven Press，1988：69.

② 同①71.

（二）生存人年数

生存人年数指标的计算也涉及${}_na_x$值，公式7.9是最基本的公式：

$${}_nL_x=n\cdot l_{x+n}+{}_na_x\cdot {}_nd_x \qquad \text{（公式 7.9）}$$

对于大多数年龄，在死亡均匀发生的假设下，${}_na_x=\frac{n}{2}$；但在死亡分布不均匀的年龄组（如5岁以前各年龄组或高龄组），需要根据具体情况对${}_na_x$赋予不同的数值。

1. 低龄组

对于0岁组，a_0的取值可以是0.25或0.276，这样生存人年数分别为：

$$L_0=\frac{1}{4}l_0+\frac{3}{4}l_1 \qquad \text{（公式 7.23）}$$

或

$$L_0=0.276l_0+0.724l_1 \qquad \text{（公式 7.24）}$$

对于1～4岁组，编制完全生命表时需要逐岁计算，可用公式：

$$L_x=\frac{1}{2}(l_x+l_{x+1})+\frac{1}{24}(d_{x+1}-d_{x-1})\ (x=1、2、3、4\text{岁}) \qquad \text{（公式 7.25）}$$

编制简略生命表时，可用公式：

$${}_4L_1=\frac{4}{2}(l_1+l_5)+\frac{1}{24}\left(\frac{{}_5d_5}{5}-d\right) \qquad \text{（公式 7.26）}$$

2. 高龄组

对于高龄开口组来讲，需要估计进入该年龄组的人口最后平均能够存活的人年数。一般使用该年龄组人口的年龄别死亡率（$m_{\omega-n}$）：

由于

$$m_{\omega-n}=\frac{d_{\omega-n}}{L_{\omega-n}}$$

所以

$$L_{\omega-n}=\frac{d_{\omega-n}}{m_{\omega-n}}=\frac{l_{\omega-n}}{m_{\omega-n}} \qquad \text{（公式 7.27）}$$

如果得不到实际人口的$m_{\omega-n}$数据，可以利用模型生命表或者其他具有相似死亡率水平的国家的生命表来估计$L_{\omega-n}$。

3. 其他方法①

（1）里德-梅里尔方法。

在这一方法中，除了低龄组外，10岁及以上年龄组甚至5岁及以上年龄组的T_x值直接由l_x计算得到。

$$L_0=0.276l_0+0.724l_1$$

① Siegel J S，Swanson D A. The methods and materials of demography. 2nd ed. Amsterdam：Elsevier Academic Press，2004：312-314.

$${}_4L_1 = 0.034l_0 + 1.184l_1 + 2.782l_5 \quad \text{（公式 7.28）}$$

$${}_5L_5 = -0.003l_0 + 2.242l_5 + 2.761l_{10} \quad \text{（公式 7.29）}$$

$${}_5L_x = T_x - T_{x+5} \ (x \geqslant 10 \text{ 岁})$$

$$T_x = -0.20833l_{x-5} + 2.5l_x + 0.20833l_{x+5} + 5\sum_{x}^{\omega} l_{x+5} \ (x \geqslant 10 \text{ 岁}) \quad \text{（公式 7.30）}$$

$$T_{\omega-n} = {}_{\infty}L_{\omega-n}$$

（2）格雷维尔方法。

在生命表人口的年龄别死亡率与实际人口的年龄别死亡率相等的条件下，${}_nL_x$ 可由下列公式计算得到：

$${}_nL_x = \frac{{}_nd_x}{{}_nm_x} \quad \text{（公式 7.31）}$$

（3）凯菲茨-弗朗恩索方法。

$${}_nL_x = \frac{n\ (l_x - l_{x+n})}{\ln l_x - \ln l_{x+n}}\left[1 + \frac{n}{24}\ ({}_nm_{x+n} - {}_nm_{x-n})\right] \quad \text{（公式 7.32）}$$

需要指出的是，选用不同的${}_na_x$ 值对时期生命表平均预期寿命的影响并不大。除非对结果要求特别精细，否则建议选用计算量较小的方法进行时期生命表的编制。在编制同一张生命表时，建议对${}_na_x$ 统一取值，尤其在低龄组，确定了的 a_0 和${}_4a_1$ 既可以用来进行从死亡率到死亡概率的转换，又可以直接计算生存人年数指标。

三、压缩完全生命表获得简略生命表

在编制生命表时，我们根据研究需要，既可以编制 1 岁一组的完全生命表，也可以编制 5 岁一组的简略生命表（其他年龄分组也可以，但较少用到）。在数据支持的情况下，建议尽量编制完全生命表，因为简略生命表可以通过压缩完全生命表轻松获得。

从完全生命表压缩合并简略生命表的具体步骤如下：

第一，将年龄从 1 岁一组改为 5 岁一组。注意 0 岁组单独一组，1～4 岁组是第二组，其他各年龄组的间距均为 5 岁。

第二，从完全生命表中直接摘取尚存人数。生命表中的尚存人数（l_x）指的是确切年龄 x 岁的人数，这一指标可以从完全生命表中直接获取。如为了编制 5 岁组简略生命表，可直接从完全生命表中获得 l_0、l_1、l_5、l_{10} 等确切年龄的尚存人数。

第三，计算死亡人数。生命表中的死亡人数（${}_nd_x$）是 x～$x+n$ 岁期间的死亡人数，可以通过完全生命表中年龄区间内每一岁年龄组死亡人数加总获得：

$${}_nd_x = \sum_{x}^{x+n-1} d_x$$

第四，通过${}_nq_x = \frac{{}_nd_x}{l_x}$计算各年龄组死亡概率（${}_nq_x$）。

第五，计算生存人年数（${}_nL_x$）。可通过完全生命表中年龄区间内每一岁年龄组生存人年数加总获得：

$$ {}_nL_x = \sum_{x}^{x+n-1} L_x $$

第六，从高龄到低龄依次累加生存人年数，获得累计生存人年数（T_x）。

第七，将累计生存人年数与相应年龄的尚存人数相除，得到平均预期寿命。

原则上，与确切年龄有关的三个函数 l_x、T_x 和$\overset{0}{e}_x$，在完全生命表和简略生命表中的值应该是一样的。

如果只有简略生命表，也可以利用内插法近似推算出完全生命表。

小 结

◇ 时期生命表虽然追踪了一个假定出生队列的生命历程，但其基础是实际某时期不同年龄人口的死亡水平，因此编制出的时期生命表度量的是时期死亡水平。

◇ 编制生命表的基础数据是时期实际人口的年龄别死亡率（${}_nm_x$）（一般分性别编制，不一定是 1 年，也可以是 3 年），或年龄别死亡人口数（${}_nD_x$）与年龄别平均人口数（${}_n\bar{P}_x$）（或期中人口数）。

◇ 编制时期生命表时，一般假设生命表中的年龄别死亡率（${}_nm_x^{LT}$）与实际人口的年龄别死亡率（${}_nm_x$）相等，并将其作为推算死亡概率的基础数据。从这一步开始，生命表的编制不再依赖时期实际人口数据，而是进入假定队列模拟部分。

思考题

1. 如何理解生命表中的${}_na_x$ 指标？

2. 请根据某时期某实际人口的年龄别人口指标，编制一张完全生命表，并将其压缩为简略生命表。比较一下两表之间的差别。

推荐阅读书目

1. 黄匡时，顾大男，周脉耕，等．联合国 MORTPAK 软件在死亡率估计和生命表建构中的应用．保险理论与实践，2017 (4).

2. 宋健，张洋．婴儿死亡漏报对平均预期寿命的影响及区域差异．人口研究，2015 (3).

3. 王晶，雷海潮．队列期望寿命与现时期望寿命差异的特征研究．中国卫生经济，2009 (7).

第八章

生命表的诠释与应用

【导读】

编制生命表的主要目的之一是通过构建平均预期寿命指标，综合而准确地度量人口的时期死亡率水平。除此之外，生命表技术及生命表中的各项指标还被广泛应用于包括人口数据质量评估、人口预测在内的其他领域。本章将介绍：如何诠释生命表？什么是模型生命表？生命表技术及生命表中各项指标在实践中有哪些应用与拓展？

第一节　对生命表的诠释

一、用两种视角理解生命表

（一）生命表刻画一个出生队列的死亡历程

无论是真实队列生命表，还是利用假定队列方法编制的时期生命表，都可以用队列视角对生命表进行诠释，这也是理解生命表的常规途径。

在这一视角下，生命表描述了一个数量为 10 万人的真实或假想新生婴儿队列，随着时间的流逝度过一生，其数量由于给定的年龄别死亡率而不断削减的过程。

其中，l_0 是生命表的基准人口，或生命表的出生人口。为了方便起见，一般我们规定 l_0 为 10 万人。需要指出的是：（1）l_0 只具有象征意义。虽然可以将其设定为其他数据，如 100 人，或 100 万人，但设定值过小的话，与死亡风险结合后，死亡人口可能出现小数，不易解释，设定值过大，则会使生命表中各项数据都相应变大，徒增计算时的麻烦。（2）l_0 是针对生命表而言的出生人口，并不等同于实际的队列人口或时期出生人口数 B。无论实际队列人口数或时期出生人口数 B 有多少，在编制生命表时，我们都使用统一的生命表出生人口数 l_0。

在队列视角下，我们追踪 l_0 中的所有人从生到死的历程，因此 l_0 也是生命表中的总死亡人口数，是各年龄死亡人口的累计值。

$$l_0 = B^{LT} = D^{LT} = \sum_{x=0}^{\omega-n} {}_nd_x \quad \text{（公式 8.1）}$$

生命表中的年龄别死亡人口数（${}_nd_x$）是相对于生命表基数人口（l_0）而言的，在年龄 $x \sim x+n$ 岁区间死亡的人口数与实际队列或时期人口中的年龄别死亡人口数（${}_nD_x$）不是一回事。

l_x 是队列中进入每个确切年龄 x 岁还尚存的人数。

${}_nL_x$ 则是 l_x 在某个年龄组 $x \sim x+n$ 岁期间存活的人年数。

队列视角下的生命表技术被用于公共卫生研究和死亡率分析，依据表中指标计算得到的存活率可用于总人口估计、迁移、生育率和再生产分析等领域。

（二）生命表人口是一个静止人口

静止人口（stationary population）是另一个诠释生命表的视角。静止人口和时期生命表是两个相互独立的模型，但二者之间又具有紧密联系。生命表人口可被视为一个静止人口，用生命表指标更易理解静止人口的特性。

如果一个人口满足如下三个条件，长期发展下去，就会形成一个静止人口：（1）年龄别死亡率不随时间变化；（2）出生人数不随时间变化；（3）该人口为封闭人口。

假设有这样一个封闭人口（没有迁入和迁出事件发生），每年出生的婴儿数量固定为 10 万人，年龄别死亡率固定为编制生命表时所依据的数据，在延续很多年后，这一人口就成为一个静止人口。静止人口有固定的年龄结构、固定的出生人数和死亡人数（每年死亡 10 万人），人口规模也是固定的。

从静止人口视角来观察，生命表中的每个函数都有了不一样的诠释。

l_0 是该静止人口每年的出生婴儿数量：

$$l_0 = B^{SP} \quad \text{（公式 8.2）}$$

l_x 为年内正在过 x 周岁生日的人数。

${}_nd_x$ 是每年死亡的 $x \sim x+n$ 岁人口，相当于这个静止人口的年龄别死亡人口数：

$${}_nd_x = {}_nD_x^{SP} \quad \text{（公式 8.3）}$$

${}_nL_x$ 是任意时点 $x \sim x+n$ 岁的人口，相当于该静止人口的年龄别平均人口数：

$${}_nL_x = {}_nP_x^{SP} \quad \text{（公式 8.4）}$$

T_x 是任意时点 x 岁以上年龄人口数，T_0 则是该静止人口的总人口数：

$$T_0 = P = \sum_{x=0}^{\omega-n} {}_nP_x^{SP} \quad \text{（公式 8.5）}$$

$\overset{0}{e}_0$ 是任意年份死亡人口的平均死亡年龄。

此外，该静止人口的出生率等于死亡率等于出生时平均预期寿命的倒数：

$$CBR = CDR = \frac{B}{P} = \frac{D}{P} = \frac{l_0}{T_0} = \frac{l_0}{l_0 \cdot \overset{0}{e}_0} = \frac{1}{\overset{0}{e}_0} \quad \text{（公式 8.6）}$$

静止人口视角下的生命表技术被用于死亡率的比较性度量，以及人口结构研究中。

二、寿命、平均预期寿命与平均死亡年龄

（一）寿命

寿命（life span）对于个体而言，是指其能活到的最大生理年龄；对于人类群体而言，则是指人类物种可能活到的最长个体年龄，常常用最长寿者曾经达到过的最大年龄来表示。

个体间的寿命各不相同，长寿或者夭亡与遗传基因及其后天生活的环境等均有关系。生物物种间的寿命长度也千差万别，既有不可语冰的夏虫、不知春秋的蟪蛄，也有号称其寿千年的神龟。

（二）平均预期寿命

平均预期寿命（life expectancy）是生命表的重要指标之一，某种意义上也是编制生命表的最主要目的。平均预期寿命（$\mathring{e}_x$）反映已活到某确切年龄 x 岁的尚存人口（l_x）未来预期平均还能活多少年。

基于队列或时期人口年龄别死亡率，可得到各确切年龄人口的平均预期寿命。平均预期寿命指标除了利用生命表各项指标逐项计算后获得外，还可以利用一个简便计算公式，基于年龄别死亡概率（${}_nq_x$）和死亡人口年龄别存活时间（${}_na_x$）两个指标直接计算获得：

$$\mathring{e}_x = (1-{}_nq_x)(\mathring{e}_{x+n}+{}_na_x)+(n-{}_na_x) \quad \text{（公式 8.7）}$$

在各年龄平均预期寿命指标中，出生时平均预期寿命（life expectancy at birth）指标应用最为广泛，代表了一个真实或假定出生队列人口终身可能存活的平均寿命长度。

在死亡均匀发生的年龄组，${}_nL_x = n \cdot \left(\frac{l_x + l_{x+n}}{2}\right)$，由公式 8.1 可以推导出：

$$\mathring{e}_0 = \frac{\sum \left(x+\frac{n}{2}\right) \cdot {}_nd_x}{l_0} \quad \text{（公式 8.8）}$$

其中${}_nd_x$是各年龄组内死亡人数。由于生命表中出生人口数与死亡人口数相等，因此，公式 8.8 也可以表达为：

$$\mathring{e}_0 = \frac{\sum_{x=0}^{\omega-n}\left[\left(x+\frac{n}{2}\right) \cdot {}_nd_x\right]}{\sum_{x=0}^{\omega-n} {}_nd_x} \quad \text{（公式 8.9）}$$

由此，出生时平均预期寿命（$\mathring{e}_0$）也可被视为一个出生队列人口的平均死亡年龄，且平均预期寿命高低取决于各年龄死亡人数的比例，低龄组死亡人数越多，平均预期寿命越低，任何一个年龄的死亡水平高低都会影响到平均预期寿命的高低。因此，平均预期寿命是一个综合反映死亡率水平的指标。

（三）平均死亡年龄

切不可混淆生命表中的平均预期寿命指标与实际人口的平均死亡年龄指标。

平均死亡年龄是指所有死者年龄的平均值。可从两个角度进行计算：（1）队列角度。跟踪一个出生队列的死亡过程，记录每个人的死亡年龄，当所有人均去世后，计算这个出生队列所有人口死亡年龄的平均值。这样得到的结果是这个出生队列真实的平均寿命。由于数据获取困难、计算结果适用性差等原因，这个角度的计算较为少用。（2）时期角度。这是最常用的方式。观察一段时期（通常是一年）内各年龄的死亡人口，计算其平均年龄，得到平均死亡年龄指标，也即某时期死亡人口的平均年龄。其计算公式为：

$$\bar{a}_d = \frac{\sum (x+\frac{n}{2}) \cdot {}_nD_x}{\sum_{x=0}^{\infty} {}_nD_x} \qquad \text{（公式 8.10）}$$

从时期角度计算的平均死亡年龄和平均预期寿命指标在计算方法和指标性质上具有显著差异。在计算方法上，平均预期寿命指标反映的是生命表人口情况，权数是生命表中各年龄死亡人数，不受实际人口年龄结构的影响；而平均死亡年龄指标衡量的则是一个现实死亡人口的平均年龄，权数是实际年龄别死亡人口数，不仅取决于年龄别死亡率水平高低，还受实际人口年龄结构的影响。在指标性质上，通过编制单递减生命表得到的平均预期寿命指标，运用的是假定队列分析方法，即假设一个出生队列按照某时期年龄别死亡率度过一生，预计将会存活的平均年数，其基础是实际人口年龄别死亡率和假设出生队列人口的年龄结构，既能综合反映全体人口的死亡水平，又摆脱了实际人口年龄结构的影响，是结合了时期数据与假定队列方法对时期死亡水平的度量，可用于人口间死亡水平的比较；而平均死亡年龄仅仅反映某时期死亡人口的平均年龄，人口间的比较会受到年龄结构的影响。不能把某一年实际人口全部死亡者的平均死亡年龄当作其平均预期寿命。

两个指标易于混淆的原因是：一个真实队列或静止人口出生时的平均预期寿命（$\overset{0}{e}_0$）与其平均死亡年龄值相等。

三、尚存人数、尚存率、存活概率与存活率

在生命表中，有些函数及函数间的关系非常容易混淆，需要特别加以澄清。

（一）尚存人数

尚存人数（l_x）是生命表中最基本的指标之一，反映的是一个出生队列人口活到确切年龄 x 岁的人数。其中 0 岁时的尚存人数（l_0）是生命表的基数人口，也是生命表中的出生人数，是在编制生命表时由编制者人为设定的一个整数，与年龄别死亡概率（${}_nq_x$）一起成为整张生命表编制的基础。为了便于生命表中各项指标的理解以及计算时取得整数，一般取 $l_0=100\ 000$。其他年龄的尚存人数（l_x）均是相对于基数人口（l_0）的、在各确切年龄 x

尚存活着的人口。

生命表中的尚存人数（l_x）与实际人口数（${}_nP_x$）没有任何关系。

生命表中尚存人数（l_x）实际上是一个人口密度函数 l（x）在确切年龄 x 的离散式表达，并不能在任何一次调查中直接记录得到；而生存人年数（${}_nL_x$）则是年龄区间 $x\sim x+n$ 岁内 l（x）的积分［${}_nL_x=\int_x^{x+n} l(x)dx$］，对应的是实际人口的年龄别人口数，可以通过普查或抽样调查的实际记录得到。

（二）尚存率

尚存率是当生命表基数人口 $l_0=1$ 时的尚存人数，这时的尚存人数已经表现为与出生人数之比的相对数，可以用连续函数的方式来展示（见图 8.1），反映一个队列人口随年龄不断减少的过程。尚存率的变化曲线一般显示为在 10 岁以前各低年龄组下降较快，然后转缓，老年期又逐渐加速下降。

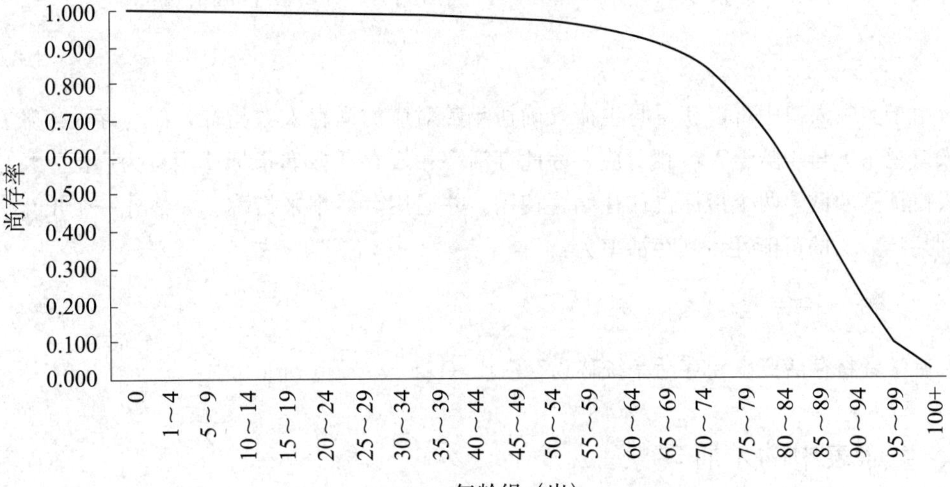

图 8.1　年龄别尚存率变化趋势

资料来源：国家统计局．中国 2010 年人口普查资料．北京：中国统计出版社，2012.

（三）存活概率

存活概率（survival probability）是指生命表中某确切年龄 x 的尚存人口继续存活到确切年龄 y 的可能性。其基本公式为：

$$ {}_{y-x}p_x=\frac{l_y}{l_x} \qquad \text{（公式 8.11）}$$

其中存活概率（${}_np_x$）是生命表重要函数死亡概率（${}_nq_x$）的补数，表示队列活到某确切年龄 x 岁的人口中，能够继续存活到确切年龄 $x+n$ 岁的人所占的比例：

$$_{n}p_{x}=\frac{l_{x+n}}{l_{x}}$$ （公式 8.12）

$$_{n}p_{x}=1-{}_{n}q_{x}$$ （公式 8.13）

各年龄组存活概率的大小取决于该年龄组的死亡水平，死亡概率较高的年龄组，存活概率较低。

对于出生人口而言，其活到任一确切年龄 x 的概率为：

$$_{x}p_{0}=\frac{l_{x}}{l_{0}}$$ （公式 8.14）

生命表中最高年龄组人口的存活概率为 0，即

$$p_{\omega-n}=0$$ （公式 8.15）

(四) 存活率

存活率（survival rate）是指生命表中两个年龄区间人口数（即静止人口视角下的平均生存人年数）的比值，反映人口从一个年龄区间活到另一个年龄区间的可能性。

$$_{y-x}S_{x}=\frac{_{n}L_{y}}{_{n}L_{x}}$$ （公式 8.16）

由于实际人口中难以获得与生命表确切年龄对应的尚存人数指标，而生存人年数在静止人口视角下与年龄组人口相对应，因此存活率相较存活概率指标使用更为广泛，特别是在人口预测领域。两个指标也往往结合使用，并通用存活率来指称。如估计一个出生人口活到某年龄 x 的可能性，其存活率为：

$$_{x}S_{0}=\frac{_{n}L_{x}}{n\cdot l_{0}}$$ （公式 8.17）

有学者将存活概率和存活率统称为存活比（survivorship ratio）。①

四、生命表中的矛盾现象

通过编制生命表，我们可以得到每个年龄人口的平均预期寿命。一般来讲，年龄越大的人口，其未来的平均预期寿命越短。但是在生命表中，当 0 岁组死亡率特别高时，往往 1 岁人口的平均预期寿命反而高于 0 岁人口的平均预期寿命，即$\mathring{e}_{1}<\mathring{e}_{0}$。这一现象被称作平均预期寿命的矛盾现象。

生命表矛盾现象的产生是由于在计算 0 岁组平均预期寿命时，包含了所有的人口；而在计算 1 岁组平均预期寿命时，已将在 0 岁组夭亡的婴儿排除在外，那些度过婴儿高死亡率风险的人会比刚出生的婴儿预期活得更长些。

随着婴儿死亡风险的降低，生命表中的矛盾现象也会消失。

① Newell C. Methods and models in demography. London：Belhaven Press，1988：78.

第二节　模型生命表

一、模型生命表简介

（一）定义与作用

利用某时期某人口的年龄别死亡率编制生命表，并获得平均预期寿命指标，可以综合反映该时期该人口的死亡水平。平均预期寿命越长，死亡水平越低。由于编制生命表需要比较完备的死亡登记制度和数据，因此在统计制度不完备、数据不完整或不准确的国家或地区，很难进行生命表的编制工作。

模型生命表（model life table）是根据许多国家不同的实际死亡率水平编制而成的一套具有代表性的生命表。除了不涉及特定的地点或时间以外，模型生命表在其他任何方面都等同于普通的、实际的生命表。统计制度不完备、数据不完整或不准确的国家或地区，可以利用模型生命表，根据少量现有资料推算出本国或本地区相应的生命表，估计需要的生命表指标，匡算其人口年龄结果，预测人口发展趋势，等等。当实际死亡资料不能套用现成的模型生命表时，还可以选用最接近的模型生命表，利用内插法推导出符合当地实际水平的生命表。

（二）模型生命表的原理

对于生命事件（如死亡、生育、迁移等），我们不仅描述其水平高低，还关注其随年龄或时间而变化的模式。生命事件的年龄模式往往用年龄别率来表达，如年龄别死亡率不仅反映不同年龄人口的死亡水平，还反映人口死亡的年龄模式。通常来说，死亡水平在婴儿期较高，在少年及成年早期降低，到老年期又逐渐升高，这就是一般死亡模式。不论一个人口的死亡率水平如何，死亡率的基本模式保持一致，会随年龄在某一区间内发生规律的、可预计的变化，这是死亡率的特点，也是模型生命表的产生基础。

莱德曼（Ledermann）与布里斯（Breas）在仔细观察不同人口死亡率模式的具体差异之后，于1959年提出死亡率模式的大部分差异可以用5种因素来解释：（1）死亡率的整体水平；（2）儿童与成年的死亡率比；（3）老年死亡率；（4）婴儿死亡率；（5）死亡率的性别差异。[①] 不同模型生命表之间的差异，就在于考虑这些因素的程度不同，或允许使用者选择这些因素的程度不同。其中死亡率的整体水平是迄今为止最重要的因素，所有模型生命

① Newell C. Methods and models in demography. London：Belhaven Press，1988：130.

表都围绕它来建立。

模型生命表的基本假设是：许多空间、时间与死亡水平不同的实际生命表之间，存在着共同的特点，把这些具有共同特点的生命表按死亡水平从高到低排列起来，就可以代表某一类死亡模式从高死亡水平向低死亡水平变化的规律。①

（三）模型生命表的类型

迄今为止问世的模型生命表均可被归为两大类，即经验模型生命表和关系模型生命表。

经验模型生命表（empirical model life tables）基于对收集到的实际生命表中死亡率模式（mortality patterns）的浓缩，因而被称作“经验的”，即基于观察或实验的。主要包括：1955 年联合国模型生命表（The 1955 UN Set）、普林斯顿区域模型生命表（也称为寇尔-德曼区域模型生命表）（The Princeton Regional Model Life Tables 或 Coale-Demeny Set）和 1982 年联合国模型生命表（也称为联合国发展中国家模型生命表）（The 1982 UN Set）。这一类生命表往往对应于按固定间隔变化的出生时平均预期寿命，反映不同死亡率水平下的死亡年龄模式。

关系模型生命表（relational model life tables）则基于找到一个简单的公式，并用其将一个或多个生命表函数的值与一个标准生命表中相应函数的值连接起来。主要包括：布拉斯罗吉特模型生命表（The Brass Relational Two-parameter Logit System）和四参数生命表系统（Four-parameter Life Table Systems）。

二、一些主要的模型生命表

（一）1955 年联合国模型生命表

1. 简介

1955 年联合国模型生命表是最早编制的模型生命表，1955 年首次发表，1956 年修订。这套生命表现在很少被使用，但是由于其非常简化，常被用来作为介绍其他模型生命表的基础。除了洛特卡（Lotka）稳定人口模型外，1955 年联合国模型生命表也被视为最早被广泛使用的人口模型。

在这一套模型生命表中，50 个国家 100 年来的 158 张分性别经验生命表被收集用来作为基本数据，建立相邻年龄组死亡概率间的二次回归方程：

$$ {}_nq_x = a + b \cdot {}_nq_{x-n} + c \cdot {}_nq_{x-n}^2 \qquad \text{（公式 8.18）}$$

以平均预期寿命每相差 2.5 岁为一间隔，从不同水平的 0 岁组死亡概率（q_0）出发加以计算，得到一套 24 张分性别反映不同死亡水平的模型生命表——从平均预期寿命为 20 岁的水平 0 到平均预期寿命为 73.9 岁的水平 115。平均预期寿命在 55 岁以下的，每表相差

① 翟振武，路磊，罗茂初，等．现代人口分析技术．北京：中国人民大学出版社，1989：308.

2.5岁；在55岁及以上的，按死亡率在5年内可能下降的最大幅度递增。

表中包含死亡率（$_nm_x$）、死亡概率（$_nq_x$）、尚存人数（l_x）、生存人年数（$_nL_x$）和尚存概率（$_np_x$）等指标。

2. 使用

1955年联合国模型生命表可以被用来：(1) 估计生命表。当某地区只有一个年龄别死亡概率（$_nq_x$）值，没有其他信息，但想估计整个生命表时，可以选择一个$_nq_x$值最接近于观察值的模型生命表。(2) 推算生命表。对于任意给定的平均预期寿命，采用线性内插方法，推算出相应的生命表。(3) 估计死亡率。已知50岁以下人口的死亡率，想估计更高年龄人口的死亡率时，可以选择一个观察值与模型生命表中值差异最小的模型生命表。(4) 预测人口。假设死亡率在某一时期内从一个模型水平到另一个模型水平，然后直接使用模型生命表。

3. 局限性

作为第一套问世的模型生命表，1955年联合国模型生命表曾经得到了广泛的运用，但其缺陷也是明显的：(1) 作为基础数据的158张经验生命表中有一些不准确之处，尤其在年轻组和老年组；(2) 有些生命表已经利用插入法或其他模型被平滑、调整或计算过了，因而不是"实际"的；(3) 从技术层面上，利用回归法来得出模型，是有统计偏差的；(4) 有较高死亡率的低水平模型生命表，赖以计算的实际生命表数量很少，因而可信度较低；(5) 最重要的是这些模型生命表弹性小，不可调整，一旦选择一个死亡率水平，就必须选择整张生命表，而实际上，具有同样死亡率水平的两个人口可能具有不同的死亡年龄模式，当死亡年龄模式信息可以获得时，这一缺陷显得尤为严重。

(二) 普林斯顿区域模型生命表

1. 简介

普林斯顿区域模型生命表也叫作寇尔-德曼区域模型生命表，1966年由美国人口学家寇尔和德曼发表，1983年修订，至今仍被广泛运用。

与1955年联合国模型生命表类似的是，普林斯顿区域模型生命表包括了分性别的25个死亡水平（1～25而不是0、5……115），女性的平均预期寿命范围是20.0～77.5岁，每2.5岁一张。比1955年联合国模型生命表具有更大灵活性的是，普林斯顿区域模型生命表将生命表划分为北、南、东、西4个区域，每个区域的死亡率年龄模式不同，即有相对高或低的婴儿、儿童、成人或老年死亡率。

2. 编制原理

寇尔和德曼收集了326张男性、326张女性实际生命表，因为杜绝了不准确的、受战争或流行病影响的、通过某种方式已被调整过的表，所以652张表中的绝大多数来自欧洲和其他发达国家。

这些表基于所显示的死亡率模式被分为9组，其中有5组被剔除，因为包含了明显不准确的表（主要来自非洲和拉美）：或强烈地受结核病死亡率的影响，或时间在1870年前，或规模太小。剩下的 4 组成为构造模型生命表的基础。

用回归分析构造模型生命表，大致是对每个性别和区域分别用方程${}_nq_x=a+be_{10}$分年龄加以计算，得到一系列${}_nq_x$。之所以选择 10 岁时平均预期寿命作为自变量，是因为其是死亡率整体水平的一个较好指标，而且相对不受其他年龄组死亡率的影响。

最后得到分区域、分性别的一套 24 张模型生命表，共 192 张。对每个区域和每种性别各有对应于 24 个死亡率水平的 24 张生命表。

普林斯顿区域模型生命表 1983 年的修订版年龄上限由 80 升为 100，用冈柏兹公式计算。因此 1966 年版和 1983 年版 80 岁以下数据有些微差别；另外，通过增加水平 25，女性预期寿命由 77.5 岁升至 80 岁。

3. 普林斯顿区域模型生命表中 4 个区域的特点

北方模式：基于来自挪威、瑞典和冰岛的 9 张生命表。婴儿和老年死亡率相对低，由于受结核病影响；成人死亡率较高。

南方模式：基于来自葡萄牙、西班牙、西西里和南意大利的 24 张地中海生命表。5 岁以下儿童尤其是婴儿死亡率高，成人死亡率低，65 岁以上人口死亡率高。

东方模式：基于来自奥地利、德国、巴伐利亚、俄罗斯、北意大利、波兰和捷克的 31 张中欧生命表。该模式有相对于儿童和成人而言较高的婴儿和老年死亡率。

西方模式：被认为描述了某种“平均”死亡模式，被频繁使用。当得不到可靠的关于死亡率年龄模式的信息时，寇尔和德曼推荐使用此模式。剩下的这 130 张生命表，来自荷兰、芬兰、法国、英格兰和威尔士、日本、爱尔兰、以色列、澳大利亚、加拿大和南非。

4. 使用

普林斯顿区域模型生命表被用于估计死亡数据不准确或无法获得的国家或地区的生命表函数。尽管在每个水平对男性和女性有分别的生命表，但仍可以使用任何生命表来描述任何死亡模式，无论其性别如何或标识如何。即如果一个“女性”模型生命表恰巧比任何“男性”生命表都更能适用一套男性数据，就应该采用此“女性”模型生命表。

对特定区域和水平，男性和女性生命表之间没有强烈的联系。即如果西方模式、水平 1、男性生命表适合观察到的男性数据，不见得西方模式、水平 1、女性生命表就适合观察到的女性数据。

计算机使模型生命表的应用更为简便。利用模型平滑某些观察数据，或从部分数据中推出一个完整的生命表，都可以利用程序做到。

5. 局限性

普林斯顿区域模型生命表基本上基于欧洲死亡模式，因此对于死亡与疾病模式完全不同的发展中国家和其他地区可能不适用。

四种模式不能涵盖世界上观察到的所有死亡模式，会碰到观察数据不能用四个模式中的任何一个来拟合的情况。一般来说，在中等死亡率范围内，这些模型生命表具有较强的适用性，但在平均寿命较高或较低的地区，实际情况则有可能与模型生命表有较大偏差。

(三) 1982 年联合国模型生命表

1. 简介

为了克服普林斯顿区域模型生命表的某些局限，联合国于 1982 年构造了一套新的模型生命表，形式上类似于普林斯顿区域模型生命表，但全部基于发展中国家的经验生成。

联合国从发展中国家收集了尽可能多的准确生命表，共 72 张（男女各 36 张），来自印度、伊朗、科威特、以色列、突尼斯以及中美、拉美和东南亚国家。

这些生命表用聚类分析技术被分为几组，出现了 4 种主要模式，即“拉美模式”“智利模式”“南亚模式”和“远东模式”，第 5 种“一般模式”作为所有原始经验生命表的平均。

这些模型分模式分性别，平均预期寿命在形式上类似于普林斯顿区域模型生命表的水平，以单岁年龄间隔从 35 岁到 75 岁展示。

2. 1982 年联合国模型生命表中不同模式的特点

拉美模式：婴儿和儿童死亡率由于腹泻和寄生虫病而相对较高，成人死亡率由于事故而较高，老年死亡率由于心血管疾病发病率较低而相对较低。

智利模式：婴儿死亡率由于呼吸道疾病和断奶早而较高。

南亚模式：15 岁以下和 55 岁以上人口死亡率高，成人死亡率相对较低。

远东模式：老年死亡率非常高，尤其是男性，可能归因于结核病历史。一些加勒比和亚洲人口也呈现这种模式。

一般模式：类似于普林斯顿区域模型生命表中的西方模式。

(四) 布拉斯罗吉特模型生命表

1. 简介

联合国模型生命表以及普林斯顿区域模型生命表都是基于基础数据归纳概括而成的死亡模式，布拉斯罗吉特模型生命表则是基于数学关系形成的。

罗吉特变换（the logit transformation）是指任何一系列数字都可以通过某种数学规则变换为另一系列数字。如对比例 p 进行罗吉特变换：

$$\mathrm{log}it\ (p)\ =\frac{1}{2}\ln\left(\frac{1-p}{p}\right) \qquad \text{（公式 8.19）}$$

这样就把值域为 0～1 的比例 p 转换为值域为 $-\infty\sim\infty$ 的 logit（p）。

在生命表中，当尚存人数的基数（l_0）为 1 时，l_x 值为尚存率；且由于 $l_\omega=0$，l_x 的值域为 0～1。对于 $0\leqslant x\leqslant\omega$，$l_x$ 是 x 的单调下降函数。

英国人口学家布拉斯（William Brass）在 1971 年发现：取两个生命表，将其 l_x 值进行罗吉特变换，这两列变换值的关系近似为线性，即 $y=a+bx$；用一套 logit（l_x）以及合适的参数 a、b 值来描述另一套 logit（l_x），进而用一套 l_x 和参数 a、b 值产生出另一套 l_x 来。因此用任何一套标准生命表，都只需改变参数 a、b 值就能够产生其他任何相关的生命表来（相关模型生命表由此得名）。

即，若令：

$Y(x)=\text{logit}(l_x)$

$Y^S(x)=\text{logit}(l_x^S)$

则有：

$$Y(x)=\alpha+\beta Y^S(x) \qquad \text{（公式 8.20）}$$

在公式 8.20 中，α 代表截距，它的变化使直线升降，影响死亡率水平的高低；β 代表直线的斜率，它的变化使直线陡缓，影响死亡率的年龄模式。

原则上可以选择任何模式作为标准 $Y^S(x)$，实际上经常选择死亡率的某种平均模式。

2. 布拉斯罗吉特模型生命表的构造

首先，将观察到的 l_x 值与标准生命表的 l_x^S 值进行罗吉特变换，得到：

$$\text{logit}(l_x)=\frac{1}{2}\ln\left(\frac{1-l_x}{l_x}\right)$$

$$\text{logit}(l_x^S)=\frac{1}{2}\ln\left(\frac{1-l_x^S}{l_x^S}\right)$$

其次，用观察到的 l_x 值的罗吉特值与标准生命表的罗吉特值构图（习惯上将标准值置于 x 轴，将观察值置于 y 轴）；然后，用观察法或组平均法，根据图中的点绘制直线；计算该直线的截距与斜率，得出 α 与 β 值；将 α 与 β 值与标准生命表的罗吉特值放入直线方程，计算罗吉特值；对计算值取真值，得到一套 l_x 值。

3. 布拉斯罗吉特模型生命表与经验模型生命表的比较

布拉斯罗吉特模型生命表系统基于一个简单的数学公式，将两个生命表彼此联系，而不是基于观察到的、经验的生命表，不需要大量的原始生命表或繁复的计算过程，使用更简便。通过改变基准生命表中的死亡率水平和/或死亡率的年龄模式，就可以构建新的模型生命表，因此只需要 α 与 β 值的不同组合，就能得到整套生命表。

布拉斯罗吉特模型生命表系统更灵活。它有两个参数，可以容纳更多的死亡率模式。当死亡率模式的信息不可得或不可信时，可以令 β 值为 1，将其作为单参数模型来使用；也可以根据实际情况将两参数模型扩展为四参数模型①，感兴趣的读者可参阅相关文献。

第三节　生命表技术的应用与拓展

生命表是人口学特色工具之一，其模型和技术可应用于死亡、生育、再生产、迁移、人口结构分析，人口规模、结构及其变化的估计和预测，包括婚姻、就业、家庭、教育等在内的人口社会经济特征分析等很多领域。如比较全死因生命表与消除某种（或某几种）

① Newell C. Methods and models in demography. London：Belhaven Press，1988：163.

死因生命表的结果，以分析死因死亡率的影响；考察企业员工从入职到离职的动态过程，计算其平均在职年限，以决定如何安排新员工培训或了解员工特点与其在职年限间的关系；应用于非生命体，如考察小微企业从创办到解体的动态过程，计算其平均生存年限，进一步了解不同企业“寿命”长短的原因，以助于做出创办或进入何种企业的决策。生命表技术在生育分析和人口预测领域的应用将在后面的相应章节有所涉及，本节主要讲述生命表中指标的应用和多增减因素生命表两个内容。

一、生命表中指标的应用

（一）人口推算与预测

在生命表诸项指标中，有两个指标与人数有关，一个是确切年龄 x 岁时的尚存人数（l_x），另一个是生存人年数（${}_nL_x$）。前者在现实人口中几乎没有相对应的指标，因为在现实中我们很难界定确切年龄，勉强可对应的是恰好过 x 岁生日的人口，其中确切年龄 0 岁的尚存人数（l_0）可对应于现实人口中的出生人数；而后者则可以看作生命表中各年龄组的平均人口，在现实人口中对应某时点年龄别人口数（${}_nP_x$）。利用基于尚存人数或平均人年数构造的存活概率或存活率指标，可以进行对现实人口的倒推或预测，如：

（1）根据某年出生人数推算未来活到各年龄的人数，公式为：

$$P_{x,t+x}=B_t\cdot\frac{{}_nL_x}{n\cdot l_0} \qquad \text{（公式 8.21）}$$

（2）根据某年龄现有人数倒推原来的出生人数，公式为：

$$B_{t-x}=P_{x,t}\cdot\frac{n\cdot l_0}{{}_nL_x} \qquad \text{（公式 8.22）}$$

（3）从某时点某年龄人数推算若干年前或若干年后相应年龄的人数，公式为：

$$P_y=P_x\cdot\frac{{}_nL_y}{{}_nL_x} \qquad \text{（公式 8.23）}$$

上述公式往往用来进行对人口数据质量的检验，以及在进行人口预测时推算未来各年龄人数。

需要注意的是，生命表是根据某一年或几年的时期死亡率水平编制的，反映的是一段时期的死亡率水平，在用来进行以上推算、预测和分析时，包含着假定性。

（二）暂时平均预期寿命

1. 计算暂时平均预期寿命的意义

从生命表中我们获得平均预期寿命指标，其中出生时平均预期寿命表明一个出生队列人口按照某时期年龄别死亡率度过一生，预计能够存活的平均时间；x 岁平均预期寿命则表明已经活到确切年龄 x 岁的人口今后预计还会存活的平均年数。

平均预期寿命指标比起其他死亡率度量指标来，具有综合、易于理解、不受实际人口年龄结构影响等等好处，但是这一指标也存在两个问题：

首先，在计算平均预期寿命时，需要从0岁到最高年龄的各年龄人口死亡数据，且计算结果受到死亡数据准确性的影响。在年龄别死亡数据中，0岁组和高龄组的数据很难做到准确，因为在死亡登记制度不完善的地区，婴幼儿死亡和老年人死亡的漏登漏报现象比较严重。

其次，在进行不同地区或同一地区不同时期平均预期寿命的比较时，有时不仅需要通过比较平均预期寿命的长短来反映死亡率水平的高低，还需要了解平均预期寿命的变化，以及在降低死亡率方面所取得的成就，而平均预期寿命的变化速度取决于其起步基础。在相同的时期内，原有平均预期寿命越短，平均预期寿命的增加就越容易；相反，对于平均预期寿命已经达到很高水平的国家或地区而言，进一步提高平均预期寿命就不太容易。这主要是因为人类寿命有一个极限值，越接近极限值，前进一步所需花费的努力就越大。

为了弥补上述平均预期寿命指标的缺憾，1984年美国人口学家阿瑞阿格（E. Arriaga）提出了暂时平均预期寿命（temporary life expectancy）的概念。[①]

2. 计算与指标诠释

暂时平均预期寿命指的是某一队列人口在确切年龄 x 岁到确切年龄 $x+i$ 岁之间存活的平均年数。计算公式为：

$$ {}_i\overset{0}{e}_x=\frac{T_x-T_{x+i}}{l_x} \quad \text{（公式 8.24）}$$

其中，${}_i\overset{0}{e}_x$ 是从确切年龄 x 岁到确切年龄 $x+i$ 岁之间的暂时平均预期寿命，i 表示年龄区间；T_x、T_{x+i} 和 l_x 分别是生命表中的 x 岁以上累计生存人年数、$x+i$ 岁以上累计生存人年数和确切年龄 x 岁的尚存人数。

将公式进行变形得到：

$$ {}_i\overset{0}{e}_x=\frac{{}_iL_x}{l_x}$$

$$ =\overset{0}{e}_x-\overset{0}{e}_{x+i}\times\frac{l_{x+i}}{l_x} \quad \text{（公式 8.25）}$$

上述公式显示，从确切年龄 x 岁到确切年龄 $x+i$ 岁之间的暂时平均预期寿命实际上是用确切年龄 x 岁与确切年龄 $x+i$ 岁之间的生存总人年数与活到确切年龄 x 岁的尚存人数相比较得到的，也可以用 x 岁平均预期寿命减去 $x+i$ 岁平均预期寿命与从确切年龄 x 岁活到确切年龄 $x+i$ 岁的尚存概率的乘积得到。

与平均预期寿命指标相比，暂时平均预期寿命指标强调了相对区间的概念，相当于将年龄上限从计算平均预期寿命指标时的寿命极限值下压到 $x+i$ 岁，不考虑从确切年龄 x 岁到生命结束预计一共能活多少年，而是仅考虑从确切年龄 x 岁到某一区间值（区间范围为 i 年）$x+i$ 岁之间预计能活多少年。很容易看到，进入确切年龄 x 岁的尚存人数在确切年龄

---

① Arriaga E. Measuring and explaining the change in life expectancies. Demography, 1984, 21 (1): 83-96.

x 岁到确切年龄 $x+i$ 岁之间能够存活的最大年龄区间是 i 岁，但由于死亡的存在，这一最大值不可能实现，因此计算所得的暂时平均预期寿命值范围必是 0～i 岁。

3. 暂时平均预期寿命指标的运用

由于暂时平均预期寿命指标只考虑某年龄区间内人口可能存活的年数，因此，在实际应用时，可以根据需要选取年龄区间，如选择 15 岁至 65 岁年龄区间，观察劳动年龄人口的死亡率情况；或者在死亡数据尤其是老年人口死亡数据不准确的情况下，选择较低年龄如 65 岁作为年龄上限，进行不同地区人口暂时平均预期寿命的比较，以避免不准确数据造成的偏差。

为了测度平均预期寿命的变化速度，以避免因死亡水平基数不同造成的比较偏差，还可以计算暂时平均预期寿命的相对变化，指标计算公式为：

$$ {}_iRC_x^n=\frac{{}_ie_x^{t+n}-{}_ie_x^t}{i-{}_ie_x^t} \qquad \text{（公式 8.26）}$$

其中，RC 表示相对变化（relative change），t 和 $t+n$ 均表示时期，n 表示时期长度，x 表示确切年龄 x 岁，i 表示暂时平均预期寿命的区间长度。上述公式表示 n 年内暂时平均预期寿命变化的绝对值（用 $t+n$ 年的暂时平均预期寿命与 t 年的暂时平均预期寿命相减而得），占暂时平均预期寿命提高的最大极限值（用暂时平均预期寿命的区间长度与 t 年的暂时平均预期寿命相减而得）的比例。对于暂时平均预期寿命绝对值变化相等的两个人口而言，原有暂时平均预期寿命（${}_ie_x^t$）值越高，在同样的区间（i）内进一步提高的余地就越小，因而原有暂时平均预期寿命（${}_ie_x^t$）值越高的人口，平均预期寿命的变化速度就越快。这一指标充分考虑了平均预期寿命提高的基数与极限值，能有效测度不同人口平均预期寿命提高的速度，即死亡水平下降的速度。

对于时期长度不同的两个人口而言，在计算暂时平均预期寿命的相对变化（${}_iRC_x^n$）的基础上，应进一步计算其年度变化，以便可比。

二、多状态生命表

到目前为止，我们所介绍的生命表只考虑了死亡因素的作用，因而也叫作单递减生命表。在单递减生命表中，一个出生队列人口的生命过程是一种被简化了的模式：只考虑两个状态，即生和死；随着时间和年龄的推进，两个状态之间只有一条转化途径，即从生到死，且这一转化过程不可逆，没有人能够死而复生。但实际上，人的生命过程很难用这样一个简化的模型笼统概括，为此，我们需要考虑多种因素所导致的多种状态，以及在状态间的互相转换。这也是要构建多状态生命表的原因，根据状态转换方向，多状态生命表又可分为多递减生命表和多增减生命表两类。

（一）多递减生命表

1. 定义

多递减生命表是指在考察一个出生队列时，注意到影响这个队列的多个因素。但这些因素的影响方向只有一个，即使得队列人口数量不断减少。如在考察人口的死亡过程时，如果不仅关注其从生到死的过程，还关注其因何而死的死因影响作用，就可以构建出以不同死因作为多种削减因素的多递减生命表；或对同一个队列人口不仅考虑其死亡削减因素，还同时考虑其他削减因素的变化。

多递减生命表对同一个队列人口涉及不止一种削减因素，死亡是不可避免要考虑的因素，其他因素如果也是单向削减因素，则与死亡因素一起构成两项或多项递减因素。如将死亡因素和健康因素同时考虑，编制健康生命表，计算平均健康预期寿命指标；将死亡因素与残疾状况同时考虑，编制残疾生命表，计算平均免残预期寿命；将死亡因素与死因同时考虑，计算去死因平均预期寿命；等等。原则上，多种削减因素之间应该是互相独立且相互排斥的，否则因素之间的交互作用很难被辨识和分离。但事实上很难实现这一要求。如患有某种疾病的人口不仅受到因疾病导致的健康困扰，其年龄别死亡风险与健康人口的年龄别死亡风险实际上也会有所不同。这是我们在编制多递减生命表时应该注意的。

与单递减生命表的构造类似，多递减生命表也因年龄分组不同，有完全表与简略表之分。

构造一个真实队列的多递减生命表，并不比构造单递减生命表烦琐，只需要先准备一个全递减原因的基本生命表，再增加一些表示特定递减原因的列。但如果是构建时期多递减生命表，则需要将基于各种原因的递减率转化为各种原因的退出概率，一般公式为：

$$ {}_nq_x^i=\frac{n\cdot {}_nm_x^i}{1+(n-{}_na_x)({}_nm_x^i+{}_nm_x^{-i})} \qquad \text{（公式 8.27）} $$

其中，${}_nq_x^i$ 是 $x \sim x+n$ 岁由于原因 i 的退出概率，${}_nm_x^i$ 是 $x \sim x+n$ 岁由于原因 i 的递减率；${}_nm_x^{-i}$ 是 $x \sim x+n$ 岁除了原因 i 以外的递减率。

如果已经计算出了全递减原因生命表，还可以直接按照各种原因的相对递减率，将 ${}_nq_x$ 按比例分配到各种原因中去，因为概率和率与递减人数都是同比例变化的。[①] 这时公式简化为：

$$ {}_nq_x^i={}_nq_x\cdot\frac{{}_nm_x^i}{{}_nm_x} \qquad \text{（公式 8.28）} $$

2. 多递减生命表的应用举例：净初婚表

初婚表是生命表技术在婚姻研究领域的应用，反映不同性别的未婚队列人口随着时间推移陆续发生初婚的过程。按是否考虑死亡事件，可以分为两种初婚表：（1）总初婚表。假设在适婚年龄内无人死亡，仅考虑未婚队列人口因初婚事件陆续减少的过程，可以归于单递减生命表类型。（2）净初婚表。如果不能忽略婚龄人口的死亡因素，那么未婚人数的减少就同时受到死亡因素和初婚因素两个因素的作用，属于多递减生命表的范畴。此处我们以净初婚表为例说明其编制过程。[②]

---

① 普雷斯顿，霍伊维兰，吉略特．人口统计学——人口过程的测量与建模．北京：社会科学文献出版社，2012：64-68.

② 刘铮．人口学辞典．北京：人民出版社，1986：220-222.

净初婚表的项目和形式与单递减生命表类似，即一定人数的未婚者在各年龄因初婚和死亡事件而陆续减少的过程。与单递减生命表不同的是，对于初始人口而言，需要同时面对两种因素：一是死亡概率（${}_nq_x$），二是初婚概率（${}_nf_x$）。以这两个概率为基础，初始人口逐渐经历其削减过程。

净初婚表的表式如表 8.1 所示。

表 8.1　　净初婚表表式

x	f_x	q_x	l'_x	d'_x	F'_x	S'_x	p	L'_x	T'_x	$\mathring{e}_x$
0										
15										
16										
……										
……										
……										
65＋										

其中，x 表示确切年龄 x 岁；由于婚姻事件往往发生在成年人口中，因此我们只考虑 0 岁组出生人口和 15 岁及以上人口。

f_x 表示活到确切年龄 x 岁的未婚者在 $x \sim x+1$ 岁期间初婚的概率。初婚概率（f_x）根据实际调查得到的年龄别初婚率换算而来。假设初婚事件在各年龄间均匀发生，初婚概率与初婚率的换算公式为：$f_x=2\times$年龄别初婚率/（2＋年龄别初婚率）。

q_x 表示活到确切年龄 x 岁的未婚者在 $x \sim x+1$ 岁期间死亡的概率。死亡概率（q_x）根据实际调查得到的年龄别死亡率（m_x）换算而来。假设死亡事件在各年龄间均匀发生，死亡概率与死亡率的换算公式为：$q_x=2\times m_x/(2+m_x)$。

l'_x 为活到确切年龄 x 岁且尚未结婚的人数，基数可以人为给定。

d'_x 是在 $x \sim x+1$ 岁期间死亡的未婚人数。计算公式为：$d'_x=l'_x \cdot q_x$。

F'_x 是在 $x \sim x+1$ 岁期间的初婚者人数。计算公式为：$F'_x=l'_x \cdot f_x$。

S'_x 是活到确切年龄 x 岁及以后初婚者人数的累计，是对 F'_x 从高龄到低龄的倒序累计。计算公式为：$S'_x=\sum_x^{\omega} F'_x$。

p 是已活到确切年龄 x 岁的未婚者中，今后将会结婚者的比例。计算公式为：$p=\frac{S'_x}{l'_x}$。

L'_x 是在 $x \sim x+1$ 岁期间生存的平均未婚人数，用活到确切年龄 x 岁的未婚者与活到确切年龄 $x+1$ 岁的未婚者的平均数表示，也是这些未婚者在 $x \sim x+1$ 岁期间平均生存的人年数。计算公式为：$L'_x=\frac{(l'_x+l'_{x+1})}{2}$。

T'_x 是活到确切年龄 x 岁的未婚者未来处于未婚状态的人年数累计，用 L'_x 从高龄到低龄的倒序累计得到。计算公式为：$T'_x = \sum_{x}^{\omega} L'_x$。

$\mathring{e}'_x$是活到确切年龄 x 岁的未婚者预计今后仍将处于未婚状态的年数，称为平均预期未婚年数。计算公式为：$\mathring{e}'_x = \frac{T'_x}{l'_x}$。

编制净初婚表的基础数据是年龄别初婚率和年龄别死亡率，可以通过调查取得。以上公式中均假设结婚和死亡事件在年龄组内均匀发生，因而用简单算术平均数来代替平均人年数。

与生命表类似，表中其他数据均随假定的初始人数而变化；当初始人数设为 1 时，表中有关数字便成为反映初婚与年龄之间关系的系数。

当不考虑死亡因素时，可删除净初婚表中的 q_x 与 d'_x 两项，成为单递减的总初婚表。

净初婚表反映进入适婚年龄的未婚人口的初婚分布状况和平均预期未婚年数，可从静态和动态两个方面比较不同人口的结婚状况，分析当前的初婚年龄分布，预测未来初婚趋势和人数。编制的基本思路是假定队列按照某时期实际人口的年龄别未婚率和年龄别死亡率发生初婚行为，反映某时期实际人口的初婚综合情况，需注意对其结果的阐释，在说明实际人口今后初婚趋势时，需要注意结婚事件时期波动的影响。

（二）多增减生命表

1. 定义

多增减生命表也叫作多状态生命表（multistate life table），是最为复杂但也最贴近现实状况的生命表形式，不仅考虑了不可忽视的死亡衰减因素，而且考虑了其他使出生队列人口数增加或减少的因素，从最大限度上模拟了生命历程的真实轨迹，能够较为准确地说明一个队列人口的增减过程。多增减强调的是导致生命表出生人口衰减的因素；多状态则强调的是个人在生命历程不同阶段所处的不同状态，以及在各状态间的动态变化，关注处于不同状态时的事件风险差异。多状态生命表在计算人群健康预期寿命方面已得到了广泛的应用。

2. 多增减生命表的编制原理

多增减生命表的编制原理和过程与以上介绍的单递减生命表以及多递减生命表类似，所不同的是其考虑的因素更多，不仅涉及递减的因素，还需要考虑使研究对象数量增加的因素。

我们以净初婚表为例说明了多递减生命表的编制，之所以采用初婚事件，是因为在每个人的婚姻生活中，初婚只有一次，因而相对于未婚人口而言，初婚成为一个单递减的因素，与死亡这个单递减的自然因素一起，净初婚表实际上只考虑了受两种因素作用的双递减过程。

如果将研究视野扩大到整个结婚事件，就会发现要考虑的因素复杂得多。首先，人口因死亡因素而自然削减。其次，婚姻状态包含未婚、初婚、离婚、丧偶、再婚等多种形式。对于未婚人口来讲，初婚使其数量减少；但对于某时期某个年龄的已婚人口而言，不仅未婚人口的初婚会使其数量增加，丧偶、离婚事件会使其数量递减，而且丧偶与离婚人口的再婚也会使已婚人口的数量增加。因此，在一张完整结婚表的编制中，从未婚者的婚姻过程开始，则需要考虑死亡、初婚、离婚、丧偶和再婚等多重因素，呈现多状态间的转换。另外，离婚、丧偶、再婚等事件可能多次发生，如果再考虑到迁移的因素，人口的迁入与迁出对于不同婚姻状态人口的影响，会使结婚表的编制过程变得更加繁复。

用同样的思路可以进行就业生命表的编制，考虑年龄别在业人口受死亡、退出和进入劳动岗位等多重因素的影响。也可以编制家庭状态生命表，用来分析家庭结构的变化，个体从未婚到结婚，再到生育子女的各种生命状态的转换及其转换概率（包括婚姻状态转移概率、生育概率、孩子存活概率等），构成家庭状态生命表编制的基础。一般而言，许多因素都可以先简化为一个因素和其他合并因素，通过两状态生命表技术逐一分析各因素单独的影响。在实际应用中，人们经常会给出某些假设，如上述总初婚表中假设在一定年龄区间内死亡事件暂不发生，以便简化多状态生命表的编制过程，或借助软件编制多增减生命表。

小　结

◇ 生命表有两种诠释视角：一是出生队列经历死亡的历程，二是将生命表人口视为静止人口。

◇ 迄今为止问世的模型生命表共分为经验模型生命表和关系模型生命表两大类。

◇ 生命表中确切年龄 x 岁时的尚存人数（l_x），在现实人口中可呼应正在度过 x 岁生日的人口，其中确切年龄 0 岁的尚存人数（l_0）相当于现实人口中的出生人数；生存人年数（${}_nL_x$）可以看作生命表中各年龄组的平均人口，在现实人口中呼应的是某时点年龄别人口数（${}_nP_x$）。

思考题

1. 请证明，在死亡在各年龄组内均匀分布的情况下，出生时平均预期寿命可以看作出生同批人 l_0 的平均死亡年龄。

2. 利用 1662 年约翰·格兰特编制的生命表，运用合理假设，请估计：一个婴儿活不到 26 岁的概率，一个 26 岁的人能够活到 46 岁的概率，一个婴儿按此死亡分布有可能存活的平均年数。

3. 请利用多递减生命表技术阐述生育表或教育表的编制原理与过程。

推荐阅读书目

1. 翟振武，明艳，侯佳伟，等．中国知识分子：短命还是长寿？——中国知识分子健康研究报告之一．人口研究，2005 (5).

2. 蒋正华．中国分区模型生命表．中国人口科学，1990 (2).

3. 乔晓春．健康寿命研究的介绍与评述．人口与发展，2009 (2).

4. 蒋承，顾大男，柳玉芝，等．中国老年人照料成本研究——多状态生命表方法．人口研究，2009 (3).

第九章

生育的度量

【导读】

如果说约翰·格兰特揭开了死亡分析的序幕，马尔萨斯则将人们的关注焦点转移到了生育分析领域。生育分析是人口统计的基本内容之一，对于人们认识生育规律、评价人口形势、预测人口未来非常重要。生育分析可以从时期角度进行，也可以从队列角度或妇女的生育历程角度进行，两个视角相辅相成、缺一不可。本章聚焦于生育的度量指标，主要回答：出生与生育之间存在何种关联？如何度量时期生育率？总和生育率的指标性质是什么？如何理解生育孩次递进比？

第一节　出生与生育

一、生育的特点

（一）生育分析与死亡分析的比较

生育分析比死亡分析难度更大，主要缘于生育的复杂性特点。

首先，生育主体（育龄妇女及其配偶）、生育行为（生育事件数）与生育结果（出生事件数，或出生的活产婴儿数）涉及不同的人群，加之意愿与行为可能偏离、行为与结果或许不一致等，增加了生育过程中的不确定性；而死亡事件的发生主体（死者）、事件发生数（死亡人口数）与其结果（即生命消失的个体数），涉及的则是同一群体，一般可用死亡人口数代替死亡事件数。在生育分析中，为了简便起见，以及为了更容易获得资料，在不考虑双胞胎或多胞胎的情况下，也经常用出生活产婴儿数替代育龄妇女的生育事件数。

其次，死亡风险存在于任何年龄、任何人；但生育风险却只会在某些年龄发生，且需要男女两性配合。为了简化分析对象，通常只关注育龄妇女（即只进行以女性为主导的单性别分析），研究她们生育的水平（生育几个孩子）与模式（生育的早晚及年龄分布）等，这样做的原因是女性相较男性，有更为明确的生育期（从初潮开始至绝经结束，一般用年龄表示为15～49岁），而且母亲与婴儿之间的关系更容易确定。

再次，对于个体而言，生育可能从不发生，也可能多次重复发生，人群中不同妇女拥有的孩子数量可能存在很大的差异；而死亡是一人一次的不可重复的单向事件。如果说概括死亡事件的生命表的基本原理是利用人口死亡的单递减特性，描述一个出生队列从出生到死亡、人口不断削减的过程，那么试图概括全部生育事件的生育表则是一个多增减的过程。

最后，死亡虽然死因各异、水平高低参差，但其最终是一个生命消失的生物学现象，且降低死亡率是人类一贯追求的目标，很少有异议。而生育不仅与个体的生物学基础（如是否具备生殖能力）有关，也与人类的婚姻、家庭等社会制度和生育政策、文化传统等因素密切相关。因此，能不能生、想不想生、让不让生、生几个、何时生、生男还是生女等问题都应在生育分析中加以考虑。生育受到如此之多因素的影响，使得生育水平的人群差异和时期波动更大，且对生育水平的追求因时、因地、因人各不相同。高生育率还是低生育率？多高或者多低才理想？对这些问题的看法见仁见智，可能存在很大的分歧，会影响对生育水平的判断及相关政策的制定。

（二）时期视角与队列视角

时期分析与队列分析是人口统计学的重要方法，也是常用的视角。从时期视角来看，我们往往关注某个时期的生育现象及其结果，关心某时期出生人口数是多是少、生育水平是高是低、生育时间是早是晚。某个时期的生育率取决于该时期育龄妇女的人数及其生育行为，所产生的结果则表现为该时期出生的婴儿数量。时期生育水平会受到时期事件的影响，如灾荒、战争、瘟疫等事件会延缓或推迟人们的生育行为，使时期生育率出现下降。

队列视角对于生育分析更为必要，因为妇女的生育数量是终身累积的，且其生育史会影响其后续的生育意愿和行为。从妇女的生命历程来看，生育一般发生在育龄期，妇女初次生育的时间、生育间隔、生育次数，以及生育的子女数，往往因人而异。某时期的生育率实际上是不同队列妇女终身生育行为在该时期的映射，二者既有关联，又存在差异。如何基于队列行为评估时期水平，以及如何基于时期水平推断终身趋势，是生育分析中十分重要却又存在诸多挑战的领域。

二、相关概念与资料来源

出生和生育是一个事件的两个方面：出生反映的是生育的结果，表现为新生婴儿的状况和数量，统计的是出生人口数；生育则反映育龄妇女的行为，取决于妇女的数量、年龄、婚姻状况等特征，统计的是生育事件数。虽然理论上母亲与婴儿一一对应，但由于存在双胞胎或多胞胎的情况，或较为罕见的一年内生育两次的情况，同时期的出生人口数与生育事件数不一定相等。

（一）出生

出生通常指活产。按照世界卫生组织的界定，只要婴儿离开母体后有生命现象（呼吸、心脏跳动、脐带抽动、随意肌收缩等），无论脐带是否已被剪断、胎盘是否脱落，都叫作活产。反之称作死产。

无论婴儿是生下后立即死亡还是在登记时已经死亡，只要出生时为活产，就应该登记为出生人口。死产则既不计入出生人口，也不计入死亡人口。

出生人口数是时期指标，一般时期越长，数值越大。不同时期的出生人口数相加有意义。

（二）生育

生育行为的发生严格来讲与育龄妇女的生育能力和婚姻状况有关。生育能力的有无和强弱受病理因素的影响，也会随着年龄而变化。一般认为生育是在婚姻单元内发生的，但不能避免婚外生育行为的发生。因此，在进行生育分析时，我们通常聚焦于 15～49 岁的育龄妇女，无论其是否有生育能力和是否在婚。特别地，我们会考察不同年龄或不同婚姻状况妇女对于生育的贡献。如我们会格外关注生育旺盛期（20～39 岁）妇女的生育状况，有时还会将她们拆分为 20～29 岁和 30～39 岁两个年龄区间分别观察；15～49 岁妇女也可以按照婚姻状态区分为在婚（初婚有配偶或再婚有配偶）妇女和不在婚（未婚、离婚、丧偶）妇女。

由于人口数是时点指标，其数值随着时间受到出生、死亡、迁入和迁出等人口事件的影响而不断变动，因此即使是同一区域内不同时期的育龄妇女人口数相加（减）也是没有意义的。如不能用 2010 年上半年和下半年的育龄妇女数相加，以获得 2010 年全年的育龄妇女数。通常会在一定的假设条件下，用平均人口数或期中人口数来表示时期人口数。统计育龄妇女数时必须注明所属地区和时点。

（三）资料来源

出生人口数和育龄妇女数资料一般来源于生命统计、人口普查或人口抽样调查。

如果每出生一个婴儿，都将其出生时间、性别、出生地、父母信息等一一记录下来，就能获得详细的生命统计资料，并可据此进行不同时期、不同地区出生人口数的累计、比较和分析。这一制度在很多发达国家已经相当完善，中国的出生登记制度也正在完善过程中。

通过人口普查或人口抽样调查，通常可以获得育龄妇女的相关信息（在总人口中按性别和年龄进行区分，即获得 15～49 岁女性的人口数），也可以获得普查或调查时点前半年、1 年或 1 年半的出生人口信息。

表 9.1 是中国 1982 年以来历次全国人口普查和百分之一人口抽样调查中出生人口信息的相关情况。我们注意到，普查和抽样调查的标准时点、出生人口信息所属时期，以及时

期长短均先后发生变化；另外，2000 年和 2010 年两次全国人口普查的出生人口信息既可以在长表里通过对 15～50 周岁妇女询问获得，也可以在短表里获得数量和性别基本信息。

表 9.1　　1982 年以来全国人口普查和百分之一人口抽样调查中出生人口信息情况

	普查或调查时间	标准时点	出生人口信息所属时期
全国人口普查	1982 年	7 月 1 日 0 时	1981 年全年（1 月 1 日至 12 月 31 日）
	1990 年	7 月 1 日 0 时	1989 年全年（1 月 1 日至 12 月 31 日）和 1990 年上半年（1 月 1 日至 6 月 30 日）
	2000 年	11 月 1 日 0 时	普查时点前 1 年（1999 年 11 月 1 日至 2000 年 10 月 31 日）
	2010 年	11 月 1 日 0 时	普查时点前 1 年（2009 年 11 月 1 日至 2010 年 10 月 31 日）
全国百分之一人口抽样调查	1987 年	7 月 1 日 0 时	1986 年全年（1 月 1 日至 12 月 31 日）和 1987 年上半年（1 月 1 日至 6 月 30 日）
	1995 年	10 月 1 日 0 时	调查时点前一年（1994 年 10 月 1 日至 1995 年 9 月 30 日）
	2005 年	11 月 1 日 0 时	调查时点前一年（2004 年 11 月 1 日至 2005 年 10 月 31 日）
	2015 年	11 月 1 日 0 时	调查时点前一年（2014 年 11 月 1 日至 2015 年 10 月 31 日）

一个时点的人口年龄结构是过去历年出生、死亡和迁移事件的结果，利用时点人口年龄结构数据和平衡公式，也可以推导出过去的出生人口情况。

将出生人口数与育龄妇女数或总人口数等指标相结合，就能够计算各种不同的出生和生育率指标值。需要准确掌握各指标的定义、适用条件和局限性，以便结合研究目的和所掌握的数据，选择合适的指标从不同角度描述妇女的生育情况。

三、出生人口数与粗出生率

这两个指标度量的是人口的出生情况，反映生育结果对人口增长的影响。

（一）出生人口数

出生人口数（births，简写为 B）是指离开母体时具有生命现象的活产婴儿数。是生育的结果，反映一定时期的生育量。出生人口数是时期指标，一般以一年为单位来统计。

出生人口数是出生和生育统计的最基本指标，是其他相对数指标的基础；可以反映某一地区出生人口的规模，粗略比较不同地区未来的人口规模相对变化情况。

出生人口数是一个时期指标，也就是说，可以统计任意时期长度的出生人口数，如 1 个月、1 个季度、1 年、3 年、5 年等。同一区域内不同时期长度的出生人口数相加（减）是有意义的，如将某省 2010 年上半年和 2010 年下半年的出生人口数相加就是该省 2010 年全年的出生人口数。统计出生人口数时必须注明所属地域和时期。

根据第六次全国人口普查数据，2010 年（2009 年 11 月 1 日—2010 年 10 月 31 日）中国各地区分性别、月份的出生人口数合计为 13 836 187 人，其中出生人口数最多的是广东省，达 1 083 819 人，占全国同期出生人口总量的 7.83%，是全国 31 个省市自治区平均出生人口数（446 329 人）的 2.43 倍，在某种程度上这奠定了广东省未来人口变动的基础。[①]

出生人口数是一个绝对数指标，受总人口规模的影响，也受总人口中育龄妇女规模和结构的影响，因此出生人口数不能用来反映出生强度，更不能反映生育强度。图 9.1 显示，进入 21 世纪，中国出生人口数相较 20 世纪 90 年代整体呈现下降态势，这与育龄妇女的规模和结构变化有着直接的关系。

图 9.1　中国 1990—2017 年出生人口数和出生率

资料来源：国家卫生计生委计划生育基层指导司，中国人口与发展研究中心．人口与计划生育常用数据手册(2016)．北京：中国人口出版社，2017：165.

（二）粗出生率

粗出生率（crude birth rate，CBR，简写为 b）是最简单常用的人口统计指标。是在任意长的时期内，活产婴儿数与该时期内总人口的生存人年数之比。在假设人口出生、死亡均匀发生的情况下，生存人年数等于时期长度与该时期内平均人口数的乘积。公式为：

$$CBR=\frac{B}{n\cdot \overline{P}}\times 1\,000‰ \qquad \text{（公式 9.1）}$$

其中，B 为时期内出生人口数；n 为以年为单位的时期长度；$\overline{P}$ 为期内平均人口数，也可以用期中人口数来代替。

如 1990 年第四次全国人口普查得到 1989 年 7 月 1 日至 1990 年 6 月 30 日的出生人口数为 23 543 188 人，1989 年年底的全国总人口数为 1 103 560 506 人，计算得到 1989 年 7 月 1 日至 1990 年 6 月 30 日期间的中国人口粗出生率为 21.33‰。需要注意的是，这一数值虽是一个年度指标，但是跨了日历年。

① 国家统计局．中国 2010 年人口普查资料．北京：中国统计出版社，2012.

粗出生率常以一年为单位进行计算，用千分数来表示，表述为一年内平均每千人中出生的活产婴儿数。年度习惯使用完整日历年，即从 1 月 1 日至 12 月 31 日。图 9.1 显示，20 世纪 90 年代以来，中国粗出生率呈现不断下降的态势，从 1990 年的 21.06‰降至 2017 年的 12.43‰。

粗出生率指标是一个“年化”了的率指标，即通过分母包含以年为单位的时期长度 n，已经消除了统计时期长短因素的影响。当我们需要计算 1 个月、1 个季度、半年、3 年、5 年期人口的粗出生率指标时，分子为相应时期的出生人口数，n 则分别取值为 1/12、1/4、1/2、3 或 5。这样，按任何时期计算的粗出生率数值都可以直接进行比较。

如果我们得到了某地区 30 天的出生婴儿数 B，以及该地区该时期的平均人口数 $\bar{P}$，则我们可以通过下述公式计算该地区的年粗出生率：

$$CBR=\frac{B}{\frac{30}{365}\times\bar{P}}\times 1\,000‰$$

其中$\frac{30}{365}$是年化的时期长度。

粗出生率从生育结果的角度反映新生婴儿的数量与总人口数量的对比关系，并未考虑承担生育事件的育龄妇女的数量、结构等具体情况。该指标只考虑到全体人口，会受到总人口的性别结构以及育龄妇女在全体人口中的比重的影响。

粗出生率指标的优点是：所需数据易于取得且计算简便；能够表明生育对人口增长的影响，经常与粗死亡率指标一起使用，如二者相减得到自然增长率，可用来大致匡算人口增长趋势；或者用粗出生率、粗死亡率与自然增长率指标反映人口的再生产类型；等等。但该指标受人口年龄、性别结构与婚姻状态分布的影响，既不能客观反映生育水平的高低，也不能反映生育时间的早晚。

第二节　时期生育率指标

时期生育率指标度量的是时期生育水平。时期可以是任意长度，但指标往往是年化指标。分子是该时期的生育事件数，通常用同时期的出生人口数代替。通过将分母聚焦于育龄女性，分年龄、分婚姻状态区分育龄女性，以及将分子按照年龄、婚姻状况、孩次特征等进行划分，以获得更准确的时期生育水平。

一、一般生育率

一般生育率（general fertility rate，GFR）是指育龄妇女整体的时期生育水平，用一定时期内出生的活产婴儿数与育龄妇女生存人年数相比，用千分率表示。

这个指标将某时期的育龄妇女看作一个整体，反映这一时期育龄妇女的生育水平。分母是某一时期内育龄妇女的存活人年数，在时期内出生、死亡事件均匀发生的假设下，通常用育龄妇女的平均人口数或期中人口数代替。准确讲，分子应是某一时期内发生的生育事件数，由于发生在一定时期内的出生事件与生育事件基本一致，因此常常假定二者相等，用出生人口数作为分子。公式为：

$$GFR=\frac{B}{n\cdot \overline{W}_{15\sim 49}}\times 1\,000‰ \qquad (公式 9.2)$$

一般以一年为单位，表述为每千名育龄妇女在一年中生育的活产婴儿数。当我们需要计算 1 个月、1 个季度、半年、3 年、5 年期人口的一般生育率指标时，分子为相应时期的出生人口数，n 则分别取值为 1/12、1/4、1/2、3 或 5。

一般生育率消除了总人口中性别结构和育龄妇女整体在总人口中所占比例因素的影响，但仍会受到育龄妇女内部年龄结构与婚姻状态变动的影响。

为了消除育龄妇女婚姻状态的影响，一般生育率还可以细分为婚内一般生育率（一定时期婚内出生人口数与已婚育龄妇女数之比）和非婚一般生育率（一定时期非婚出生人口数与未婚、丧偶和离婚育龄妇女数之比），以比较婚内生育和婚外生育的情况。

二、年龄别生育率

年龄别生育率（age-specific fertility rate，ASFR，简写为 f_a）是指按每一年龄（或年龄组）分别计算的妇女生育率，用千分率表示。这一指标反映各年龄妇女的生育水平，因为妇女的生育能力和生育孩子的数量往往是随年龄而变化的，因此这一指标非常有意义。通常以一年为单位，定义为在一年中每千名某一年龄或年龄组妇女所生育的孩子数，是一系列指标。公式为：

$$f_a=\frac{B_a}{\overline{W}_a}\times 1\,000‰ \qquad (公式 9.3)$$

年龄别生育率不仅可以反映不同年龄妇女的生育水平，而且可以反映一个人口的生育模式，即生育过程的时间分布模式，或单位时间（通常指一年）内活产婴儿按育龄妇女年龄分布的形式，表现为生育的早晚、生育的高峰年龄、生育时间的分布情况等。不同地区人口生育的年龄模式与该地区社会经济条件、文化风俗等密切相关。

图 9.2 是 2000 年第五次全国人口普查全国城市、镇、乡村育龄妇女的年龄别生育率。城市育龄妇女的生育高峰集中在 25～29 岁年龄组，镇和乡村育龄妇女的生育高峰则集中在 20～24 岁年龄组，且乡村 25～29 岁年龄组的生育水平也比城市同龄人口高。总体上乡村、镇、城市育龄妇女的生育水平呈现从高到低的台阶式关系。

考虑到各年龄妇女婚姻状况对于年龄别生育率的影响，还可计算年龄别已婚生育率（ASMFR，简写为 f_a^m），用一定时期年龄别已婚妇女生育数与该年龄已婚妇女人数相比。

$$f_a^m=\frac{B_a}{\overline{W}_a^m}\times 1\,000‰ \qquad (公式 9.4)$$

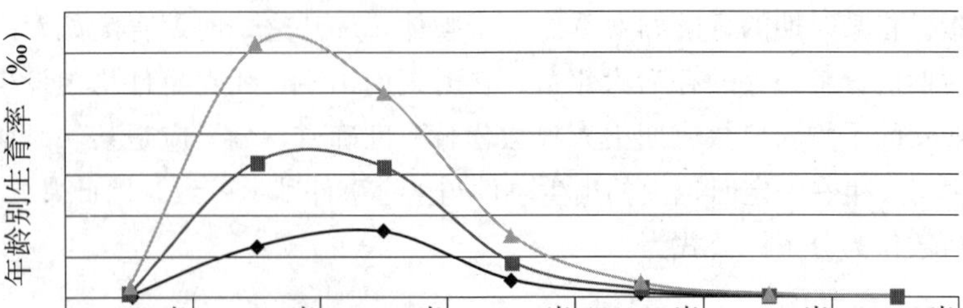

	15～19岁	20～24岁	25～29岁	30～34岁	35～39岁	40～44岁	45～49岁
乡村	8.74	143.84	90.50	33.05	6.98	1.68	0.77
镇	3.81	103.01	79.19	22.57	5.76	1.28	0.62
城市	1.65	63.00	80.63	20.88	4.71	1.08	0.47

图 9.2 中国育龄妇女的年龄别生育率：2000 年城市、镇、乡村

注：根据国家统计局第五次全国人口普查长表汇总数据表 6—5a、表 6—5b、表 6—5c 绘制。

将年龄别已婚生育率与妇女的婚姻状况结合起来，可以分析已婚妇女生育水平和妇女婚姻状况的变化对生育率的影响程度。

需要指出的是，虽然年龄别生育率常常用来描述生育模式，但其通常是在与总和生育率相比较的基础上实现的，且一般会在年龄（a）的维度上增加孩次（i）的维度，即通过 f_a^i/TFR^i 的形式反映妇女生育的年龄分布特征。①

三、分孩次生育统计指标

在大多数人口中，每个妇女一生中不止生育 1 次，也不止拥有 1 个孩子，因此会有不同胎次的孩子陆续出生，我们也很习惯询问多子女家庭中出来的孩子排行老几。可以将某时期出生的所有活产婴儿按照其在母亲生育顺序中的排行进行归类，看看该时期内出生了多少“老大”“老二”等等。

孩次是指一个妇女的所有活产子女中，每个孩子的出生序号。孩次（order of child）与胎次（parity）是两个概念，胎次强调的是母亲分娩的次数，由于双胞胎或多胞胎现象的存在，孩次与胎次不一定相等。多胎分娩中的每个活产婴儿也需被赋予不同的出生序号，因此一胎中可能会有多个孩次。

在具有较明确的生育数量意愿，同时又通过现代避孕技术控制生育的人口中，是否继续生育不但与育龄人群的年龄和婚姻状态有关，而且取决于已生育孩次的状态。在存在强烈性别偏好的人群中，生育不仅取决于已生育的孩次，还取决于这些孩子的性别。因此，通过分孩次生育统计能够更详细地了解人群的生育状况，更好地预测未来的生育趋势。

我们利用表 9.2 中的相关数据介绍并计算分孩次生育统计的相关指标。

① 王广州．中国育龄妇女递进生育模式研究．中国人口科学，2004（6）：8－13.

表 9.2 2000 年全国育龄妇女分年龄、孩次生育状况（人，‰）

年龄组（岁）	妇女人数 W_a	出生人数 B_a	生育率 f_a	1孩 出生人数 B_a^1	1孩 生育率 f_a^1	2孩 出生人数 B_a^2	2孩 生育率 f_a^2	3孩 出生人数 B_a^3	3孩 生育率 f_a^3
总计	32 736 216	1 181 952	36.11	804 327	24.57	308 211	9.41	69 413	2.12
15～19	4 464 796	26 626	5.96	24 992	5.60	1 549	0.35	85	0.02
20～24	4 209 319	481 919	114.49	431 978	102.62	43 778	10.40	6 164	1.46
25～29	5 436 612	468 568	86.19	301 408	55.44	140 295	25.81	26 864	4.94
30～34	5 798 770	165 965	28.62	38 348	6.61	103 968	17.93	23 649	4.08
35～39	4 891 224	30 407	6.22	5 934	1.21	15 653	3.20	8 821	1.80
40～44	3 924 090	5 749	1.46	1 188	0.30	2 107	0.54	2 454	0.63
45～49	4 011 407	2 720	0.68	481	0.12	861	0.21	1 378	0.34

注：此表为国家统计局第五次全国人口普查长表汇总数据表 6－6。

（一）孩次比例

孩次比例是一定时期（通常为一年）内全部出生人口中不同孩次的婴儿所占的比例，反映了该时期出生人口的孩次结构，通常用百分比表示。可以计算 1 孩比例、2 孩比例、3 孩及以上或多孩比例等。

2000 年中国妇女的 1 孩比例、2 孩比例、3 孩比例分别为：

$$C^1=\frac{B^1}{B}=\frac{804\ 327}{1\ 181\ 952}\times 100\%=68.05\%$$

$$C^2=\frac{B^2}{B}=\frac{308\ 211}{1\ 181\ 952}\times 100\%=26.08\%$$

$$C^3=\frac{B^3}{B}=\frac{69\ 413}{1\ 181\ 952}\times 100\%=5.87\%$$

上述结果表明，2000 年在中国出生的所有活产婴儿中，有 68.05%是 1 孩，仅有 26.08%是 2 孩，3 孩的比例很低。

基于中国的婚姻家庭传统，结婚并生育一个孩子相当普遍，但第二个孩子及更多孩子的生育近几十年来受到计划生育政策的限制。2016 年 1 月 1 日起中国实施全面两孩政策，很多家庭开始计划并生育 2 孩。根据国家统计局数据，2016 年的出生人口中，2 孩及以上孩次比例从之前年份持续稳定的 30%左右上升到 45%①；2017 年的出生人口中，2 孩占比更是达到 50%以上②。

计划生育统计通常把“孩次比例”称作“孩次率”，这是不对的，是对率指标的误称。

如果用妇女的生育次数而不是用出生的孩子数来计算，得到的结果就是胎次比例。

① 中华人民共和国国务院新闻办公室．国家卫计委举行全面两孩政策工作进展情况发布会．（2017－01－22）[2017－12－11]．http：//www.scio.gov.cn/xwfbh/gbwxwfbh/xwfbh/wsb/Document/1541106/1541106.htm.

② 国家统计局：2017 年出生人口中，二孩占半数以上．（2018－01－18）[2018－02－21]．http：//news.sina.com.cn/c/2018－01－18/doc-ifyqtycw9566828.shtml.

（二）平均孩次

平均孩次是指某时期（通常为一年）内妇女生育孩次的平均值。首先将该时期出生的婴儿按照孩次进行分组，然后用孩次数与相应孩次的出生人数相乘并累加，最后除以全部出生人口数。

$$MCO=\frac{\sum_{i=1}^{N}(i\times B^{i})}{B} \qquad \text{（公式 9.5）}$$

其中，i 表示孩次，N 为最高孩次数。

2000 年中国育龄妇女的平均孩次为：

$$MCO=\frac{\sum_{i=1}^{N}(i\times B^{i})}{B}=\frac{1\times 804\ 327+2\times 308\ 211+3\times 69\ 413}{1\ 181\ 952}\approx 1.38$$

平均孩次只反映时期内育龄妇女生育孩子的孩次状况，以孩次出生人数作为权数。妇女年龄越大，高孩次出生数量越多，因此平均孩次指标受妇女年龄结构影响。

（三）分孩次一般生育率

分孩次一般生育率（简写为 GFR^{i}）是对一般生育率指标的细化。对于育龄妇女整体，我们可以将某时期出生的所有活产婴儿按照孩次分类，计算这些育龄妇女每个孩次的一般生育率。公式为：

$$GFR^{i}=\frac{B^{i}}{W}\times 1\ 000‰ \qquad \text{（公式 9.6）}$$

其中，B^{i} 表示孩次为 i 的出生人口数（不考虑母亲的年龄、婚姻状况等）。

2000 年中国育龄妇女的分孩次一般生育率分别为：

$$GFR^{1}=\frac{B^{1}}{W}\times 1\ 000‰=\frac{804\ 327}{32\ 736\ 216}\times 1\ 000‰\approx 24.57‰$$

$$GFR^{2}=\frac{B^{2}}{W}\times 1\ 000‰=\frac{308\ 211}{32\ 736\ 216}\times 1\ 000‰\approx 9.41‰$$

$$GFR^{3}=\frac{B^{3}}{W}\times 1\ 000‰=\frac{69\ 413}{32\ 736\ 216}\times 1\ 000‰\approx 2.12‰$$

将各孩次一般生育率相加就可以得到一般生育率。

$$\sum_{i=1}^{N}GFR^{i}=\sum_{i=1}^{N}\frac{B^{i}}{W}=\frac{\sum_{i=1}^{N}B^{i}}{W}=\frac{B}{W}=GFR$$

其中，N 表示最高孩次。

2000 年中国育龄妇女的一般生育率是：

$$GFR=\sum_{i=1}^{3}GFR^{i}=24.57‰+9.41‰+2.12‰=36.10‰$$

(四) 分孩次年龄别生育率

分孩次年龄别生育率（f_a^i）是对年龄别生育率指标的细化，即不仅考虑育龄妇女的年龄，而且考虑各年龄育龄妇女生育的孩子的孩次状况。

$$f_a^i = \frac{B_a^i}{\overline{W}_a} \times 1\,000‰ \qquad \text{（公式 9.7）}$$

其中，f_a^i 为生第 i 孩的 a 岁妇女生育率，B_a^i 为 a 岁妇女生育的属于第 i 孩的人数，$\overline{W}_a$ 为 a 岁妇女的年平均人口数。

2000 年中国 25～29 岁育龄妇女的分孩次生育率计算如下：

$$f_{25\sim29}^1 = \frac{B_{25\sim29}^1}{\overline{W}_{25\sim29}} \times 1\,000‰ = \frac{301\,408}{5\,436\,612} \times 1\,000‰ \approx 55.44‰$$

$$f_{25\sim29}^2 = \frac{B_{25\sim29}^2}{\overline{W}_{25\sim29}} \times 1\,000‰ = \frac{140\,295}{5\,436\,612} \times 1\,000‰ \approx 25.81‰$$

$$f_{25\sim29}^3 = \frac{B_{25\sim29}^3}{\overline{W}_{25\sim29}} \times 1\,000‰ = \frac{26\,864}{5\,436\,612} \times 1\,000‰ \approx 4.94‰$$

将各孩次年龄别生育率指标加总就可以得到年龄别生育率指标。

$$\sum_{i=1}^{N} f_a^i = \sum_{i=1}^{N} \frac{B_a^i}{\overline{W}_a} = \frac{\sum_{i=1}^{n} B_a^i}{\overline{W}_a} = \frac{B_a}{\overline{W}_a} = f_a$$

其中，i 为孩次数，N 为最高孩次。

2000 年中国 25～29 岁育龄妇女的生育率可以通过上述计算得到的分孩次年龄别生育率加总得到：

$$f_{25\sim29} = \sum_{i=1}^{3} f_{25\sim29}^i = 55.44‰ + 25.81‰ + 4.94‰ = 86.19‰$$

四、平均生育年龄

生育具有数量、时间和性别三维特征①，因此生育度量不仅涉及出生的孩子数量的多少，还涉及生育时间的早晚。衡量生育时间的指标是平均生育年龄（mean age of childbearing，MAC）。

平均生育年龄指标是用年龄表示的妇女生育的平均时间，反映生育的早晚。如果能够得到按生育年龄划分的年龄别妇女时期数据，则可使用以年龄别妇女数为权数的加权平均数公式计算平均生育年龄，否则公式为：

$$MAC = \frac{\sum \left(a + \frac{n}{2}\right) \cdot {}_n f_a}{\sum {}_n f_a} \qquad \text{（公式 9.8）}$$

① 顾宝昌．论生育和生育转变：数量、时间和性别．人口研究，1992（6）：1－7.

其中，a 为年龄组下限，n 为组距，${}_nf_a$ 为 a 到 $a+n$ 岁组妇女生育率。

2000 年第五次全国人口普查全国城市、镇、乡村育龄妇女的平均生育年龄分别为：

$$城市：MAC=\frac{\sum\left(a+\frac{n}{2}\right)\cdot{}_nf_a}{\sum{}_nf_a}=\frac{17.5\times1.65+\cdots\cdots+47.5\times0.47}{172.42}=\frac{4\ 587.15}{172.42}\approx26.60$$

$$镇：MAC=\frac{\sum\left(a+\frac{n}{2}\right)\cdot{}_nf_a}{\sum{}_nf_a}=\frac{17.5\times3.81+\cdots\cdots+47.5\times0.62}{216.24}=\frac{5\ 595.50}{216.24}\approx25.88$$

$$乡村：MAC=\frac{\sum\left(a+\frac{n}{2}\right)\cdot{}_nf_a}{\sum{}_nf_a}=\frac{17.5\times8.74+\cdots\cdots+47.5\times0.77}{285.56}=\frac{7\ 321.95}{285.56}\approx25.64$$

需要注意的是，作为一个加权平均数指标，平均生育年龄一般用育龄妇女的时期年龄别生育率作为权数；如果以时期年龄别育龄妇女数作为权数，所得到的是育龄妇女平均年龄指标。应避免错误计算。

此外，平均生育年龄指标会同时受到孩次结构和分孩次生育时间两个因素的影响，早生多育妇女的平均生育年龄与少生晚育妇女的平均生育年龄有可能是一样的，在判断生育时间早晚时最好与孩次结构指标结合使用，可计算分孩次平均生育年龄指标。研究发现，中国 1990—2015 年间妇女平均生育年龄呈现先下降后上升的态势，先从 1990 年的 26.12 岁下降到 1995 年的 25.22 岁，从 1995 年之后，才不断攀升到 2015 年的 28.48 岁；孩次结构变动因素和生育推迟因素在不同时期所起的作用并不相同。总体上，平均生育年龄的提高是孩次减少与生育推迟共同作用的结果，生育推迟的影响更为显著。①

第三节 总和生育率与终身生育率

一、总和生育率

在上节所介绍的时期生育率指标中，年龄别生育率排除了妇女年龄结构的影响，详细描述了妇女的生育水平和生育模式。然而，由于年龄别生育率是一系列指标，不能综合说明妇女的总体生育水平，也很难在同时期不同人口或不同时期同一人口间进行比较。为了综合描述一个人口的生育水平，我们需要基于某一时期育龄妇女的年龄别生育率构建总和生育率指标。

① 宋健，张婧文．孩次、生育时间与生育水平——基于中日韩妇女平均生育年龄变动与差异的机制研究．人口研究，2017（3）：3-17.

总和生育率（total fertility rate，TFR）是基于时期数据、利用假定队列方法构建出来的指标。表述为：在假设有一批同时出生的妇女按照某时期的年龄别生育率度过整个育龄期，且在育龄期内无一死亡的情况下，平均每个妇女所生的孩子数量。在时期长度为1年，年龄为单岁组的情况下，总和生育率等于年龄别生育率之和；在年龄为5岁组的情况下，总和生育率等于年龄别生育率之和与组距5的乘积。公式为：

$$TFR = \sum_{a=15}^{49} f_a \text{（单岁组时）} \qquad \text{（公式 9.9）}$$

或者

$$TFR = 5 \times \sum_{i=1}^{7} f(i) \text{（5 岁组时）} \qquad \text{（公式 9.10）}$$

其中，a 代表年龄，i 代表年龄组编号（$i=1$ 即15～19岁组，$i=2$ 即20～24岁组，依此类推）。

2000年第五次全国人口普查全国城市、镇、乡村育龄妇女的总和生育率分别计算如下：

$$\text{城市：} TFR = 5 \times \sum_{i=1}^{7} f(i) = 5 \times 172.42‰ \approx 0.86$$

$$\text{镇：} TFR = 5 \times \sum_{i=1}^{7} f(i) = 5 \times 216.24‰ \approx 1.08$$

$$\text{乡村：} TFR = 5 \times \sum_{i=1}^{7} f(i) = 5 \times 285.56‰ \approx 1.43$$

总和生育率是反映某时期妇女总体生育水平的综合指标，是一种年龄标准化的指标。假定育龄期内各个年龄组的育龄妇女人数相等（同一队列人口在育龄期内无人死亡，因此各年龄妇女人数均等于队列妇女人数），总和生育率虽然不受实际人口育龄妇女年龄结构的影响，但仍会受到人口婚姻结构的影响。

需要注意的是，总和生育率是时期数据与假定队列方法的结合，是一个假定的妇女队列一生平均生育的孩子数，不能用此推断当前妇女未来的实际生育数量。用总和生育率指标可以判断该指标所基于的时期生育水平的高低，但若用其推断未来生育水平发展趋势则存在一定风险。

在实际使用时，总和生育率的单位常常被误用。总和生育率并不是一个千分率指标，而是一个人均指标，因此不是千分数，而是以人为单位。

二、终身生育率与平均活产子女数

（一）终身生育率

每个个体经历育龄期后生育的全部孩子的数量就是其终身生育数。对于人口群体而言，追踪同时出生的一个真实妇女队列，将她们一生中在各年龄的生育率加总，可获得终身生育率（lifetime fertility rate，LFR）指标，反映在不考虑死亡的情况下，该妇女队列终其一生平均生育的孩子数。公式为：

$$LFR=\sum_{a=15}^{49}f_a^{T+a}=\frac{B_T}{W_T} \tag{公式 9.11}$$

其中，a 为年龄，T 为生育时间（年），f_a^{T+a} 为 $T+a$ 年 a 岁妇女生育率，W_T 为同批进入育龄期的妇女人数，B_T 为该批妇女经过整个生育周期后生育的全部孩子数。

终身生育率反映的是妇女一生的真实生育水平，而总和生育率是假定的过程；终身生育率采用的是队列分析方法，总和生育率是时期数据与假定队列的结合。二者关系如图 9.3 所示。在终身生育率和生育年龄分布模式长期不变的条件下，时期总和生育率等于终身生育率。但如果生育年龄提前或推迟，就会导致时期生育水平与终身生育率发生偏离，这也就是通常所说的生育进度效应。

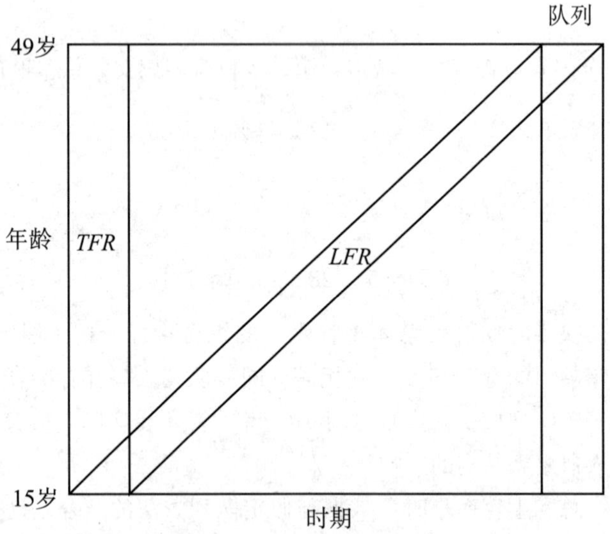

图 9.3　总和生育率与终身生育率示意图

（二）平均活产子女数（或曾生子女数）

在人口普查或生育率抽样调查中，往往会询问 15～64 岁妇女生育（活产）过几个孩子，以及现在存活几个孩子，由此我们可以得到活产子女（也称为曾生子女）数与现有子女数两个指标。

活产子女数与现有子女数指标虽然以普查标准时点作为观察时点，但它收集的实际上是妇女的生育史资料，反映的是过去较长时期内妇女的生育经历和生育结果，在一定程度上反映了出生队列的生育过程。对于育龄期结束的妇女而言，这也是妇女的终身生育率。

可以在按年龄和活产子女数分组的 15～64 岁妇女或 15～49 岁育龄妇女人数的基础上，计算妇女平均活产子女数与母亲平均活产子女数。

1. 妇女平均活产子女数

$$CEB=\frac{\sum_{i=1}^{N}(i\times W_i)}{\sum_{i=0}^{N}W_i} \quad \text{(公式 9.12)}$$

其中，i 为活产子女个数，W_i 为具有该活产子女数的妇女人数，N 为最大活产子女数。

需要注意的是，分子是至少有 1 个活产子女的母亲人数与相应的活产子女个数的乘积，得到的是全部活产子女数；而分母是包括无子女妇女在内的全部妇女人数。

可以同样计算妇女平均存活子女数。如 2000 年第五次全国人口普查显示，15～49 岁育龄妇女人口数为 33 547 666 人，活产子女总数为 44 406 580 人，存活子女总数为 43 454 827 人。我们可以计算妇女平均活产子女数为 1.32 人，妇女平均存活子女数为 1.30 人，存活子女总数占活产子女总数的比例为 97.86%。

2. 母亲平均活产子女数

由于妇女平均活产子女数指标包含了无子女妇女，不能准确反映母子之间的一一对应关系，因此需进一步计算母亲平均活产子女数。

$$CEB^m=\frac{\sum_{i=1}^{N}(i\times W_i)}{\sum_{i=1}^{N}W_i} \quad \text{(公式 9.13)}$$

其中，i 为活产子女个数，W_i 为具有该活产子女数的妇女人数，N 为最大活产子女数。

上述两个指标的唯一区别在于分母不同。母亲平均活产子女数的分母是至少有 1 个活产子女的母亲人数。

在假定死亡和迁移的妇女生育率与现有妇女生育率一致的情况下，可以用平均活产子女数指标估计同一队列妇女生育率。尤其是 50 岁及以上妇女由于已经度过了育龄期，其平均活产子女数可以近似看作她们的终身生育率。需要指出的是，可以用结束育龄期妇女的平均活产子女数大致反映队列的累计或终身生育水平，但并不能用其作为对当前时期生育水平的间接估计，二者属于性质十分不同的两类指标。①

不同地区或不同时期的平均活产子女数指标可以进行比较，但由于这一指标会受到育龄妇女内部年龄结构的影响，因此需要进行年龄结构标准化，以便准确了解生育水平对于平均活产子女数的影响。

利用两次普查中妇女的年龄别平均活产子女数，可以估计一个假定队列在两次普查间的年龄别生育率。其基本思想是假设一个假定妇女队列的相邻两个年龄组平均活产子女数之差，恰好等于某个实际妇女队列在两次普查之间的平均活产子女数之差。利用现有子女数与活产子女数的差异还可以估计婴幼儿死亡率，详细的方法与模型可参见相关教材或文献。

① 郭志刚．再论队列平均子女数不能作为当前总和生育率的估计．中国人口科学，2008 (5)：26－33.

三、累计生育率

当我们关注育龄妇女在某个年龄阶段的生育状况时，可以计算累计生育率（cumulative fertility rate，CFR）。一般是从生育起点年龄开始，依次将各年龄生育率累加，一直累加到所规定的年龄为止。公式为：

$$CFR=\sum_{a=15}^{N-1}f_a \qquad （公式 9.14）$$

其中，CFR 为截止到 N 岁（不包括 N 岁）的累计生育率，$N\leqslant 49$，f_a 为 a 岁年龄生育率。

累计生育率可以针对真实队列计算，表示某一年龄以前该队列妇女已经完成的生育量和完成的百分比，也可以用假定队列的方式计算同时期妇女的累计生育率。如果从育龄期初一直累计到育龄期末，则累计生育率等于终身生育率。换言之，终身生育率是一种特殊的累计生育率。

四、去进度效应总和生育率

总和生育率（TFR）是利用时期数据和假定队列分析方法构建的时期生育水平的综合度量指标，定义为一个假定妇女队列在按照某一年所观察的年龄别生育率完成其生育过程时，平均每个妇女所生育的子女数。由于其易于解释、便于计算，在实践中得到了广泛的应用。

虽然迄今为止学者们还并未找到一个能完全替代总和生育率指标的、更为完善的时期生育水平综合度量指标，但是对总和生育率的批评一直存在。其中一个最主要的批评是认为这一指标在生育时间改变（推迟或提前）时，会随之低估或高估终身生育率，即“受到进度效应（tempo effect）的影响”。基于此，邦戈茨和菲尼将常规总和生育率指标视为由数量和进度两个因素组成的指标，于 1998 年构建了去进度效应总和生育率指标（tempo-adjusted TFR），试图调整总和生育率由于生育时间变化所产生的扭曲，单纯测量其数量因素。①

$$TFR'=\sum TFR'_i \qquad （公式 9.15）$$

$$TFR'_i=\frac{TFR_i}{1-r_i} \qquad （公式 9.16）$$

其中TFR'为去进度效应总和生育率，TFR'_i为第 i 孩次去进度效应总和生育率，TFR_i 为某年观测得到的第 i 孩次总和生育率，r_i是同年年初到年末期间第 i 孩次平均生育时间的变化。

---

① Bongaarts J，Feeney G. On the quantum and tempo of fertility. Population and Development Review，1998，24（2）：271－291.

去进度效应总和生育率指标的价值在于，所需数据量较小，计算简便，且该指标提示我们在分析时期生育水平时，要注意结合生育年龄、结婚年龄、生育意愿、政策生育率等多种因素，并结合历史变化情况进行综合分析。在数据允许的情况下，还要计算分孩次的指标，才有可能准确把握生育形势。但该指标的假设性太强，既不是真正意义上的终身生育率，也不能反映时期生育率，是一个很尴尬的指标。①

第四节　孩次递进生育率

时期生育率度量指标可能受到各种结构因素的影响，也可能包含进度效应。而去进度效应总和生育率指标既不是时期度量指标，也不是队列度量指标，身份尴尬，难以被广泛使用。利用孩次递进的思路和相应的方法可以部分解决上述问题。

一、生育孩次递进比

生育孩次递进比（parity progression ratios，PPR）概念是法国人口学家亨利（Louis Henry）于1953年首次提出的。基本思路是把妇女一生的生育过程按生育次数分为若干阶段：无孩、1孩、2孩、3孩等。只有生育过1个孩子的妇女才有可能继续生育第2个孩子，而只有2个孩子的母亲才有可能继续生育第3个孩子，等等。妇女从一个阶段进入下一个阶段的行为或过程称为孩次递进。这样，就把新生婴儿的孩次与其母亲的生育经历对应了起来。

可以从真实队列或者假想队列两个角度计算与分析生育孩次递进比指标。如果有一个真实的妇女出生队列或者假想有一批同时出生的妇女队列，假定所有的人在育龄期结束前都没有发生死亡、迁移、丧偶、离婚以及非婚生育等行为，那么在这个真实队列或假想队列成员中至少生育过 n 个活产婴儿的妇女当中，至少生育过 $n+1$ 个活产婴儿的妇女所占的比重，就是生育孩次递进比，公式为：

$$a_n = \frac{F_{(n+1)^+}}{F_{n^+}} \qquad \text{（公式 9.17）}$$

$$F_{n^+} = \sum_{i=n}^{N} F_i \qquad \text{（公式 9.18）}$$

其中，F_i 为生育了第 i 个活产婴儿的妇女人数；F_{n+} 为至少生育过 n 个活产婴儿的妇女人数；$i=0，1，2，\cdots\cdots，N$；$n \leqslant N$；N 为妇女所生育的最高孩次。

由于每个妇女只能生育1次第 i 孩，因此该队列或假想队列所有成员第 i 孩的生育总数也为 F_i，即第 i 孩活产婴儿总数与生育第 i 孩的母亲人数相等。当 $i=0$ 时，F_0 就是从未生

① 郭震威．对“去进度效应总和生育率（TFR'）方法”的一点看法．人口研究，2000（1）：19－21.

育过的妇女人数，也即队列初始人数。

二、生育孩次递进比的应用

可以利用生育孩次递进比计算以下指标。

（1）生育过 n 个活产婴儿的妇女在全部妇女中所占的比重：

$$
\begin{aligned}
C_n &= \frac{F_n}{\sum_{i=0}^{N} F_i} = \frac{F_{n^+} - F_{(n+1)^+}}{F_{0^+}} = \frac{F_{n_+}}{F_{0^+}} - \frac{F_{(n+1)^+}}{F_{0^+}} \\
&= a_0 a_1 a_2 \cdots\cdots a_{(n-1)} - a_0 a_1 a_2 \cdots\cdots a_{(n-1)} a_n \\
&= a_0 a_1 a_2 \cdots\cdots a_{(n-1)} (1 - a_n)
\end{aligned}
\qquad \text{（公式 9.19）}
$$

（2）至少生育过 n 个活产婴儿的妇女在全部妇女中所占的比重：

$$
\begin{aligned}
C_{n^+} &= \frac{\sum_{i=n}^{N} F_i}{\sum_{i=0}^{N} F_i} = \frac{F_{n^+}}{F_{0^+}} = \frac{F_{1^+}}{F_{0^+}} \times \frac{F_{2^+}}{F_{1^+}} \times \cdots\cdots \times \frac{F_{n^+}}{F_{(n-1)^+}} \\
&= a_0 a_1 a_2 \cdots\cdots a_{(n-1)}
\end{aligned}
\qquad \text{（公式 9.20）}
$$

（3）队列妇女总和生育率或平均每个妇女的曾生子女数：

$$
\begin{aligned}
TFR^C &= \frac{F_{1^+} + F_{2^+} + \cdots\cdots + F_{N^+}}{F_{0^+}} \\
&= CEB = \frac{\sum_{i=1}^{N} (i \times F_i)}{\sum_{i=0}^{N} F_i} = \frac{\sum_{i=1}^{N} F_i + \sum_{i=2}^{N} F_i + \cdots\cdots + \sum_{i=N}^{N} F_i}{\sum_{i=0}^{N} F_i} \\
&= \frac{F_{1^+} + F_{2^+} + \cdots\cdots + F_{N^+}}{F_{0^+}} = \frac{F_{1^+}}{F_{0^+}} + \frac{F_{2^+}}{F_{0^+}} + \cdots\cdots + \frac{F_{N^+}}{F_{0^+}} \\
&= a_0 + a_0 a_1 + a_0 a_1 a_2 + \cdots\cdots + a_0 a_1 a_2 \cdots\cdots a_{(N-1)}
\end{aligned}
\qquad \text{（公式 9.21）}
$$

三、孩次性别递进方法

生育包含数量（生几个）、性别（生男生女）和时间（生育时间）三个维度，但常规人口统计学多关注生育的数量维度，较少关注生育的性别维度，这主要是因为在大多数国家，出生婴儿性别比稳定在 102～107 的正常值域内，较少变动。然而，20 世纪后半叶在东亚地区特别是中国出现的出生性别比异常升高现象，使学者们把眼光投向出生性别的观测、度量与分析领域，一些新的指标也应运而生。本部分主要介绍由我国学者杨书章和王广州于 2006 年提出的孩次性别递进方法①的基本思路和主要指标。

① 杨书章，王广州．孩次性别递进人口发展模型及孩次性别递进指标体系．中国人口科学，2006（2）：36－47.

(一) 基本思路

孩次性别递进在形式上是孩次递进的新拓展，但理念有所不同。孩次性别递进关注的是妇女及其在状态空间中的动态变化，认为某时期育龄妇女按照以往的生育历程（曾生男孩、女孩数量）处在不同状态或不同类，接下来的生育行为将因其所处的状态、主观意愿和客观环境不同而分化，递进的强度和方向各异。如具有男孩偏好的妇女可能会因其第一孩为女孩而有更大的可能性进行第二孩生育。对人口中具有各种生育经历的妇女进行统计分类，确定其状态空间，是进行孩次性别递进分析的基础。

对妇女按其曾生男孩数和女孩数进行分类，状态空间定义为由曾生男孩数和女孩数确定的二维平面，还需要考虑各类妇女的年龄分布，因此形成妇女分年龄生育状态的三维空间。任一妇女在其一生中的任一时刻，都必然处于这三维空间中的某一状态。某一时期人口中的所有妇女都各自处于不同的状态。生育使妇女改变现有状态，进入下一状态。孩次性别递进就是按孩次性别分类的妇女，随着生育从一类状态退出并进入下一类状态的行为或过程，这一过程不可逆（见图 9.4）。

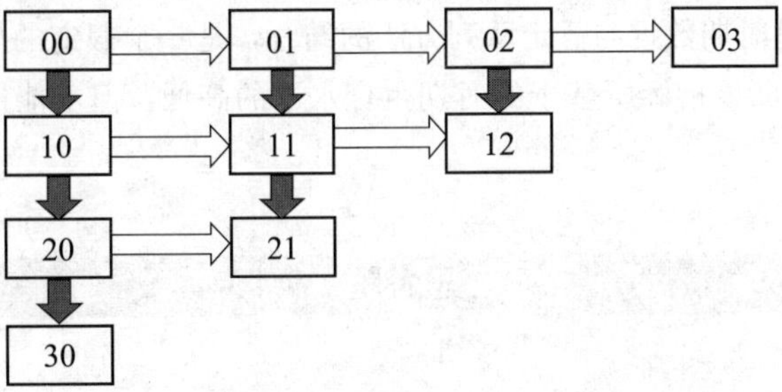

图 9.4　妇女的孩次性别状态递进过程示意图

资料来源：杨书章，王广州．孩次性别递进人口发展模型及孩次性别递进指标体系．中国人口科学，2006(2)：38.

在图 9.4 中，00 代表尚未生育的妇女状态（即男孩数为 0，女孩数为 0），横向表示生育女孩数的增加，纵向表示生育男孩数的增加。斜下表示生育的男孩数和女孩数分别都在增加。图 9.4 反映的是二维状态空间，加入妇女的年龄之后可用立体三维空间示意图表示。

(二) 主要指标

在孩次性别空间中表示生育水平的主要指标有三类，分别是孩次性别综合生育率、孩次性别递进率和孩次性别递进比。每一类指标都是一系列指标。其中孩次性别递进率表示在一定时期（通常为一年）内，递进生育下一孩妇女在状态空间的分布。由于在考察期内，呈现在孩次性别空间中的妇女分别属于不同队列，有各自的总数量，因此需要采用时期指标表示多队列妇女生育状态的时期生育行为。

关于上述指标的计算及应用，感兴趣的读者可自行查阅相关文献。

需要指出的是，除了以上以女性、年龄和孩次等为主要特征的生育率度量指标之外，我们还可以计算其他特征的生育率指标。如计算男性生育率指标，虽然其育龄期范围更为宽泛，个体间的生育能力差异也更大，导致生育结果的离散性更大，以及在一夫多妻制度下，一名男子使多名女子受孕，会给计算带来困难，等等。还可以根据需要计算民族或种族别生育率、结婚时期别生育率、婚姻状态别生育率等，这些指标的计算只需要在本章相关公式中增加所指定的特征即可。

小　结

◇ 出生和生育是一个事件的两个方面：出生反映的是生育的结果，表现为新生婴儿的状况和数量，统计的是出生人口数；生育则反映育龄妇女的行为，取决于妇女的数量、年龄、婚姻状况等特征，统计的是生育事件数。

◇ 年龄别生育率不仅可以反映不同年龄妇女的生育水平，而且可以反映一个人口的生育模式，即生育过程的时间分布模式，或单位时间（通常指一年）内活产婴儿按育龄妇女年龄分布的形式，表现为生育的早晚、生育的高峰年龄、生育时间的分布情况等。

◇ 总和生育率是时期数据与假定队列方法的结合，是一个假定的妇女队列一生平均生育的孩子数，可以判断该指标所基于的时期生育水平的高低，但不能用此推断当前妇女未来的实际生育数量。

思考题

1. 如何判断时期生育水平的高低？
2. 总和生育率和终身生育率的关系是什么？
3. 妇女平均生育年龄指标为什么用年龄别生育率作为权数？
4. 如何理解孩次递进指标和方法？

推荐阅读书目

1. Bongaarts J，Feeney G. On the quantum and tempo of fertility. Population and Development Review，1998，24（2）.

2. 郭志刚．时期生育水平指标的回顾与分析．人口与经济，2000（1）.

3. 宋健，张婧文．孩次、生育时间与生育水平——基于中日韩妇女平均生育年龄变动与差异的机制研究．人口研究，2017（3）.

4. 宋健，唐诗萌．1995 年以来中国妇女生育模式的特点及变化．中国人口科学，2017（4）.

第十章

时期生育率指标的比较与分解

【导读】

时期生育率指标会受到妇女年龄结构、婚姻结构、孩次结构等多种因素的影响，只有通过标准化法在控制结构因素之后，比较不同人口之间的时期生育率才相对准确。其中年龄结构最受关注，婚姻结构也不容忽视，孩次结构正日益受到重视。此外，我们往往关心不同因素对生育率的影响程度及彼此差异，并通常采用因素分解方法进行处理。如何对生育率指标进行年龄结构标准化？生育率指标的分解怎样操作？有哪些常用的生育模型？这些模型的作用是什么？本章将回答上述问题。

第一节　生育率指标的标准化

度量生育率的很多指标特别是粗率指标和一般率指标，都受年龄结构或者婚姻结构的影响。不同人口的结构差异越大，人口之间指标直接比较所得到的生育水平与模式的差异就越不可靠。为了消除结构影响，反映真实的生育水平，需要进行标准化处理。最常用的标准化法是年龄结构标准化。进行婚姻结构标准化的思路与之相似，如在对两个人口的总和生育率进行比较时，如果发现二者年龄别已婚妇女的比重差异较大，就应该对妇女的婚姻状况进行标准化，才能真正反映各人口中妇女生育水平的差异。本节重点讲解生育率指标的年龄结构标准化。

一、标准化法

标准化法可以分为直接标准化法和间接标准化法。与死亡率的标准化法相似，直接标准化法是指选择某个人口年龄结构作为标准人口年龄结构，将实际人口的年龄别生育率等指标与该标准人口年龄结构相乘，计算得到标准化后的相关指标，以用来比较。

将年龄结构直接标准化所需的条件是：必须具备所研究人口的年龄别生育率指标。在此基础上，关键步骤就是用同一年龄结构替代实际人口的年龄结构，并计算人口总体的生育率指标，所选取的同一年龄结构被称为标准年龄结构。

间接标准化法是指当得不到年龄别生育率等较为详细的指标时，通过选取标准人口的年龄别生育率等，构建标准化指标以进行比较。

此外，还可以用更为巧妙的指数方法进行生育率的间接标准化，本章后文中将会涉及。

二、标准化指标

时期生育分析中常用的标准化指标如下。

（一）标准化粗出生率

粗出生率（CBR）指标由于分母包含了所有年龄和性别的人口，因此会受到总人口年龄结构以及性别结构的影响。在进行粗出生率的比较时，在获得一般生育率的条件下，选取标准人口的育龄妇女占总人口的比重（C_W^S）。

$$CBR_K^S = GFR_K \cdot C_W^S \qquad \text{（公式 10.1）}$$

其中，K 表示任意待比较的人口。

（二）标准化一般生育率

一般生育率（GFR）指标虽然排除了性别结构和部分年龄结构的干扰，但仍会受到育龄妇女内部年龄结构的影响。在进行一般生育率的比较时，在获得年龄别生育率的条件下，选取标准人口的育龄妇女年龄结构（C_a^S）。

$$GFR_K^S = \sum_{a=15}^{49}(f_a^K \cdot C_a^S) \qquad \text{（公式 10.2）}$$

其中，K 表示任意待比较的人口。

以 2000 年中国城乡育龄妇女的生育水平为例。为了在比较中消除年龄结构的影响，我们使用城乡育龄妇女年龄结构的平均数作为标准人口年龄结构，得到标准化后的城乡育龄妇女一般生育率分别为 26.46‰和 42.67‰（见表 10.1），城乡育龄妇女的平均生育孩子数量从标准化之前的相差 1.44 个扩大为标准化之后的相差 1.62 个。之所以差距扩大，是由于城市育龄妇女的年龄结构实际上是更有利于提高生育水平的，或者说在一定程度上缓解了城乡间妇女年龄别生育率的较大差异，因而在整体上降低了一般生育率的值。通过直接标准化技术，采用标准年龄结构消除了年龄结构的影响之后，城乡妇女生育水平的真实差异被更为准确地呈现出来了。

表 10.1　2000 年中国城市和乡村育龄妇女的年龄别生育率和标准年龄结构（‰，%）

a	f_a^U	f_a^R	C_a^S	$f_a^U C_a^S$	$f_a^R C_a^S$
15～19	1.65	8.74	14.58	24.053	127.408
20～24	63.00	143.84	13.62	858.163	1 959.337
25～29	80.63	90.50	16.30	1 314.563	1 475.480
30～34	20.88	33.05	17.29	360.923	571.289
35～39	4.71	6.98	15.04	70.830	104.967
40～44	1.08	1.68	11.36	12.269	19.086
45～49	0.47	0.77	11.81	5.552	9.096
合计			100.00	2 646.354	4 266.662

注：此表为国家统计局第五次全国人口普查汇总数据表 1－7a、表 1－7c、表 6－5a、表 6－5c。

从标准化法本身的要求看，选取哪个年龄结构作为标准年龄结构是随意的，但选取的标准年龄结构不同，会影响不同人口标准化生育率之间的比较结果，甚至会得出截然相反的结论。上面的例子中，由于在中国城乡妇女一般生育率的差异中，生育水平差异的影响远远大于年龄结构差异的影响，因此年龄结构标准化前后两个人口一般生育率比较的方向未发生改变。但如果两个人口差异中年龄结构的影响更大，标准化结果对于标准年龄结构的选择就会更为敏感。

经过年龄标准化之后的不同人口的生育率水平可以进行比较，但标准化生育率指标并不反映任何实际人口的生育水平；而且年龄标准化并不能消除标准年龄结构的影响，只能使在一个特定的标准年龄结构下两个人口生育率的相对结果不受育龄妇女年龄结构的影响。当标准年龄结构改变时，两个人口生育率的相对结果也会改变。

问题的关键不在于选取哪一个年龄结构作为标准年龄结构，而是选取的方式应该统一。在对多个人口的生育率进行标准化时，一般会采用各人口平均的年龄结构作为标准年龄结构。

第二节　生育率指标的分解

生育率受多种因素影响，大致可以分为人口因素、社会经济因素和政策因素三大类。人口因素主要包括人口的性别和年龄结构、妇女的婚姻状况、妇女的生育水平、妇女的结婚年龄、妇女生育时的年龄、妇女婚姻持续时期，以及妇女生育孩次、生育间隔等；社会经济因素则包括地区、城乡差异、住房条件，人口的民族、宗教、职业、经济状况、受教育程度、对家庭规模的态度等；政策因素既包括直接影响生育的计划生育政策，也包括间接影响生育的其他人口政策或社会经济政策，等等。生育率的上升或下降往往是上述因素综合作用的结果，分析和解释生育率变化的原因是生育率分析的一个重要方面。

对生育率指标的分解一般使用因素分解方法，即将一个指标通过加法或乘法模型由两个及以上其他指标表示，可以分析各指标之间的相互关系，或者分析其他各指标对该指标的影响方向和程度。

一、出生人口数的分解

（一）表达为粗出生率及相应结构

作为出生和生育统计的最基本指标，出生人口数（B）是一个绝对数，可以表示为总人口数与粗出生率的乘积，表明某地区某时期出生人口数受到总人口数和粗出生率两个因素的影响。

$$B=\overline{P}\times CBR$$

可以比较两个人口或同一人口在两个时期出生人口数的相对变动、绝对变动及其影响因素状况。相对变动通过比值的方式，绝对变动通过差值的方式。

$$\frac{B_2}{B_1}=\frac{\overline{P}_2\times CBR_2}{\overline{P}_1\times CBR_1}=\frac{\overline{P}_2}{\overline{P}_1}\times\frac{CBR_2}{CBR_1} \qquad \text{（公式 10.3）}$$

$$B_2-B_1=(\overline{P}_2-\overline{P}_1)\cdot\frac{(CBR_1+CBR_2)}{2}+(CBR_2-CBR_1)\cdot\frac{(\overline{P}_1+\overline{P}_2)}{2} \qquad \text{（公式 10.4）}$$

需要指出的是，绝对变动的分解公式并不是唯一的，如还可以表示为公式 10.5 的形式。

$$B_2-B_1=(\overline{P}_2-\overline{P}_1)\times CBR_1+(CBR_2-CBR_1)\times\overline{P}_2 \qquad \text{（公式 10.5）}$$

可以明显看出，公式 10.4 与公式 10.5 的差别在于权数选取的不同。在公式 10.4 中，出生人口数的差异被分解为总人口数之差与平均粗出生率的乘积和粗出生率之差与平均总人口数的乘积之和的形式；在公式 10.5 中，出生人口数的差异则被分解为总人口数之差与第一个人口出生率的乘积和粗出生率之差与第二个人口总人口数的乘积之和的形式。公式 10.4 因以均值作为权数，被运用得更为普遍。本节其他指标的绝对变动公式多以该种形式呈现。

（二）表达为一般生育率及相应结构

同样，出生人口数还可以表示为育龄妇女人数与一般生育率的乘积。

$$B=\overline{W}\times GFR$$

可以比较两个人口或同一人口在两个时期出生人口数的变动及其影响因素状况。

$$\frac{B_2}{B_1}=\frac{\overline{W}_2\times GFR_2}{\overline{W}_1\times GFR_1}=\frac{\overline{W}_2}{\overline{W}_1}\times\frac{GFR_2}{GFR_1} \qquad \text{（公式 10.6）}$$

$$B_2-B_1=(\overline{W}_2-\overline{W}_1)\cdot\frac{(GFR_1+GFR_2)}{2}+(GFR_2-GFR_1)\cdot\frac{(\overline{W}_1+\overline{W}_2)}{2} \qquad \text{（公式 10.7）}$$

二、粗出生率的分解

（一）表达为一般生育率及相应结构

粗出生率主要反映人口的总体出生水平，也反映出生人口对于总人口增长的贡献；一般生育率则主要反映育龄妇女群体的生育水平。出生与生育作为紧密相关的两个事件，二者之间可以通过总人口中育龄妇女人口的比例相连接。

$$CBR = \frac{B}{P} = \frac{B}{\overline{W}} \times \frac{\overline{W}}{P} = GFR \times C_W$$

其中，C_W 表示总人口中育龄妇女所占的比例。

这样，粗出生率指标就可以表示为一般生育率和育龄妇女比例两个因素的乘积，并可以采用因素分解的方法，对粗出生率的相对变化和绝对变化进行分析。

$$\frac{CBR_2}{CBR_1} = \frac{GFR_2}{GFR_1} \times \frac{C_{W2}}{C_{W1}} \qquad \text{（公式 10.8）}$$

$$CBR_2 - CBR_1 = (GFR_2 - GFR_1) \cdot \frac{(C_w^1 + C_w^2)}{2} + (C_w^2 - C_w^1) \cdot \frac{(GFR_1 + GFR_2)}{2} \qquad \text{（公式 10.9）}$$

（二）表达为年龄别生育率及相应结构

由于粗出生率可以表达为一般生育率与育龄妇女比例的乘积，而一般生育率又可以表达为年龄别生育率与育龄妇女年龄结构的乘积，因此粗出生率也可以用年龄别生育率与各年龄妇女占总人口的比例来表达。

$$CBR = \sum \left(f_a \times \frac{W_a}{\overline{W}} \times \frac{\overline{W}}{P} \right) = \sum (f_a \times C_a \times C_W) = \sum \left(f_a \times \frac{W_a}{P} \right) = \sum f_a \cdot C_{Wa}$$

其中，C_W 为总人口中育龄妇女所占的比例，C_a 为各年龄组妇女占全部育龄妇女的比例，C_{Wa} 是各年龄组妇女占总人口的比重。

可以通过因素分解的方法将出生率的变化分解为年龄别生育率变化以及育龄妇女年龄结构变化两个因素。

$$\frac{CBR_2}{CBR_1} = \frac{\sum (f_a^2 \cdot C_{wa}^2)}{\sum (f_a^1 \cdot C_{wa}^2)} \times \frac{\sum (f_a^1 \cdot C_{wa}^2)}{\sum (f_a^1 \cdot C_{wa}^1)} \qquad \text{（公式 10.10）}$$

$$CBR_2 - CBR_1 = \left[\sum (f_a^2 \cdot C_{wa}^2) - \sum (f_a^1 \cdot C_{wa}^2) \right] + \left[\sum (f_a^1 \cdot C_{wa}^2) - \sum (f_a^1 \cdot C_{wa}^1) \right] \qquad \text{（公式 10.11）}$$

公式 10.11 将粗出生率的差值表达为两个因素之和的形式，一个是在控制了年龄结构条件下两个人口生育率的比较，另一个是在控制了年龄别生育率的条件下两个人口年龄结构的比较。通常会用每个因素占全部差值的比例来表示结构因素和生育率因素的各自影响。

$$CBR_2 - CBR_1 = \left[\sum(f_a^2 \cdot C_{wa}^2) - \sum(f_a^2 \cdot C_{wa}^1)\right] + \left[\sum(f_a^2 \cdot C_{wa}^1) - \sum(f_a^1 \cdot C_{wa}^1)\right] \quad (公式 10.12)$$

公式 10.11 和公式 10.12 的实质是一样的，感兴趣的读者可用实际数据计算一下，看看通过两个公式所得到的同样两个人口的结构因素和生育率因素的影响是否相同。

三、一般生育率的分解

一般生育率考虑了育龄妇女整体的生育水平，年龄别生育率则更为详细地描述了不同年龄育龄妇女的生育情况，二者之间的连接要素是育龄妇女的年龄结构。

$$GFR = \frac{B}{W} = \frac{\sum_{a=15}^{49} f_a \cdot W_a}{W} = \sum_{a=15}^{49}\left(f_a \times \frac{W_a}{W}\right) = \sum_{a=15}^{49}(f_a \cdot C_a)$$

其中，C_a 是各年龄组妇女占全部育龄妇女的比例。

可以通过因素分解的方法将一般生育率的变化分解为年龄别生育率变化以及育龄妇女年龄结构变化两个因素。

$$\frac{GFR_2}{GFR_1} = \frac{\sum(f_a^2 \times C_a^2)}{\sum(f_a^1 \times C_a^2)} \times \frac{\sum(f_a^1 \times C_a^2)}{\sum(f_a^1 \times C_a^1)} \quad (公式 10.13)$$

$$GFR_2 - GFR_1 = \left(\sum f_a^2 C_a^2 - \sum f_a^2 C_a^1\right) + \left(\sum f_a^2 C_a^1 - \sum f_a^1 C_a^1\right) \quad (公式 10.14)$$

如同粗出生率的差值分解一样，公式 10.14 也可以有另外的表达形式。

四、总和生育率的分解

时期生育水平不仅会受到育龄妇女年龄结构的影响，也会受到其婚姻结构的影响。总和生育率作为时期生育水平的综合度量指标，是一个假定队列思路下的年龄标准化率，不受实际人口年龄结构的影响，但它并没有排除育龄妇女婚姻结构的影响。为了分析婚姻结构对于生育水平的影响，我们可以将总和生育率指标表示为年龄别已婚生育率与育龄妇女中年龄别已婚妇女比例的乘积。

$$TFR = \sum f_a^m \cdot C_a^m$$

其中，f_a^m 是 a 岁已婚妇女生育率，C_a^m 是 a 岁已婚妇女占 a 岁妇女人数的比例。

同样可以用因素分解的方法分析已婚生育率与已婚妇女比例对总和生育率变动的影响。

以下用中国 2000 年第五次全国人口普查数据具体分析城市和乡村妇女一般生育率的差异。首先，我们可以计算得到城乡育龄妇女各自的年龄别生育率和年龄结构，如表 10.2 第 2～5 列所示。

表 10.2　　2000 年中国城市和乡村育龄妇女的年龄别生育率和年龄结构（‰,%）

年龄组	城市	乡村					
a	f_a^U	C_a^U	f_a^U	C_a^R	$f_a^U C_a^U$	$f_a^R C_a^R$	$f_a^U C_a^R$
15～19	1.65	15.18	8.74	13.98	25.042	122.170	23.064
20～24	63.00	14.59	143.84	12.66	918.978	1 820.486	797.349
25～29	80.63	16.51	90.50	16.10	1 331.278	1 456.718	1 297.848
30～34	20.88	16.26	33.05	18.31	339.602	605.037	382.244
35～39	4.71	14.77	6.98	15.30	69.583	106.816	72.078
40～44	1.08	11.65	1.68	11.07	12.579	18.604	11.959
45～49	0.47	11.04	0.77	12.59	5.189	9.691	5.915
合计		100.00		100.00	2 702.251	4 139.522	2 590.457

注：此表为国家统计局第五次全国人口普查汇总数据表 1－7a、表 1－7c、表 6－5a、表 6－5c。

计算得到城市和乡村的一般生育率指标分别为：

$$GFR^U = \sum (f_a^U \cdot C_a^U) = 27.02‰$$

$$GFR^R = \sum (f_a^R \cdot C_a^R) = 41.40‰$$

发现城乡一般生育率存在较大差异，其比值和差值分别为 0.653 和－14.38 个千分点：

$$\frac{GFR^U}{GFR^R} = \frac{2\ 702.251}{4\ 139.522} \approx 0.653$$

$$GFR^U - GFR^R = 27.02‰ - 41.40‰ = -14.38\ (\text{千分点})$$

但由于一般生育率受到育龄妇女年龄结构的影响，我们希望了解育龄妇女的生育水平与其年龄结构对于一般生育率各自的影响。为此，对城乡一般生育率分别进行比值和差值的计算：

$$\frac{GFR^U}{GFR^R} = \frac{\sum (f_a^U \cdot C_a^U)}{\sum (f_a^U \cdot C_a^R)} \times \frac{\sum (f_a^U \cdot C_a^R)}{\sum (f_a^R \cdot C_a^R)} = \frac{27.02}{25.90} \times \frac{25.90}{41.40} \approx 1.043 \times 0.626 \approx 0.653$$

$$\begin{aligned} GFR^U - GFR^R &= \left[\sum (f_a^U \cdot C_a^U) - \sum (f_a^U \cdot C_a^R)\right] + \left[\sum (f_a^U \cdot C_a^R) - \sum (f_a^R \cdot C_a^R)\right] \\ &= (27.02 - 25.90) + (25.90 - 41.40) = 1.12 - 15.50 = -14.38 \end{aligned}$$

计算结果表明，2000 年中国城市妇女的一般生育率仅为乡村妇女一般生育率的 65.3%，其中年龄结构的影响占 1.043，生育水平的影响占 0.626，意味着在同样年龄别生育率水平下，现行年龄结构的城市妇女的实际一般生育率水平已经比假如采用乡村妇女的年龄结构提高了 4.3%，但同样年龄结构下年龄别生育水平的差异使城市妇女的生育子女数仅是乡村妇女的 62.6%。每 1 000 个城乡妇女的孩子数量的差异为，城市妇女的孩子比乡村妇女的孩子少 14.38 个，其中年龄结构的影响为增加 1.12 个，但生育水平的影响是减少 15.50 个。因此城乡育龄妇女一般生育率产生差异的主要原因是城市妇女的生育水平显著低于乡村妇女。

第三节 寇尔生育指数

一、生育率的间接标准化思路

在比较不同时期或不同人口的生育水平时，如果得不到具体的生育率指标如年龄别生育率，就不可能运用直接标准化分析方法。但是如果我们已经知道了出生人口总数以及人口的年龄结构，在找到一个合适的标准人口的情况下，就可以利用间接标准化技术进行生育率影响因素的分析。

间接标准化法的基本思想是，使用标准人口的生育率指标如年龄别生育率，将其应用于实际人口的年龄结构中，并将所产生的结果（如出生人口数）与实际人口的观察值相比较。

生育率间接标准化法的应用的关键是找到一个标准人口的生育率。法国人口学家亨利（Louis Henry）曾提出“自然生育率”的概念，认为在一个人口中，如果育龄期的所有人都结婚，而且不实行任何形式的生育控制，那么这个人口的生育率将接近生物学上的最大值。① 换言之，自然生育率是不存在任何有意识的生育控制时的已婚妇女生育率。

各地区自然生育率的差别主要受生理、文化传统和社会经济环境的影响。研究发现，不实行生育控制的人口的自然生育率特征较为一致，基本表现为宽峰态势，即生育开始得早、结束得晚，生育期几乎持续整个育龄期。

人们找到了一些受最低限度社会因素影响的人群，希望以他们的生育率水平作为人类自然生育率的近似。一个最著名的人群就是哈特莱特族群（Hutterite），这是一个主要生活在美国北部平原州农业部落以及加拿大西部省份的宗教群体。这个人群的宗教信仰禁止一切形式的生育控制，生育水平很高，而且保持着详细的出生、死亡和结婚的教堂记录。人口学家往往将哈特莱特已婚妇女在 20 世纪 20 年代的生育率水平视作人类可能达到的最高生育水平。而这一人群的生育水平也往往被作为标准人口的生育率。在这一时期，平均每个能够度过整个生育期的哈特莱特妇女，可以生育至少 11 个孩子（见表 10.3）。早婚习俗、饮食习惯、医疗照顾、对于“多生多育”教义的恪守以及不使用避孕或流产手段的规律的性生活都是造成这一结果的原因。可见，生育指标间接标准化的标准人口生育率可以视作生育率的最大值。

表 10.3　　1921—1930 年哈特莱特妇女的年龄别生育率（‰）

年龄组	15～19	20～24	25～29	30～34	35～39	40～44	45～49
年龄别生育率	330	550	502	447	406	222	61

资料来源：Henry L. Some data on natural fertility. Eugenics Quarterly，1961（8）：81－91.

① Henry L. Some data on natural fertility. Eugenics Quarterly，1961（8）：81－91.

二、寇尔生育指数的构建

美国著名人口学家寇尔（Ansley J. Coale）于1965年在主持欧洲生育率下降研究项目的过程中，由于无法获得历史人口的年龄别生育率指标，因而依据经典的间接标准化法的原理，带领普林斯顿人口研究室的研究人员和欧洲同行，共同构建了寇尔生育指数，主要用来分析婚姻模式和生育控制对于生育水平的影响。基本思路是把未婚妇女的比例和已婚妇女中实行生育控制的比例对生育率下降的影响相分离。

寇尔以哈特莱特已婚妇女年龄别生育率作为“标准”的年龄别生育率，记作 $F(x)$，同时设定3个生育率指标：

f（x）为 x 岁妇女生育率（包括婚内与非婚生育）；

g（x）为 x 岁已婚妇女生育率（即婚内生育率）；

h（x）为 x 岁无配偶（未婚、丧偶、离婚）妇女的非婚生育率。

以及3个妇女人数指标：

W（x）为 x 岁妇女人数；

m（x）为 x 岁有配偶妇女人数；

u（x）为 x 岁无配偶妇女人数。

在此基础上构建寇尔生育指数。其中定义了4个指数，分别是：

（1）综合生育指数：

$$I_f = B/B_H = \sum[f(x)W(x)]/\sum[F(x)W(x)] \qquad \text{（公式 10.15）}$$

分子 B 是所研究人口的实际出生总数，分母 B_H 是假定所研究人口遵循哈特莱特人口年龄别生育率情况下的出生总数。I_f 值反映排除年龄结构影响后，所研究地区的实际生育水平与哈特莱特人口生育水平的比值。

（2）婚内生育指数：

$$I_g = B_L/B_{LH} = \sum[g(x)m(x)]/\sum[F(x)m(x)] \qquad \text{（公式 10.16）}$$

分子 B_L 是所研究人口中已婚妇女生育的活产婴儿总数，分母 B_{LH} 是如果已婚妇女按照哈特莱特已婚妇女的年龄别生育率进行生育，得到的活产婴儿总数。I_g 反映基本排除已婚妇女年龄结构影响之后，所研究地区已婚妇女生育水平与哈特莱特已婚妇女生育水平的差异。

（3）非婚生育指数：

$$I_h = B_I/B_{IH} = \sum[h(x)u(x)]/\sum[F(x)u(x)] \qquad \text{（公式 10.17）}$$

分子 B_I 是所研究地区的非婚生育总数，即未婚或婚外妇女所生育的活产婴儿数，且 $B_I+B_L=B$；分母 B_{IH} 是假定无配偶妇女按哈特莱特年龄别已婚生育率生育的假想非婚生育总数。I_h 是两者的比值。对不同的 I_h 值的比较等同于比较在基本排除无配偶妇女年龄结构影响之后非婚生育水平的差异。

I_f、I_g 和 I_h 都可以被看作间接标准化指标。计算时不一定要具备所研究地区的年龄别生育率、年龄别已婚和非婚生育率数据，但需要有生育总数、已婚与非婚生育总数及妇女婚姻状态的年龄分布数据。因为 I_f、I_g 和 I_h 都是将所研究地区的实际生育水平与在所有有详细生育记录的人口中生育水平几乎是最高的哈特莱特人口的生育水平相比，所以 I_f、I_g 和 I_h 的值一般小于 1。

（4）已婚妇女比例指数：

$$I_m = B_{LH}/B_H = \sum[F(x)m(x)]/\sum[F(x)W(x)] \quad \text{（公式 10.18）}$$

分子 B_{LH} 是假定所研究地区各年龄已婚妇女按哈特莱特已婚妇女年龄别生育率生育的假想生育总数，分母 B_H 是假定所研究地区各生育年龄妇女全部已婚，并且都按照哈特莱特已婚妇女年龄别生育率生育的假想生育总数，I_m 是两者之比。由于 $m(x) \leqslant W(x)$，所以 $I_m \leqslant 1$。对不同地区不同时期 I_m 的比较可反映已婚比例对生育水平影响的差异。I_m 值取决于妇女的平均结婚年龄、终身不婚妇女的比例，以及丧偶、离婚和再婚的频率。

寇尔发现，I_f、I_g、I_h 与 I_m 中任何一个都可以用其他三个的代数式表示。

$$I_f = I_g I_m + I_h(1 - I_m) \quad \text{（公式 10.19）}$$

如果所研究地区的非婚生育可以忽略不计，即 $I_h = 0$，则关系更为简单。

$$I_f \approx I_g I_m \quad \text{（公式 10.20）}$$

寇尔生育指数的优点在于，它们对生育期内妇女的年龄分布做了间接的标准化，并且生育率指数的值具有直接的直观意义，即相对于生育率记载的最高生育水平而言；换言之，综合生育指数、婚内生育指数和非婚生育指数都表示依年龄划分的各群体相对其可能经历的最高生育水平而言的生育率。[①] 但寇尔生育指数自提出后，也受到了一些质疑，有学者还对其进行了改进。历史上大多数情况下欧洲人口的婚外生育较少，对不同人口生育水平的比较采用公式 10.20 即可，只需考虑婚内生育指数和已婚比例指数。但随着时间的推移，非婚生育已经成为欧美特别是北欧国家生育中的重要组成部分，公式 10.19 更为适用。然而，一些人口中婚生与非婚生的区别受到非婚怀孕随后被婚姻合法化的影响，这严重影响了寇尔测量方法的精度。[②] 有学者认为，寇尔生育指数定义的 4 个指数都不同程度地受到年龄结构变动的影响。其用于欧洲时，基本不用考虑年龄结构的变化，因为欧洲人口转变进程缓慢，年龄结构演变也缓慢；但其不适用于类似中国这样年龄结构变动迅速的国家，指数对妇女年龄结构的间接标准化，只能基本而不能完全排除年龄结构的影响，需要通过将年龄别率引入指数替代原有的除标准生育率外的所有出生人数指标来加以改进[③]。但这种改进方式违背了指标构建时因缺乏年龄别率数据不得已以出生人口数进行替代的初衷，所需数据烦琐，也限制了改进方法的使用。

---

① 顾宝昌．社会人口学的视野——西方社会人口学要论选择．北京：商务印书馆，1992：124－125.

② 普雷斯顿，霍伊维兰，吉略特．人口统计学——人口过程的测量与建模．北京：社会科学文献出版社，2012：90.

③ 张笑秋．寇尔生育指数的改进及其应用分析——基于女性婚姻结构对生育水平的影响研究．中国人口科学，2009（3）：58－66.

第四节 生育率模型

一、影响生育率的中介变量

虽然影响生育率的因素非常复杂，但是大致可以将其分为直接决定因素和间接决定因素两大类，社会、经济、文化、宗教、环境等因素对于生育率的影响是间接的，需要通过生物学因素和行为因素这些直接变量起作用。美国人口学家戴维斯（Davis）和布雷克（Blake）最先在1956年针对生育率与其决定因素之间的关系，提出了三大类共11个生育率的直接决定因素（the intermediate variables，也被称作中间生育变量）①，但由于过于复杂，其应用受到了局限。

1978年美国人口学家邦戈茨（John Bongaarts）提出了一个综合生育率模型，用于描述生育率和直接决定因素之间的关系。② 在模型中，邦戈茨选择了4个最重要的生育率直接决定因素，即已婚妇女比例、避孕选择及有效性、人工流产，以及产后不孕概率，将其看作妇女实际生育率之所以低于生育率理论最大值的抑制变量。

对于一个人口而言，如果上述4个因素同时起作用，人口的实际生育率水平就是我们通常观察得到的总和生育率（*TFR*）；如果这个人口中消除了晚婚和婚姻解体对于生育率的抑制作用，其生育率水平将会上升为总和已婚妇女生育率（*TM*）；如果进一步消除避孕和人工流产的抑制作用，生育率就可以进一步上升为总和自然已婚妇女生育率（*TN*）；如果能够消除哺乳期和产后禁欲的影响，该人口的生育率将达到总和自然生殖率（*TF*）。总和自然生殖率（*TF*）是妇女理论上能够达到的最高生育率水平，在大多数人口中，这一水平为13～17，平均值为15.3，表明在没有任何生育率抑制因素的影响下，每名妇女一生可能生育的最多孩子数量。

二、邦戈茨综合生育率模型

邦戈茨综合生育率模型可以表示为3个乘法模型，描述不同生育率水平与相应的直接决定因素之间的数量关系：

$$TFR = C_m \times C_c \times C_a \times C_i \times TF \quad \text{（公式 10.21）}$$

---

① Davis K，Blake J. Social structure and fertility：an analytic framework. Economic Development and Cultural Change，1956，4（3）：211-235.

② Bongaarts J. A framework for analyzing the proximate determinants of fertility. Population and Development Review，1978，4（1）：105-132.

$$TM = C_c \times C_a \times C_i \times TF \qquad \text{（公式 10.22）}$$

$$TN = C_i \times TF \qquad \text{（公式 10.23）}$$

其中，C_m 是婚姻指数，C_c 是避孕指数，C_a 是人工流产指数，C_i 是产后不孕指数。分别表示婚姻、避孕、人工流产和产后不孕对总和自然生殖率（TF）的抑制作用。

相应地，4 个生育率直接决定因素可以用不同的生育率水平表示为：

$$C_m = \frac{TFR}{TM}$$

$$C_c \times C_a = \frac{TM}{TN}$$

$$C_i = \frac{TN}{TF}$$

邦戈茨还给出了 C_m、C_c、C_a 和 C_i4 个指数的估算方法。

（一）婚姻指数

婚姻指数（C_m）表示婚姻状况对于人口生育水平的影响，是年龄别已婚妇女比例［$m(a)$］的加权平均数，以年龄别已婚妇女生育率［$g(a)$］为权数。当所有育龄妇女均已婚时，$C_m=1$；当所有育龄妇女都不结婚时，$C_m=0$。实际应用时，如果有总和生育率（TFR）和总和已婚妇女生育率（TM）的估计值，就可以通过二者相除直接计算得到 C_m。

$$C_m = \frac{\sum m(a)g(a)}{\sum g(a)} \qquad \text{（公式 10.24）}$$

（二）避孕指数

避孕指数（C_c）反映了避孕措施及其有效性对生育水平的影响，与育龄夫妇实行避孕的普遍程度和避孕效率呈反向变化。如果所有夫妇均不采取任何形式的避孕措施，或者避孕措施完全无效，$C_c=1$；人群中的避孕比例越高，避孕效果越好，C_c 的值就越趋近于 0。据此邦戈茨给出了避孕指数的估算公式为：

$$C_c = 1 - 1.08 \times u \times e \qquad \text{（公式 10.25）}$$

其中，u 是已婚育龄妇女中采用避孕措施的比例；e 表示避孕方法的平均使用有效率，定义为因避孕而引起的每月怀孕概率的按比例下降，可以用不同避孕方法的使用有效率的加权平均数估计得到，权数是使用各种避孕方法的妇女占避孕妇女总人数的比例。系数 1.08 是考虑到不孕夫妇可能因为知道自己没有怀孕风险而不采取避孕措施，这样当避孕使用有效率低于 100%时，指数应当接近于 0。① 这一系数是邦戈茨利用不同国家年龄别已婚妇女自然生育率以及年龄别有生育能力妇女比例的数据估算出来的。②

---

① 普雷斯顿，霍伊维兰，吉略特．人口统计学——人口过程的测量与建模．北京：社会科学文献出版社，2012：91.

② 曾毅，张震，顾大男，等．人口分析方法与应用．2 版．北京：北京大学出版社，2011：195.

（三）人工流产指数

人工流产指数（C_a）表明人工流产对于生育率的抑制作用，用有人工流产时的总和生育率与没有人工流产时的总和生育率相比得到。

$$C_a = \frac{TFR}{TFR + 0.4 \times (1+u) \times TA} \quad \text{（公式 10.26）}$$

其中，TA 是总和人工流产率，表明一个人口中人工流产的发生率，等于一批初婚妇女若按年龄别流产率度过育龄期，育龄期结束时每名妇女的平均人工流产次数，其计算类似于总和生育率指标的计算方法，是分年龄人工流产率之和。由于在不实行避孕的情况下，一次人工流产可以防止大约 0.4 个婴儿的出生（需要指出的是，每次人工流产所减少的出生数并不等于 1，因为人工流产者的怀孕时间和流产后停经期均小于足月生育者，所以人工流产者再怀孕的机会大于足月生产者），因此每次人工流产平均防止的出生人数为 $0.4\times(1+u)$；u 是全部已婚妇女中实行避孕的妇女所占的比例。没有人工流产时，$C_a=1$；当全部怀孕均以流产而告终时，$C_a=0$。

（四）产后不孕指数

产后不孕指数（C_i）反映了产后哺乳等因素对于生育水平的影响，是总和自然已婚妇女生育率（TN）与总和自然生殖率（TF）之比。

$$C_i = \frac{20}{18.5 + i} \quad \text{（公式 10.27）}$$

产后不孕对于生育的影响完全体现为其对生育间隔的影响。如果妇女产后不哺乳，也不实行产后禁欲，两胎之间的平均间隔约为 20 个月；在有哺乳和产后禁欲的情况下，两胎之间的平均间隔约为 18.5 个月加上产后不孕期的平均持续时间 i（以月为单位）。由于无论是否在产后哺乳与禁欲，妇女产后总有一个短时期因子宫功能尚未恢复而不宜性交或不可受孕，因此 $i \geqslant 1.5$，所以产后不孕指数 $C_i \leqslant 1$。如果产后不孕期无限长，$C_i=0$；如果所有妇女产后都没有哺乳与禁欲，$C_i=1$。一般 C_i 的值在 0 与 1 之间。产后不孕指数值越小，其对降低生育率的作用越大。

邦戈茨综合生育率模型只考虑了最主要的 4 种生育率抑制影响因素，其他影响因素如等待受孕时间、胎儿子宫内死亡率、终身不婚等都集中体现在总和自然生殖率（TF）中，但由于这些因素的影响相对微弱，因此各人口的 TF 值相对稳定。估算各中间变量 C_m、C_c、C_a、C_i 的目的不在于估算总和生育率，而在于定量分离与描述 4 种生育抑制因素对总和生育率的影响程度。实际上，往往是先有了总和生育率数值，进而再估算各中间变量值，从而分析影响生育率的各直接决定因素的相对作用的大小。如果根据公式 10.21 以及估算出的各中间变量值算出的 TFR 值与实际总和生育率的值比较接近，则说明 C_m、C_c、C_a、C_i 的估计值比较可信。需要注意的是，TF 的取值大小可能影响到拟合效果；另外，各中间变量值的不同组合可能产生相同的 TFR 值①。

---

① 曾毅，张震，顾大男，等．人口分析方法与应用．2 版．北京：北京大学出版社，2011：196.

邦戈茨综合生育率模型构思巧妙，逻辑清晰，可用于测度各种因素对生育率的影响程度，也可进行对总和生育率的估算。我国学者利用这一模型，基于全国千分之一人口生育率抽样调查数据，计算得到中国1982年的婚姻指数为0.568，避孕指数为0.461，人工流产指数为0.833，产后不孕指数为0.719，按照总和自然生殖率（TF）为17.01推算，得到我国1982年的总和生育率为2.67，与观察值相当接近。①

三、邦戈茨低生育率模型

邦戈茨综合生育率模型的提出是在生育转变初期，其目的是探究时期生育率水平与可能的人类最高生育率水平之间的差异究竟是由哪些因素造成的，利用人类生育规律分别测度婚姻、婚内避孕、孕后人工流产以及产后不孕等环节对于二者差异的影响，这一结果被用于制定措施以降低过高的生育率，如提倡晚婚晚育、普及避孕节育技术等。随着越来越多的国家完成人口转变，进入低生育水平，特别是欧洲各国生育率水平不断下降，甚至有落入“低生育率陷阱”之虞，人们的关注点不再是人口的时期生育水平与最高生育率之间的差异，而是转向实际生育水平与生育意愿之间存在怎样的差异。

2001年，邦戈茨分析了20世纪90年代以来发达国家和发展中国家的意愿家庭规模（desired family size）与观察到的总和生育率之间的差距，发现两者之间存在比较普遍的偏离现象：在发达国家主要表现为意愿家庭规模高于实际生育水平，在发展中国家主要表现为意愿家庭规模低于实际生育水平。他认为促使实际生育水平高于生育意愿的影响因素为非意愿生育、替代孩子死亡的生育以及性别偏好；使实际生育水平低于生育意愿的影响因素为生育孩子年龄的推迟、非自愿不孕不育和竞争性因素。② 处于人口转变前期和中期的国家通常前三种因素起的作用更大，导致实际生育水平高于生育意愿；处于人口转变后期的国家后三种因素的作用更明显，导致生育意愿高于实际生育水平。2003年摩根将上述六个因素用数学公式予以表达，即③

$$TFR=IFS\cdot F_u\cdot F_r\cdot F_g\cdot F_t\cdot F_i\cdot F_c \quad \text{(公式 10.28)}$$

其中，TFR为观察到的时期总和生育率；IFS为意愿家庭规模（intended family size）；F_u为非意愿生育（unwanted fertility），F_r为替代效应（replacement effect），F_g为性别偏好（gender preference），F_t为进度效应（tempo effect），F_i为不孕效应（infecundity），F_c为竞争效应（competition effect）。

与综合生育率模型利用指数形式表达且各指数值均不超过1所不同的是，在邦戈茨低生育率模型中，时期生育水平与意愿家庭规模之间的差距方向随着所研究人口的不同而不

---

① 秦芳芳．中国计划生育对生育率影响的评估．中国人口科学，1987（2）：12-21，30.

② Bongaarts J. Fertility and reproductive preferences in post-transitional societies. Population and Development Review，2001（27）：260-281.

③ Morgan S P. Is low fertility a twenty-first-century demographic crisis? . Demography，2003，40（4）：589-603.

同，其中，6 个影响因素对二者之间差距的影响也存在争议。如中国学者发现性别偏好不一定会提升生育水平①，此外，生育政策以及出生漏报等因素也应该被加以考虑。这一模型为低生育水平下的生育研究提供了思路和分析框架。

除了上述介绍的寇尔生育指数和邦戈茨生育率模型之外，20 世纪 70 年代寇尔和特拉塞尔提出的已婚生育率模型（也被称作寇尔-特拉塞尔生育模型）②，以及布拉斯提出的冈泊茨相关生育模型等也得到了较为广泛的运用，感兴趣的读者可查阅相关文献。

小 结

◇ 经过年龄标准化之后的不同人口的生育率水平可以进行比较，但标准化生育率指标并不反映任何实际人口的生育水平，而且年龄标准化并不能消除标准年龄结构的影响，它只能使在一个特定的标准年龄结构下，两地人口生育率的相对结果不受育龄妇女年龄结构的影响。

◇ 人口学家往往将哈特莱特已婚妇女在 20 世纪 20 年代的生育率水平视作人类可能达到的最高生育水平，而这一人群的生育水平也往往被作为标准人口的生育率。

◇ 寇尔生育指数主要用来分析婚姻和生育控制对于生育水平的影响，其基本思想是把未婚妇女的比例和已婚妇女中实行生育控制的比例对生育率下降的影响相分离。

◇ 邦戈茨认为促使实际生育水平高于生育意愿的影响因素为非意愿生育、替代孩子死亡的生育以及性别偏好；使实际生育水平低于生育意愿的影响因素为生育孩子年龄的推迟、非自愿不孕不育和竞争性因素。

思考题

1. 如何判断一个人口生育水平的高低？
2. 简述寇尔生育指数与邦戈茨生育率模型之间思路的异同。
3. 你认为生育水平与生育意愿不一致的原因是什么？

推荐阅读书目

1. 顾宝昌，马小红，茅倬彦．二孩，你会生吗？——生育意愿、生育行为和生育水平关系研究．北京：社会科学文献出版社，2014.

① 郭志刚．中国的低生育水平及影响因素．人口研究，2008（4）：1－12.

② Coale A J，Trussell T J. Model fertility schedules：variations in the age structure of childbearing in human population. Population Index，1974，40（2）：185－258.

2. Morgan S P. Is low fertility a twenty-first-century demographic crisis? . Demography, 2003, 40 (4).

3. Bongaarts J. Fertility and reproductive preferences in post-transitional societies. Population and Development Review, 2001 (27).

4. 郭志刚．中国的低生育水平及影响因素．人口研究，2008 (4).

第十一章
人口再生产分析

【导读】

人口再生产是生者续、逝者去、由出生和死亡共同决定的人口不断更替的过程。人口再生产指标从代际更替的角度反映人口的增长，其依托于稳定人口模型，探索人口内在增长规律，阐释人口发展的潜力和可能方向。本章将回答：人口再生产的特点是什么？哪些指标衡量人口再生产？如何理解稳定人口与静止人口的形成条件及其应用？内在自然增长为何不同于时期自然增长？

第一节　人口再生产的特点及基本指标

一、人口再生产的特点

恩格斯于 1884 年在其《家庭、私有制和国家的起源》著作初版序言中指出“根据唯物主义观点，历史中的决定性因素，归根结底是直接生活的生产和再生产。但是，生产本身又有两种。一方面是生活资料即食物、衣服、住房以及为此所必需的工具的生产；另一方面是人自身的生产，即种的繁衍”①。人口再生产是人口自身的更替性生产，是人类社会通过生育繁殖所实现的人口的不断更新。②

人口再生产是通过新一代的出生和老一代的死亡，通过人口的世代更替而实现的人口不断更新和延续的循环往复的过程。人口再生产既是自然过程，又是社会过程。其中自然过程体现为人口不断出生、成长、衰老、死亡的生理过程，以生物学规律和制约生物运动的自然环境为基础；社会过程则是指人口再生产要通过一定的婚姻家庭关系来实现，也受

① 马克思，恩格斯．马克思恩格斯选集：第 4 卷．2 版．北京：人民出版社，1995：2.

② 刘铮．试论人类自身生产与物质资料生产相适应．中国社会科学，1981（3）：55－66.

制于社会经济条件和政策环境等。

人类社会人口再生产的发展过程经历了三种类型：（1）传统类型。基本特征表现为：高出生率、高死亡率、低自然增长率；平均预期寿命短，世代更替快。（2）过渡类型。基本特征表现为：高出生率、低死亡率、高自然增长率；平均预期寿命较长，世代更替放慢。（3）现代类型。基本特征表现为：低出生率、低死亡率、低自然增长率；平均预期寿命长，世代更替慢。人口再生产类型是指适应于生产力发展的一定阶段的，以人口出生率、死亡率和自然增长率相结合而形成的人口和自然变动特征来划分的人口发展类型。人口再生产类型转变是人口转变的核心组成部分。①

从时期更替角度观察人口增长，其反映的是一定时期内出生人口对死亡人口的替代作用。出生和死亡共同决定了一个人口的自然增长，出生使人口增加，死亡使人口减少，其中出生由该人口中的育龄妇女及其生育行为所贡献。无论时期长还是短，只要出生量大于死亡量，人口就会自然增加；反之，则会自然减少。时期更替角度的人口增长既会受到人口净迁移的影响，更会受到该时期社会经济因素的影响，其变化程度剧烈，变化方向易于反复。

而从代际更替角度观察人口增长，其反映的是子代人口对父代人口的替代作用。如果子代人口超过父代人口，会呈现出代际人口增长态势；反之，则会出现代际人口衰减。在代际更替角度的人口增长中，每个人都既是被生产者，又是生产者；新一代的规模在一定程度上取决于上一代的规模；某一时刻的人口状况既是以前人口再生产的结果，又是以后人口再生产的基础。在这个意义上，人口增长是自身的一种重复。人口的性别、年龄结构，以及各性别、年龄的死亡率和各年龄妇女的生育率，对人口再生产起着决定作用。②

人口再生产还可以从家庭和社会两个层面进行观察。一方面，人口再生产是在各个分散的家庭中实现的，夫妻结合、生育子女成为家庭的基本功能；另一方面，人口总是在一定的社会生产方式下生存和发展的，人口的数量和质量与社会支持系统具有不可分割的关系。社会人口再生产是无数家庭人口再生产活动的总和，但社会对于人口的要求与家庭人口再生产的意愿和行为不完全一致，可能存在矛盾甚至冲突。如有时生产力的发展要求社会人口再生产不断扩大，而家庭却不愿生育子女；或者社会发展要求控制社会人口再生产的规模或速度，而家庭却希望多生育子女。

人口再生产不仅是人口数量的再生产，也是人口质量的再生产，是二者的统一。人口再生产具有一定的惯性，即增长的人口具有保持增长的趋势，减少的人口具有保持减少的趋势，难以迅速转变其变动的方向。人口再生产呈现出一定的周期性。数量多的一代人，其生育的孩子数也较多。人口再生产的周期是指两代人之间的平均间隔，一般都在二十年以上。

---

① 田雪原．人口学．杭州：浙江人民出版社，2004：246.

② 查瑞传．略论人口再生产．人口研究，1979（2）：7－20.

二、人口再生产的基本指标

一般可从数量、时间和速度几个维度进行人口再生产的度量。其中数量维度指标有粗再生产率和净再生产率，时间维度指标为平均世代间隔，速度维度指标为内在自然增长率。后两个维度的指标将在“人口内在增长”一节中加以介绍。

（一）粗再生产率

总和生育率指标衡量的是时期综合生育水平，是一个假定妇女队列按照某时期年龄别生育率度过育龄期后每个妇女平均生育的孩子数量，并未区分孩子性别。考虑到只有女婴长大后会替代母亲的生育职能，成为新一代母亲，一般利用活产婴儿中的女婴比例与总和生育率相乘得到粗再生产率（gross reproduction rate，GRR）指标，反映某一时期女儿一代与母亲一代的替代关系。

粗再生产率指标的含义是：假定出生婴儿性别比不随母亲生育年龄变化，假定所有活产女婴都能活到母亲生育她们的年龄，假定一个妇女出生队列按照某时期的年龄别生育率度过整个育龄期且无一死亡，这些妇女一生平均每人所生的女婴数量。

在这个意义上，总和生育率指标可以被视作子女一代与母亲一代的人数之比；而粗再生产率则是总和生育率的特殊形式，是女儿一代与母亲一代的人数之比，用女婴比例与总和生育率相乘得到。

$$GRR = \delta \cdot n \cdot \sum \frac{B_x}{W_x} = \delta \cdot n \cdot \sum f_x = \delta \cdot TFR \qquad \text{（公式 11.1）}$$

其中，n 是年龄间距，$n=1$ 或者 $n=5$，取决于数据是 1 岁组还是 5 岁组；f_x 是妇女年龄别生育率；δ 为出生活产婴儿中女婴的比例，通常取值为 0.485，也可以根据实际人口的出生性别比指标进行计算。

$$\delta=\frac{B^f}{B}=\frac{100}{100+SRB} \qquad \text{（公式 11.2）}$$

其中，B^f 是某时期出生活产女婴数，B 是同期出生活产婴儿总数，SRB 是出生性别比指标。

如果能够直接得到按母亲年龄分布的活产女婴数据，也可以直接用年龄别活产女婴数与年龄别母亲数相除得到年龄别女婴生育率，并进行加总，计算粗再生产率，而不必用女婴比例指标相乘了。

$$GRR = n \cdot \sum \frac{B_x^f}{W_x} = n \cdot \sum f_x^f = TFR^f \qquad \text{（公式 11.3）}$$

粗再生产率的值如果大于 1，表示所生女婴数多于母亲人数；如果小于 1，表示女婴人数少于母亲人数。在生育率不变的情况下可以大致预示未来新增人口数量的增长或缩减趋势。

（二）净再生产率

粗再生产率指标的计算假定所有出生的女婴都能存活并成长到接替母亲生育职能的年龄，且所有的妇女在育龄期无一死亡。这些关于活产女婴以及育龄妇女无死亡的假定无疑是违背事实的，需要考虑死亡率的影响，计算净再生产率（net reproduction rate，NRR）指标，以反映存活到母亲生育她们的年龄时的女儿一代的人数与母亲生育她们时的人数之比。

净再生产率是在给定年龄别生育率和年龄别死亡率的条件下，一个妇女队列终身会生育的存活至其生育年龄时的女儿的数量。这一指标综合考虑了年龄别生育率和死亡率的共同作用。

$$NRR=\delta\cdot n\cdot\sum\left(\frac{B_x}{W_x}\cdot\frac{{}_nL_x^f}{n\cdot l_0}\right)=\delta\cdot n\cdot\sum\left(f_x\cdot\frac{{}_nL_x^f}{n\cdot l_0}\right)\qquad（公式 11.4）$$

其中，$\frac{{}_nL_x^f}{n\cdot l_0}$是女性生命表中出生婴儿活到 x 岁年龄组的存活率。

净再生产率是指一个假定队列在年龄别生育率和年龄别死亡率的作用下，人口发展的长期潜在增减趋势，反映了年龄别生育率和死亡率的综合作用。用净再生产率的大小可以判断人口再生产类型。当 *NRR* 大于 1 时，说明女儿一代到达母亲生育她们的年龄时，其人数多于母亲一代的人数，世代更替会导致人口规模扩大，称为扩大再生产。当 *NRR* 小于 1 时，说明女儿一代到达母亲生育她们的年龄时，其人数少于母亲一代的人数，世代更替会导致人口规模减小，称为萎缩再生产。而当 *NRR* 等于 1 时，说明女儿一代与母亲一代的人数相等，称为简单再生产。

与 *NRR* 等于 1 相对应的生育率被视为更替生育水平。一般来说，高于更替生育水平的人口，孕育着人口增长的动力因素；而低于更替生育水平的人口，则孕育着人口缩减的因素。在低死亡率人口中，达到更替水平的总和生育率值约为 2.1；而在高死亡率人口特别是高儿童死亡率人口，以及在出生性别比异常偏高的人口中，达到更替水平的总和生育率值要高于 2.1，高出的程度取决于死亡率和出生性别比的偏高程度。

计算净再生产率所需要的数据包括：出生婴儿中女婴的比例（用经验值 0.485 或者根据实际出生活产婴儿的性别计算）、年龄别生育率和相应的女性生命表（以获得女性的存活率）。

上述人口再生产率指标反映了女性人口是否在规模上“复制”她们自己，而不是包含两性的全部人口。如果计算男性人口的再生产指标，得到的结果会有些差别。一般认为，在分析出生和死亡如何共同决定人口的变动时，两性的计算结果相差极小①，而对女性的计算更为简易清楚。

---

① 普雷斯顿，霍伊维兰，吉略特．人口统计学——人口过程的测量与建模．北京：社会科学文献出版社，2012：105.

需要注意的是，无论是粗再生产率，还是净再生产率，都是建立在稳定人口基础上的指标。对于非稳定人口而言，虽然理论上两个指标都是根据队列人口的出生、死亡过程来定义的，揭示代际人口的更替水平，但其计算基础仍是某一时期人口的年龄别生育率和年龄别死亡率，代表的只是这一时期的人口再生产状况。不能根据建立在稳定人口理论基础上的粗再生产率和净再生产率指标，对非稳定人口的实际生育水平和发展潜力妄下结论。

第二节　稳定人口

一、稳定人口的概念

在计算粗再生产率和净再生产率指标时，通常假设活产婴儿中的女婴比例不变，且人口的年龄别生育率和年龄别死亡率保持不变。事实上，这些条件已经构成了一个重要人口模型即稳定人口（stable population）模型的基础。

20世纪初，美国数学家兼人口学家洛特卡（Alfred J. Lotka）系统地提出了稳定人口模型，证明如果一个封闭人口（即无迁移变动的人口）的年龄别生育率和年龄别死亡率长期保持不变，且出生婴儿的性别比不变，那么长期发展下去，这个人口的年龄结构会形成固定的特征性分布，并将最终具有一个不变的自然增长率。

现实人口受社会经济、自然地理、民族传统、政策制度等多方面因素的影响而呈现出或增或减的变动趋势，剥离外在纷繁复杂因素的影响，还原人口变动的本质，是构建人口模型的主要任务。其原理是先尽其简，形成一个理想态人口；再附其繁，慢慢趋近于现实本相。稳定人口就是这样一个理想态人口。

稳定人口是人口发展的一种必然因果关系。即只要具备了年龄别生育率、年龄别死亡率恒定不变的封闭人口，必然会达到自然增长率、粗出生率、粗死亡率与年龄结构恒定不变的稳定人口状态。这是人口过程自然规律性的例证，也被称作稳定人口的遍历性（ergodicity）。

任何一个人口在形成稳定人口之前，都可称为非稳定人口。非稳定人口形成稳定人口的前提条件是在出生性别比为常数的情况下，年龄别生育率和年龄别死亡率不变。这种不变只有在经济社会发展到一定水平，生育水平在本质上稳定，并在至少历经一个以上人口生命周期长度后，才能在死亡水平稳定的条件下，形成一个近似固定不变的人口年龄、性别结构，也就是稳定人口的年龄、性别结构。①

---

① 马瀛通．从稳定人口与人口再生产认识总和生育率真实涵义．中国人口科学，2010（2）：24－34.

二、稳定人口的特征

（一）稳定人口的三个重要特征

稳定人口具有三个重要特征，分别是：（1）人口总数每年都按一个不变的增长率（k）增加（或缩减）；（2）在人口总数增加（或缩减）的同时，人口的年龄结构（即各年龄人数在总人口中所占的比重）保持不变；（3）稳定人口增者恒增、减者恒减。

（二）稳定人口的三个基本公式

稳定人口的总人口数（P）、年龄别男性人口数（P_x^m）和年龄别女性人口数（P_x^f），以及每年的出生人数（B）和死亡人数（D），都按同样的不变的增长率（k）增加（或缩减）。因而，整个人口的粗出生率（b）、粗死亡率（d）以及相应的自然增长率（r）均是固定值，不随时间而改变［在一个封闭人口中，自然增长率（r）等于增长率（k）］。由此形成稳定人口的指数型的出生序列：

$$B(t)=B\cdot e^{rt} \qquad \text{（公式 11.5）}$$

t 时点的 a 岁人口数等于 $t-a$ 年前的出生数 $B(t-a)$ 乘以存活到 a 岁的存活概率 $l(a)$，即

$$P(a,t)=B(t-a)\cdot l(a)$$

将公式 11.5 代入，则有：

$$P(a,t)=B(t)\cdot e^{-ra}\cdot l(a) \qquad \text{（公式 11.6）}$$

t 时点 a 岁人口占总人口的比例 $C(a,t)$ 为：

$$C(a,t)=b(t)\cdot e^{-ra}\cdot l(a) \qquad \text{（公式 11.7）}$$

其中，$b(t)$ 是稳定人口的出生率，因其不变，$b(t)=b$。

由于 $\int_0^\infty C(a,t)da=1$，故

$$b\cdot\int_0^\infty e^{-ra}\cdot l(a)da=1 \qquad \text{（公式 11.8）}$$

若设确切年龄 a 岁的人口出生率为 $b(a)$，则对于任意生育年龄 $\alpha\sim\beta$ 岁区间：

$$B(t)=\int_\alpha^\beta B(t-a)\cdot l(a)\cdot b(a)da$$

或

$$\int_\alpha^\beta e^{-ra}\cdot l(a)\cdot b(a)da=1 \qquad \text{（公式 11.9）}$$

由于稳定人口中各年龄人口占总人口的比例和出生率均不随时间而变化，因此公式 11.7 也可写为：

$$C(a)=b\cdot e^{-ra}\cdot l(a) \qquad \text{（公式 11.10）}$$

公式 11.8 也可变换形式，用来表示出生率：

$$b=\frac{1}{\int_0^{\infty}e^{-ra}\cdot l(a)da} \qquad (公式 11.11)$$

上述公式 11.9、公式 11.10 和公式 11.11 是稳定人口的三个基本公式。稳定人口的增长率（k）取决于固定不变的年龄别生育率（f_x）和年龄别死亡率（m_x）。当生育水平超过死亡水平，出生率大于死亡率时，增长率为正值（$k>0$），人口总数不断增加，形成增长型稳定人口；当死亡水平超过生育水平，死亡率大于出生率时，增长率为负值（$k<0$），人口总数不断缩减，形成缩减型稳定人口。在这两种情况下，人口总数不断增加或减少，但增长率 k（正值或负值）恒定不变，人口稳定变化，故称稳定人口。

当生育水平与死亡水平相等，出生率等于死亡率，增长率为零（$k=0$），人口总数不增不减，这种特殊的稳定人口便称为静止人口。

（三）稳定人口的应用

在实际人口中，年龄别生育率（f_x）与年龄别死亡率（m_x）不会长期完全保持不变，即使在社会经济条件无显著变动的时期，它们也会有某种波动，因此稳定人口只能是一种人口模型。但是，在生育率和死亡率变化不大的条件下，实际人口往往表现出类似稳定人口的种种特征，于是稳定人口便可以作为分析人口再生产的一个得力工具。现代人口学中各种人口再生产指标的计算、人口数估计推算和预测等，都是建立在稳定人口模型基础上的。

稳定人口模型可用来说明长时期维持某种人口变动模式的影响，并确定某个参数值变化对其他参数值的影响；可用来研究人口结构的不同部分和过程之间的关系；或者用其来估计相应的人口参数值①。特别地，稳定人口是研究生育率和死亡率变化对年龄结构及其他人口特征产生长期影响的便捷工具。借助稳定人口模型，可以：（1）计算出在现存年龄别生育率和死亡率长期不变的情况下，人口的稳定年龄结构；（2）计算相应的出生率、死亡率和自然增长率水平；（3）计算粗再生产率、净再生产率、平均世代间隔、内在自然增长率等反映人口再生产过程的指标；（4）估计推算过去或未来某一年的出生人数、死亡人数或某个年龄组的人数等等。

（四）稳定人口忘记过去

由于稳定人口的年龄结构、生育率、死亡率和增长率完全取决于年龄别生育率和年龄别死亡率，这意味着任何两个人口，无论其初始年龄结构怎样，只要赋予其同样的生育和死亡模式，其最终发展下去的人口学特点将极为相似，这种特点也被称为“稳定人口忘记过去”，是稳定人口遍历性的表现。在不变的生育和死亡模式的作用下，一般经过 70 年左

---

① 普雷斯顿，霍伊维兰，吉略特．人口统计学——人口过程的测量与建模．北京：社会科学文献出版社，2012：127.

右，人口就会趋于稳定。初始人口和最终形成的稳定人口之间的年龄结构差异越大，形成稳定人口所需的时间就会越长。①

虽然洛特卡最初提出稳定人口时，假设了一个封闭人口，但实际上，如果年龄别净迁移率的模式长期保持不变，也会形成稳定人口。②

（五）稳定人口是广义稳定人口的特例

稳定人口作为现实人口的理想态，在人口分析中得到了广泛的运用，但其年龄别生育率和年龄别死亡率恒定不变的假设条件在一定程度上限制了其更广泛和深入的应用，因为对现实人口而言，这一条件过于苛刻。1982年，美国人口学家普雷斯顿和寇尔提出了广义稳定人口的概念，使人口模型向现实人口更接近了一步。广义稳定人口模型的核心是突破稳定人口模型中增长率不随时间而变化的局限，引入了随时间而变化的年龄别增长率 $r(a, t)$，进而年龄别人口数、年龄结构可分别表示为：

$$P(x,t) = B(t) \cdot l(x,t) \cdot e^{-\int_0^x r(a,t)da} \quad \text{（公式 11.12）}$$

$$C(x,t) = b(t) \cdot l(x,t) \cdot e^{-\int_0^x r(a,t)da} \quad \text{（公式 11.13）}$$

其中，$P(x, t)$ 表示 t 时点 x 岁的人口数，$B(t)$ 为 t 时点的出生数，$l(x, t)$ 是 t 时点从 0 岁到 x 岁的存活概率，$C(x, t)$ 是 t 时点的人口年龄结构，$b(t)$ 是 t 时点的出生率。

当上述各指标不随时间而变化时，就是稳定人口的年龄别人口数和年龄结构。

某时期年龄别增长率的估算公式为：

$$\bar{r}(x) = \frac{\ln[P(x, t2)/P(x, t1)]}{t2 - t1} \quad \text{（公式 11.14）}$$

其中，$P(x, t1)$ 和 $P(x, t2)$ 分别为 $t1$ 和 $t2$ 时点 x 岁的人口数。

三、静止人口是稳定人口的特例

静止人口（stationary population）是一个人数既不增加也不缩减的人口，即每年增长率恒为零、总量每年始终保持不变的人口。它是稳定人口的一种特殊情况。

（一）静止人口的形成条件与特征

如果一个封闭人口（即不存在迁移）的年龄别死亡率长期不变、每年出生人数不变、新生婴儿的出生性别比固定，长期发展下去，就会成为一个静止人口。这三个条件也是形成静止人口的必要和充分条件。

---

① 普雷斯顿，霍伊维兰，吉略特．人口统计学——人口过程的测量与建模．北京：社会科学文献出版社，2012：133-134.

② 同①134.

人口达到静止状态后，会呈现三个特征：(1) 每年出生人数 (B) 与死亡人数 (D) 不变且相等；(2) 总人数 (P) 和分性别年龄别人数 [$P_x^{m(f)}$] 也都不变，因而年龄结构是固定的，即 $C_x=P_x/P$；(3) 粗出生率 (b) 和粗死亡率 (d) 相等，并等于出生时平均预期寿命 ($\overset{0}{e}_0$) 的倒数，即 $b=d=1/\overset{0}{e}_0$。

在静止人口中，平均预期寿命越短，出生率和死亡率就越高，每年出生和死亡人数占总人数的比例越大，人口更替就越快。反之，平均预期寿命越长，出生率和死亡率便越低，每年出生和死亡人数占总人数的比例越小，人口更替越慢。假设平均预期寿命为 40 岁，每年要更替 2.5% ($b=d=1/\overset{0}{e}_0=1/40=0.025$)；而当平均预期寿命提高到 70 岁时，每年仅要更替 1.4%。①

静止人口中各年龄人数 (P_x) 之间的比例，等于生命表中各年龄生存人数 (L_x)（同时也是出生婴儿活到 x 岁的生存率）之间的比例，即

$$P_0 : P_1 : P_2 : \cdots\cdots = L_0 : L_1 : L_2 : \cdots\cdots$$

因而，静止人口有时也被称为生命表人口。一个静止人口的年龄结构只取决于它的生命表，即年龄别死亡率。

静止人口是一种特定的人口状态。它是生育率长期保持更替水平（即生育率恰能弥补死亡损失）的情况下的产物。由于静止人口的年龄结构是固定的，因而其不存在老龄化或年轻化的问题。

（二）静止人口的应用

静止人口作为一个极简人口模型，揭示了在一定条件下人口的一些必然表现和内在联系。现实人口的出生与死亡是一种常见的随机现象，即使人口总数变动不大，每年出生人数与死亡人数也总会有多有少，呈现一定的波动。人口绝对静止不变是不可能的，但也存在某些时代某些人口接近静止人口的状况，仍可以用这个模型来描述和分析。

在远古时代，社会生产力水平很低，人类维持自身生存的能力很差，死亡率极高，尽管生育不加节制，但也只能维持在勉强补偿死亡的状态，生死基本相抵，人口在高生育、高死亡的条件下接近静止。随着死亡率水平的下降，人口静止状态被打破，人口总数迅速增长。当人口转变完成后，生育率不断下降，人口再次接近静止状态。

静止人口是进行人口研究的重要工具。它可以揭示：(1) 人口趋向静止的条件；(2) 人口达到静止后的情况；(3) 一定死亡率条件下最终的人口年龄结构；(4) 在现有死亡率条件下，人口达到静止时的出生率和死亡率水平；(5) 为达到某一人口总数而需保持的年出生人数。

（三）静止人口与零增长人口

静止人口的一个突出特点是每年增长率恒为零，其作为稳定人口的特例，也是理想化

---

① 查瑞传．静止人口和稳定人口．人口研究，1981 (1)：44-49.

的人口模型之一。实现人口零增长（zero population growth，ZPG）往往被作为现实人口的发展目标，正确理解零增长人口以及探索如何实现人口零增长具有非常重要的意义。

从时点角度看，零增长人口的特点似乎等同于静止人口，即出生人数恰好等于死亡人数，增长率为零，人口既不增加也不减少，人口规模保持不变。然而，从时期角度看，一个封闭人口需要在较长时期内，保持固定的年龄别死亡率、不变的出生人口数、不变的出生性别比，才有可能成为静止人口，其净再生产率等于1。长期保持净再生产率等于1是实现人口零增长的必要条件。对于一个现实人口而言，受科学技术条件和资源环境的承载能力的限制，人类既不能无限扩大规模，也不能允许在长期的低生育率下自行消亡，最佳的办法就是让人口规模在一定水平上稳定发展，即实现人口零增长。然而，实现人口零增长是一个缓慢、渐变的漫长过程，更多情况下，人口增长率会在一个中心值或零增长水平上下波动（即存在一个零增长域）。这种人口增长率在零值附近波动，而非长期保持零值的人口状态可视为相对静止人口。①

第三节 人口内在增长

粗再生产率和净再生产率指标仅仅考虑了世代更替的数量维度，而世代更替的速度和时间长度也是不容忽视的重要维度。在净再生产率等于1的条件下，如果女儿与其母亲的世代间隔长度为25年，则母亲活到75岁时可看到四世同堂；如果世代间隔长度拉长为30年，则母亲要活到90岁才可以看到四世同堂。在同样的人口再生产水平下，世代间隔时间越长，世代更替速度越慢。

一、内在自然增长率

内在自然增长率（intrinsic rate of natural increase），也叫作真正自然增长率，是指当一个封闭人口的年龄别生育率、年龄别死亡率长期保持不变时形成的人口的自然增长率，实际上是稳定人口的自然增长率。

1955年，美国人口学家寇尔在稳定人口计算公式的基础上给出了估计内在自然增长率的简便公式，即

$$k=\sqrt[T]{NRR}-1 \qquad \text{（公式 11.15）}$$

或

$$k=\frac{\ln NRR}{T} \qquad \text{（公式 11.16）}$$

① 原新，王金营．中国零人口增长问题的深入思考．人口研究，1999（6）：9-15.

它表明，如果人口按照现实的年龄别死亡率和生育率长期发展下去，就将最终成为按固定增长率（k）不断增长或减少的人口。

当人口内在自然增长率（k）大于0时，说明按现实状况发展，人口总量有增长的趋势；当人口内在自然增长率（k）小于0时，说明按现实状况发展，人口总量有减少的趋势。

很显然，内在自然增长率区别于通过计算时期粗出生率与粗死亡率差值得到的时期自然增长率，是从代际更替的视角计算的出生和死亡的博弈情况，反映了人口的长期发展趋势。时期（通常是年度）自然增长率因是粗出生率与粗死亡率的差值，所以与任何粗率指标一样，都会受到人口年龄结构的影响。在进行人口间比较时，虽然可以借助标准人口年龄结构，但并不能反映人口本身真正的自然增长水平。特别是由于人口惯性的影响，人口的时期自然增长率与其内在自然增长率会出现不一致的现象，需要凭借内在自然增长率，才能真正判断人口未来发展的趋势。

二、平均世代间隔

平均世代间隔（the mean length of generation）反映了母亲生育女儿时的平均年龄，或母亲与女儿两代人之间的平均年龄间隔。如果说粗再生产率和净再生产率指标衡量的是人口再生产的水平，那么平均世代间隔指标衡量的则是人口再生产周期的长短。一般我们用字母 T 表示平均世代间隔。

$$T=\frac{\sum\left[\left(x+\frac{n}{2}\right)\cdot f_x\cdot {}_nL_x^f\right]}{\sum\left(f_x\cdot {}_nL_x^f\right)}\qquad（公式 11.17）$$

其中，${}_nL_x^f$ 是女性生命表中 x 年龄组的平均生存人年数。

平均世代间隔指标是一个假定妇女队列按给定的年龄别生育率和死亡率度过一生，母女两代人之间平均间隔的年数。在自然增长率比较低时，平均世代间隔近似于考虑了死亡因素影响下的妇女平均生育年龄。[①] 相较平均生育年龄指标，平均世代间隔指标的分子、分母中均将年龄别生育率与女性生命表中出生婴儿活到 x 岁年龄组的存活率（$\frac{{}_nL_x^f}{n\cdot l_0}$）相乘。由于生命表基数人口（$l_0$）和年龄间距（$n$）是固定值，所以可以相互抵消，呈现如公式11.6的形式。

一般认为，平均世代间隔越短，人口增长越快。这种观点不一定正确，需要结合具体情况进行分析。在静止人口中，由于增长率恒为零，因而平均世代间隔与增长率毫无关系；在稳定人口中，当增长率恒大于零时，平均世代间隔与增长率成反比，即平均世代间隔越长，增长率越慢；在稳定人口中，当增长率恒小于零时，平均世代间隔与增长率成正比，

① 曾毅，张震，顾大男，等．人口分析方法与应用．2版．北京：北京大学出版社，2011：242-243.

即平均世代间隔越长，增长率越快。①

需要注意的是，平均世代间隔指标会受到妇女生育时间和生育水平的双重影响，必须与净再生产率指标结合起来使用才有意义。利用全国人口普查数据计算的结果显示，中国人口 2000 年和 2010 年的净再生产率分别为 0.54 和 0.53，平均世代间隔分别为 25.88 年和 28.39 年，内在自然增长率分别为−24.07‰和−22.06‰。②

三、人口惯性

人口惯性（population momentum）是人口自然变动的特性之一，指人口数量变动方向在一定时期内的持续性。具体表现为：对于一个长期不断增长（或不断衰减）的人口，在一定时期内，即使是生育率已降到更替水平甚至更低（或上升到更替水平甚至更高），人口再生产的变动趋势仍然不变，人口仍将继续增长（或减少）。

物理学中物体的惯性往往被人们熟知，如疾驰的车辆猛然刹车，车内乘客会因惯性向前踉跄，车辆也会因惯性作用继续滑行一段时间，且越重的车辆滑行距离越长。对人口惯性的发现和探索则源于凯菲茨于 20 世纪 70 年代所提出的一个问题：如果将一个增长型稳定人口的生育率立即减少到更替水平，并在此之后保持该水平，直到形成新的稳定平衡状态，那么这个人口的规模将会发生什么变化？答案是这个人口的规模将会继续增长。③ 最终稳定下来的人口规模与初始状态下的稳定人口规模之比可用来衡量人口惯性。

随后的研究发现，人口惯性是一个人口实际年龄结构和其最终稳定的年龄结构之间的差异函数，换言之，人口惯性是由人口年龄结构引起的。一般认为，现有人口年龄结构是过去各年生育率和年龄别死亡率长期作用的结果。当人口再生产长期处于持续增长的状况时，必然形成一个年龄结构较轻的人口群体。此时，即使生育率降低到更替水平，由于育龄人群比重大，出生人数仍将多于死亡人数，因此人口必然会继续增长一段时间。反之，对于一个不断减少、年龄结构老化的人口群体来说，即使生育率已经上升到更替水平以上，出生人数仍将少于死亡人数，人口将继续减少一段时间。同时，人口惯性作用也表现为人口再生产波动具有重复性。人口生育高峰（或低谷）出现以后，经过一个人口再生产周期，会有某种程度的重复出现。

人口惯性的突出特点是持续时间很长，而且原来的人口增长速度越大，惯性作用就越大，持续时间就越长。④ 需要注意的是，在生育率达到更替水平之后，此前增长人口中的育龄人群还在增长，大约一代人的出生人数还会增长；但达到更替水平之后，新出生的年轻队列将仅能更替自身，而无法把出生人数提升到高于此前的规模。研究发现，如果死亡率

---

① 马瀛通．人口统计分析学．北京：红旗出版社，1989：699－700.

② 宋健，范文婷．惯性增长下的中国人口再生产——基于 2000 年和 2010 年人口普查数据的定量分析．人口研究，2013（4）：33－42.

③ Nathan K. On the momentum of population growth. Demography，1971，8（1）：71－80.

④ 查瑞传．人口惯性及其对我国人口发展的影响．人口与经济，1982（2）：19－23.

不变，生育率达到更替水平之后的年出生数，将是达到更替水平之前年出生数的加权平均数。如果死亡率一直在改善，那么在生育率达到更替水平之后的年出生数将低于这个加权的平均出生数。①

人口惯性是人口再生产内部所具有的客观必然性，它影响人口再生产的规模和速度，且不随社会生产方式的改变而改变。从系统动力学的观点来解释，可认为人口系统是一个惯性很大的动态系统，其系统的输出对输入的反应相对缓慢。其惯性时间常数约为一个人口的出生时平均预期寿命。② 人们可以在认识人口惯性的基础上，采取各种办法减弱其作用。例如，国家通过制定人口政策或执行人口计划来影响生育率，使其降低（或提高），从而达到减少（或增加）出生人数和分散生育高峰（或低谷）的目的。

人口内在自然增长率指标可以用来估计人口惯性积累的方向。如果某年的 k 大于 0，则说明该年人口正在积累人口正惯性，其值越大，持续的年份越长，说明积累的人口正惯性越大；如果某年的 k 小于 0，则说明该年人口正在积累人口负惯性，其值越小，持续的年份越长，说明积累的人口负惯性越大。但通过内在自然增长率指标无法判断人口惯性的大小，也无法得知人口惯性影响人口变动的过程。可以通过计算人口惯性因子等指标计算人口惯性的大小，了解人口规模的变化，并通过人口模拟预测法等模拟人口惯性影响人口变动的过程。③ 关于具体方法，感兴趣的读者可参考相关文献。

小 结

◇ 净再生产率是在给定年龄别生育率和年龄别死亡率条件下，一个新生女婴队列终身会生育的存活至其生育年龄时的女儿的数量。当 $NRR=1$ 或人口实现简单再生产时，我们也称之为人口达到了更替水平，这时女儿一代人数正好补偿母亲一代的人数。

◇ 无论是粗再生产率，还是净再生产率指标，虽然理论上可揭示代际人口的更替水平，但其计算基础仍是某一时期人口的年龄别生育率和年龄别死亡率，代表的只是这一时期的人口再生产状况，不能把它看作历史或未来的人口再生产过程和趋势。

◇ 内在自然增长率是指当一个人口的年龄别生育率、年龄别死亡率长期保持不变时形成的人口的自然增长率，实际是稳定人口的自然增长率。

思考题

1. 内在自然增长率和增长率的关系是什么？

---

① Preston S H. Reply to watcher. Population Studies，1988，42（3）：495－501.

② 马瀛通．人口统计分析学．北京：红旗出版社，1989：695.

③ 茅倬彦．人口惯性的测量方法．南方人口，2011（3）：47－58.

2. 请阐述静止人口和稳定人口的各自特点及二者间的关系。

3. 如何理解人口惯性？高生育率背景下和低生育率背景下的人口惯性有何不同？

推荐阅读书目

1. 查瑞传．略论人口再生产．人口研究，1979（2）.

2. 查瑞传．静止人口和稳定人口．人口研究，1981（1）.

3. 查瑞传．人口惯性及其对我国人口发展的影响．人口与经济，1982（2）.

4. 宋健，范文婷．惯性增长下的中国人口再生产——基于 2000 年和 2010 年人口普查数据的定量分析．人口研究，2013（4）.

5. 马瀛通．从稳定人口与人口再生产认识总和生育率真实涵义．中国人口科学，2010（2）.

第十二章

人口区域分布与城镇化

【导读】

人口是时空维度上人类人群的集合。其中时间维度借助于时期（通常以日历年为单位）和年龄属性（人口的自然特征之一）体现在人口状态或过程中；空间维度则通过人口分布来表现，是人口过程或事件的静态结果。人口分布可以被视为人口结构的一部分，反映人口的地域结构，是人口地理学的核心内容。按照行政区域和城乡标准划分的人口分布最为引人关注。本章将回答：什么是人口的区域分布？有哪些衡量指标？城乡怎样界定？如何度量城镇化水平与速度？

第一节　人口区域分布及其主要指标

一、人口区域分布

（一）概念

人口区域分布（geographical distribution）也叫作人口空间分布（spatial distribution），简称人口分布，是一定时点上人口在不同地理空间的静态表现。

区域可进行分割组合。一定研究视角下全部区域的总和也被称为全域，全域范围内各个部分区域被称为子区域或局域。如在研究中国大陆地区时，31 个省、市、自治区所构成的全部区域可视为全域，其中每个省、市、自治区或者东、中、西部区域可视为子区域或局域。

在生态学中，生物个体的区域分布状况可以通过观察加以了解。如先在被研究的生物体所处的区域地表上划分网状框架，然后计算进入框架的生物体个数，之后通过泊松分布、二项分布或负二项分布等展现其分布方式。一般生物个体的区域分布方式，可分为随机分布（无规律的散布形态）、规则分布（呈现规律性的分布方式）和集中分布（集中于一个点或几个点的分布方式）。

人口的区域分布一般从三种角度来研究。一是人口的行政区域分布。即按照居民所在地区的行政建制来统计分析一定时点上人口在地区间的分布。以中国大陆地区为例，行政建制既可以是31个省、市、自治区，也可以是东、中、西部区域，或者以经济带、城市群等为标志。二是人口的城乡分布。可借助于城镇化水平和速度等指标对其进行分析。三是人口的自然地域分布。指人口在各种不同的自然地理环境中的分布状况。如按照山区、丘陵、平原、沿海等自然地理特征对人口进行地域划分。按照自然地域状况进行人口区域分布分析时，还可分为横向分布和纵向分布，其中横向分布指在地表层面人口的分布，纵向分布则是指在垂直方向上根据海拔高度所呈现的人口分布状况。

（二）特点

从世界范围来看，人口的区域分布极不平衡。绝大部分人口集中在亚欧大陆南半部和非洲。总的特点是北半球人口多于南半球，沿海多于内陆，平原低地多于山地高原。在北半球中纬度地带，陆地所占比重大，气候条件较好，资源丰富，开发历史悠久，生产力发展水平较高，是世界上人口最稠密的地带，北纬20°～40°和40°～60°分别约占世界总人口的50％和30％。世界上尚有35％～40％的陆地基本无人居住，平均每平方公里居住不到2人的地区要占到该地区总面积的一大半。[①] 2017年，亚、非两洲人口分别占世界总人口的59.6％和16.6％，人口密度也最高；欧洲人口占9.9％，拉丁美洲和加勒比海地区人口占8.5％，北美洲人口占4.8％，大洋洲人口占0.6％。[②]

就中国大陆地区而言，人口分布也很不均匀。我国地形总体上呈现山地多、平地少的特点。粗略估计，山地约占全国陆地面积2/3以上，平地不足1/3。海拔在500米以上的地区约占全国陆地面积的3/4（其中海拔在3 000米以上的占1/4），在500米以下的占1/4。[③]根据自然资源的分布和社会经济的发展情况，一般将我国大陆地区划分为东、中、西三个区域，其中东部地区包括辽宁、河北、北京、天津、山东、江苏、上海、浙江、福建、广东、广西、海南12个省、直辖市和自治区，面积占全国国土总面积的14％，人口约占全国总人口的42％；中部地区包括黑龙江、吉林、内蒙古、山西、河南、安徽、江西、湖北、湖南9个省、自治区，面积占全国国土总面积的30％，人口约占全国总人口的35％；西部地区包括陕西、甘肃、宁夏、青海、新疆、四川、重庆、贵州、云南和西藏10个省、直辖市、自治区，面积占全国国土总面积的56％，人口约占全国总人口的23％。

1935年著名人口地理学家胡焕庸先生依据我国县级单元的人口疏密状况，提出了著名的“瑷珲（今黑河）-腾冲线”（也被称为胡焕庸线），揭示了中国人口区域分布的巨大差异。

---

① 李春芬，蒋长瑜．世界地理//中国大百科全书．北京：中国大百科全书出版社，1993.

② 根据美国人口咨询局（Population Reference Bureau）2017年世界人口数据表（World Population Data Sheet 2017）中相关数据计算得到。网址为http：//www.prb.org/pdf17/2017_World_Population.pdf。

③ 黄秉维，陈尔寿．中国地理//中国大百科全书．北京：中国大百科全书出版社，1993.

东南部地区面积约占全国的36%，人口却占96%，人多而密集；西北部地区面积占64%，人口仅占4%，人口稀少。数据分析表明，中国东南地狭人稠、西北地广人稀的人口分布格局近百年来几乎没有根本性改变（见表12.1）。①

表12.1　中国不同时期胡焕庸线两侧区域人口分布变化

年份	东南半壁			西北半壁		
	总人口（亿人）	份额（%）	人口密度（人/平方公里）	总人口（亿人）	份额（%）	人口密度（人/平方公里）
1953年	5.71	94.80	139.51	0.31	5.20	5.83
1982年	9.45	94.23	230.25	0.58	5.77	10.82
1990年	10.64	94.13	259.00	0.66	5.87	12.40
2000年	11.67	93.89	283.98	0.76	6.11	14.18
2010年	12.49	93.68	303.92	0.84	6.32	15.72

资料来源：李佳洺，陆大道，徐成东，等．胡焕庸线两侧人口的空间分异性及其变化．地理学报，2017（1）：151.

（三）影响因素

影响人口区域分布的因素有很多，包括自然因素，经济因素，历史、社会和政治因素，等等。

水、气候、土壤、地形等自然资源的地区差异性直接影响人口分布。从世界人口发展历史来看，人类最早生活在气候温和、水草丰沛的亚热带河谷地区，黄河流域、尼罗河流域、幼发拉底河流域等都曾是文明的发源地，后来随着气候变化和资源紧张，人类才逐步迁移至世界各个角落。

产业特色、就业机会、生活便利程度、生活水平、交通等是决定人口区域分布的经济因素。在以农业经济为主的国家，人口多依附于土地为生；在工业化程度高的国家，人口则聚集于城市。在我国，“人往高处走”“孔雀东南飞”等习语生动诠释了地区经济发展的不平衡性所导致的人口迁移方向和人口分布的变动。

此外，历史、社会和政治因素也不容忽视。安土重迁的文化传统可能使人们故土难离，而冒险精神也可能使人们勇于开拓。由战争、瘟疫、重大水利工程、政策等原因导致的被迫迁移也会改变人口的区域分布。

二、主要测度指标

（一）人口规模、地区顺位及分地区人口比例

人口规模（population size）是最基本的人口区域分布指标，指某时点某地域范围内的

① 李佳洺，陆大道，徐成东，等．胡焕庸线两侧人口的空间分异性及其变化．地理学报，2017（1）：148-160.

人口绝对数。统计时需要注意人口口径，常用口径包括现有人口、常住人口或户籍人口等。

人口规模的地区顺位（rank）是指按照人口规模的大小对不同地区进行排序。实践中往往特别关注人口规模最大的地区。如美国人口咨询局每年公布的世界人口数据中，都会列出人口规模最大的前10个国家，2017年这10个国家分别是中国、印度、美国、印度尼西亚、巴西、巴基斯坦、尼日利亚、孟加拉国、俄罗斯和墨西哥。①

分地区人口比例（percentage distribution）（也称为人口比重）是最简单的人口区域分布度量指标，指子区域人口数与全域总人口数的比例。

$$p_i = \frac{P_i}{\sum_i P_i} \times 100\% \qquad \text{（公式 12.1）}$$

其中，p_i 是 i 地区人口所占比例，P_i 是 i 地区人口规模。

分地区人口比例指标可用于比较各地区间人口规模所占的相对比重，但该指标并不能反映人口区域分布的均匀程度。

（二）人口密度

人口密度（population density）是人口区域分布分析时最常用的指标，指一定时点上单位面积内的人口数，反映人口的稠密程度或人口分布的均衡性。其中面积通常采用平方公里作为单位；人口数的计算，根据不同的统计目的，可选取不同计算口径，如常住人口数、现有人口数等。可以计算不同地理区域内的人口数，如国土人口密度、居住区域人口密度、平原人口密度、耕地人口密度等。历年人口密度动态比较可以反映人口分布的变化状态。

人口密度指标在性质上类似于平均数指标，因此，在计算人口密度指标的同时，还常常同时计算密度方差、密度变异系数指标，将其作为人口分布离散程度的度量指标。

$$\rho = \frac{P}{S} \qquad \text{（公式 12.2）}$$

其中，ρ 是全域人口密度，P 为全域人口总数，S 为全域面积。

$$D = \sum [s_i \cdot (\rho_i - \rho)^2] \qquad \text{（公式 12.3）}$$

其中，D 是人口密度方差，s_i 是子区域 i 的面积占全部地域面积的比例，ρ_i 为子区域 i 的人口密度。

$$CV = \frac{\sqrt{D}}{\rho} \qquad \text{（公式 12.4）}$$

其中，CV 是人口密度变异系数。

合理的人口分布，要求一个适当（而不是绝对平均）的人口密度，应与社会经济的发

---

① Population Reference Bureau. World population data sheet 2017.（2017-01-17）［2018-01-31］. http://www.prb.org/pdf17/2017_World_Population.pdf.

展水平相适应，也称作人口的经济密度指标，反映人口与耕地、资源、工农业产品产值或产量、国民收入等之间的比例关系。2017 年世界每平方公里可耕地面积上的人口密度为 53.2 万人，发达国家和发展中国家分别为 23.9 万人和 70.7 万人。[①]

人口密度的倒数也叫作广狭度，表示平均每人占有的土地面积。在研究人口稀疏地区的人口分布时可使用。

(三) 人口集中指数

人口集中指数（population concentration index）同样反映人口在地域面积上的分布情况，指人口相对于土地分布的均匀程度。

$$C=\frac{1}{2}\sum|p_i-s_i| \qquad \text{(公式 12.5)}$$

其中，p_i是子区域 i 的人口比重，s_i是子区域 i 的面积比重。

人口集中指数的值域为 0～1。C 值越小，说明人口分布越均匀；C 值越大，说明人口越集中，分布越不均匀。

通过人口集中指数的动态比较可以研究人口分布的历史变化状况。中国历次人口普查显示的集中指数分别为：1953 年是 0.539，1964 年是 0.526，1982 年是 0.513，1990 年是 0.512，2000 年是 0.511[②]，2010 年是 0.510。反映我国人口分布总体趋向均匀。计算人口集中指数指标需要获得各子区域的人口和面积数据，有时不易获得。且人口集中指数会受到行政区域划分方式的影响，不同的划分方式会得到不同的子区域，从而计算出不同的人口集中指数。

(四) 洛伦兹曲线与基尼系数

洛伦兹曲线（Lorenz curve）是以其发明者命名的一种反映均衡程度的图形表示方法。在经济学中常用来表示收入或财富分布的不均等程度，定义为低收入端人口累计比例与该组人口拥有的总收入比例之间的函数关系。在人口区域分布分析中，可用来表示人口与地域面积的对应关系。在区域分布中绘制洛伦兹曲线的步骤见表 12.2。

首先将一个区域中的各子区域按人口密度从高到低排列（$\rho_1>\rho_2>\rho_3>\rho_4>\rho_5$）；其次对于以人口密度排列的每一个子区域，计算该子区域的人口累计比重和土地面积累计比重；最后以累计人口比重为横轴（x），以累计土地面积比重为纵轴（y），描出各个子区域所在的点，并连成曲线。这样就可以得到该区域的人口区域分布洛伦兹曲线图。

洛伦兹曲线图中从原点出发的对角线代表区域人口分布均匀的理想状况。曲线离对角线越近，表示人口的地域分布越均等；离对角线越远，则表示越不均等。

---

① Population Reference Bureau. World population data sheet 2017.（2017 - 01 - 17）［2018 - 01 - 31］. http：//www.prb.org/pdf17/2017_World_Population.pdf.

② 段成荣，梁宏．中国人口地区分布现状及其历史变迁．市场与人口分析，2002（3）：67 - 73.

表 12.2 人口区域分布洛伦兹曲线的绘制步骤

子区域人口数	人口密度	土地面积比重	累计土地面积比重（x）	人口比重	累计人口比重（y）
P_1	ρ_1	s_1	s_1	p_1	p_1
P_2	ρ_2	s_2	s_1+s_2	p_2	p_1+p_2
P_3	ρ_3	s_3	$s_1+s_2+s_3$	p_3	$p_1+p_2+p_3$
P_4	ρ_4	s_4	$s_1+s_2+s_3+s_4$	p_4	$p_1+p_2+p_3+p_4$
P_5	ρ_5	s_5	$s_1+s_2+s_3+s_4+s_5=1$	p_5	$p_1+p_2+p_3+p_4+p_5=1$

图 12.1 是利用 1990 年、2000 年和 2010 年三次全国人口普查人口数据和同期土地面积数据计算的中国大陆地区人口分布洛伦兹曲线，可以看到 20 年来中国人口分布的格局基本未发生变化。

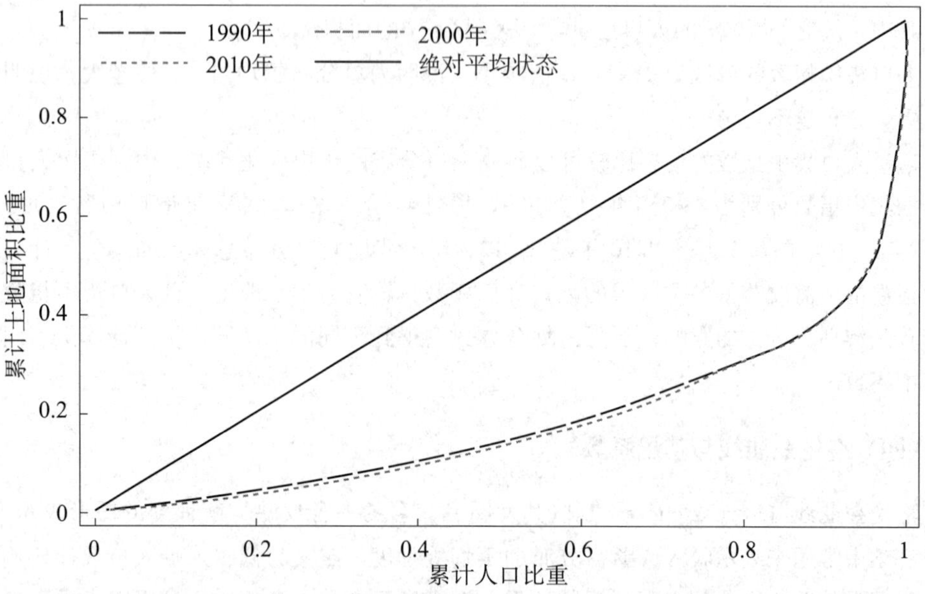

图 12.1 三次普查年份中国人口分布洛伦兹曲线

注：人口数据来自国家统计局 1990 年、2000 年和 2010 年全国人口普查数据表 1-1；土地面积数据来自中国经济与社会发展统计数据库各省普查同期年鉴数据。网址为 http：//tongji. cnki. net/kns55/。

洛伦兹曲线主要是以图形方式直观展示人口地域分布的均衡程度，也可通过计算基尼系数（Gini coefficient）进行定量分析和判断。基尼系数最常用来判断分配平等程度，计算的是对角线与洛伦兹曲线之间的面积占对角线下的总面积的比例。

基尼系数的值域为 0～1。0 代表人口分布完全均匀的状态；1 则代表分布完全不均匀的状态，或指全部人口均集中于一个区域。因此，基尼系数越高，意味着人口分布越不均衡。

（五）人口重心

人口重心（center of population），也叫作加权平均中心，是指特定区域内人口区域分布的平衡点，可以理解为某一区域的人口沿着直线路径移动到某一点，该点能够使移动距离之和最小。其借助的是物理学中的重心原理，即支撑某个平面的平衡点。

人口重心通过坐标（X，Y）表示，实质是子区域人口数对其经纬坐标的加权平均数。

$$X=\frac{\sum(P_i\cdot X_i)}{\sum P_i};$$

$$Y=\frac{\sum(P_i\cdot Y_i)}{\sum P_i} \qquad \text{（公式 12.6）}$$

其中，P_i是子区域i的人口数，X_i和Y_i分别是子区域i的横坐标和纵坐标。

某一区域的人口重心如果与其几何中心重叠，反映人口完全均匀分布；如果偏离几何中心，偏离的方向为人口分布的集中方向，偏移的距离为人口分布的不均匀程度。研究发现，中国近300年来，人口重心移动幅度较小且均在几何中心的偏东、南方向，经向、纬向上总体分别呈现西移、南—北—南移动趋势（见图12.2）。①

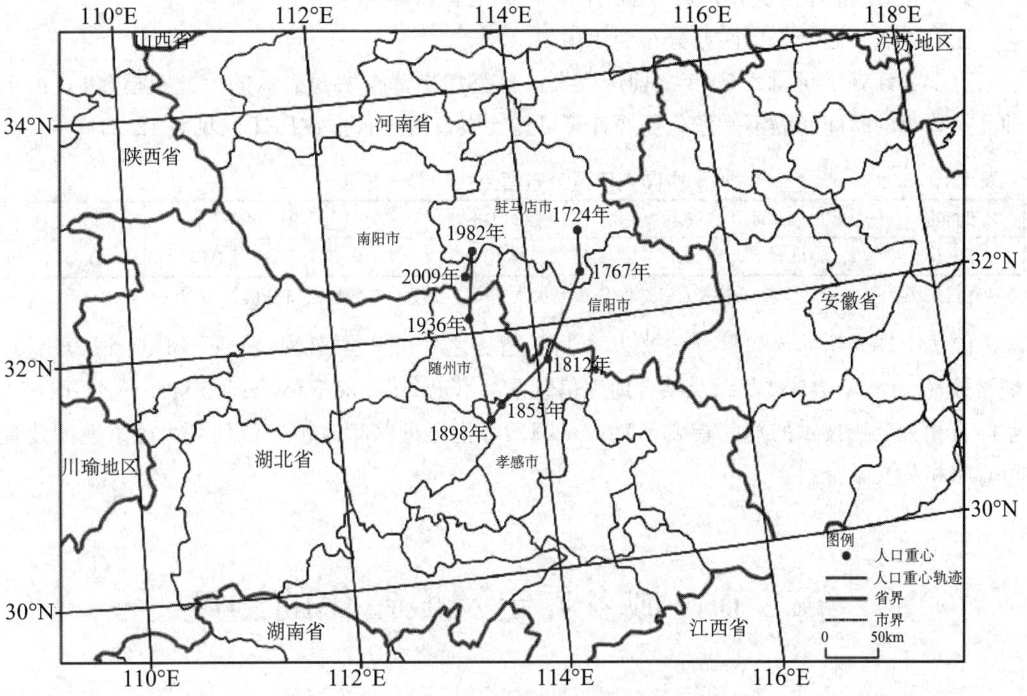

图12.2　近300年来中国人口重心变动轨迹

资料来源：潘倩，金晓斌，周寅康．近300年来中国人口变化及时空分布格局．地理研究，2013（7）：1297.

在具体分析时，对于较大的区域，子区域的横纵坐标可以取各次级行政区域（如省、市或县）首府的坐标。不仅可以计算人口重心，当把子区域人口数更换为其他指标（如经

---

① 潘倩，金晓斌，周寅康．近300年来中国人口变化及时空分布格局．地理研究，2013（7）：1291-1302.

济、教育等）时，也可以计算该区域其他经济社会属性的重心。

（六）人口再分布指数

人口再分布指数（population redistribution index，PRI）用于比较不同时期人口区域分布的变化过程。

$$PRI = \frac{1}{2}\sum |p_{i,t+n} - p_{i,t}| \qquad \text{（公式 12.7）}$$

其中，$p_{i,t+n}$和$p_{i,t}$分别是$t+n$时点和t时点子区域i的人口比重。

PRI指标的值域为0～1。0代表在t时点和$t+n$时点之间没有发生人口再分布，1则表示发生了最剧烈的人口再分布（各地区的人口都集中到一个原先无人居住的地方）。

由于不同时期长度的人口再分布指数不能直接比较，需要计算其可比性指标PRI'。

$$PRI' = 10 \times \frac{PRI}{n} \qquad \text{（公式 12.8）}$$

其中，n为相邻两次人口调查的时间间隔，通常以年为单位。

比较时需要假定人口区域分布变化均匀。

有学者计算了我国2000年之前历次人口普查和小普查期间人口的再分布指数[①]，由于前几次普查的时间间隔不一致，需要计算可比性人口再分布指数PRI'（见表12.3）。

表 12.3　　中国人口再分布指数：1953—2000

时期	1953—1964	1964—1982	1982—1987	1987—1990	1990—1995	1995—2000
PRI'	0.043	0.021	0.040	0.068	0.014	0.044

资料来源：段成荣，梁宏．中国人口地区分布现状及其历史变迁．市场与人口分析，2002（3）：67-73.

除了上述介绍的人口区域分布基本测度指标之外，分异指数（index of dissimilarity）、熵指数（entropy index），以及结合地理信息系统（geographic information system，GIS）和空间自相关分析技术的莫兰指数（Moran's I）等指标近些年也被广泛使用，感兴趣的读者可查阅相关文献资料。

第二节　城乡界定及城镇化的测度

一、城乡的界定与划分标准

城市是从乡村中成长并分离出来的。从城市发展史来看，“城”具有居住和防卫的含义，通常是有围墙作为边界的区域；市则具有经济含义，是交换剩余物品或产品的地方。马克思

① 段成荣，梁宏．中国人口地区分布现状及其历史变迁．市场与人口分析，2002（3）：67-73.

认为，人类发展过程中的社会分工“首先引起工商业劳动同农业劳动的分离，从而也引起城乡的分离和城乡利益的对立”[①]，“城乡之间的对立是随着野蛮向文明的过渡、部落制度向国家的过渡、地方局限性向民族的过渡而开始的，它贯穿着文明的全部历史直至现在”[②]。相对于乡村，城市的人口集聚更为明显，城市的发展也非常迅速。在人口统计中，一直到19世纪中叶才有了对城乡的正式区分。关于城乡的划分标准，在不同国家和不同时期并不相同，在进行国际比较或时期比较时应注意口径的一致性和可比性。在我国的相关统计中，城镇与乡村相对应。城镇包含城市和镇，后者是以非农居民为主并具有一定非农设施的人口和空间规模较小的居民聚居区，是介于乡村和城市之间的过渡形态，与乡村政治、经济、文化紧密相连。在本章中，“城市”与“城镇”，“城市化”与“城镇化”有时会交替使用。

（一）世界各国的城乡划分标准

一般而言，城乡划分主要依据四类指标：第一是人口规模和人口密度；第二是行政区划类型或行政功能；第三是基础设施的完善程度和建筑密度；第四是人口的主要经济活动或就业结构。联合国曾搜集228个国家和地区对于“城市地区”的定义，发现：约有一半国家以“是否居住在国家或省的首都或首府地区”来界定是否为城市居民，有51个国家以“人口规模或人口密度”来区分城乡，有39个国家以“区域的功能性特征如主要的经济活动等”来判断是否为城市，有22个国家没有对城市地区进行定义，还有8个国家定义所有地区（即城市国家如新加坡）或没有地区为城市地区。一般很少有国家直接定义乡村地区，乡村地区就是除城市地区之外的其他地区。

城市可以借助居民点进行定义。居民点是指居民集聚定居的地点和进行生产、生活活动的重心。居民点一般可分为农村居民点和城镇居民点。城镇居民点的特点是：聚居人口数量多、密度大；经济结构以第二、三产业为主，是一定区域的经济、政治、文化和交通中心；从事非农业劳动生产的人口占大多数；同时具有一定水平的现代基础设施。农村居民点的特点则是：聚居人口的数量相对较少，密度较小；经济结构一般以第一产业为主；绝大多数人从事农业劳动；基础设施水平较低。

需要注意的是，城乡并非截然分开的二元体系。在城市边缘，存在着郊区；在乡村周围，镇则起着连接城市和乡村的作用。随着经济的整体发展和交通通信的日益便捷，无论在发达国家还是发展中国家，城乡的边界都日趋模糊。如在发达国家，在城区工作、在郊区或乡村居住的模式相当普遍；在发展中国家，乡镇的工作生活方式与城市也越来越趋同。这些都对城乡相关统计的准确性带来了挑战。

（二）中国的城乡划分标准

自新中国成立以来，我国的城乡划分标准随时间不断发生变化，需结合标准颁布当时

---

① 马克思，恩格斯．马克思恩格斯选集：第1卷．2版．北京：人民出版社，1995：68.

② 同①104.

的历史背景加以理解，并在进行比较时注意口径的一致性。

1955 年 11 月 7 日，《国务院关于城乡划分标准的规定》表明，设置市人民委员会的地区和县（旗）以上人民委员会所在地（游牧区流动的行政领导机关除外），或者常住人口有 2 000 人以上，居民 50%以上是非农业人口的居民区，列为城镇；工矿企业、铁路站、工商中心、交通要口、中等以上学校、科学研究机关所在地和职工住宅区等，常住人口虽然不足 2 000，但是在 1 000 以上，而且非农业人口超过 75%的地区，列为城镇型居民区；具有疗养条件，而且每年来疗养或休息的人数超过当地常住人口 50%的疗养区，也可以列为城镇型居民区。上述城镇和城镇型居民区以外的地区列为乡村。①

1963 年 12 月 7 日，中共中央、国务院《关于调整市镇建制、缩小城市郊区的指示》规定，撤销不够设市条件的市，缩小市的郊区，调整镇的建制，调整林场、农场、矿山、油田等地区的市镇建制。文件规定“凡是在完成精减职工、减少城镇人口任务和缩小郊区以后，聚居人口仍然在 10 万人以上的，一般可以保留市的建制；聚居人口不足 10 万的，必须是省级国家机关所在地，或者是重要工矿基地，或者是规模较大的物资集散地，或者是边疆地区的重要城镇，并且确有必要由省、自治区领导的，才可以保留市的建制。其他一切不符合上述条件的市，都应该撤销”；规定“工商业和手工业相当集中，聚居人口在 3 000 人以上，其中非农业人口占 70%以上，或者聚居人口在 2 500 人以上不足 3 000 人，其中非农业人口占 85%以上，确有必要由县级国家机关领导的地方，可以设置镇的建制”，“少数民族地区的工商业和手工业集中地，聚居人口虽然不足 3 000 人，或者非农业人口不足 70%，但是确有必要由县级国家机关领导的，也可以设置镇的建制”。在撤销了镇建制的地方，原城镇居民一律列为乡村人口。这是在经历了三年困难时期之后，国家为了缓解当时城镇人口过快增长的压力所采取的措施。我国 1964 年第二次全国人口普查所使用的城乡标准就是根据这一文件制定的。

1984 年 11 月，《国务院批转民政部关于调整建镇标准的报告的通知》规定，为了适应城乡经济发展的需要，适当放宽建镇标准，实行镇管村体制。规定：（1）凡县级地方国家机关所在地，均应设置镇的建制。（2）总人口在 2 万以下的乡，乡政府驻地非农业人口超过 2 000 的，可以建镇；总人口在 2 万以上的乡，乡政府驻地非农业人口占全乡人口 10%以上的，可以建镇。（3）少数民族地区、人口稀少的边远地区、山区和小型工矿区、小港口、风景旅游边境口岸等地，非农业人口虽不足 2 000，如确有必要，也可以设置镇的建制。凡具备建镇条件的乡，撤乡建镇后，实行镇管村的体制。

1986 年 4 月 19 日，《国务院批转民政部关于调整设市标准和市领导县条件报告的通知》规定：（1）非农业人口 6 万以上，年国民生产总值 2 亿元以上，已成为该地经济中心的镇，可以设置市的建制。（2）少数民族地区和边远地区的重要城镇、重要工矿科研基地、著名风景名胜区、交通枢纽、边境口岸，即使非农业人口不足 6 万、年国民生产总值不足 2 亿

① 国务院关于城乡划分标准的规定．(1955－11－07)［2013－07－07］．http：//www.cnki.com.cn/Article/CJFDTotal-SXBA195522013.htm.

元，如确有必要，也可设置市的建制。(3) 总人口 50 万以下的县，县人民政府驻地所在镇的非农业人口 10 万以上、常住人口中农业人口不超过 40%、年国民生产总值 3 亿元以上，可以设市撤县。(4) 总人口 50 万以上的县，县人民政府驻地所在镇的非农业人口一般在 12 万以上、年国民生产总值 4 亿元以上，可以设市撤县。(5) 自治州人民政府或地区（盟）行政公署驻地所在镇，即使非农业人口不足 10 万、年国民生产总值不足 3 亿元，如确有必要，也可以设市撤县。①

1990 年第四次全国人口普查时，国家统计局对城乡标准设定了两种口径。第一种口径：市人口为市所辖区（不含市辖县）的全部人口，镇人口为县辖镇（不含市辖镇）的人口，市镇总人口为城镇人口。第二种口径：市人口未设区的市所辖区（不含市辖县）的全部人口和不设区的市所辖的街道（不含市辖镇和乡）人口，镇人口指不设区的市所辖镇的居委会人口和县辖镇居委会人口，同时，城镇中居住一年以上的暂住人口也统计为城镇人口。

1993 年 5 月 17 日，《国务院批转民政部关于调整设市标准报告的通知》对 1986 年国务院批准试行的设市标准进行调整，分别对每平方公里人口密度 400 人以上的县、100 人至 400 人的县、100 人以下的县，规定在达到一系列指标（如从事非农产业的人口数量、比例，工业产值在工农业总产值中的比例及总值，城区公共基础设施，等等）后，可设市撤县。② 由于指标比较复杂，民政部还专门出台了一个包含 22 个概念和指标的《民政部关于对国发〔1993〕38 号文件具体问题的解释》③ 文件。

1999 年 12 月 6 日，国家统计局发布的《关于统计上划分城乡的规定（试行）》，以国务院关于我国市镇建制的规定和我国现行的行政区划为依据，将我国地理区域划分为城镇和乡村。④ 城镇包括城市和镇，乡村包括集镇和农村。城市是指经国务院批准设市建制的城市市区，又包括设区市的市区和不设区市的市区。设区市的市区是指：(1) 市辖区人口密度在 1 500 人/平方公里及以上的，市区为区辖全部行政区域；(2) 市辖区人口密度不足 1 500 人/平方公里的，市区为市辖区人民政府驻地和区辖其他街道办事处地域；(3) 前款市辖区人民政府驻地的城区建设已延伸到周边建制镇（乡）的部分地域，其市区还应包括该建制镇（乡）的全部行政区域。设区市的其他地区分别按该规定的镇、乡村划分。不设区市的市区是指：(1) 市人民政府驻地和市辖其他街道办事处地域；(2) 市人民政府驻地的城区建设已延伸到周边建制镇（乡）的部分地域，其市区还应包括该建制镇（乡）的全部行政区域。不设区市的其他地区分别按本规定的镇、乡村划分。镇是指经批准设立的建制镇的

---

① 国务院批转民政部关于调整设市标准和市领导县条件报告的通知.（1986-04-19）[2017-08-12]. http://www.gov.cn/xxgk/pub/govpublic/mrlm/201208/t20120820_65479.html.

② 国务院批转民政部关于调整设市标准报告的通知.（1993-05-17）[2016-12-01]. http://www.chinalawedu.com/falvfagui/fg22598/55464.shtml.

③ 民政部关于对国发〔1993〕38 号文件具体问题的解释.（1993-08-08）[2017-01-02]. http://www.chinalawedu.com/falvfagui/fg22598/19767.shtml.

④ 国家统计局. 关于统计上划分城乡的规定（试行）.（1999-12-06）[2017-10-11]. http://www.stats.gov.cn/tjsj/ndsj/renkoupucha/2000pucha/html/append7.htm.

镇区，包括县及县以上（不含市）人民政府、行政公署所在的建制镇的镇区和其他建制镇的镇区。镇区是指：（1）镇人民政府驻地和镇辖其他居委会地域；（2）镇人民政府驻地的城区建设已延伸到周边村民委员会的驻地，其镇区还应包括该村民委员会的全部区域。

2006 年 3 月，国家统计局在其印发的《关于统计上划分城乡的暂行规定》中，界定城区为：（1）在市辖区和不设区的市中，街道办事处所辖的居民委员会地域；（2）城市公共设施、居住设施等连接到的其他居民委员会地域和村民委员会地域。镇区是指：（1）在城区以外的镇和其他区域中，镇所辖的居民委员会地域；（2）镇的公共设施、居住设施等连接到的村民委员会地域；（3）常住人口在 3 000 人以上的独立的工矿区、开发区、科研单位、大专院校、农场、林场等特殊区域。①

2008 年，国家统计局《统计上划分城乡的规定》强调城镇包括城区和镇区。② 城区是指在市辖区和不设区的市，区、市政府驻地的实际建设连接到的居民委员会和其他区域。镇区是指在城区以外的县人民政府驻地和其他镇，政府驻地的实际建设连接到的居民委员会和其他区域。与政府驻地的实际建设不连接，且常住人口在 3 000 人以上的独立的工矿区、开发区、科研单位、大专院校等特殊区域及农场、林场的场部驻地视为镇区。乡村是指上述划定的城镇以外的区域。

2010 年 5 月 20 日，国家统计局在经过历时 7 个月的全国城乡划分清查及统计用区划代码和城乡划分代码的编码工作后，通过了《统计用区划代码》和《统计用城乡划分代码》。这是以国家统计局令发布的国家统计标准，整合和规范了统计分类标准。之后国家各项普查、常规统计调查和专项调查都统一使用这两个代码标准。③ 统计用区划代码和城乡划分代码所涉及的数据，是国家统计局开展统计调查所涉及的区划范围，未包括我国台湾地区、香港特别行政区、澳门特别行政区。④ 统计用区划代码和城乡划分代码包括 12 位统计用区划代码（如北京市市辖区的统计用区划代码是 110100000000，广东省广州市的统计用区划代码是 440100000000，等等）、2 位城乡属性代码和 3 位城乡分类代码。

二、城镇化基本测量指标

（一）城镇化水平

城镇化水平是衡量城镇人口发展状况的基本指标，用一定时点某地域城镇人口占总人

① 国家统计局．关于统计上划分城乡的暂行规定．（2018－08－26）［2018－12－23］．http：//zwgk.jiangmen.gov.cn/xxgk_tjj/201808/t20180826_1641566.html.

② 国家统计局．统计上划分城乡的规定．（2008－07－12）［2018－02－01］．http：//www.stats.gov.cn/tjsj/pcsj/rkpc/6rp/html/fu11.htm.

③ 统计局：统计用区划和城乡划分代码分类标准出台．（2010－06－09）［2017－11－03］．http：//www.gov.cn/gzdt/2010－06/09/content_1623968.htm.

④ 国家统计局．2016 年统计用区划代码和城乡划分代码（截止 2016 年 07 月 31 日）．（2016－08－01）［2017－11－03］．http：//www.stats.gov.cn/tjsj/tjbz/tjyqhdmhcxhfdm/2016/index.html.

口的比例来表示，一般是百分比。

$$U=\frac{P^U}{P}\times 100\% \quad \text{（公式 12.9）}$$

其中，U 是城镇化水平，P^U 是城镇人口数量，P 是总人口数量。

城镇化是人口向城镇集中的过程，实质是农业人口向非农业人口、农村人口向城市人口转化的过程。在此过程中，居住在城镇地区的人口比例占总人口的比例即城镇化水平不断提升。城镇化不仅是一个地理空间的概念，还包含了经济、社会、文化等多重含义，涉及农村居民生产和生活方式的城市化、产业结构的调整、社会生产力的变化以及城乡关系的转换等。因此，仅通过城镇人口比例来研究城镇化水平是不够的，还应结合产业结构变迁等其他因素同时考虑。现代城市具有聚集性、高效性和开放性等特征。发达国家城镇化水平提升的根本动力来源于工业革命背景下，工业部门对劳动力的大量需求和对集聚效应的追求；发展中国家城镇化的动力则不仅来源于此，还来源于人们对在城市中可获得的预期收入、生活质量、个人和家庭的发展空间等多方面的高度评价与追求。①

世界人口城镇化水平总体上呈现上升态势。1800 年，全世界城市人口占当时总人口的比例仅为 5.1%；1900 年，城市人口占全世界总人口的比例达到了 13.3%。根据联合国 2014 年《世界城市化展望》数据，世界城市人口比例已从 1950 年的 30%提升为 2014 年的 54%，并预测在 2050 年时将达到 66%。② 我国城镇化水平在 2011 年首次突破 50%，从“乡土社会”转变为“城市社会”。

（二）城镇化速度

城镇化速度是衡量城镇化水平发展快慢的指标，一般可通过某国家或地区从低城镇化水平到较高城镇化水平所经历的年数来表达。

当假设城镇化水平呈现一定规律性变化趋势时，城镇化速度可用两个时点间的城镇化水平变动情况进行计算。

当城镇化水平呈线性变化时：

$$V^U=\frac{U_{t+n}-U_t}{n} \quad \text{（公式 12.10）}$$

当城镇化水平呈几何级数变化时：

$$V^U=\sqrt[n]{\frac{U_{t+n}}{U_t}}-1 \quad \text{（公式 12.11）}$$

当城镇化水平呈指数变化时：

$$V^U=\frac{\ln U_{t+n}-\ln U_t}{n} \quad \text{（公式 12.12）}$$

---

① 熊俊．对中国城市化水平国际比较中若干问题的探讨——兼论中国城市化水平的滞后性．中国人口科学，2009（6）：32－40.

② United Nations. World urbanization prospects（2014）．（2016－02－03）［2017－12－11］．https：//bbs.pinggu.org/thread－4203365－1－1.html.

其中，V^U 表示城镇化速度，U_{t+n} 和 U_t 分别代表 $t+n$ 年和 t 年时的城镇化水平。

利用上述公式计算的城镇化速度会受到期初城镇化水平的影响：水平较低时，城镇化速度相对较快；水平较高时，进一步提升城镇化水平难度增大，城镇化速度会变慢。在使用公式 12.11 时，还需注意时期内的城镇化速度必须是正或负增长，不能出现时增时减的情况。

三、城镇化水平的影响因素及城市发展

（一）城镇化水平的影响因素

城镇化水平的影响因素可归纳为国内乡城迁移、城乡人口自然增长差异、国际城市迁移和行政区划改变四个方面。

1. 国内乡城迁移

国内人口从乡村向城镇地区的迁移是城镇化的经典定义。从英国开始的产业革命后来席卷全球，一方面，城市需要大量的产业工人，另一方面，农业劳动生产率的提高将农村剩余劳动力从土地上解放出来，成为城市产业工人的后备军。在城乡经济发展水平、生活条件和预期收入存在巨大差距的条件下，乡村人口向城镇地区迁移成为发达国家曾经的、发展中国家正在经历的重大的历史事件。国内乡城迁移是发达国家城市化过程的主力，提升了城市人口在全部人口中的比例。而在发展中国家，国内乡城迁移能否提升城市人口比例还取决于城乡人口的自然增长率。

2. 城乡人口自然增长差异

自然增长是指由出生和死亡所决定的人口相对增减的过程，分为正增长、负增长和零增长三种结果。由于生育率水平受社会经济发展水平及人口的受教育程度、职业、观念等因素的影响，一般而言，城镇地区人口的生育水平相对较低，死亡水平受到医疗卫生条件、食品、营养、生活方式等因素的影响，城镇地区的死亡水平也相对较低。城乡自然增长的差异是城乡生育水平和死亡水平相对差异的博弈结果，城乡人口自然增长率的差异又部分决定了城市化的速度。在高度工业化和城市化的国家，农业人口的数量和比例都很小，城市化水平的进一步提升只能依靠城市人口的自然增长率。

3. 国际城市迁移

国家之间的人口迁移往往发生在城市地区，因而，国际城市迁移也是对城镇化水平产生重要影响的一个因素。

4. 行政区划改变

行政区划改变是比其他因素更为主观、更为行政化的一个现象。将原本的乡村地区在行政界定上更改为城镇地区是能够导致城市和城市人口数量迅速增长的途径。需要注意的是，行政区划改变所导致的城镇化水平变化，往往是基于对城镇地区的单一维度的定义（如仅考虑规模等），而不是同时考虑经济社会活动等内涵的概念。

（二）城市首位律与等级规模法则

随着城镇化水平的提升，城市之间的关系以及城市的发展规律日益引起关注。

1939 年，马克・杰斐逊（Mark Jefferson）提出了城市首位律（law of the primate city），对一个国家内部城市规模分布规律进行概括。这一法则基于他观察到的一种普遍现象，即一个国家的首位城市在规模上总要比该国的第二位城市大很多。首位城市是指在国家政治、经济、社会、文化生活中占据明显优势，吸引了全国绝大部分城市人口的城市。首位城市往往体现了整个国家和民族的职能和情感，发挥着举足轻重的影响。

城市首位度是指某地域第一大城市人口数同第二大城市人口数之比，衡量城市规模分布状况，反映了城市人口在最大城市的集中程度。

$$S_1=\frac{P_1}{P_2} \quad \text{（公式 12.13）}$$

其中，S_1 是某地域城市首位度，P_1 和 P_2 分别是第一大城市和第二大城市的人口数。

类似地，还可构建 4 城市指数（即某地域第一大城市人口数同以下 3 个大城市人口数之比）或 11 城市指数（即某地域第一大城市人口数同以下 10 个大城市人口数之比），反映的都是第一大城市与其他城市的人口规模比例关系。

城市首位度指标可反映一个地区或国家的城镇化内部构成状况。指标值越高，说明该地域城市化发展越不均衡。

1949 年，齐普夫（Zipf）提出了等级规模法则（rank-size rule），认为城市人口规模与其排序呈反比，用来解释一个国家城市规模与其等级之间的关系。

$$P_i=\frac{K}{r_i} \quad \text{（公式 12.14）}$$

其中，P_i 是第 i 个城市的人口数，r_i 是该城市的排序，K 是最大城市的规模。

（三）城市发展

在城市的发展历史中，城市发展始于某地区从乡村独立出来形成城市，继而城市发展为大城市乃至特大城市，再到以特大城市为中心连接若干城市形成城市群，这已成为一个规律。

以我国为例，随着人口增加和城镇化水平的不断提升，城市规模也日益扩大。1989 年 12 月 26 日颁布的《中华人民共和国城市规划法》第四条规定："大城市是指市区和近郊区非农业人口五十万以上的城市。中等城市是指市区和近郊区非农业人口二十万以上、不满五十万的城市。小城市是指市区和近郊区非农业人口不满二十万的城市。"[①]

2014 年 10 月 29 日，《国务院关于调整城市规模划分标准的通知》对我国原有城市规模

---

① 中华人民共和国城市规划法．(1989-12-26)［2018-03-13］. http：//www.npc.gov.cn/wxzl/gongbao/1989-12/26/content_1481128.htm.

划分标准进行了调整，明确以城区常住人口为统计口径，将城市划分为五类七档。[①]（1）城区常住人口 50 万以下的城市为小城市，其中 20 万以上 50 万以下的城市为Ⅰ型小城市，20 万以下的城市为Ⅱ型小城市；（2）城区常住人口 50 万以上 100 万以下的城市为中等城市；（3）城区常住人口 100 万以上 500 万以下的城市为大城市，其中 300 万以上 500 万以下的城市为Ⅰ型大城市，100 万以上 300 万以下的城市为Ⅱ型大城市；（4）城区常住人口 500 万以上 1 000 万以下的城市为特大城市；（5）城区常住人口 1 000 万以上的城市为超大城市。其中城区是指在市辖区和不设区的市，区、市政府驻地的实际建设连接到的居民委员会所辖区域和其他区域。常住人口包括：（1）居住在本乡镇街道，且户口在本乡镇街道或户口待定的人；（2）居住在本乡镇街道，且离开户口登记地所在的乡镇街道半年以上的人；（3）户口在本乡镇街道，且外出不满半年或在境外工作学习的人。

城市群（urban agglomeration）是指在特定地域范围内，以 1 个及以上特大城市为核心，由至少 3 个以上都市圈（区）或大城市为基本构成单元，依托发达的交通通信等基础设施网络，向周围城市辐射构成的空间组织紧凑、经济联系紧密并最终实现同城化和高度一体化的城市集合体。[②] 城市群的概念在 19 世纪末 20 世纪初由霍华德首次提出，当时使用的是城乡功能互补、群体集合的城市集群（town clusters）概念，其认为城市集群有助于解决城市问题；之后格迪斯（P. Geddes）提出了集合城市（conurbation）的概念；随后美国提出了大都市地区（metropolitan area）这一概念，并将其作为国家统计的地理单位之一，也成为后来世界各国最常用的城市功能地域概念。

城市群是国家工业化和城镇化发展到高级阶段的产物，其形成与发展是复杂的经济、社会、文化等各类因素相互作用的结果，是一种城市核心体系在一定区域集聚的城市化现象。城市群也是国家参与全球竞争和世界经济重心转移的重要承载体，随着世界经济重心的多次转移，每一次转移都带来了大规模的工业化和城市化，进而催生出一批又一批城市群。具体表现为，18 世纪后的工业革命使英国成为世界经济增长重心，推动形成了以伦敦至利物浦为轴线的英国伦敦城市群；19 世纪，世界经济增长重心转移到欧洲大陆，推动形成了法国大巴黎城市群和欧洲西北部城市群；20 世纪初期，世界经济增长重心从西欧转移至北美，使美国东北部和中部地区分别形成了北美大西洋沿岸（波士顿-纽约-华盛顿）城市群和北美五大湖城市群；21 世纪初期，世界经济增长重心移向亚洲太平洋地区，日本首先在亚洲东部地区形成了以东京-大阪为轴线的日本太平洋沿岸城市群，中国长江三角洲城市群、珠江三角洲城市群和京津冀城市群等世界级城市群和一系列国家级和地区级城市群正在形成和崛起。[③]

中国土地不足、资源短缺的基本国情决定了城镇化不能走蔓延型、分散化、低密度的

---

① 国务院关于调整城市规模划分标准的通知．(2014－10－29) [2017－11－11]. http://www.gov.cn/zhengce/content/2014－11/20/content_9225.htm.

② 方创琳，姚士谋，刘盛和，等．2010 中国城市群发展报告．北京：科学出版社，2011：25－33.

③ 方创琳，王振波，马海涛．中国城市群形成发育规律的理论认知与地理学贡献．地理学报，2018 (4)：651－665.

道路，而必须走紧凑型、集约化、高密度的道路。按照这一思路，城市群应成为新型城镇化的空间主体，是未来经济发展格局中最具活力和潜力的核心地区。国家“十一五”“十二五”“十三五”三个五年规划纲要连续 15 年把城市群作为推进新型城镇化的空间主体；党的“十七大”“十八大”“十九大”报告连续 15 年把城市群作为新的经济增长极；《全国主体功能区规划》把城市群作为重点开发区和优化开发区；2013 年年底召开的首次中央城镇化工作会议和《国家新型城镇化规划（2014—2020 年）》也把城市群作为推进国家新型城镇化的空间主体，提出以城市群为主导，构建大中小城市与小城镇化协调发展的城镇化新格局。

2015 年 4 月 30 日，中央政治局会议审议通过的《京津冀协同发展规划纲要》指出，推动京津冀协同发展是一个重大国家战略，根本目标是在 2050 年建成世界级城市群。核心是有序疏解北京非首都功能，调整经济结构和空间结构，走出一条内涵集约发展的新路子，探索出一种人口经济密集地区优化开发的模式，促进区域协调发展，形成新增长极。京津冀协同发展的进程既不同于国际上任何城市群的发展，也不同于国内长三角和珠三角地区的发展，是中国特色城市发展规律的实践，值得特别关注。

小　结

◇ 影响人口区域分布的因素有很多，包括自然因素，经济因素，历史、社会和政治因素，等等。

◇ 人口密度指标在性质上类似于平均数指标，因此，在计算人口密度指标的同时，还常常计算密度方差、密度变异系数指标，并将其作为人口分布离散程度的度量指标。

◇ 城镇化速度是衡量城镇化水平发展快慢的指标，一般可通过某国家或地区从低城镇化水平到较高城镇化水平所经历的年数来表达。

思考题

1. 胡焕庸线是什么？能否打破这一人口分布规律？
2. 怎样理解中国城乡人口统计口径的变化？
3. 如何度量城镇化速度？
4. 影响中国城镇化发展的主要因素是什么？

推荐阅读书目

1. 潘倩，金晓斌，周寅康．近 300 年来中国人口变化及时空分布格局．地理研究，

2013 (7).

2. 李若建. 1840—1990年中国大陆人口再分布概况. 中山大学学报(社会科学版), 1992 (1).

3. 熊俊. 对中国城市化水平国际比较中若干问题的探讨——兼论中国城市化水平的滞后性. 中国人口科学, 2009 (6).

第十三章
人口迁移统计

【导读】

迁移是影响人口增长的重要因素，也是个体生命历程中不容忽视的一类人口事件。相较死亡和生育，由于迁移在本质上是一种社会、经济、政治现象，加之其涉及空间要素，因此与迁移相关的统计和研究更为复杂。迁移和迁移者往往被同时界定，前者是一种人口活动，后者是发生该活动的人口。迁移不仅改变着地区间的人口分布格局、影响着迁移者的生活，对迁入地和迁出地的社会经济发展也具有立竿见影或潜移默化的作用。本章将回答：如何界定迁移和迁移者？如何区分流动和迁移？迁移数据从何而来？如何度量迁移的水平和模式？

第一节　迁移的基本概念

一、迁移的界定与分类

(一) 迁移的界定

迁移与死亡、生育等事件的最大差别在于其涉及空间要素。一般死亡和生育研究多聚焦于某时期某地域范围内的事件发生水平和模式，而迁移（migration）则离不开人口在空间上的位移。然而，并非所有的空间位移都可被称作迁移，需同时考察其常住地（usual residence）是否发生变动，以及移动的距离长短。[1] 人口迁移行为通常具有明确的目的和动因，具有稳定性和永久性倾向，一般会涉及常住地跨越行政区域的变动。

---

① Shryock H S，Siegel J S. The methods and materials of demography. New York：Academic Press，1976：373.

联合国国际人口学会界定人口迁移为“包括常住地址的改变及跨越行政边界的移动”，且认为在实践中，除非对离开原住地的时间长短或在目的地的停留时间长短有明确划分标准，否则难以区分迁移（住地变化比较持久）与临时流动（temporary moves）。[①] 可见，在上述定义中，界定人口迁移需从空间和时间两个维度综合考虑，空间方面包括地理区间的改变和常住地址的改变，时间方面可从迁出地和迁入地两个地域进行时间界定。

在经典教材《人口学的资料与方法》（*The Methods and Materials of Demography*）中，人口迁移被定义为“地理或空间上的移动（mobility），涉及常住地在划分清晰的地理单元之间的变化”，“不涉及常住地变化的居住地的暂时变化，以及常住地变化了的短距离移动”[②]。

在上述定义中，人口的空间移动是一个基本条件，而地理区间的跨越、常住地的变化（迁移目的）以及移动距离的长短，成为判断人口发生迁移与否的主要依据。

（二）迁移的分类

根据跨越的地理区间以及所经历的时间长短，可以对迁移进行分类。

按照是否跨越了国界，迁移区分为国际迁移（international migration）和国内迁移（internal migration）。按照是否跨越了省级行政管理区域，国内迁移又被分为跨省迁移和省内迁移。省内迁移还可以进一步细分为省内跨县迁移和县内迁移等。

根据迁出地和迁入地的城乡属性，迁移还可以被划分为城—城迁移、城—乡迁移、乡—城迁移、乡—乡迁移四类。大多数国家的城镇化过程也是乡—城迁移的过程，即大量农村人口迁移到城镇地区，并开始从事非农业劳动，因此城镇化过程和工业化过程往往相伴随。

根据迁移的时间长短，迁移可以分为长期迁移（一般指一年以上）和短期迁移、永久性迁移（指获得迁入地的国籍或永久居留权）和暂时性迁移等。

根据迁移策略，有逐步迁移、链式迁移、家庭化迁移等类型。逐步迁移是指迁移者先从迁出地如农村迁到比较近的乡镇地区，熟悉一段时间后再迁到小城市，最终迁入大城市的过程。但随着通信和交通技术的发达，也有不少迁移者选择直接闯入大城市，但一般会凭借地缘（如老乡）或业缘（如同行）关系谋求生路。链式迁移是指一部分人先行发生迁移行为，在其成功完成迁移后，再吸引或引导迁出地的个体进行迁移。家庭化迁移往往表现为链式迁移，即家庭中首位迁移者（通常是年轻男性）先在迁入地立稳脚跟，再逐步把家庭中的其他成员（妻子、子女、老人）带入迁入地，最终实现举家迁移。

根据迁移的目的，迁移可以区分为退休迁移、婚姻迁移、返回式迁移（或回迁）等。

根据迁移者的意愿，迁移可以区分为自愿迁移（voluntary migration）和被迫迁移

---

① 联合国国际人口学会．人口学词典．北京：商务印书馆，1992：91.

② Shryock H S，Siegel J S. The methods and materials of demography. New York：Academic Press，1976：349.

(forced migration)。自愿迁移往往是迁移者为了求学、就业、婚姻以及为了改变生活环境等而主动发生的迁移行为。被迫迁移则是由于战争、灾害、疫病等原因，原住民被迫离开居住地的行为。

此外，国家为了建造大型基础设施（如水库），为了改善贫困地区（如偏远山区）的人民生活，或为了加强某地区的建设（如边疆开垦），等等，也会劝导原住民进行迁移，或组织人员迁往目的地，这是有组织的迁移行为。以我国三峡水库建设中的移民过程为例，移民前后，需要进行核定搬迁人口（包括直接淹房人口、淹地不淹房需搬迁人口、规划增长人口等）、安排搬迁户的建房地点（包括分散后靠建房、集中居民点建房、进城/集镇建房三种主要形式），以及另行分配经济林木补偿费等一系列工作。①

二、迁移与流动

并非所有的国家都对迁移和流动行为进行区分，国际文献中通常只界定迁移，根据迁移的目的和时间等要素再区分永久性（permanent）迁移和暂时性（temporary）迁移。英国学者雷文斯坦（E. Ravenstein）在19世纪80年代曾提出人口迁移的规律，认为人口迁移主要是短距离的，迁移方向是由农村向城镇集中，人口迁移呈分级递进的特征，迁移流往往伴随着反迁移流，等等，这些规律同样适用于人口流动现象。

人口流动是具有中国特色的重要人口现象，其实质是：一方面，随着农业劳动生产率的提高，农村剩余劳动力逐步向非农产业和城镇地区转移；另一方面，在城乡二元体制下，从乡村进入城镇的人口难以获得城镇的户籍身份及附着于其上的相应权益和资源。人口迁移和人口流动都涉及迁移主体在空间上的变动，其区别在于户籍变化是否与空间变动一起发生。② 迁移是伴随有户籍变动的人口空间移动行为，流动则是指不伴随户籍变动的人口空间移动行为。

由于没有户口变动作为标志，无论是在时间标准还是在空间标准上，我国对人口流动的界定都存在较大的弹性③，相应的流动人口界定也存在同样的问题。如在1994年北京市实施的流动人口调查中，调查对象是指“调查时居住或停留在本地区，但户口不在本地区范围内的流入人口，以及户口在本地区范围内，但调查时已离开该地区的流出人口（本地区是指城近郊八区或远郊每个区县）”④；界定“流动人口”为“相对户籍人口而言的，指离开常住户籍所在地，跨越一定的行政辖区范围，在某一地区滞留从事各种活动的人口”⑤。这一定义没有考虑流动的时间标准，也没有考虑区分国籍。因此在此次调查得到的329.5

① 袁锦明，刘洪波，肖世平．三峡水库移民过程中的问题及解决办法．人民长江，2003（5）：10－11.

② 国家统计局人口和就业统计司，中国人民大学社会与人口学院．人口和就业统计分析技术．北京：中国统计出版社，2012：222.

③ 段成荣，孙玉晶．我国流动人口统计口径的历史变动．人口研究，2006（4）：70－76.

④ 北京市流动人口调查方案//邹兰春．北京的流动人口．北京：中国人口出版社，1996：31.

⑤ 同④10.

万“外来人口”中，既包括来自港澳台地区和国外的4.4万人，也包括因公出差、联系工作、开会考察、旅游购物、旅途中转、恋爱结婚人员，这些人员中滞留北京的时间在1天以上至1个月的占16.6%。① 随着城镇化水平不断提升和改革开放的深入，越来越多的流动人口“流而不动”，长期居留现象和家庭化现象日益突出。②

在户籍制度的约束下，界定中国的迁移流动行为时，还可以根据个体经常性居住地与户口登记地的一致性，将其划分为“人户一致人口”和“人户分离人口”。前者指经常居住在户口登记地的人口，后者则是指离开户口登记地在异地居住的人口。根据经常性居住地与户口登记地相异的程度，可将“人户分离人口”区分为广义和狭义两类。“广义人户分离人口”泛指所有离开户口登记地一定时间（通常为半年）以上在异地居住的人口，“狭义人户分离人口”也被称为“市内人户分离人口”，是指同一个城市人口经常性居住地与户口登记地分别处于城市内部不同区域的情况。“广义人户分离人口”减除“市内人户分离人口”，可以被视为一般的流动人口。以2000年全国人口普查为例，在被调查人口的5类户口登记状况中，第一类人（居住在本乡、镇、街道，户口在本乡、镇、街道）可被视为人户一致人口，而第二类人（居住在本乡、镇、街道半年以上，户口在外乡、镇、街道）和第三类人（在本乡、镇、街道居住不满半年，离开户口登记地半年以上）则通常被认为是广义的人户分离人口。再根据户口所在地信息，将广义人户分离人口进一步区分为城市内部人户分离人口、县（市）内流动人口、省内跨县（市）流动人口和跨省流动人口。③ 分析显示，我国沿海城市和特大城市的人户分离水平高于中西部城市；城市市区的人户分离水平高于郊县；城市的城乡接合部是人户分离人口的主要流入地，而市中心区则是人户分离人口的主要流出地；等等。④

“流动人口”“农民工”和“外来人口”等概念常常被混用。流动人口与迁移人口相对应，是改变了居住地但户口登记地没有相应改变的人口。农民工指从农业转移出来的农村户籍劳动者，包括在本乡镇从事非农劳动（包括本地非农务工和非农自营活动）6个月及以上的本地农民工和在本乡镇以外从业6个月及以上的外出农民工（包括住户中的外出农民工和举家外出农民工）。⑤ 其中外出农民工是流动人口的主体。农村“外出”农民工对于城镇而言就是“外来”农民工。外来农民工是外来人口的一部分，外来人口是相对于本地人口而言的、没有本地户口的外来人员。在全国性研究文献或政策条文中，一般使用“流动人口”或“农民工”这样的总体概念；在地域性研究文献或地方性政策法规中，才有可能使用“外来人口”或“外来劳动力”“外来务工人员”这样的术语。上述三个概念都与户

① 北京市流动人口调查报告//邹兰春．北京的流动人口．北京：中国人口出版社，1996：23.

② 段成荣，杨舸，张斐，等．改革开放以来我国流动人口变动的九大趋势．人口研究，2008（6）：30－43.

③ 翟振武，段成荣，等．跨世纪的中国人口迁移与流动．北京：中国人口出版社，2006：1.

④ 周海旺，杨昕．中国城市人口人户分离状况研究．中国人口科学，2002（2）：28－34.

⑤ 国家统计局．2012年全国农民工监测调查报告．（2013－05－27）［2017－02－11］．http：//www.stats.gov.cn/tjsj/zxfb/201305/t20130527_12978.html.

籍制度有关，反映出约束流动人口的先赋因素。① 随着中国劳动力市场整合和社会政策改革的进程，户籍身份对流动人口权利地位的不利影响正在减弱，流动人口概念的内涵和外延也在发生变化。

在对迁移人口和流动人口准确界定的前提下，研究迁移的各项指标也可以用来研究人口流动。

三、迁移的数据来源

迁移数据一般从人口普查、抽样调查和人口登记中获得。

（一）人口普查

在许多国家，人口普查是获得国内人口迁移数据的主要来源。在人口普查中询问被访者出生地点、普查前某时刻常住地、何时来本地居住等相关信息，可以由此判别其是否为迁移者、迁移发生的时间，以及迁移者在本地居住的时间长度等。

中国自 1990 年第四次全国人口普查开始，在普查表中首次增加了有关迁移流动的信息，询问了 5 年前（1985 年 7 月 1 日）常住地状况和迁来本地的原因。在随后的历次全国人口普查中，有关迁移流动的项目不断增加，且在户籍信息和个人信息中都有所体现。2010 年全国人口普查首次增加了国际迁移者的相关信息。

（二）抽样调查

通过抽样调查可以获得关于迁移的详细信息，一般针对迁移者询问。除了迁移的时间、迁出地、迁入地等信息外，还可以获得迁移次数、是否为回迁者、迁移的目的，以及在现住地的居留意愿等信息。另外，迁移者的其他人口和社会经济特征也可以通过抽样调查获得。

中国在 1987 年百分之一全国人口抽样调查中首次增加了人口迁移流动的相关信息，包括在本地的居住时间、最后一次从何地迁来、迁移原因等；之后普查间每 5 年的百分之一人口抽样调查和每年的千分之一人口变动抽样调查中均包含人口流动相关信息。自 2010 年开始，国家卫生部（今卫生健康委员会）在全国范围内开展了流动人口动态监测调查，样本点分布在 31 个省（区、市）和新疆生产建设兵团的 1 503 个县级单位，涉及 3 807 个街道（乡镇）、8 959 个居委会/村委会。这一数据鼓励使用者以单位的名义申请使用，每年发布的《中国流动人口发展报告》已成为我国流动人口研究的重要数据来源。国家统计局自 2008 年起在全国 899 个县、7 500 多个村组织进行的农民工统计监测调查，是全国农民工基础信息的重要来源。根据国家统计局农民工监测调查数据，2008 年全国农民工总量为 2.254 2 亿人，2017 年达到 2.865 2 亿人；其中外出农民工 2008 年为 1.404 1 亿人，2017 年

---

① 张展新，杨思思．流动人口研究中的概念、数据及议题综述．中国人口科学，2013（6）：102－112.

为1.718 5亿人。在2017年的外出农民工中，进城农民工1.371亿人，比2016年增加125万人。[①]

(三) 人口登记

人口登记制度在各国有很大差别，包括公民登记、生命登记、户口登记等不同制度。一般迁移信息是公民登记制度的一部分。国际人口迁移的数据一般通过海关和移民局等机构登记获得，但各国的登记标准和系统内容通常有较大差异，信息很难比较。中国的户口登记制度以常住人口登记卡和居民户口簿的形式记录了迁入迁出人员的相关情况。

四、迁移者的界定方法与分类

进行迁移活动的个体被称为迁移者或移民（migrant）。迁移者的原居住地为迁出地（the area of origin/departure），迁移的目的地为迁入地（the area of destination/arrival）。对于迁出地而言，迁移者为迁出者（out-migrant，国际迁移中为emigrant）；对于迁入地而言，迁移者为迁入者（in-migrant，国际迁移中为immigrant）。在某时期所形成的从一个地区到另一个地区的迁移者群体被称作迁移流（migrant stream）。

(一) 利用普查/调查信息界定迁移者与非迁移者的四种方法

利用普查/调查信息同时界定迁移者与非迁移者，按照参照的时期和地域，通常有四种方法。

1. 出生地法

通过比较一个人的出生地与其普查/调查时的登记地，将二者不相同的人视为“迁移者”，也称“曾迁移者”或“终身迁移者”（lifetime migrant）；将二者相同的人视作“非迁移者”（non-migrant）。这一方法只在出生地和普查/调查登记地两个地点之间进行比较，不能反映人口迁移发生的时间、回迁人口的迁移信息以及中间迁移过程，容易低估实际的人口迁移水平。

2. 居留时间法

根据对问题“您何时来本地居住”的回答，将出生以后没有始终在登记地居住的人口视为“迁移者”，将出生以后始终居住在登记地的人口视为“非迁移者”。利用这一方法定义的迁移者中包含了所有曾经发生过人口迁移的人，与出生地信息结合能够区分出回迁者，但没有考虑居住时间的长短以及跨越的地理区间的远近。

3. 前居住地法

根据对问题“您从何地来本地居住”的回答，将现住地（即普查/调查时的登记地）与前居住地不相同的人视为“迁移者”。这一方法与出生地法类似，也是在两个地点之间进行

---

① 国家统计局.2017年农民工监测调查报告.（2018-04-27）[2018-09-10].http://www.stats.gov.cn/tjsj/zxfb/201804/t20180427_1596389.html.

比较。与出生地信息结合，能够克服出生地法不能反映回迁人口迁移信息的缺陷，但仍不能反映人口迁移发生的准确时间。

4. 普查/调查前某时刻的居住地法

这一方法是通过比较普查/调查前某时刻（如5年前）居住地与普查/调查时登记地的异同，来区分迁移者与非迁移者。普查/调查前某时刻居住地与普查/调查时登记地不同的人是“迁移者”，否则为“非迁移者”。这一方法包含了时间与空间因素，但缺陷是：不能反映普查/调查前某时刻后发生过迁移但普查/调查时已回迁的人口迁移，也不能包含普查/调查前某时刻以后出生的人的迁移信息。

可以看到，上述四种方法主要依据的信息是地点和时间，但利用不同方法界定迁移者的口径是不同的，也均存在缺陷，应根据研究目的进行选择，并尽量结合多种信息进行界定。

（二）中国利用户籍信息界定流动人口

中国借助户口随迁与否判断迁移和流动行为，其中，对流动人口主要依据户籍信息、时间长度和跨越的行政区域进行界定。

在全国人口普查和变动抽样调查中，调查对象往往按户口状况和居住地类型被分为四类人：(1) 居住在本乡、镇、街道，户口在本乡、镇、街道；(2) 居住在本乡、镇、街道一定时间以上，户口在外乡、镇、街道；(3) 居住在本乡、镇、街道不满规定时间，离开户口所在地一定时间以上；(4) 居住在本乡、镇、街道，户口待定。由此可见，户口、时间和行政地域是三个重要因素，但不同部门在不同时期出于不同目的实施的普查和调查中，界定迁移者所依据的时间和地域标准并不相同。

就时间标准而言，1982年和1990年人口普查界定“迁入本地或离开户籍地时间1年以上者”为流动人口；而1987年、1995年和2000年抽样调查和全国人口普查则界定“迁入本地或离开户籍地时间在半年以上者”为流动人口。2005年抽样调查和2010年全国人口普查增加了“半年以下”的离开户口登记地时间识别项，以获得更精确的度量。

就跨越的行政区域而言，1982年和1990年全国人口普查都以县（市、区）作为人口流动的最小行政单元；1995年抽样调查和2000年全国人口普查则以“乡（镇、街道）”作为判别标准。2005年抽样调查在常住人口口径基础上，包含了“本调查小区”的全部人口，可以同时得到“户在人不在”的信息及“市内人户分离”人口情况。2010年全国人口普查以现有人口为口径，普查时点居住地增加了“本村（居）委会其他普查小区”的选项，户口登记地则增加了“本村（居）委会”的选项，据此可以得到跨村流动人口和市内跨居委会人户分离人口的信息。

流动人口是与常住人口相对应的。常住人口要成为流动人口，须同时具备三个条件：(1) 离开本人常住户籍所在地（人户分离）；(2) 跨越一定的行政辖区范围；(3) 在异地暂住、滞留，从事各种活动，最终仍返回原籍。

在对迁移者的界定中，中国大陆的界定原则和方法与国际上存在明显的差异，户口是否随迁、居住时间长短、是否跨越一定地理界限成为定义中的要素，其中户口随迁与否成为区分迁移和流动的主要标志。

(三) 迁移者的分类

与迁移的分类相对应，迁移者可以被划分为：国际迁移者、国内迁移者，跨省迁移者、省内迁移者，跨县迁移者、县内迁移者，永久移民、暂住者，合法移民、非法移民，婚迁者、回迁者（return migrant），等等。

第二节　迁移统计基本指标

迁移事件一般通过迁移率等指标进行测度，通常需要测量一定时期不同地区人口迁移的量、率与方向。

一、迁移量指标

人口迁移变动由迁入和迁出组成：迁入量与迁出量之差为净迁移量，即某地区迁移变动的结果对该地区人口数量产生多大影响；迁入量与迁出量之和为总迁移量，表明某地区实际参与迁移变动的人口规模是多少。

$$M_T = M_I + M_O \qquad \text{（公式 13.1）}$$

$$M_N = M_I - M_O \qquad \text{（公式 13.2）}$$

其中，M_T为总迁移量，M_N为净迁移量，M_I为迁入量，M_O为迁出量。

当净迁移量大于零时，结果为净迁入；当净迁移量小于零时，结果为净迁出；当净迁移量为零时，并不表示没有迁移发生，也可能是迁移量达到了动态均衡，即迁入的人数与迁出的人数恰好相等。

(一) 人口迁移矩阵

由于迁移不仅涉及方向，还涉及迁出地和迁入地，因为一般利用人口迁移矩阵计算人口的总迁移量和净迁移量指标。表 13.1 是人口迁移矩阵示意的各类迁移人数。

表 13.1　人口迁移矩阵

迁入地 / 迁出地	A	B	C	……	迁入量总计
A	AA	AB	AC		AB+AC+……
B	BA	BB	BC		BA+BC+……
C	CA	CB	CC		CA+CB+……
……					
迁出量总计	BA+CA+……	AB+CB+……	AC+BC+……		

矩阵的列表示迁出地（或出生地、5年前常住地等）；矩阵的行表示迁入地（或现住地）；行数与列数相等；AB表示现居住地为A，从B地迁入的人口；对角线AA、BB等表示某地区内的迁移人数（或各地区未发生跨区迁移的人数，可随研究目的而界定）。

通过人口迁移矩阵，可以直接计算人口迁移量指标。例如，以省级行政区域为单位的话，可计算全国各省迁入人口总数、迁出人口总数、总迁移量和净迁移量，以及各省省内迁移人口量（或未发生省际迁移的人口总数）。如果把迁移矩阵的行和列更换为城市和乡村，也可以得到城乡之间的人口迁移信息。

（二）间接估计迁移量

人口迁移矩阵简单直接，但前提是能够获得各地区一定时期的迁移人数，如果得不到迁移数据，我们可以利用间接估计的方法测算迁移量。

间接估计的基本思想是，对于一个假设为封闭人口的国家（即假设不存在国际迁移），任一地区两个时点之间的人口增长由其人口自然增长和国内人口迁移决定。根据人口普查资料，如果得到有关地区在两次人口普查时的人口数，根据第一次人口普查时的人口数，可以估算在假定没有区域间人口迁移时，在第二个人口普查时点上的预期人口数。而该地区在第二次人口普查时的实际人口数与上述预期人口数之间的差额，就是该地区在两次人口普查之间的国内人口迁移量。

上述思路利用人口平衡公式进行解释更易理解：某地区人口增长来源于自然增长和迁移增长，用人口增长总量扣除人口自然增长带来的变化部分之后，所得的差额即人口迁移引起的变动。

即由人口平衡公式

$$P_2-P_1=(B-D)+(M_I-M_O)$$

得到：

$$M_N=M_I-M_O=(P_2-P_1)-(B-D)$$

需要注意的是，通过这样的间接估计方法只能得到人口净迁移量，无法分别获取迁入人口量和迁出人口量。

二、迁移率指标

（一）事件率与“迁移率”

“迁移率”指标的计算严格来说，应该与度量其他事件如死亡、生育等的率指标一样，分子是事件数，分母是一定时期内暴露在分子事件中的人年数。在一定时期（通常为一年）内事件均匀发生的条件下，可用该时期平均人口数或期中人口数与时期长度（以年为单位）的乘积替代分母的人年数。当事件数与发生事件的人数相近时，可用发生事件的人数代替分子的事件数。率指标一般是千分数。

理论上，度量迁移强度的基本公式为：

$$m=\frac{M}{t\cdot\bar{P}}\times 1\ 000‰ \qquad \text{(公式 13.3)}$$

其中，M 表示某一时期内的迁移事件数，$\bar{P}$ 为同一时期内暴露在迁移“风险”下的平均人口数，t 是以年为单位的时期长度。

在迁移事件数据可得的情况下，按照公式 13.3 将某时期某地区迁入量、迁出量、净迁移量和总迁移量分别与同时期同地区的人年数相比较，可以说明该时期该地区人口迁移事件发生的相对强度。与其他事件率指标相似，除了计算针对全部人口的粗率指标，还可以计算年龄别率指标。

然而，一方面，迁移事件可能从不发生或多次发生（有些人终身未迁移，有些人多次迁移），且在人群中很难通过年龄（如生育事件中通过区分育龄人群，婚姻事件中通过区分婚龄人口）等属性进行简单归类，我们通常得到的只是发生了/发生过迁移事件的人数，迁移事件数与发生了/发生过迁移事件的人数之间并不相等；另一方面，人口迁移涉及两个地区——迁出地和迁入地，如何确定基础人口，或如何选择计算迁移率指标的分母，仍是尚未完全解决的问题。更为重要的是，迁入事件不能被视为迁入地人口暴露其中的风险，因为迁入者来自迁入地以外的地区，而迁出事件在某种意义上则可以视为迁出地人口面临的风险，可见对迁移事件的水平测度比死亡或生育事件复杂很多。因此在实践中我们计算迁移率时，相关指标的分子往往使用可以获得的发生了/发生过迁移事件的人数，分母使用相应的人口数（而非人年数），所得指标在性质上更接近于比例指标，而并非真正的事件率指标。

在只能获得发生了/发生过迁移事件的人口数的情况下，一个国家或地区内部人口迁移的程度可用迁移率指标表示，实际上是所有迁移人口占该国家或地区总人口的比重。

$$m_T=\frac{\sum M_{ij}-\sum M_{i=j}}{\sum M_{ij}}\times 100\% \qquad \text{(公式 13.4)}$$

其中，m_T 是国家或地区内部各子地区之间人口的总迁移率；i 和 j 分别代表迁入地和迁出地；M_{ij} 为调查时点所有从 j 地区来到 i 地区的人口，$\sum M_{ij}$ 为调查时点该国家或地区的总人口数；$\sum M_{i=j}$ 表示时期内该国家或地区未发生迁移的人口数。

（二）关注某地区视角下的人口迁移率

人口迁移率指标的计算有两种视角，相应的指标名称和计算方法也不尽相同。第一种视角是只关注某个地区的人口迁移现象，第二种视角是关注两个地区之间的人口迁移现象。第二种视角下的相关指标通常被称为“偏率”指标。我们先来看关注某地区视角下的人口迁移率的计算，假设该地区为 A。

1. 某地区人口迁入率

迁入率（in-migration rate）是指在某时期内迁入某地区的人口数占该地区期末人口数的比重。

$$m_A^I = \frac{\sum_j M_{Aj} - M_{AA}}{\sum_j M_{Aj}} \times 100\% \qquad \text{（公式 13.5）}$$

其中，m_A^I 表示 A 地区的迁入率，$\sum_j M_{Aj}$ 为调查时点 A 地区的现有人口数，M_{AA} 表示观察时期内 A 地区未发生迁移的人口数。

2. 某地区人口迁出率

迁出率（out-migration rate）是指在某时期内迁出某地区的人口数占该地区期初人口数的比重。

$$m_A^O = \frac{\sum_i M_{iA} - M_{AA}}{\sum_i M_{iA}} \times 100\% \qquad \text{（公式 13.6）}$$

其中，m_A^O 表示 A 地区的迁出率，$\sum_i M_{iA}$ 为 A 地区的期初人口数，M_{AA} 表示时期内 A 地区未发生迁移的人口数。

3. 某地区人口净迁移率

净迁移率（net migration rate）是指在某时期内迁入和迁出某地区的净人口数占该地区现有人口数的比重。

$$m_A^N = \frac{\sum_j M_{Aj} - \sum_i M_{iA}}{\sum_j M_{Aj}} \times 100\% \qquad \text{（公式 13.7）}$$

其中，m_A^N 表示 A 地区的净迁移率。

4. 某地区人口总迁移率

总迁移率（total migration rate）是指在某时期内迁入和迁出某地区的总人口数占该地区现有人口数的比重。

$$m_A^T = \frac{\sum_j M_{Aj} + \sum_i M_{iA} - 2 \cdot M_{AA}}{\sum_j M_{Aj}} \times 100\% \qquad \text{（公式 13.8）}$$

其中，m_A^T 表示 A 地区的总迁移率。

从迁移量指标可知，净迁移量等于迁入人口数与迁出人口数之差，总迁移量等于迁入人口数与迁出人口数之和。由此可以计算一个地区人口的净迁移率和总迁移率指标。但需要注意的是，在计算迁入率和迁出率指标时，所使用的分母并不相同，迁入人口数与现有人口数相呼应，迁出人口数与期初人口数相呼应，本质上是比例指标的要求，即总体中部分所占的比重（因为迁入人口包含于现有人口中，迁出人口包含于期初人口中）。原则上，净迁移率和总迁移率指标的分母应该是时期平均人口数，为了计算简便，通常采用现有人口数作为分母。上述四个指标名义上为“率”指标，实际上是比例指标。

上述迁入率、迁出率、净迁移率和总迁移率指标均可以分性别和年龄计算，指标值的大小不仅取决于地区间人口迁移量的多少，还取决于区域范围的大小。区域范围越小，发生迁移的人数相对越多。在进行不同区域或不同时期迁移指标比较时需加以注意。

此外，还可以计算如下两个指标。[①]

5. 某地区人口迁移参与度

人口迁移参与度是指在一定时期内某地区人口参与迁移的程度。

$$I_A=\frac{\sum_i M_{iA}-M_{AA}}{M_{AA}}\times 100\% \qquad \text{(公式 13.9)}$$

这一指标反映的是某时期某地区迁出人口数与该地区未迁移人口数的比值。各地区人口迁移参与度指标的比较，可反映不同地区人口参与全域迁移行为的程度。

6. 某地区迁移人口吸引度

迁移人口吸引度是指在某时期内某地区对迁移人口的吸引程度。

$$A_A=\frac{\sum_j M_{Aj}-M_{AA}}{M_{AA}}\times 100\% \qquad \text{(公式 13.10)}$$

这一指标反映的是某时期某地区迁入人口数与该地区未迁移人口数的比值。各地区迁移人口吸引度指标的比较，可反映不同地区对迁移人口的吸引力大小。

人口迁移参与度和迁移人口吸引度两个指标，虽然在计算时使用了百分比的形式，但本质上是比指标。

迁移相关指标的计算与数据质量和类型具有很密切的关系，除了借以区分指标性质（如事件率、比例还是比指标）之外，用固定日期法调查得到的人口迁移量有偏低的倾向，因为循环迁移的人数和在这一固定时期内死亡的迁移人数没有被计算在内，多次迁移的人数只被计算一次，在固定日期后出生的孩子也没有包含在内。[②] 需要在指标阐释和应用时注意这些问题。

三、迁移方向指标

人口迁移的一个重要特征是其具有方向性，这是死亡和生育等事件不具备的性质。有时候我们会特别关注从某个迁出地到特定迁入地之间的人口迁移率，即偏迁移率。偏迁移率是指在两个地区之间的人口迁移交换中，人口迁移事件发生的相对水平。偏迁移率的计算与上述关注某地区视角下的迁移率的计算相似，但需注意涉及两个地区。假设两个地区分别为 A 和 B。

（一）关注两个地区视角下的人口偏迁移率

1. 偏迁入率

偏迁入率（partial in-migration rate）表示从地区 B 迁入地区 A 的人口占地区 A 现有人

---

① 国家统计局人口和就业统计司，中国人民大学社会与人口学院．人口和就业统计分析技术．北京：中国统计出版社，2012：236－237.

② 查瑞传．人口普查资料分析技术．北京：中国人口出版社，1991：309.

口的比重。

$$m_{AB}=\frac{M_{AB}}{P_A}\times 100\% \qquad \text{（公式 13.11）}$$

其中，m_{AB}表示从地区 B 到地区 A 的人口偏迁入率，M_{AB}是从地区 B 迁入地区 A 的人口数，P_A为 A 地区的现有人口数。

2. 偏迁出率

偏迁出率（partial out-migration rate）表示从地区 A 迁出地区 B 的人口占地区 A 现有人口的比重。

$$m_{BA}=\frac{M_{BA}}{P_A}\times 100\% \qquad \text{（公式 13.12）}$$

其中，m_{BA}表示从地区 A 到地区 B 的人口偏迁出率，M_{BA}是从地区 A 迁出地区 B 的人口数。

3. 总人口互换率

总人口互换率（gross rate of population interchange）用来度量两个地区之间人口相互迁移往来的频繁程度。

$$GRI=\frac{M_{AB}+M_{BA}}{P_A+P_B} \qquad \text{（公式 13.13）}$$

其中，P_A 和 P_B 是 A 地区和 B 地区的现有人口数。

4. 净人口互换率

净人口互换率（net rate of population interchange）用来度量两个地区之间人口相互迁移的净流向。

$$NRI=\frac{M_{AB}-M_{BA}}{P_A+P_B} \qquad \text{（公式 13.14）}$$

NRI 为正值时，反映从地区 B 迁入地区 A 的人口数超过从地区 A 迁往地区 B 的人口数；NRI 为负值时，则表示相反的情况。

5. 迁移效率

迁移效率（effectiveness of migration）表示两个地区 A 和 B 净迁移人口占两个地区总迁移人口的比重。

$$E=\frac{|M_{AB}-M_{BA}|}{M_{AB}+M_{BA}}\times 100\% \qquad \text{（公式 13.15）}$$

E 的值域为 1%～100%，值越高，表明改变一个地区人口再分布状况所需的迁移量越少，即迁移效率越高。

由上述指标可见，关注两个地区视角下的偏迁移率相关指标与只关注一个地区视角下的迁移率指标相比较，偏迁移率指标只关心两个地区之间的人口迁移流动状况，而迁移率指标中人口的迁入可能来自其他多个地区，人口迁出也可能去往其他多个地区，聚焦点是人口的迁入和迁出对于所关注地区的人口的影响。

（二）迁移偏向指数

迁移偏向指数（migration preference index）（也被称为人口迁移选择指数、人口迁移偏好指数等）是以色列学者罗伯特·巴奇（Bachi）于1961年提出的，是某地区实际迁移人数与期望迁移人数之比，反映所研究地区迁移活动的剧烈程度，或实际迁移活动的活跃程度比平均水平高多少倍。

$$MPI=\frac{M_{DO}}{m\cdot P_O\cdot\dfrac{P_D}{\sum P_i-P_O}}\times100\%\qquad（公式 13.16）$$

假设一个国家或较大范围的地区共有 i 个子区域，P_D 为迁入地 D 的人口数，P_O 为迁出地 O 的人口数，$\sum P_i$ 为全部 i 个子区域或该国家（地区）的总人口数。

分子 M_{DO} 表示从迁出地 O 到迁入地 D 的实际迁移人数；分母表示从区域 O 向区域 D 的期望迁移人数，即按照平均迁移水平可能发生的迁移人数。m 表示全部 i 个区域或该国家（地区）总迁出人数与该国家（地区）总人口数之比，代表迁移的平均水平；m 与 P_O 的乘积表示区域 O 如果按照迁移平均水平迁出人口的话，预计总迁出人口数为多少；P_D 与 $\sum P_i-P_O$ 的比表示迁入地人口占所有可能迁入地人口的比例。

迁移偏向指数的基本思路是：一个地区的期望迁移数受全国平均迁移水平制约，且与迁出地和目的地的人口数成正比。由于期望迁移人数排除了人口分布对迁移量的影响，因此在某种程度上突出了影响迁移的其他因素的作用，有利于对具有不同社会经济发展水平的各地区之间的迁移活跃程度做出比较。计算不同地区之间的人口迁移偏向指数，通过比较可以看出更有人口吸引力的区域。值得注意的是，虽然某个地区总的预期迁出人数可由 m 与 P_O 相乘求得，总的预期迁入人数可由其他地区迁入该地区的预期人数相加求得，但是各个地区总的迁出或迁入偏向指数却不能以某地区迁往其他地区的偏向指数，或由其他各地区迁入某地区的偏向指数相加求得，而应当以实际的总迁出或总迁入人数与预期的总迁出或总迁入人数相比的方法求得。[①] *MPI* 等于1时，表示迁出地人口对迁入地不存在迁移偏向；*MPI* 大于1时，表示迁出地人口对迁入地存在正的迁移偏向，值越大，偏向越明显；*MPI* 小于1时，表示迁出地人口对迁入地存在负的迁移偏向，值越接近于0，偏向越小。

需要指出的是，人口迁移偏向指数只考虑了各区域的人口数量，而未考虑距离对迁移人数的影响；期望迁移人数假定某一等级所有地区的迁出率都一样，使用总迁移率计算。

基于1988年全国2‰人口生育节育抽样调查10%子抽样数据的分析结果显示，中国不同地区之间的迁移偏向指数存在较大差异，即各地区间迁移活跃程度的差别相当显著。当时4个相对集中且迁移偏向指数较高的地区是：北京-天津-河北地区、内蒙古-东北三省地区、江苏-上海-浙江地区，以及西北地区（除青海与宁夏之间）。迁移偏向指数与平均迁移

① 李伯华，梁春龙．中国省际间人口迁移活动程度比较．中国人口科学，1991（4）：8-15.

距离之间存在着显著的负相关关系。[①] 基于1990年全国人口普查数据10%抽样资料的分析，同样显示了迁移偏向指数与平均迁移距离之间的显著负相关关系，根据迁移偏向指数大于等于3的标准，省际迁移选择偏好圈可分为6个：(1) 北京、天津、河北圈；(2) 黑龙江、辽宁、吉林、内蒙古、山东圈；(3) 江苏、上海、安徽、浙江、江西、福建圈；(4) 广东、广西、海南圈；(5) 云南、贵州、四川圈；(6) 陕西、甘肃、宁夏、青海和新疆圈。[②] 基于2000年全国人口普查数据分析得到的结果与1990年全国人口普查数据分析结果相似，反映了人口倾向于向经济发达和投资活跃的地区迁移流动，京津区、华东区和华南区是我国人口迁移的最终目的地和中心地，其他地区的人口均向这三个中心区域迁移流动。[③]

四、迁移的年龄别和区域模式

在对死亡、生育相关事件的研究中，年龄别模式是备受关注的内容，反映不同年龄人口的事件发生水平。通常采用年龄别率的方式进行计算和分析。

迁移统计同样关注年龄别模式，且经验研究发现，迁移者和非迁移者在结构上往往存在较大差异，年龄和性别的选择性是迁移者突出的特征。但考虑到迁移事件数据的可获得性和准确性，往往通过对迁移者进行特征分析，以揭示迁移的年龄别模式。根据经典的年龄-迁移率模型，迁移的年龄别模式一般表现为：少儿时期迁移率较高，随后呈现下降态势；然后开始快速上升，到青壮年时期达到峰值；之后又开始下降到较低水平，在60～70岁（老年期）形成一个迁移小高峰。[④]

用某时期某年龄迁移人口数与该时期同年龄人口数相比，可以得到年龄别迁移率指标，用该指标对我国20世纪80年代的人口迁移年龄模式进行分析发现，我国人口迁移的年龄模式呈现高度集中的三峰形：从0～4岁组到5～9岁组，迁移率有所下降，在婴幼儿时期形成一个较小的迁移高峰；20～24岁组的高峰最为突出；在65岁之后，迁移率又重新回升。它反映出迁移率在各年龄段上的起伏变化与生命历程的主要活动具有明显的对应关系：孩童迁移主要跟随父母，学龄前迁移水平较高，入学后迁移强度下降；12岁之后，求学型和求职型迁移增加，迁移强度逐渐上升，特别是在进入婚龄后，婚姻迁移使人口迁移达到最高峰且以女性为主，体现为18～28岁间女性迁移强度明显高于男性；成年期，迁移水平相对稳定；进入退休年龄之后，迁移水平回升，形成新的迁移活跃期。[⑤]

此外，迁移的区域模式特点与变化也受到关注，这涉及人口迁移的方向及迁移人口的区域分布等。如基于2000年和2010年全国人口普查数据的分析显示：自20世纪90年代以

---

① 李伯华，梁春龙．中国省际间人口迁移活动程度比较．中国人口科学，1991 (4)：8-15.

② 李惠．利用选择指数研究我国省际人口迁移偏好．人口研究，1994 (5)：27-33.

③ 翟振武，段成荣，等．跨世纪的中国人口迁移与流动．北京：中国人口出版社，2006：55.

④ 周爽，黄匡时．中国流动人口年龄别迁移模式研究——基于2014年全国流动人口动态监测调查数据的分析．西北人口，2015 (6)：23-28.

⑤ 杨云彦．中国人口迁移年龄模式及其应用．人口学刊，1992 (4)：7-11.

来，我国省际人口迁移区域模式基本稳定，中西部地区人口主要向东部沿海地区特别是向京津冀、长三角和珠三角三大都市圈迁移，其仍然是中国省际人口迁移的主流；但同时也呈现出“迁出分布多极化、迁入分布集中化”的趋势；一些重要的人口迁出地和迁入地的迁出和迁入强度表现出强者恒强、强者更强的特征；人口迁入重心北移，长三角都市圈取代珠三角都市圈成为21世纪以来省际人口迁入的主要地区。[①]

小　结

◇ 人口迁移行为通常具有明确的目的和动因，具有稳定性和永久性倾向，一般会涉及常住地跨越行政区域的变动。

◇ 人口流动是具有中国特色的重要人口现象。人口迁移和人口流动都涉及迁移主体在空间上的变动，其区别在于户籍变化是否与空间变动一起发生。

◇ 由于迁移不仅仅涉及方向，还涉及迁出地和迁入地，因此一般利用人口迁移矩阵计算人口的总迁移量和净迁移量指标。

◇ 偏迁移率指标只关心两个地区之间的人口迁移流动状况，而迁移率指标中人口的迁入可能来自其他多个地区，人口迁出也可能去往其他多个地区，聚焦点是人口的迁入和迁出对于所关注地区的人口的影响。

思考题

1. 为什么要区分市内人户分离人口？市内人户分离人口与一般流动人口的差异是什么？
2. 如何利用人口迁移矩阵计算迁移量和迁移率指标？
3. 应该如何理解人口迁移的年龄模式和地域模式？

推荐阅读书目

1. 张展新，杨思思．流动人口研究中的概念、数据及议题综述．中国人口科学，2013（6）．

2. 段成荣，杨舸，张斐，等．改革开放以来我国流动人口变动的九大趋势．人口研究，2008（6）．

3. 杨云彦．人口迁移年龄模式的分解与合成．人口研究，1992（4）．

4. 翟振武，段成荣，等．跨世纪的中国人口迁移与流动．北京：中国人口出版社，2006．

---

① 王桂新，潘泽瀚，陆燕秋．中国省际人口迁移区域模式变化及其影响因素——基于2000和2010年人口普查资料的分析．中国人口科学，2012（5）：2-13．

第十四章 人口的社会经济特征统计

【导读】

人类人口至少具有两类特征。第一类是先赋特征（ascribed characteristics），如年龄、性别、种族、民族、出生地等，这些特征一般不会随着个人的成长而改变（如性别），或者会遵循可预见的规律而改变（如年龄），通常被称作人口特征。家庭背景有时候也被看作先赋特征，因为一个人很难改变自己的原生家庭。第二类是获得性特征（achieved characteristics），如婚姻状况、教育程度、居住安排、职业、收入、财富等，这些是个体在生命历程中获得的特征，会随着时间推移而发生变化，也被称作社会经济特征。本章主要关注人口的社会经济特征中有关婚姻、家庭、教育和就业的统计指标与方法。

第一节 婚姻统计

一、婚姻概述

婚姻是一种为当前社会制度所认可的、以两性结合为其自然条件的社会关系。婚姻状态是人口的一个主要特征，受到社会经济、政治、法律、文化、宗教和生理等因素的影响。婚姻与生育的关系是人口学的热门话题，在婚外生育较为少见的社会文化背景下，婚姻被视为生育的先决条件。婚姻状态与迁移等人口行为、就业等社会经济状况，乃至人的身心健康等均有着密切的联系。

婚姻在不同地区、不同时期乃至不同学科里的概念界定可能会有所不同，在进行分析比较时需要首先统一口径。婚姻包括登记婚姻（registered marriages）、同居（consensual unions）、事实婚姻（de facto marriages）等多种形式，且随着时代的发展和人们观念行为的变化，婚姻的概念也在发生变化。一般界定婚姻为男女两性受习俗、伦理、法律规范所缔结的夫妻关系。法律意义上的婚姻被认为是男女双方以永久共同生活为目的、以夫妻的权利和义务为内容的合法结合。[1] 同性婚姻（same-sex marriage）在荷兰、比利时、西班牙、挪威、瑞典、葡萄牙、冰岛、加拿大、南非、阿根廷等国被认为合法。[2] 本章在讨论婚姻统计时，仍使用两性婚姻的概念。

需要注意的是，统计意义上的婚姻界定和法律意义上的婚姻界定也有可能不一致。如中国全国人口普查中的婚姻指的是申报者自我认定的事实婚姻，包含那些未进行合法婚姻登记、以夫妻关系同居生活、外界也认为其是夫妻关系的两性结合。第五次和第六次《全国人口普查表填写说明》中均规定“人口普查的婚姻是指事实婚姻，不是单指法律意义上的婚姻，对不到法定结婚年龄，或未办理结婚手续而实际结婚、同居的人，应根据其在普查标准时点的实际情况，依照申报人的申报圈填”[3]。《中华人民共和国婚姻法》则规定：“要求结婚的男女双方必须亲自到婚姻登记机关进行结婚登记。符合本法规定的，予以登记，发给结婚证。取得结婚证，即确立夫妻关系。未办理结婚登记的，应当补办登记。”[4] 说明在我国具有法律效力、受到法律保护的婚姻必须是登记婚姻。

人口学观察婚姻有两个视角：一是状态视角，即某一时点个体所呈现的婚姻状态；二是事件视角，关注某一时期婚姻相关事件的发生水平与强度。由此相应的统计指标也分为两类。

二、婚姻状态及其度量指标

（一）婚姻状态分类与主要数据来源

在任何时点，每一个人都处于某种婚姻状态。婚姻状态通常分为四类：未婚（never married）、有配偶（currently married）、离婚（divorced）、丧偶（widowed）。有时会把有配偶进一步区分为初婚有配偶和再婚有配偶两类。近些年来很多抽样调查也将同居，即男女两性在性关系基础上共同生活的状态作为一种婚姻状态。很多国家的普查和调查中还会包含分居（separation）状态，主要是指在婚夫妻在离婚之前夫妻分开居住的一种状态。

婚姻统计数据主要来源于人口普查、人口抽样调查、人口婚姻登记等。中国的人口普查长表对 15 岁及以上人口询问其婚姻状态和结婚（初婚）年月。在很多人口抽样调查中，个体的婚姻状态也是不可缺少的一项内容。婚姻登记数据则主要来自民政部门。

---

① 杨大文．婚姻家庭法．北京：中国人民大学出版社，2000：3.

② 王森波．同性婚姻法律问题研究．上海：复旦大学，2011：85－87.

③ 国家统计局．第五次全国人口普查表的填写说明．（2000－11－02）［2017－10－13］．http：//www.stats.gov.cn/tjsj/pcsj/rkpc/5rp/html/append5.htm.

④ 中华人民共和国婚姻法．（2015－07－02）［2018－05－14］．http：//www.mca.gov.cn/article/gk/fg/shsw/201507/20150700849152.shtml.

(二) 基本指标

1. 各类婚姻状态人口所占比例

比例指标是人口婚姻状态统计最常用的指标。通常将 15 岁及以上总人口中处于未婚、有配偶、离婚、丧偶等各类婚姻状态的人口数与 15 岁及以上总人口数相比较，获得百分比指标。可用来观察人口的婚姻状态分布，以及进行不同时期或不同人口的婚姻状态变化或差异比较。

$$p^{mi}=\frac{P^{mi}}{P_{15+}}\times100\% \tag{公式 14.1}$$

其中，p^{mi} 是婚姻状态为 mi 的人口所占的比例，$mi=1$、2、3、4 分别表示未婚、有配偶、离婚、丧偶等不同婚姻状态，P^{mi} 指处于某类婚姻状态的人口数量，P_{15+} 指 15 岁及以上人口数量。

2. 性别年龄别人口婚姻状态比例

性别年龄别人口婚姻状态比例是处于各种婚姻状态的人在同性别、同年龄人口中所占的比例。

$$p_x^{mi,m(f)}=\frac{P_x^{mi,m(f)}}{P_x^{m(f)}}\times100\% \tag{公式 14.2}$$

其中，$p_x^{mi,m(f)}$ 是分性别、年龄为 x、婚姻状态为 mi 的人口比例，m（f）分别指男性或女性。

3. 不婚率

不婚率是性别年龄别人口婚姻状态比例指标中的一个特殊指标，指 50 岁及以上未婚人口数占相应年龄性别人口总数的比例。

$$U_m=\frac{P_{50+}^{nm}}{P_{50+}}\times100\% \tag{公式 14.3}$$

其中，U_m 表示不婚率，P_{50+}^{nm} 表示 50 岁及以上仍保持未婚状态的人口数，P_{50+} 表示 50 岁及以上的人口数。

不婚与未婚不同。未婚往往指个体自出生至青春期时的婚姻状态，随着年龄的增长，一个人口中绝大多数未婚者或早或晚会找到自己的配偶，发生初婚事件，进入有配偶者的行列。通常 15～49 岁被视作适婚年龄，超过年龄上限还未发生初婚事件的未婚者往往被认为婚配的可能性很小，将终身不婚。不婚指因为某种原因而终身不结婚或不准备结婚，不婚的原因有自愿不婚或非意愿不婚。虽然有些年轻人声称自己信奉“不婚主义”，但统计上通常只将超过适婚年龄（一般为 50 岁）还尚未婚配的未婚者视为潜在的不婚者。

计算不婚率指标有助于了解人口的婚姻挤压情况或婚姻普遍性程度。如在社会关注的中国青年大龄未婚问题中，有人认为“剩男是真问题，剩女是伪问题”，其理由就是超过 50 岁还尚未婚配的男性比例在某些地区和人群中仍比较突出，而 50 岁及以上女性中，未婚者的比例则非常低。2000 年和 2010 年全国人口普查数据显示，我国终身不婚者的男性比例不到4%，女性比例不到1%。[①] 影响不婚率的因素有很多，包括人口性别年龄结构、社会经济文化因素，以及人们的婚姻观念等。

需要注意的是，不婚率名义上是“率”，实际上是“比例”指标。

（三）年龄标准化

婚姻状态比例指标的缺陷在于其会受到人口年龄结构的影响。老年型人口的丧偶比例很明显会高于年轻型人口，而年轻型人口的未婚比例则会较高。为了控制年龄结构的影响，可以采用年龄标准化的方法，通过选取一个标准人口的年龄结构，计算标准人口的婚姻状态比例指标，并进行区域间或不同时期同一区域人口婚姻状态的比较。

以未婚比例为例：

$$p^{m1}=\frac{P^{m1}}{P_{15+}}=\sum_x\left(\frac{P_x^{m1}}{P_x}\cdot\frac{P_x}{P_{15+}}\right)=\sum_x\left(\frac{P_x^{m1}}{P_x}\cdot C_x\right)$$

其中，p^{m1}表示未婚状态人口所占比例，可分解为年龄别未婚比例与各年龄人口占15岁及以上人口比例的乘积的形式。

在进行比较时，为了排除年龄结构的影响，可用标准人口年龄结构替代实际人口年龄结构，将其与年龄别未婚比例相乘。

$$p^{Sm1}=\sum_x\left(\frac{P_x^{m1}}{P_x}\cdot\frac{P_x^S}{P_{15+}}\right)=\sum_x\left(\frac{P_x^{m1}}{P_x}\cdot C_x^S\right)$$

其中，p^{Sm1}表示标准化后的未婚状态人口所占的比例。

需要注意的是，标准化后的未婚比例指标只适用于比较，不能说明实际人口的真实未婚比例。

三、婚姻事件及其度量指标

婚姻事件指确立或解除夫妻双方合法关系的事实、仪式或过程。婚姻事件的发生会改变婚姻状态。未婚者通过初婚事件进入初婚状态，初婚者通过离婚事件成为离异者，离异者通过再婚事件重新进入在婚状态。丧偶状态由配偶死亡事件所导致。本节只讨论初婚、再婚、离婚等婚姻事件，这些事件的度量方式与出生、死亡等事件的度量方式类似，都通过率指标来实现。通常婚姻统计会特别着眼于15周岁及以上的人口，这是一种粗略的年龄控制方法，认为15岁以下的人结婚的可能性很小。根据分母对年龄和婚姻状态的控制程度，婚姻事件的测量指标可以分为粗率指标（crude rates）、一般率指标（general rates）和别率指标（specific rates）。

需要特别注意的是，在死亡和生育度量指标中，我们往往用发生事件的人数或事件结

---

① 刘爽，蔡圣晗．谁被“剩”下了？——对我国“大龄未婚”问题的再思考．青年研究，2015（4）：76－84.

果（如死亡人口数或出生人口数）代替事件发生数（如死亡事件数或生育事件数）；但在婚姻事件的度量中，每类事件均会涉及夫妻双方，且两个人的事件性质不一定相同（如一方初婚而另一方可能是再婚），所以一般会分性别计算，以便使事件发生数与发生事件的人数尽可能一致。以下指标均指分性别计算，不再特别强调。

（一）时期结婚率度量指标

1. 粗结婚率

粗结婚率（crude marriage rate，CMR）是最简单的结婚事件度量指标，指某时期（通常为一年）结婚事件数与同期总人口生存人年数之比，表示该时期结婚事件的发生强度。

$$CMR=\frac{M}{t\cdot\bar{P}}\times 1\,000‰ \qquad \text{（公式 14.4）}$$

其中，CMR 为粗结婚率，t 为以年为单位的时期长度，M 为时期内结婚事件数，$\bar{P}$ 为同时期平均人口数或期中人口数。

粗结婚率指标以总人口数为基础，并未排除总人口中的已婚人口，也未考虑不同人口的结婚风险，受总人口年龄结构（适婚人口占总人口的比例）和婚姻结构的影响。

2. 一般结婚率

一般结婚率（general marriage rate，GMR）指标将分母限定为适婚年龄人口，通常是15周岁及以上的人口，指某时期（通常为一年）15岁及以上人口中的结婚事件发生强度。

$$GMR=\frac{M}{t\cdot\bar{P}_{15+}}\times 1\,000‰ \qquad \text{（公式 14.5）}$$

需要指出的是，用15岁界定适婚年龄，是基于生理学基础的统计口径，与国家法定婚龄的规定并不一致。中国大陆现行《婚姻法》规定的男性和女性最低结婚年龄分别是22岁和20岁。一般结婚率指标会受到15岁及以上人口内部年龄结构的影响。

3. 年龄别结婚率

年龄别结婚率（age-specific marriage rate，ASMR）指标是对上述结婚率指标的进一步细化，分别计算各年龄人口的结婚率。通常分性别计算。

$$ASMR=\frac{M_x}{t\cdot\bar{P}_x}\times 1\,000‰ \qquad \text{（公式 14.6）}$$

其中，分子是某时期性别年龄别人口的结婚事件数，分母是同时期同性别年龄人口的人年数，通常用年中人口数或平均人口数表示。年龄分组可以是1岁，也可以是5岁。

如果数据允许，应该进一步按照婚姻状况对分母进行细化，限定为某时期某年龄不在婚（包括未婚、离婚和丧偶）人口（因为只有不在婚人口才有可能经历结婚事件），以便能更准确地度量事件与事件历险人群的关系。

4. 次数别结婚率

次数别结婚率（order-specific marriage rate）区分为初婚率和再婚率指标。如同生育事件一样，结婚事件也可能多次发生。有必要区分初婚、再婚以及多次结婚等情况。其中初婚事件具有特别的意义。因为初婚事件不可重复，每个人的生命历程中有且仅有一次初婚，初婚事件对于未婚人群而言，可视作单递减的生命过程。初婚率反映了人群的结婚普遍性，再婚率则反映了离异或丧偶人群再次进入婚姻的可能性。次数别结婚率的分母需要区分分子事件可能发生的人群。

初婚率是某时期（通常为一年）初婚事件数与同一时期 15 岁及以上未婚人口数（用平均人口数或期中人口数替代人年数）之比。

$$FMR=\frac{M^1}{t\cdot \overline{P}_{15+}^{nm}}\times 1\ 000‰ \qquad \text{（公式 14.7）}$$

其中，M^1 表示第一次结婚即初婚事件数，$\overline{P}_{15+}^{nm}$ 表示 15 岁及以上未婚平均人口数。

再婚率则是某时期（通常为一年）再婚事件数与同一时期 15 岁及以上离婚和丧偶人口数（用平均人口数或期中人口数替代人年数）之比。

$$RMR=\frac{M^2}{t\cdot \overline{P}_{15+}^{W+D}}\times 1\ 000‰ \qquad \text{（公式 14.8）}$$

其中，M^2 表示第 2 次结婚即再婚事件数，$\overline{P}_{15+}^{W+D}$ 表示 15 岁及以上丧偶和离婚的平均人口数。

5. 总和结婚率

总和结婚率指标指一个假定出生队列按照某时期年龄别结婚率度过一生，平均每人可能结婚的次数。其构造原理与总和生育率指标相似，是对年龄别结婚率的加总。通常分性别计算。

$$TMR = n\cdot\sum_{x=15}\frac{M_x}{\overline{P}_x} \qquad \text{（公式 14.9）}$$

其中，n 为年龄分组的组距。需要注意的是，分母中的人口数并未控制婚姻状态，不一定与分子中的婚姻事件相对应，且并未考虑死亡因素。

6. 结婚表

结婚表是生命表技术在婚姻领域的具体应用，指一个假定队列按照某时期年龄别结婚率度过一生可能走过的婚姻历程。与生命表中所有人最终全部死去不同，结婚表中所有人不一定最终全部结婚，会有部分人终身不婚。根据是否考虑死亡因素，可以分为粗结婚表和净结婚表。通常计算初婚表，其反映一个未婚队列的初婚历程。编制方法可参考第八章第三节的相关内容。

（二）结婚年龄度量指标

1. 平均初婚年龄

平均初婚年龄（mean age at first marriage，MAFM）是指某一时期（通常为一年）初次结婚人口的平均年龄，或同一出生队列人口初次结婚时的平均年龄，因而可以是时期指标，也可以是队列指标。一般分性别计算。

平均初婚年龄是一个以各年龄组初婚人数为权数的各初婚年龄组中值的加权平均数，公式为：

$$MAFM=\frac{\sum_x\left[\left(x+\frac{n}{2}\right)\cdot P_x^{fm}\right]}{\sum_x P_x^{fm}}\qquad\text{（公式 14.10）}$$

其中，n 为年龄组组距，x 是年龄组下限年龄，P_x^{fm} 是年龄别初婚人口数。

相较平均结婚年龄指标，平均初婚年龄指标更为重要，它对预测平均初育年龄和判断生育率的高低有重要意义。

平均初婚年龄指标受初婚者的年龄结构以及总人口年龄结构的影响，且某时期年龄别初婚人数的数据获取并不容易。

2. 初婚时平均单身年数

初婚时平均单身年数（singulate mean age at marriage，SMAM）是在无法获取时期年龄别初婚人数的条件下，利用时期婚姻状况数据，通过未婚人口比例指标估算的结婚人口在初婚前度过的平均单身年数，是平均初婚年龄指标的估计值。反映假设一个出生队列人口按照某时期的年龄别未婚比例度过一生，最终结婚的人口在初婚前保持单身的平均年数。可分性别计算。公式为：

$$SMAM=\frac{S-50\cdot U}{100-U}\qquad\text{（公式 14.11）}$$

其中，S 为最终结婚者在初婚前度过的单身总人年数，是各年龄组未婚比例与年龄间距的乘积。假设 15 岁代表初婚的起始年龄，15 岁之前的人口都处于未婚状态，这一阶段的单身人年数可用 15（年）×100（人）简单计算。U 为终身未婚者人数。假设 50 岁还未结婚的人将终身保持未婚状态，50 岁及以上年龄的未婚者数量及其处于未婚状态度过的单身人年数需从分母和分子中分别扣除。可用 50 岁前后两个年龄组未婚比例的简单算术平均值对终身未婚者人数进行估算。

这样，以 5 岁组数据为例，公式 14.11 可具体化为：

$$SMAM=\frac{15\times100+5\cdot\sum_{x=15}^{45}\mu_x-50\times\left(\frac{{}_5\mu_{45}+{}_5\mu_{50}}{2}\right)}{100-\left(\frac{{}_5\mu_{45}+{}_5\mu_{50}}{2}\right)}\qquad\text{（公式 14.12）}$$

其中，μ_x 是某时期年龄别未婚比例。分子表示在规模为 100 人的出生队列中，在 50 岁以前结婚者以未婚状态度过的单身人年总数；分母表示最终结婚的总人数，即从 100 人中减去终身未婚者人数。

需要注意的是，公式 14.12 中的未婚比例采用的是百分比指标，代表各年龄每 100 人中未婚的人数。*SMAM* 指标是平均初婚年龄指标的间接估计值，不受实际人口中初婚者年龄结构的影响。

（三）时期离婚率度量指标

1. 粗离婚率

粗离婚率（crude divorce rate，CDR）是最简单的离婚度量指标，指某时期（通常为一年）离婚事件数与同时期总人口生存人年数（通常使用平均人口数或年中人口数）之比。

$$CDR=\frac{D}{t\cdot \overline{P}}\times 1\ 000‰ \qquad \text{（公式 14.13）}$$

粗离婚率指标考虑了总人口数，但并未排除总人口中的离婚人口，也未考虑不同年龄人口的离婚风险，受总人口年龄结构和婚姻结构的影响。

2. 一般离婚率

一般离婚率（general divorce rate，GDR）指标将分母限定为适婚年龄人口，通常是 15 岁及以上的人口，指某时期（通常为一年）15 岁及以上人口中的离婚事件发生强度。

$$GDR=\frac{D}{t\cdot \overline{P}_{15+}}\times 1\ 000‰ \qquad \text{（公式 14.14）}$$

3. 年龄别离婚率

年龄别离婚率（age-specific divorce rate，ASDR）指标是对上述离婚率指标的进一步细化，分别计算各年龄人口的离婚率。

$$ASDR=\frac{D_x}{t\cdot \overline{P}_x}\times 1\ 000‰ \qquad \text{（公式 14.15）}$$

其中，分子是分性别年龄别人口的离婚事件数，分母是分性别年龄别人口的生存人年数，通常用年中人口数或平均人口数表示。年龄分组可以是 1 岁组，也可以是 5 岁组。

如果数据允许，应该进一步按照婚姻状况对分母进行细化，限定其为某时期某年龄有配偶人口（因为只有有配偶人口才可能经历离婚事件），以便能更准确地度量事件与事件历险人群的关系。

4. 总和离婚率

总和离婚率是指一个假定队列人口按照某时期年龄别离婚率度过一生，平均每人可能的离婚次数。其构造原理与总和生育率指标相似，是对年龄别离婚率的加总。通常分性别计算。

$$TDR = n\cdot \sum_{x=15}\frac{D_x}{\overline{P}_x}\times 1\ 000‰ \qquad \text{（公式 14.16）}$$

其中，n 为年龄分组的组距。需要注意的是，分母中的人口数并未控制婚姻状态，不一定与分子中的婚姻事件相对应，且并未考虑死亡因素。

5. 离婚结婚比

离婚结婚比（简称离结比）是指某一时期（通常为一年）某地区与每 100 对结婚对数相对应的离婚对数。这一指标反映某时期离婚事件相对于结婚事件的频率。

$$DMR=\frac{D}{M}\times 100 \qquad \text{（公式 14.17）}$$

需要特别指出的是，同一队列人口的离婚结婚比指标相当于离婚概率，即该队列人口每 100 对结婚者中有多少离异者，可以反映该队列人口的离婚风险；但对于同一时期人口的离婚结婚比指标而言，指标中的分子和分母不一定有关系，并不能够反映该时期离婚水平的高低。在实践中这一指标常常被误用和误解。

第二节　家庭统计

一、家庭相关概念与分类

家庭是由婚姻关系、生育关系和收养关系形成的社会基本单元。在每个人的生命历程中，通常会经历作为出生成长背景的父母给予的原生家庭和个体长大后自己成立的新生家庭，但两类家庭的边界和关系在不同社会、经济、文化背景下有所不同。

在进行家庭统计时，需要注意区分家庭与家庭户的概念。前者强调家庭成员间的关系，但不一定居住在一起；后者则是指居住在同一个住房单元中的家庭成员。户是由生活在一起的个人组成的社会经济单位，由共同享有住宅和主要膳食的一群人组成。一般我们通过入户调查获得的信息都是家庭户信息，因此利用数据所进行的家庭统计也往往是家庭户统计。

家庭按照家庭成员人数可区分为1人户、2人户、3人户等，按照家庭成员的代际数量可区分为一代户、两代户、三代户等，按照家庭结构可分为核心家庭（父母与未婚子女同住）、主干家庭或直系家庭（父母与已婚子女同住，同一代只有一对夫妇）、联合家庭（父母与已婚子女同住，同一代中有两对及以上夫妇）等。在我国还可以按照其户口性质分为家庭户和集体户（指相互之间没有家庭成员关系，集体居住生活在机关团体、企业、事业单位集体宿舍的人口登记单位）等。

家庭生命周期是家庭研究中常用到的概念或理论，指家庭从建立到解体所呈现的循环、变动过程，反映了以特定人口事件为标志的家庭发展的各个阶段。结婚标志着家庭形成；第一个孩子出生标志着家庭扩展；最后一个孩子出生标志着家庭扩展期结束；第一个孩子离开父母家，标志着家庭收缩；最后一个孩子离开父母家，标志着家庭收缩期完成；配偶中的一方死亡，标志着家庭进入解体期，直至配偶中的另一方死亡。以上六个阶段是经典的家庭生命周期历程，在此基础上，我们可以考虑离婚、父母的年龄、孩子的数量、事件发生的先后顺序等，还可对家庭生命周期阶段进行丰富。用上述事件的发生时间（如平均初婚年龄、平均初育年龄、平均初婚初育间隔、平均孩次间隔等）等，可以定量计算和比较不同人口或不同时期的家庭生命周期特点。①

---

① 田丰．中国当代家庭生命周期研究．北京：中国社会科学院，2011.

二、家庭户统计指标

（一）各类家庭户比例

各类家庭户比例指标就是不同类型的家庭户在总家庭户数中所占的比例，一般用百分比表示。

$$p=\frac{H_i}{\sum_i H_i}\times 100\%$$ （公式 14.18）

其中，H_i 为第 i 类家庭户的数量。

（二）平均家庭户规模

平均家庭户规模指标是最基本的家庭户统计指标，是家庭户总人口数与家庭户总数之比，反映一个家庭平均成员人数的多少。

$$MS=\frac{P}{H}$$ （公式 14.19）

其中，MS 表示平均家庭户规模，P 是家庭户总人口数，H 是家庭户总数。

将公式 14.19 中的分子（家庭户总人口数）替换为 18 岁及以上人口，可以构建平均每户成年人数指标；替换为婚姻单元总数（包括家庭户中夫妇对数、丧偶人数和离婚人数），还可以构建平均每户婚姻单元数指标。

（三）户主率

户主率指标是 20 世纪 90 年代开始被广泛使用的家庭统计指标，其基本公式为：

$$HR=\frac{H}{P}\times 1\,000‰$$ （公式 14.20）

从形式上看，户主率指标是平均家庭户规模指标的倒数。但是由于作为分母的人口数可以通过年龄、性别、婚姻状态等进行限定，而作为分子的家庭户总数可以理解为立户事件数（每一个家庭有且仅有一个户主，一个户主的产生就意味着一个家庭的成立），因此户主率指标可用来反映立户水平和倾向，被视作家庭领域难得的衡量事件强度的度量指标。

在实践中，通常分母用时期平均人口数或期中人口数替代率指标分母应有的人年数指标。

与其他率指标一样，户主率指标也可以分别计算粗率、一般率和别率。其中粗户主率是户主人数与总人口数的比；成年人户主率相当于一般率指标，是户主人数与成年人口数的比；分性别年龄别户主率，用分性别分年龄户主人口数与同性别同年龄人口数相比，反映不同性别、年龄人口的立户水平与倾向，与人口的性别年龄结构相结合可以描述家庭户的数量和平均家庭户规模。

基于分性别年龄别户主率指标，用一个标准人口的年龄性别结构与分性别年龄别户主率指标相结合，可以计算标准化后的平均家庭户规模指标，消除人口年龄性别结构的影响，以便于进行比较。

$$MS=\frac{\sum(P_x^m+P_x^f)}{\sum(HR_x^m\cdot P_x^m+HR_x^f\cdot P_x^f)} \quad \text{（公式 14.21）}$$

$$MS^S=\frac{\sum(P_x^{mS}+P_x^{fS})}{\sum(HR_x^m\cdot P_x^{mS}+HR_x^f\cdot P_x^{fS})} \quad \text{（公式 14.22）}$$

其中，MS 是平均家庭户规模，MS^S 是标准化后的平均家庭户规模。在公式 14.22 的标准化平均家庭户规模中，分别用年龄别标准化男性人口（P_x^{mS}）和年龄别标准化女性人口（P_x^{fS}）代替年龄别实际男性人口（P_x^m）和年龄别实际女性人口（P_x^f），以便于比较。

第三节　教育统计

一、受教育程度分类

人口的受教育程度标志着一个国家或地区的文化教育普及和发达程度，反映了该国或地区的人口素质和人力资本情况，也是推动社会进步和经济发展的重要基础。个体的受教育程度大致可分为两个层次：第一个层次用是否识字进行辨识，第二个层次则用受教育程度的层级进行区分。

在正规教育已经普及的社会，受教育程度（educational attainment）可按照层级法分为接受过初等教育（小学及以下教育）、中等教育（初中及高中教育）和高等教育（大专、大学及以上教育）3 类，或者更细致地用学历划分为未上过学、小学、初中、高中、大学专科、大学本科、研究生 7 类。在实践中，也可通过计算受教育年限（schooling years）来区分人口的受教育程度。

受教育程度信息可来源于全国人口普查和各类抽样调查，也可来源于教育部门的学生登记数据。中国在 1982 年第三次全国人口普查时，仅统计了用学历区分的“文化程度”（不识字或识字很少、小学、初中、高中、大学肄业或在校、大学毕业）；1990 年第四次全国人口普查在文化程度中增加了中专和大学专科两个类别，增加了学业完成情况（在校、毕业、肄业、其他）项目，且将文盲和半文盲的年龄下限从 12 周岁改为 15 周岁及以上，界定文盲（包括半文盲）为“15 周岁及以上不识字或识字不足 1 500 个，不能阅读普通书报、不能写便条的人”；2000 年第五次和 2010 年第六次全国人口普查则要求 6 周岁及以上的人填报“是否识字”、用学历区分的“受教育程度”，以及学业完成情况（在校、毕业、肄业、辍学、其他）信息。

二、教育相关度量指标

与婚姻指标类似，教育度量指标也可以分为状态度量和事件度量两大类。前者聚焦某时期某地区具有不同受教育程度的人口的分布情况，后者则关注入学、升学、毕业、辍学等教育过程中发生的事件的水平、模式、人群差异和社会经济影响等。需要指出的是，由于人口学研究更关心作为社会经济特征之一的人口受教育程度状态，而较少关注教育事件，因此教育事件相关度量（相对于其他事件率指标而言）并不规范，更多反映的是学校的教育质量和水平，而非人口事件的发生强度。

（一）状态度量指标

1. 人口受教育程度分布

人口受教育程度分布指的是某时期某地区不同层级受教育程度人口在总人口中的比重，是一个比例指标。常用 6 岁及以上作为年龄界限。

$$p^{E_i}=\frac{P^{E_i}}{P_{6+}}\times 100\% \qquad \text{（公式 14.23）}$$

其中，P^{E_i} 指教育层级为 i 的人口数量。

2. 识字率

识字率指的是 6 岁及以上人口中识字人口所占的比例。识字率是衡量人口受教育程度的初级指标。识字率指标不是真正的“率”指标，而是比例指标。

3. 文盲率

文盲率指的是在 15 岁及以上人口中不识字人口的比例。与识字率指标不同的是，文盲率指标用 15 岁作为年龄界限。文盲率指标不是真正的“率”指标，而是比例指标。

可以计算分性别年龄别文盲率指标，关注学龄人口和青年人口的受教育程度状况。

4. 每万人中拥有大专及以上受教育程度人口

识字率和文盲率衡量的是人口受教育程度的初级层次，每万人中拥有大专及以上受教育程度人口指标衡量的则是人口中接受过高等教育的比例。考虑到这一比例在总人口中可能会比较小，所以使用了万人作为单位，而不是百分比。

5. 人口平均受教育年数

按照教育等级或学历划分的人口受教育程度是一个分类变量，为了便于比较，常常利用加权平均数的方法计算人口平均受教育年限指标。

$$ASY=\frac{\sum_i (Y_i \cdot P_i^E)}{\sum_i P_i^E} \qquad \text{（公式 14.24）}$$

其中，ASY 是平均受教育年数，Y_i 是接受 i 层级教育程度所需的年数（一般规定小学为 6 年、初中为 9 年、高中或中专为 12 年、大专及以上为 16 年），P_i^E 是接受过 i 层级教育程度的人数。

（二）事件度量指标

1. 入学率

入学率（enrollment rate）是指某年龄段人口中在校学生数与该年龄段人口之比。① 与当地现行学制和规定入学年龄相对应的那部分应入学的人口称为适龄人口，适龄人口中的在校生所占比例为适龄人口入学率，反映与适龄人口相对应的教育普及程度。在实际统计时，一般以学年初为统计标准时点。

$$R_x^E=\frac{P_x^E}{P_x}\times100\% \qquad \text{（公式 14.25）}$$

其中，R_x^E 是适龄人口入学率，P_x^E 是学年初适龄人口中的在校学生数，P_x 是学年初适龄人口数。

如果不考虑在校学生的年龄，将在校学生数与相应的适龄人口数相比，则称为毛入学率，反映教育的相对规模和相应学龄人口接受某阶段教育的机会。其与适龄人口入学率的差别在于：在校学生中可能含有非适龄人口，因此会出现毛入学率超过 100%的情况。

2. 升学率

升学率是指当年高一层级全日制学校新生入学人数与同年某一层级学校毕业生数（或获得毕业证书人数）之比。②

$$R_i^H=\frac{P_{i+1}^E}{P_i^G}\times100\% \qquad \text{（公式 14.26）}$$

其中，R_i^H 是接受 i 层级教育的学生升学率，P_{i+1}^E 是 $i+1$ 层级教育入学初始的学生数，P_i^G 是经过 i 层级教育获得毕业证书的学生数。

升学率指标标志着两个层级学校之间的衔接情况，反映了毕业生升入高一层级学校学习的机会，在一定程度上显示了不同学校、不同地区教学质量的高低。常用的升学率指标有小学升学率、初中升学率和高中升学率。如小学升学率为初中招生数与小学毕业生数之比，初中升学率为高中阶段各类学校招生数与普通初中毕业生数之比，等等。

3. 毕业率

毕业率是指在某层级教育入学初始总人数中按规定学制定期毕业（即获得毕业证书）的学生所占的比重。③

$$R_i^G=\frac{P_i^G}{P_i^E}\times100\% \qquad \text{（公式 14.27）}$$

其中，R_i^G 是接受 i 层级教育的学生毕业率，P_i^G 是经过 i 层级教育获得毕业证书的学生

---

① 教育大辞典（增订合编本下）. 上海：上海教育出版社，1998：1295.

② 安文铸. 学校管理辞典. 北京：中国科学技术出版社，1991：437.

③ 同②.

数，P_i^E 是 i 层级教育入学初始的学生数。

毕业率指标标志着学校按规定目标培养学生的合格情况，在一定程度上反映了学校办学的内部效益。

4. 辍学率

辍学率（dropout rate）是指在接受某层级教育的人口中，未能完成该层级教育、中途辍学的人口比例，用学年内辍学学生总数与学年初在校学生总数相比计算。

$$R_i^D=\frac{P_i^D}{P_i^I}\times 100\% \qquad \text{（公式 14.28）}$$

其中，R_i^D 是 i 层级教育学生辍学率，P_i^D 是在学年内接受 i 层级教育的学生中辍学的学生数，P_i^I 是学年初始在校学生总数。学年内是指从学年初到下学年初以内；辍学学生是指除正常的毕业（结业）和升级、留级、转学以外，其他所有中途不再上学而离开学校的学生，包括休学、退学（办手续和不办手续）、开除、死亡、转出但未在另一学校继续上学的学生。这一指标可按年级计算，也可按各年级综合计算。①

尽管我国的义务教育和高等教育不断普及，人口的受教育程度迅速提升，但研究显示，农村地区学龄人口的辍学现象仍不容忽视，其主要发生在义务教育阶段，其中初中辍学现象与外出务工有紧密联系。②

严格来讲，在事件度量所用的率指标中，分子应该是所发生的事件数，分母是相应的时期人年数。但在教育相关统计中，很难获得事件发生数量，不同层级受教育程度与学生年龄、教育制度等有关，也不能准确获得各级、各年龄人口的相应统计数据，因此上述指标在本质上都是比例指标，甚至是比指标。

第四节　就业统计

就业是个人生命历程中的重要事件。人们不仅可以借此获取劳动收入，满足个体及其家庭成员的基本生活需求；还可以通过所从事的工作服务于社会，实现社会的良性运转，并体现劳动者的自身价值。就业统计是每个国家都非常关注的基础统计之一，劳动力资源的丰寡、劳动者素质的高低，以及劳动年龄人口的就业和失业状况不仅关系国计民生，也是国家稳定安全的晴雨表。掌握就业统计基本概念和主要指标有助于了解社会经济的主要信息，进行国家间劳动力及就业状况的准确比较。

① 中国资源科学百科全书（下）．北京：中国大百科全书出版社，2000：951.

② 牛建林．农村地区外出务工潮对义务教育阶段辍学的影响．中国人口科学，2012（4）：103-110.

一、基本概念

就业统计中的基本概念涉及人口和事件两部分，本节主要介绍劳动年龄人口、经济活动人口与非经济活动人口、就业人口和失业人口四个人口相关概念，以及就业和失业两个事件相关概念。

（一）劳动年龄人口

劳动年龄人口（working-age population）是按照法定劳动年龄对全体人口进行划分后所规定的范畴，是在一定年龄范围内可以参加社会劳动的人口。劳动年龄人口的规模及其结构是分析经济活动的重要指标，用于衡量一个国家或地区潜在的和实际的劳动力资源情况。资料可以从人口普查或人口抽样调查中获得。

各国由于社会经济条件不同，对劳动年龄人口的年龄界限的规定也各有差异。多数国家把年龄下限设定为15岁或16岁，把年龄上限设定为60岁或65岁。劳动年龄下限的规定是根据人体的生长成熟规律以及现代社会的正规教育制度而确立的，是对单位招收劳动者年龄下限的法律规定，为的是保护未成年人的合法权益。劳动年龄上限的规定一般是按照国家的退休制度进行的，意味着达到这一年龄的劳动者可以不再继续工作而享受国家所提供的养老待遇。《中华人民共和国劳动法》第十五条规定“禁止用人单位招用未满十六周岁的未成年人”①，由此规定了我国的劳动年龄下限是16岁。在1993年之前，我国对劳动年龄的上限也有规定，男性是60岁，女性是55岁；从1994年起，我国取消了对于劳动年龄上限的规定。

随着人们受教育程度的提高，受教育年限的延长，国家对劳动年龄人口年龄下限的规定有可能推后；而随着人们预期寿命的普遍延长和身体素质的不断增强，以及国家对于退休制度和养老保障制度的修订与完善，劳动年龄人口的年龄上限也有可能后延。近年来，为了应对人口老龄化带来的社会问题，美国、英国、德国和法国等国家都不同程度地采取了延迟退休年龄的措施，我国也在计划延迟退休年龄。如何既保障劳动者劳动的权利，又保障他们在达到一定年龄后休息的权利，是各国规定退休年龄时必须均衡考虑的问题。

（二）经济活动人口与非经济活动人口

经济活动人口（economically active population）是国际劳工组织（World Labor Organization）推荐使用的一个重要概念，是指劳动力资源中已经或要求参加社会经济活动的人口，在数量上等于就业人口与失业人口之和，其中就业人口又包括正在工作的人口和暂未工作的人口。经济活动人口能够反映一个国家或地区劳动力市场的总供给状况。

---

① 中华人民共和国劳动法．(1994-07-05)［2016-01-19］．http://www.mohrss.gov.cn/SYrlzyhshbzb/zcfg/flfg/fl/201601/t20160119_232110.html.

与经济活动人口相对应的是非经济活动人口（economically inactive population），其是指在劳动年龄内、有劳动能力、未参加且不要求参加社会经济活动的人口。包括：（1）16岁及以上的在校学生；（2）待学人员；（3）从事无报酬的家务劳动者；（4）离退休未再从业的人员；（5）食利者；（6）无从业愿望的其他人口；等等。在非经济活动人口中，一部分是处在被培养成为劳动力的过程中，一部分是从事家务劳动、不参加社会劳动的人口，他们均需要经济活动人口生产的产品和劳务来供养，属于被抚养人口。按照是否有收入，非经济活动人口还可以进一步被划分为无任何收入或报酬、需要依赖他人生存的被抚养人口，以及依靠年金、补助、股息、利息和房地租而生活的自我供养人口两大类。

根据2010年第六次全国人口普查数据，我国16岁及以上人口占总人口的比例为81.53%；在16岁及以上人口中，经济活动人口的比例为70.96%；在经济活动人口中，就业人口的比例为97.12%；而在就业人口中，正在工作的人口比例为97.39%。[①]

（三）就业人口

就业人口，是指在劳动年龄内、有劳动能力、从事一定社会劳动或经营活动，并取得劳动报酬或经营收入的人员。[②]

不同国家对于就业人口的界定并不相同。国际劳工组织根据第13届国际劳工统计大会通过的决议，界定就业人员为“在参照期内从事任何一种工作以获取薪酬或利润（或实物报酬）的人员，或者在此期间因生病、休假或产生争议等理由而暂时脱离工作岗位的人员”。一般认为，凡是在规定年龄之内，符合以下条件者都属于就业人员：（1）正在工作的人，指在规定的时间内能获取报酬或收入（现金或实物形式）的工作人员；（2）有正式的工作附属关系，但临时因疾病、受伤、休假、受教育或培训、劳动争议等不工作的人，以及单位因各种原因如恶劣天气、机械或电力故障、缺乏原材料或燃料等而临时停工的人；（3）雇主和自营人员，或正在协助家庭经营企业或农场而不领取报酬的家属人员，在规定的时间内有一定工作时间者；（4）已办理离休、退休、退职手续，但又再次从业（有酬和自营等各种方式）的人员。

在我国，就业人口的基础数据是通过国家统计局的劳动综合统计报表、城镇劳动力情况调查和人口变动情况抽样调查搜集汇总得到的。其中劳动综合统计报表通过全部独立核算单位逐级统计上报汇总得到从业人员数，城镇劳动力情况调查和人口变动情况抽样调查界定就业人口为在调查时点16周岁以上、有劳动能力、在调查周内从事过1小时有收入劳动的人员。

我国的就业人口还区分了单位就业人员，即在各级国家机关、政党机关、社会团体及企业、事业单位中工作，取得工资或其他形式的劳动报酬的全部人员。包括在岗职工、再就业的离退休人员、民办教师以及在各单位中工作的外方人员和港澳台方人员、兼职人员、

---

① 根据国家统计局《中国2010年人口普查资料》长表数据资料表4-1计算。网址为 http://www.stats.gov.cn/tjsj/pcsj/rkpc/6rp/indexch.htm。

② 就业人口在实践中也被称作“就业人员”“在业人口”或“从业人口”等。

借用的外单位人员和第二职业者，不包括离开本单位但仍保留劳动关系的职工。其中，在岗职工是指在本单位工作并由单位支付工资的人员，以及有工作岗位，但由于学习、病伤产假等原因暂未工作，仍由单位支付工资的人员。

随着经济和社会的发展，对于就业人口范围的界定也在发生变化。如从事股票经营活动的人口，现在被认定为从事资产经营类的社会经济活动的人口，也被统计为就业人口；家务劳动者是否算就业人口一直存在争论，现在一般的处理原则是：凡是社会劳动可以替代的家务劳动都应视作社会劳动，这类家务劳动者应被视作就业人口。2015 年我国就业人口总数为 7.75 亿人（见表 14.1）。

表 14.1　中国部分年份就业人口总数及其城乡和产业结构（万人）

年份	总人口数	就业人口数	按城乡分		按产业分		
			城镇就业人员	乡村就业人员	第一产业	第二产业	第三产业
1980	98 705	42 361	10 525	31 836	29 122	7 707	5 532
1985	105 851	49 873	12 808	37 065	31 130	10 384	8 359
1990	114 333	64 749	17 041	47 708	38 914	13 856	11 979
1995	121 121	68 065	19 040	49 025	35 530	15 655	16 880
2000	126 743	72 085	23 151	48 934	36 043	16 219	19 823
2005	130 756	74 647	28 389	46 258	33 442	17 766	23 439
2010	134 091	76 105	34 687	41 418	27 931	21 842	26 332
2015	137 462	77 451	40 410	37 041	21 919	22 693	32 839

注：(1) 1980 年的总人口数为户籍统计数据，1990 年、2000 年、2010 年的总人口数为当年人口普查数据推算数据，其余年份的总人口数为人口抽样调查推算数据。表内数据均为年末数。(2) 总人口中包括现役军人。(3) 1990年及以后的全国就业人员数据根据劳动力调查、人口普查推算，2001 年及以后数据根据第六次全国人口普查数据重新修订。(4) 总人口数来自《中国劳动统计年鉴 2016》表 1-2，其他数据来自《中国劳动统计年鉴 2016》表 1-5。

(四) 失业人口

失业人口是相对于就业人口而言的，指 16 周岁以上、有劳动能力、在某一个时期内未从事有收入的劳动、当前有就业可能并正在以某种方式寻找就业机会的人口。

我国劳动和就业统计通常只统计城镇失业人口，指城镇常住人口中一定年龄以上、有劳动能力、在调查期间无工作、当前有就业可能并以某种方式寻找工作的人员。城镇失业人口数据一般通过城镇劳动力调查获得。城镇劳动力调查将城镇 16 岁及以上、具有劳动能力并同时符合以下各项条件的人员列为失业人口：(1) 在调查周内未从事为取得劳动报酬或经营利润的劳动，也没有处于就业定义中的暂时未工作状态；(2) 在某一特定期间内采取了某种方式寻找工作；(3) 当前如有工作机会，可以在一个特定期间内应聘就业或从事自营职业。

我国城镇失业人口的更连续的数据是通过城镇登记失业人口数据来表现的。城镇登记失业人员是指有非农业户口、在劳动年龄（16 周岁至退休年龄）内、有劳动能力、无业而要求就业，并在当地就业服务机构进行求职登记的人员。不包括：(1) 正在就读的学生和等待就学的人员；(2) 已经达到国家规定的退休年龄或虽未达到国家规定的退休年龄但已经办理了退休、退职手续的人员；(3) 其他不符合失业定义的人员。根据《中国劳动统计年鉴 2016》，2015 年年末我国城镇登记失业人数为 966 万人。[①]

（五）就业

就业（employment）是指达到法定年龄、具有劳动能力和求职愿望的劳动者依法从事某种社会劳动，并取得相应劳动报酬或经营收入的行为。

就业具有 4 个要素规定：年龄下限、劳动能力、劳动时间、劳动报酬。就业的年龄下限一般设定为 16 周岁，不设年龄上限；一般针对具有劳动能力的人进行统计；劳动时间通常以周为参照期，以 1 小时为最低标准，如在调查时点前一周内从事过 1 小时有报酬或收入的工作即可界定为就业。在就业群体中，还可以按照劳动时间长短进一步分类，通常周工作 40 小时为标准劳动时间。只要有报酬，不管收入多少，也不管报酬形式（工资、薪金、佣金、小费、计件工资或实物报酬等），都视为就业，但通常以最低小时劳动报酬标准为参照。

以劳动时间是否充足、劳动报酬是否达到一定标准为基本标志，可以将就业区分为充分就业和不充分就业。西方经济学家凯恩斯在其名著《就业、利息和货币通论》中，界定“充分就业”为“在某一工资水平下，所有愿意接受这种工资的人都能得到工作”。1966 年，国际劳工统计大会在考虑了就业者的职业技能（包括培训和工作经历）情况之后，从专业标准和可择职业两个方面进行衡量，认为“如果一个人的就业是不适当的，那么他就是不充分就业”。1982 年，第 13 届国际劳工统计大会进一步将不充分就业分为有形不充分就业和无形不充分就业两大类。前者以工作量不足为特征，是指参考期内正在寻找适合附加工作的人；后者以收入低、技能利用程度低、劳动生产率低为特征。1998 年，第 16 届国际劳工统计大会将不充分就业界定为与工作时间相关的不充分就业和就业不足。前者指当一个在职者的工作时间不足，他愿意和可以同时从事一个可供选择的工作；后者包括“与职业技能相关的就业不足”“与收入相关的就业不足”，以及“工作时间过长”。其中“工作时间过长”指在参照期内，在职者想要或企图工作更少的时间，相应地减少自己的收入，这种就业状态也被认为属于不充分就业。2013 年，第 19 届国际劳工统计大会则将不充分就业归入劳动力利用不充分的范畴。[②]

我国劳动和社会保障部在 2003 年将不充分就业界定为：劳动时间少于法定工作时间；劳动报酬低于当地最低工资标准，高于城市居民最低生活保障标准；本人愿意从事更多工作。这一定义将不充分就业与劳动报酬联系在了一起，但是通过这一定义得到的统计结果不具有可比性，因为“最低工资标准”和“最低生活保障标准”在全国各地存在着很大的

① 数据源自《中国劳动统计年鉴 2016》表 2-1。

② 马永堂．关于就业、失业和不充分就业的国际定义与统计方法．中国劳动，2015 (2)：21-26.

差异，即使同一个省也很难一致，这一定义也把广大的农村劳动力排除在了统计范围之外，只是针对城市劳动力而言的。有学者界定了农村劳动力的不充分就业，即“每个单位农村劳动力每年有效工时数低于公认的单位农村充分就业劳动力年工作时数标准的一种状态”①。其中，每个劳动力每年有效工作时间为250天（一年当中扣除每周2天休息和11天的节假日），以每天工作8小时计，农村标准充分就业劳动的有效工作时数为8×250=2 000小时/人年。由于衡量基准还存在争议，不同国家和地区对劳动时间和劳动报酬的规定也不一致，目前关于不充分就业的定义还很难统一。

随着中国经济的发展和就业形式的多样化，“灵活就业”或“非正规就业”的概念被提出，其与传统主流就业方式即在正规单位中长期、稳定就业，单位承担社会保护的责任，劳动者在单位中、在规定的工作时间内劳动，规律地获得稳定的劳动报酬相对应。根据我国的实际情况，灵活就业被界定为“在正规就业形式之外的其他就业形式，指在劳动时间、收入报酬、工作场地、保险福利、劳动关系等方面不同于建立在工业化和现代工厂制度基础上的、传统的主流就业方式的各种就业形式的总称”。灵活就业多是在非正规部门的就业，主要人群包括以非全日制、临时性或弹性工作等灵活形式就业的人群，其种类和涵盖的领域十分广泛，既包括律师、作家、中介服务者等高层次的自由职业者，也包括非全时工、季节工、劳务承包工、家庭小时工等一般劳动者。②“灵活就业”或“非正规就业”在一些发展中国家已成为最主要的就业形式，在许多发达国家，其对经济发展的重要性也在逐步提高。随着我国经济改革的深化和劳动力市场的逐渐建立，“灵活就业”或“非正规就业”在解决城市职工再就业问题和促进大量农村劳动力向非农产业转移中的作用日益显现。近年来互联网平台的使用对灵活就业人员的从业现状和就业决策也产生了深刻的影响。③

（六）失业

失业（unemployment）是指具有劳动能力和劳动意愿的劳动者未能获得有报酬或经营收入的社会劳动但目前正在寻找的行为。

理论上，根据失业原因，有5种类型的失业：（1）摩擦性失业。指由于求职的劳动者与需要提供的岗位之间存在时间滞差而形成的失业。如青年学生毕业后未能及时找到工作、工人转移岗位时出现工作中断等。（2）季节性失业。指由于某些行业的生产条件或产品受气候条件、社会风俗或购买习惯的影响，生产对劳动力的需求出现了季节性的波动，适龄劳动者在非生产季节无工作和无工资收入的状况。（3）技术性失业。指使用新机器设备和材料、采用新的生产工艺和新的生产管理方式，导致社会局部生产节省劳动

---

① 何景熙．不充分就业及其社会影响——成都平原及周边地区农村劳动力利用研究．中国社会科学，1999（2）：34-50.

② 中国劳动和社会保障部劳动科学研究所课题组．中国灵活就业基本问题研究．经济研究参考，2005（45）：2-16.

③ 詹婧，王艺，孟续铎．互联网平台使灵活就业者产生分化了吗？——传统与新兴灵活就业者的异质性．中国人力资源开发，2018（1）：134-146.

力而形成的失业。(4) 结构性失业。指由于国民经济产业结构的变化及其生产形式和规模的变化，劳动力结构不能与之适应而导致的失业。(5) 周期性失业。指由于周期性经济危机对就业产生影响而形成的失业。

根据劳动者的主观愿望，失业还可以分为自愿性失业和非自愿性失业；根据失业时间，可分为短期失业和长期失业，其中长期失业是指连续失业时间超过1年的情况。

根据中国劳动力调查项目，我国失业人口的不在业原因可以被归纳为离退休、料理家务、毕业后未工作、因单位原因失去工作、因个人原因失去工作、承包土地被征用和其他，共7类。在2010年第六次全国人口普查中，失业人口未工作的原因就是按照上述分类统计的。数据显示，毕业后未工作的比例为24.03%，是在所有类别中占比最高的未工作原因；其次分别是其他原因 (20.64%)、因单位原因失去工作 (19.09%)、料理家务 (15.77%)、因个人原因失去工作 (15.18%)、承包土地被征用 (3.97%)、离退休 (1.32%)。①

二、主要指标

就业统计的主要指标可以划分为静态和动态两类。静态指标根据普查或抽样调查中人口的在业状态及其行职业信息，通常计算结构；动态指标则是根据就业或失业信息进行的事件分析。值得注意的是，与死亡、生育等事件不同，就业事件很难获得准确完整的数据，往往通过处于不同就业状态的人口来反映，因而也并不能计算出真正衡量事件发生水平和强度的严格意义上的率指标。

(一) 在业人口的行业 (产业) 结构指标

1. 行业、产业及其分类

行业是指劳动者所在单位的经济活动性质。

行业分类随着国家国民经济的发展不断在变化。以21世纪以来我国的两次全国人口普查为例。在2000年第五次全国人口普查中，行业分为16类，分别是农、林、牧、渔业，采掘业，制造业，电力、煤气及水的生产和供应业，建筑业，地质勘查业、水利管理业，交通运输、仓储及邮电通信业，批发和零售贸易、餐饮业，金融、保险业，房地产业，社会服务业，卫生、体育和社会福利业，教育、文化艺术及广播电影电视业，科学研究和综合技术服务业，国家机关、政党机关和社会团体，其他行业。② 在2010年第六次全国人口普查中，行业则被划分为20类，分别是农、林、牧、渔业，采矿业，制造业，电力、燃气及水的生产和供应业，建筑业，交通运输、仓储和邮政业，信息传输、计算机服务和软件

① 根据国家统计局《中国2010年人口普查资料》长表数据资料表4-1计算。网址为 http://www.stats.gov.cn/tjsj/pcsj/rkpc/6rp/indexch.htm。

② 可参考国家统计局《中国2000年人口普查资料》长表数据资料表4-1。网址为 http://www.stats.gov.cn/tjsj/pcsj/rkpc/5rp/index.htm。

业，批发和零售业，住宿和餐饮业，金融业，房地产业，租赁和商务服务业，科学研究、技术服务和地质勘查业，水利、环境和公共设施管理业，居民服务和其他服务业，教育，卫生、社会保障和社会福利业，文化、体育和娱乐业，公共管理和社会组织，国际组织。[①]对两次普查的行业分类进行比较可以发现，2010 年的分类不仅更为细致，对有些行业的名称也做了改动，如"采掘业"改为"采矿业"、"煤气"改为"燃气"等，行业分类的拆并也同时反映了行业本身的发展变化以及人们对于行业性质的重新认识。2017 年国家质量监督检验检疫总局和中国国家标准化管理委员会发布了《国民经济行业分类》(GB/T 4754-2017)[②]，其取代了原来的 2011 年版国家标准，这是继 1984 年我国首次发布《国民经济行业分类》国家标准后所进行的第四次修订（分别在 1994 年、2002 年和 2011 年进行了第一、第二和第三次修订)。在 2017 年的国标中，20 个行业门类分别是：农、林、牧、渔业，采矿业，制造业，电力、热力、燃气及水生产和供应业，建筑业，批发和零售业，交通运输、仓储和邮政业，住宿和餐饮业，信息传输、软件和信息技术服务业，金融业，房地产业，租赁和商务服务业，科学研究和技术服务业，水利、环境和公共设施管理业，居民服务、修理和其他服务业，教育，卫生和社会工作，文化、体育和娱乐业，公共管理、社会保障和社会组织，国际组织。每一门类中分若干大类，每一大类内再分为若干中类，每一中类又可细分为若干小类。

由于行业分类众多，为了便于国民经济核算、各项统计调查及国家宏观管理，往往会根据社会生产活动历史发展的顺序将各行业进一步划分为第一产业（即劳动对象直接取自自然界的行业，一般包括农、林、牧、渔业，但不包含相关服务业)、第二产业（即对初级产品进行再加工的行业，一般包括采矿业，制造业，电力、热力、燃气及水生产和供应业，以及建筑业）和第三产业（除第一、二产业之外的其他行业)。中国国家统计局于 2003 年根据《国民经济行业分类》(GB/T 4754-2002) 印发了《国家统计局关于印发〈三次产业划分规定〉的通知》；2012 年，根据《国民经济行业分类》(GB/T 4754-2011)，再次对 2003 年《三次产业划分规定》进行了修订。调整后的第一产业为 4 个大类，第二产业为 2 个门类和 36 个大类，第三产业为 15 个门类和 3 个大类，同时明确第三产业即服务业。[③]

2. 行业/产业结构

与行业或产业分类相对应，可计算各行业或产业人口的比例，用以描述行业或产业结构，如不同行业人口占在业人口总数的比例，在业人口从事第一、二、三产业的比例，分性别在业人口行业结构，各行业在业人口的性别结构。还可以在不同时期或不同人口间进行比较，如分析就业人口产业结构的变化、反映劳动力行业（产业）分配的总体格局以及

① 可参考国家统计局《中国 2010 年人口普查资料》长表数据资料表 4-6。网址为 http://www.stats.gov.cn/tjsj/pcsj/rkpc/6rp/indexch.htm。

② 国民经济行业分类. (2017-10-12) [2018-02-22]. http://www.stats.gov.cn/tjsj/tjbz/hyflbz/201710/t20171012_1541679.html.

③ 国家统计局设管司. 三次产业划分规定. (2013-01-14) [2018-05-11]. http://www.stats.gov.cn/tjsj/tjbz/201301/t20130114_8675.html.

在业人口的行业分化程度等。

$$C^{Ii}=\frac{P^{Ii}}{P^{E}}\times 100\% \qquad (公式 14.29)$$

其中，C^{Ii} 是在业人口的行业结构，Ii 是第 i 类行业，P^{Ii} 是从事第 i 类行业的人口数，P^{E} 是在业人口总数。

（二）在业人口的职业结构指标

1. 职业及其分类

职业是指劳动者个人的工作性质。职业是在人类长期生产活动中，随着生产力发展和社会劳动分工的出现而逐步产生和发展起来的。一个国家的经济结构、产业结构、科技结构和生产力总体水平决定了社会职业的构成。

相较行业分类的变动，职业分类相对稳定。1986 年，我国首次颁布了《职业分类与代码》（GB/T 6565－1986）国家标准，对我国职业进行了统一分类；1999 年，我国参照国际劳工组织的《国际标准职业分类》（ISCO－88）对国标进行了第一次修订；2009 年进行了再次修订，形成了 GB/T 6565－2009；目前最新的版本是 2015 年 10 月 1 日施行的第三次修订版 GB/T 6565－2015[①]。1999 年，我国劳动和社会保障部、国家质量监督检验检疫总局、国家统计局联合组织编制、颁布了《中华人民共和国职业分类大典》，2015 年进行了修订。新版《大典》将我国 1 481 个职业分为 8 个大类、75 个中类、434 个小类。8 个大类分别是：党的机关、国家机关、群众团体和社会组织、企事业单位负责人，专业技术人员，办事人员和有关人员，社会生产服务和生活服务人员，农、林、牧、渔、水利业生产及辅助人员，生产制造及有关人员，军人，不便分类的其他从业人员。[②] 在我国 2000 年第五次和 2010 年第六次全国人口普查中，职业均被划分为 7 大类，分别是：国家机关、党群组织、企业、事业单位负责人，专业技术人员，办事人员和有关人员，商业、服务业人员，农、林、牧、渔、水利业生产人员，生产、运输设备操作人员及有关人员，不便分类的其他劳动者。[③] 职业类别分为大类、中类和小类三个层次。

2. 职业结构

职业结构是指从事各种职业的人口占在业人口总数的比例，用于衡量在业人口就业分布和职业分化程度等。通常使用的指标包括分年龄、分性别在业人口职业结构，各类职业的性别结构，以及在业人口职业结构的变化或差异，等等。

---

① 国家标准化管理委员会 2015 年第 24 号中国国家标准公告《关于批准发布〈职业分类与代码〉国家标准的公告》。网址为 http：//www.sac.gov.cn/gzfw/ggcx/gjbzgg/201524/。

② 国家职业分类大典修订工作委员会．中华人民共和国职业分类大典．北京：中国劳动社会保障出版社，2015.

③ 可参考国家统计局《中国 2000 年人口普查资料》长表数据资料表 4－8，网址为 http：//www.stats.gov.cn/tjsj/pcsj/rkpc/5rp/index.htm，以及《中国 2010 年人口普查资料》长表数据资料表 4－7，网址为 http：//www.stats.gov.cn/tjsj/pcsj/rkpc/6rp/indexch.htm。

$$C^{Oi}=\frac{P^{Oi}}{P^{E}}\times 100\%$$（公式 14.30）

其中，C^{Oi} 是在业人口的职业结构，Oi 是第 i 类职业，P^{Oi} 是从事第 i 类职业的人口数，P^{E} 是在业人口总数。

（三）劳动参与率

劳动参与率（labor force participation rates）是影响劳动力变化的三要素之一（其他两个要素分别是总人口和人口结构），指经济活动人口（即就业人口数与失业人口数之和）与劳动年龄人口（16 岁及以上人口）之比，反映劳动力资源参与社会经济活动的程度。

$$R^{LP}=\frac{P^{E}+P^{UE}}{P_{16+}}\times 100\%$$（公式 14.31）

其中，R^{LP} 是劳动参与率，P^{E} 是就业人口数，P^{UE} 是失业人口数，P_{16+} 是 16 岁及以上人口数。

劳动参与率指标具有明显的性别和年龄差异，所以一般分性别、年龄计算。准确地说，可计算不同年龄、性别、受教育程度或职业特征的劳动参与率。基于全国人口普查数据的分析可以发现，中国劳动参与年龄模式趋向于稳定的倒 U 形，存在明显的性别和城乡差异；高中以上受教育程度可大大提高劳动参与率，特别是女性的劳动参与率。①

（四）失业率

失业率是衡量国家社会经济是否良性运行的敏感性指标，一般用失业人口数与经济活动人口数相比计算得到。

$$R^{UE}=\frac{P^{UE}}{P^{E}+P^{UE}}\times 100\%$$（公式 14.32）

由于经济活动人口数等于失业人口数和就业人口数之和，因此失业率并非严格的率指标，而是一个比例指标。

在我国劳动和就业统计中，过去经常使用的是城镇登记失业率指标。这是 20 世纪 80 年代我国建立登记失业制度的产物，当时所有的城镇无业者都必须到政府劳动部门去登记，在计划经济体制下被称为“待业登记”。1992 年党的十四大提出从计划经济转向社会主义市场经济，之后“待业登记”更改为“失业登记”，城镇登记失业率指标也由此而产生。② 计算公式为：

$$R^{URUE}=\frac{P^{URUE}}{P^{E}+P^{URUE}}\times 100\%$$（公式 14.33）

其中，R^{URUE} 是城镇登记失业率，P^{URUE} 是城镇登记失业人口数，P^{E} 是城镇从业人口数

① 马忠东，吕智浩，叶孔嘉．劳动参与率与劳动力增长：1982—2050 年．中国人口科学，2010（1）：11 - 27.

② 曾湘泉．调查失业率统计是促进更高质量和更充分就业的科学举措．（2018 - 04 - 01）［2018 - 05 - 21］．http：//www. stats. gov. cn/tjsj/sjjd/201804/t20180417 _ 1594329. html.

（等于城镇单位就业人口数－使用的农村劳动力－聘用的离退休人员－港澳台及外方人员＋城镇单位中的不在岗职工＋城镇私营业主＋城镇个体户主＋城镇私营企业和个体就业人员）。城镇登记失业率是一个比例指标，并非真正的率指标。

我国 1980—2015 年部分年份城镇登记失业人数和城镇登记失业率如表 14.2 所示。

表 14.2　中国部分年份城镇登记失业人数和城镇登记失业率

年份	登记失业人数（万人）	登记失业率（%）
1980	541.5	4.9
1985	238.5	1.8
1990	383.2	2.5
1995	519.6	2.9
2000	595.0	3.1
2005	839.0	4.2
2010	908.0	4.1
2015	966.0	4.05

注：此表来源于《中国劳动统计年鉴 2016》表 2-1。

2018 年，我国《政府工作报告》首次把城镇调查失业率列入预期指标①，以便更加充分地反映城乡就业状况。城镇调查失业率的失业人口数据来源于城镇劳动力情况抽样调查，区别于城镇登记失业率中来源于政府就业管理部门行政记录的失业人口数据。我国的全国劳动力抽样调查制度于 2005 年建立，以往数据表明，城镇调查失业率普遍高于城镇登记失业率。2018 年 4 月起，国家统计局将调查失业率纳入主要统计信息发布，按月定期发布全国城镇调查失业率和 31 个大城市城镇调查失业率。②

城镇调查失业率是城镇调查失业人数占城镇调查从业人数与城镇调查失业人数之和的比值，实际上是一个比例指标。

$$R^{USUE}=\frac{P^{USUE}}{P^{UE}+P^{USUE}}\times 100\% \qquad \text{（公式 14.34）}$$

其中，R^{USUE} 是城镇调查失业率，P^{USUE} 是城镇调查失业人数，P^{UE} 是城镇从业人口数。

小　结

◇ 人口学观察婚姻有两个视角：一是状态视角，观察某一时点人的婚姻状态；二是事

① 政府工作报告——2018 年 3 月 5 日在第十三届全国人民代表大会第一次会议上．(2018-03-22)[2018-05-22]．http://www.gov.cn/premier/2018-03/22/content_5276608.htm.

② 国家统计局．4 月份国民经济运行总体平稳．(2018-05-15)[2018-06-01]．http://www.stats.gov.cn/tjsj/zxfb/201805/t20180515_1599268.html.

件视角，观察某一时期事件的发生数量与强度。由此相应的统计指标也可以分为两类。

◇ 结婚时平均单身年数是在无法获取时期年龄别初婚人数的条件下，利用时期婚姻状况数据，通过未婚人口比例指标估算的结婚人口在初婚前度过的平均单身年数，是平均初婚年龄指标的估计值。反映假设一个出生队列人口按照某时期的年龄别未婚比例度过一生，最终结婚的人口在初婚前保持单身的平均年数。可分性别计算。

◇ 在进行家庭统计时，需要注意区分家庭与家庭户的概念，前者强调家庭成员间的关系，但不一定居住在一起；后者则是指居住在同一个住房单元中的家庭成员。户是由生活在一起的个人组成的社会经济单位，由共同享有住宅和主要膳食的一群人组成。一般我们通过入户调查获得的信息都是家庭户信息，因此利用数据所进行的家庭统计也往往是家庭户统计。

◇ 教育度量指标可以分为状态度量和事件度量两大类。前者聚焦某时期某地区具有不同受教育程度的人口的分布情况，后者则关注入学、升学、毕业、辍学等教育过程中发生的事件的水平、模式、人群差异和社会经济影响等。

◇ 城镇调查失业率的失业人口数据来自城镇劳动力情况抽样调查，区别于城镇登记失业率中来自政府就业管理部门行政记录的失业人口数据。

思考题

1. 家庭统计和家庭户统计是一回事吗？为什么？
2. 如何准确度量失业率？
3. 如何在人口普查中完善人口社会经济状况的相关信息？

推荐阅读书目

1. 宋健，黄菲．人口学视野下的婚姻家庭研究：内容与方法．西北人口，2009 (5).
2. 田丰．中国当代家庭生命周期研究．北京：中国社会科学院，2011.
3. 邬志辉．教育指标：概念的争议．东北师大学报（哲学社会科学版），2007 (4).
4. 马永堂．关于就业、失业和不充分就业的国际定义与统计方法．中国劳动，2015 (2).
5. 任栋．调查失业率与登记失业率之差异辨析．中国人口科学，2013 (2).

第十五章 人口预测

【导读】

对未来人口进行预测是政府部门、商业机构和学界等多方的需要。政府部门据此编制社会经济规划、制定各项公共政策；商业机构据此了解潜在的市场规模、谋划产业布局和行业发展方向；学界则据此探知“如果……那么……”的人口发展规律和态势，即何种人口要素在什么条件下将怎样影响人口的规模、结构与增长。人口预测是对人口统计知识的综合运用，需要对死亡、生育和迁移这些人口变化要素及其相互作用而导致人口变化的过程有深刻理解和把握。什么是人口预测？主要的预测方法有哪些？怎样应用人口预测方法？本章将回答上述问题。

第一节　人口预测概述

一、人口预测的概念与发展简史

（一）人口预测的概念

人口预测（population projection）是非常重要的人口分析技术，指根据一个国家或地区现有人口状况及可以预见到的未来发展变化趋势，赋予影响人口发展的各种因素以一定的假设条件，对未来人口发展趋势所做的各种测算。简言之，人口预测就是在假定人口条件下对可能出现的人口状况进行测算。

人口预测的基础是人口现状资料、人口现象与人口过程本身发展变化的规律性，以及人们对这种规律性的认识和掌握。根据预测期的长度，可将其分为短期预测（10 年以内）、中期预测（10～25 年）和长期预测（25 年以上）。中短期特别是近期人口预测要求较高的精度，能给出某特定时期最可能的人口规模，使用的假设条件应尽可能符合实际，这类预测也叫作人口预报（population forecast）。在某种意义上，所有的预报都是预测，但并非所有的预测都是预报。[①] 本章重点介绍人口预测的相关内容。

通常进行人口预测需要建立人口预测模型、选择适当的预测参数、给出一定的假设条件，之后得到预测结果。人口预测模型就是反映当前人口状态和未来人口状态间数量关系的数学方程式。常用的模型有：人口增长模型、人口再生产模型、人口经济模型等。模型的选择依据是预测目的、现有数据和对结果准确性的要求。预测参数即各种变量因素的数值表现，通常是反映有联系的人口现象之间的相对固定的比例。参数数值可根据对基期的观察、参考历史资料以及对未来趋势的估计，确定不变与变化两种模式。选择科学的人口动态参数是预测的关键，必须充分掌握影响人口发展的社会经济因素的变动趋势及它们之间的联系，也可借鉴其他国家的经验。给出假设条件就是对某些变量（参数）做出一定的限制。预测结果依赖于假设条件，结果可以是一个具体的数值（点估计），也可以是一个具体数值及其上下误差范围（区间估计），或按照不同的假设条件选用不同的参数数值，制定不同的预测方案。但无论是何种形式，提供预测结果时并不会同时给出未来这些结果出现的可能性（或概率）。

人口预测的质量取决于模型是否适当、参数是否符合人口变量间的关系、假设条件是否合理等。不同的机构或学者基于同样的基础数据，对同样长度时期所做的预测结果不尽相同。因此，对于人口预测的价值向来存在两种看法。一种观点认为“人口预测的历史就是一部犯错误的历史”，因为现实数据的准确性、对人口规律的把握程度，以及对未来发展趋势的判断都可能存在偏差，特别是后两个带有主观性的因素常常会使预测者见仁见智，一旦有一个因素出现问题，预测结果就会“失之毫厘谬以千里”。另一种观点认为尽管我们难以准确把握未来，但对于未来的向往和判断是必要的。人口预测的目的在于积极认识未来，而不是消极等待未来。由于未来充满不确定性，人口预测往往使用多种不同的假设情境。相对准确的预测结果自然会对经济社会发展起到指导作用；即使是错误的预测结果，也具有预警意义，可以使我们了解现实的发展态势与我们认为的或希望的发展趋势有多大的差距，从而调整和纠正我们对于人口规律的认识，或改变我们的行为。

数学家南希·葛弗兹曾说，“要预测一个地区 20 年以后的人口，就和预测 20 年后是否发生地震一样”，说明预测结果具有很大的不确定性。人口预测结果的准确性的最大挑战来自未来影响人口变化的因素的不确定性。有太多因素会影响人口变动——战争、瘟疫、灾荒、经济危机或经济增长，没有办法像数学公式或机械系统运行那样准确预知结果，这是人口预测的软肋，也恰恰是人口预测的迷人之处。以死亡变动为例，死亡作为一种生理现象，理论上是可以预测的，然而迄今为止，科学并没有对死亡的发生过程和详细原因给出令人满意的解释，因此并不能建立起最终充分反映死亡变化发展规律的理论模型。作为死亡率的综合度量指标，平均预期寿命从 20 世纪的二三十岁，延长到如今的七八十岁，其间

① Shryock H S，Siegel J S. The methods and materials of demography. New York：Academic Press，1976：439.

包含了农业生产的作用、工业革命和医药卫生技术的进步，以及生活条件和生产条件的改善等多种因素。而未来随着遗传工程和基因技术的发展，人类寿命普遍逾百岁应该可期，这都会进一步影响人口数量和人口结构。但要将这些因素考虑进来，纳入预测模型，则仍深具挑战性。

（二）人口预测技术发展简史

人口预测目前已经成为世界各国了解未来人口发展趋势的必要途径，是政府把握公共需求，规划道路、学校、超市、医院、公园等基础设施的规模和布局，制定税收和支出政策的重要工具。总体而言，人口预测可以使人们了解在当前人口状况的基础上，人口未来如何发展变动，根据未来人口发展的可能趋势来评估当前人口形势并做好社会经济发展计划。

随着社会经济发展，人类对人口预测的需求越来越迫切，人口预测技术也不断改进提高。历史上，人口预测起源于对未来人口总数的推测，因为人口数量与兵源、税收等国家重要事务密切相关。“子又生孙，孙又生子，子又有子，子又有孙，子子孙孙，无穷匮也”是我国战国时期思想家对人口预测的朴素描述；“今人有五子不为多，子又有五子，大父未死而有二十五孙”是战国末期思想家韩非子用递推法对人口增长前景的刻画，以解释为何“人民众而货财寡”；户口“视三十年以前增五倍焉，视六十年以前增十倍焉，视百年、百数十年以前不啻增二十倍焉”，而“田地、房屋不过增一倍而止矣，或增三倍、五倍而止矣”，清朝学者型官员洪亮吉对于人口数量和生产生活资料数量的对比性观察，也蕴含了当时人口增长变动的基本规律。在技术和资料有限的情况下，传统的人口预测方法是粗略地估计人口翻一番所需的时间，并由此推论将来的人口规模。由于人口翻番时间与人口增长率有密切关系，可用 70 除以人口增长率的百分点（如人口增长率为 2%的话，则用 70 除以 2 得到人口翻番时间为 35 年）来估计在当前人口增长的情况下，人口翻番所需的年数。也有人使用一些数学函数来预测人口总量的变化，但只能预测短期稳定状态下人口的变化。

第二次世界大战以前，人口预测工作主要在西方发达国家开展。1895 年，坎南（Cannan）最早提出了目前广泛使用的队列要素预测法的思路①；1936 年，惠尔普顿（Whelpton）再次独立提出了队列要素预测的具体方法②。第二次世界大战以后，人口的急剧增长激发了世界各国对未来人口发展进行预测的积极性，联合国出版了一系列有关预测方法和预测结果的书刊，普查和抽样调查等的开展也极大丰富了人口数据来源，人口预测逐步成为人口学的一个重要组成部分和研究领域。20 世纪 30 年代，人口学家通过总结欧洲经验得到的人口转变理论推动了人口预测技术的发展；联合国在 20 世纪 50 年代根据这一理论，

---

① Cannan E. The probability of a cessation of the growth of population in England and Wales during the next century. Population and Development Review，1895，4 (4)：695 - 704.

② Whelpton P K. An empirical method for calculating future population. Journal of the American Statistical Association，1936，31：457 - 473.

将世界人口分为三种类型：转变前期（高死亡率和高出生率）。转变中期（迅速下降的死亡率和高出生率）、转变后期（低死亡率和低出生率）。各地区按人口转变理论确定出生率和死亡率变化趋势，并对总人口变化做出预测。20 世纪 50 年代后期，队列要素预测法开始在人口预测中发挥重要作用，借助于人口统计对影响人口变化的主要因素（出生、死亡、迁移等）的深入分析，人们不仅可以预测人口总量、结构的变动，还可以预测人口动态参数发展的趋势。目前除了世界各国各自实施人口预测外，联合国是对世界多数国家进行人口预测的主要权威性机构，预测结果自 1978 年以来每两年都会进行修订并在联合国网站上公布，以供查询和比较。进行全球人口预测的知名机构还包括世界银行、美国人口普查局、美国人口咨询局等。

1949 年之后，我国的人口预测科学发展与实践是伴随着人口学的复兴及计划生育工作的开展逐渐发展起来的。20 世纪 70 年代初期，我国紧密结合计划生育工作，开始进行区域性和全国性人口预测，既预测控制人口增长政策将给人口未来发展带来的后果，也为决定当前采取什么具体要求与措施提供依据。1982 年第三次全国人口普查数据的获得与分析，极大地推动了人口预测技术的发展和运用。随着时代变迁和社会经济的发展，人口预测结果在如保险精算、商业选址等社会经济各领域也得到了广泛使用。

需要注意的是，人口预测虽然主要是基于现实预测未来，但其也可以用于对过去的人口现象进行倒过来的观察。事实上，人口预测回答的是“如果……那么……”的问题，即在给定的人口情境下，会发生怎样的人口现象。我们可以假设如果中国不实施计划生育政策，2010 年的人口将会呈现怎样的规模。20 世纪 80 年代中期，美国人口学者曾通过人口预测模拟了中国实行二孩晚育加间隔政策对人口增长的影响，认为其达到的人口目标效果与实行一孩政策相当，又可以减轻或避免一孩政策带来的不利影响。① 当然，历史不可逆转，反观历史也是为了更好地把握现在，展望未来。此外，多数人口预测主要考察在一定的生育、死亡和迁移假设下人口的变化趋势，但也可以用来反映不同婚姻模式、避孕使用模式或其他人口过程的影响。②

二、人口预测的主要内容和基础数据

（一）人口预测的主要内容

人口预测的主要内容与研究目的有关，通常包括对人口总数、出生人数、死亡人数、性别年龄结构、地区分布、婚姻状况、孩次结构、家庭结构以及户数等进行的预测。由于

① Bongaarts J，Greenhalgh S. An alternative to the one-child policy in China. Population and Development Review，1985，11（4）：585-617.

② 普雷斯顿，霍伊维兰，吉略特．人口统计学——人口过程的测量与建模．北京：社会科学文献出版社，2012：106.

迁移变动较难把握，人口预测一般以封闭人口为出发点。但在对开放人口的预测中，迁移因素必须被考虑，且往往被认为是最难预测的人口要素。

1. 人口总数预测

了解人口总体规模的变化、把握其未来发展趋势是人口预测的基本要求。

进行人口总数预测经常采用的方法有两种。一种是“直接推算法”或者“公式法”，即依据基期人口总数，根据具体地区的人口总数变动规律和条件，按照一定的增长量或增长率，利用数学公式如直线方程（在时间区间很短时）、复利公式以及指数公式（在稳定人口、生育率及死亡率均不变而迁移又可忽略时）等直接推算未来人口总数。

另一种是“分要素推算法”或“队列要素预测法”，即先通过影响人口总数的各项要素，如出生数、死亡数、迁移数，预测得到各性别年龄别人口数，再加总获得人口总数。

2. 出生人数预测

出生人数取决于育龄妇女人数及其生育率，因此可以根据现有妇女的实际生育率推算未来出生人数。

（1）一般生育率法。

一般生育率法是指用某时期育龄妇女总数与育龄妇女的一般生育率相乘，将育龄妇女视作一个整体来测算同时期出生人数。

$$B_t = W_t \times GFR \qquad \text{（公式 15.1）}$$

其中，B_t 是 t 时期出生人口数量，W_t 是同时期育龄妇女人数，GFR 是一般生育率。

假设未来若干年育龄妇女的生育率保持不变，用人口年龄移算法推算出未来各年育龄妇女人口总数，与一般生育率相乘，就可以得到未来各年的预计出生人数。该方法简便，所需资料少，但只考虑了育龄妇女总人数的变动，未考虑育龄妇女各年龄人数比例的变动。

（2）年龄别生育率法。

年龄别生育率法是指利用某时期年龄别育龄妇女人数与年龄别生育率相乘，推算该时期出生人数。

$$B_t = \sum (W_{x,t} \times f_x) \qquad \text{（公式 15.2）}$$

其中，t 年 x 岁育龄妇女人数（$W_{x,t}$）信息需要利用年龄移算法得出。用人口年龄移算法推算出的未来各年年龄别育龄妇女人数乘以相应年龄妇女的生育率，得到各年龄妇女预计生育数，加总后得到预计全部出生人数，可以消除育龄妇女中年龄结构变动的影响。

年龄别生育率（f_x）用实际观察值时，表明若人口按照当前生育率水平进行生育，未来出生人口的可能规模；也可以按照未来某时期的目标生育率，调整和修正实际生育率，得到如果要实现预期的目标，每年应达到的出生人口数规模。

（3）标准生育率法。

标准生育率法是中国在计划生育实践中，根据 20 世纪 70 年代初期乐亭、如东、无锡等县乡基层和北京等地的实际工作经验，自主创立的一种方法。所谓“标准生育率”是指妇女按照计划生育政策要求的某一标准，如婚育年龄、婚育间隔等婚育，将会实现的生育率。

这种方法的基本原理是在计划生育政策的倡导下，人们在一定的晚婚年龄结婚、普遍生育第一个孩子、部分人群按政策要求生育第二个孩子、基本不生育第三个孩子，这样每个人的生育历程就比较单纯而固定了。假设一个妇女队列有1 000人，按照一定的比例在各年龄初婚、初育、再育，则可以计算她们在各年龄结婚和生育的人数。

主要参数是初婚比例分布（同一年出生的妇女队列在各年龄结婚的人数比例）、初育比例分布（同一年初婚的妇女队列婚后在各年生育第一孩的人数比例）和再育比例分布（生育第一个孩子的妇女初育后在各年生育第二孩的人数比例）。通过上述三个比例数据，可获得按照政策标准要求和实际婚育的年龄间隔分布形成的一套年龄别生育率，即"标准生育率"。利用这套标准生育率和现有各年龄妇女未来各年的存活人数，就可测算未来各年出生人数。

$$B_t = \sum (W_{x,t} \times f_x^S) \qquad \text{（公式 15.3）}$$

可见，标准生育率法是年龄别生育率法的一种特殊运用，二者的区别仅在于生育率的来源不同，后者来源于时期实际数据，前者则需要将实际队列妇女按照政策要求在不同年龄婚育的比例假设为某时期不同年龄妇女的情况推算得到。在运用这种方法时，我们假设忽略妇女的死亡因素对生育的影响、不考虑双胞胎、婚育比例分布在预测期内稳定不变。①

标准生育率法是在中国计划生育实践过程中按照政策目标要求和从当时计划生育干部便于理解的角度推出的一套方法，随着政策目标的改变和时代的变迁，已不再使用，但其构造原理仍值得了解和学习。

3. 死亡人数预测

死亡人数可以通过粗死亡率法和年龄别死亡率法进行预测。

(1) 粗死亡率法。

由于死亡率变化缓慢，在进行中短期预测时，假定死亡率水平不变，利用现有死亡率数值推算。在已知年初人数（P_0）和当年出生人数（B_t）以及粗死亡率水平（CDR）的情况下，假设人口封闭且死亡事件在年内均匀发生，推导出该年的死亡人数。

因

$$P_1 = P_0 + B_t - D_t$$

且

$$D_t = \bar{P} \times CDR = \left(\frac{P_0 + P_1}{2}\right) \times CDR = \left(\frac{2P_0 + B_t - D_t}{2}\right) \times CDR$$

故

$$D_t = \frac{(2P_0 + B_t) \times CDR}{2 + CDR} \qquad \text{（公式 15.4）}$$

其中，P_1 是年末人口数，D_t 是年死亡人数。

粗死亡率法计算简单，所需资料少，但忽略了总人口的年龄结构以及死亡率的年龄差

① 刘铮，邬沧萍，查瑞传．人口统计学．北京：中国人民大学出版社，1981：291-299.

异，只能大致反映未来死亡的规模与变化趋势。

（2）年龄别死亡率法。

年龄别死亡率法是借助未来某年的年龄别人口数及对未来年龄别死亡率的估计来预测死亡人数。根据年龄移算法，预测区间末期的人口是预测区间初期人口与存活比的乘积，其中存活比是年龄别死亡率的反映。因此，预测区间内某年龄的死亡人口数也可以用预测区间初期的人口数与预测区间末期的人口数相减得到。即

$$D_{x,t}=P_{x,t}-P_{x+n,t+n} \qquad \text{（公式 15.5）}$$

将该年各年龄人口死亡数相加，再加上当年出生当年死亡的婴儿数，就可得到全年死亡人口数。其中死亡婴儿数为：

$$D_{0,t}=B_t-P_{0,t+n} \qquad \text{（公式 15.6）}$$

需要注意的是，预测一般分性别进行，因此死亡人口总数需要在分别考虑男女两性年龄别死亡人口数的基础上相加而成。

4. 分性别年龄别人口预测

分性别年龄别人口预测的目的是获取某时期完整的分性别年龄别人口数据，涉及对现有年龄别人口数的年龄移算和对今后各年出生人数的预测及年龄移算，均分性别来进行。

在进行各年龄人口预测时，一般将人口分为三部分分别预测：一般年龄人口、高龄开口组人口和低龄组人口。其中一般年龄人口的预测最为常规简单，高龄开口组人口预测主要涉及开口组人口的处理，低龄组人口预测则需要涉及对出生人口的计算。

如果是采用 1 岁 1 组的年龄分组进行逐年预测，则低龄组人口指的是 0 岁组人口，预测区间末期 0 岁组人口等于预测区间内出生人口的存活者。在使用 5 岁年龄组数据的情况下，每 5 年为一个预测区间，其中 0～4 岁组人口数的推算仍使用生命表中的平均生存人年数计算存活比，但需要在分母出生人口（实际上是生命表基准人口 l_0）中乘以 5 年，实际上是假定每年出生人数相等，存活比等于某 5 个连续年龄组生存人年数的算术平均数。具体公式请参见本章第二节。

利用分性别年龄别预测结果，还可以得到学龄人口、劳动力人口、老年人口等不同特征的人口的预测结果。

（二）人口预测的基础数据

人口预测所需要的数据与人口预测方法和预测内容有关。所用方法越复杂，预测内容要求越精确，所需数据越多。一般而言，人口预测需要的基础数据包括：基期分性别年龄别的人口数、基期育龄妇女年龄别生育数或生育率、基期分性别年龄别死亡人数或死亡率、分性别婴儿死亡率资料、分性别年龄别的迁入和迁出人口数等。

之所以在开放人口预测中，迁移因素往往采用分性别年龄别迁入人口数和迁出人口数而不是相应的事件率，是因为对于迁出事件而言，考虑迁出人口数或迁出率都可以，分性别年龄别的迁出率可以视同分性别年龄别的死亡率，其也是一个使人口消减的因素，利用双递减生命表（同时考虑死亡和迁出因素）中相应的存活比指标，就可以在预测中纳入迁

出率。但对于迁入事件而言，现有人口并非其历险人口，将分性别年龄别的迁入率与分性别年龄别的现有人口数相联系并无现实意义。[1] 考虑到国际迁移中存在配额制度，即往往规定迁移入境的人数，因此迁移假设通常只设定迁移数量而不设定迁移率。当然国内迁移的情况与国际迁移不同，因此一直有学者在探索在开放人口中利用迁移率进行人口预测的尝试，感兴趣的读者可参考相关文献。

第二节　人口预测的基本方法

人口预测的结果只能在事后进行评估和检验，且人口预测的时期往往较长，但这并不意味着人口预测可以随心所欲。对人口预测模型的选取要尽可能遵循客观事实和人口学规律；了解预测模型在以往预测中的精度，是选择预测方法的重要依据；对模型输入条件的要求，以及对可能得到的输出结果的限制，也是在选择预测方法时需要加以考虑的。复杂的预测方法通常对数据的要求更高。

一、公式法

公式法也叫作人口预测的数学方法，是指假设总人口的变化规律符合一定的数学公式，按照此公式，从已知人口数推算未来若干时期后的人口数。这一方法往往采用人口增长数量或人口增长率不变的简单假设，且不考虑人口的性别年龄结构。在早期的人口预测实践中，由于只关注未来若干年份总人口的规模发展，因此公式法运用得比较普遍。目前公式法一般用于两次人口普查之间或普查后短期的总人口估计（inter-censal/ post-censal estimate)，或用来拟合历史人口增长曲线。利用公式法进行人口预测，需要根据情况确定适当的假设，选择合适的数学表达式。

（一）线性增长公式

假设两个时点人口呈现线性增长（或算术增长），则：

$$P_t = P_0\ (1 + r \cdot t) \qquad \text{（公式 15.7）}$$

其中，t 是时期长度，一般以年为单位表示；r 是人口年均增长率；P_0 和 P_t 分别是预测基期和末期的人口总数。

利用线性增长公式进行人口预测，假设人口年均增长率是一个固定值，不随时期变化。公式 15.7 也可以转换为年均增长量的形式：

---

① 普雷斯顿，霍伊维兰，吉略特．人口统计学——人口过程的测量与建模．北京：社会科学文献出版社，2012：113.

$$P_t = P_0 + k \cdot t \qquad \text{（公式 15.8）}$$

其中，k 是人口年均增长量。$k = r \cdot P_0$，各时期人口都按照一个常量增长，因其前后各年的人口数差值相等，也可称为人口按等差级数增长。

（二）几何增长公式

假设两个时点人口呈现几何增长，则：

$$P_t = P_0 \cdot (1+r)^t \qquad \text{（公式 15.9）}$$

其中，t 是时期长度，一般以年为单位表示；r 是人口年均增长率；P_0 和 P_t 分别是预测基期和末期的人口总数。

利用几何增长公式进行人口预测，假设人口年均增长率是一个固定值，不随时期变化。各时期人口按照一个固定的增长率不断增长，因其前后各年的人口数比值相等，也可称为人口按等比级数增长。

人口的几何增长公式也被称作人口增长的复利公式，类似于银行存款余额按照复利利息计算，即在计算下一年的利息时，将上一年的利息与本金合并作为基数。

（三）指数增长公式

假设两个时点人口呈现指数增长，则：

$$P_t = P_0 \cdot e^{rt} \qquad \text{（公式 15.10）}$$

其中，t 是时期长度，一般以年为单位表示；r 是人口年均增长率；P_0 和 P_t 分别是预测基期和末期的人口总数。

利用指数增长公式进行人口预测，假设人口年均增长率是一个固定值，不随时期变化。

几何增长公式是指数增长公式的特例，前者将时间看作离散变化，后者则将时间看作连续变化。在时期较短的情况下，这两个公式得到的预测结果非常接近。

除了上述常用公式外，罗吉斯蒂人口增长公式$\left(P_t = \dfrac{P^{\max}}{1+e^{a+bt}}\right)$、多项式方程（$P_t = a + bt + ct^2 + \cdots\cdots$）等也会被用来进行短期人口预测。需要注意的是，复杂的公式并不一定意味着更好的结果，需要根据数据基础和人口条件进行适当的公式选择。一般当时间很短时，线性增长公式就是不错的选择，往往用来做两个时点间的内插。当生育、死亡、迁移状况在预测期内变化不大，且人口年龄分布相对稳定时，用几何增长公式或者指数增长公式就可以得到相对准确的结论。

使用公式法进行人口预测时，基础数据的质量也是必须加以考察和评估的重要因素。

二、队列要素预测法

我们已知，人口事件与人口结构是相互影响的，现实的人口年龄结构是过去若干年生育、死亡、迁移的结果，也蕴含着未来人口生育、死亡和迁移的可能性。换言之，人口年龄结构内生于人口变化过程。在进行人口预测时，应该充分考虑这一特点，通过拟合生育、死亡和迁移过程对年龄结构变化的影响，将年龄结构对未来事件影响的效应纳入模型中。

(一) 基本原理

队列要素预测法是针对公式法而言的、目前最为常用的人口预测方法。其基本原理是以队列预测为基础，以年龄移算法为核心，考察人口学变量随生育、死亡、迁移等人口过程变化的趋势。

从人口平衡方程 $P_t=P_0+B-D+I-O$ 可知，两个时点的人口变化受到出生、死亡和迁移因素的影响。这一平衡方程用于各年龄可表达为：

$$P_{x+n,t+n}=P_{x,t}-D_x+I_x-O_x \quad \text{(公式 15.11)}$$

其中，$P_{x+n,t+n}$代表 $t+n$ 时点年龄为 $x+n$ 岁的人口数，它是由 t 时点 x 岁的人口数（$P_{x,t}$）减去时期内该年龄死亡人口数（D_x），加上时期内该年龄迁入人口数（I_x），再减去时期内该年龄迁出人口数（O_x）得到的。

与公式法的简单假设不同，队列要素预测法不仅考虑了人口出生、死亡、迁移等事件，而且考虑了这些事件对于不同年龄人口的不同风险。从预测基期的年龄别人口出发，追寻不同队列人口的生存、迁移历程，获得其在预测期内各年及预测末期的人口数；同时关注这些队列人口的生育行为和生育结果，获得预测期内各年的出生人口数；出生人口同样被视作新的队列从而进入后续的观察视野。由于男性和女性的死亡风险、迁移风险不同，尤其是生育行为往往以女性为主体来考虑，因此在预测时，需要分性别进行，最后可以通过加总获得总人口以及各年龄人口数。

利用队列要素预测法进行人口预测时，通常对未来死亡率（一般采用出生时平均预期寿命指标）和生育率（一般采用总和生育率指标）进行不同水平的假设，如假设不变、在未来某个时期降低或提高到某个水平等，区域人口或开放人口预测还需要对迁移水平（一般采用年净迁入人口数指标）进行相应的假设。所有这些假设形成不同的组合，一般会根据这些假设对于未来人口规模的影响程度，分为低水平、中等水平和高水平三种情形，并提供三种情形下的预测结果。假设的选择需要遵循人口发展规律，特别是死亡率和生育率转变的规律。

需要指出的是，队列要素预测法用离散时间模型表述人口变动过程，预测区间需要与年龄间隔等长。在有条件的情况下，建议以分性别 1 岁组人口数作为数据基础，逐年进行预测。另外，队列要素预测法不能直接适用于按生命周期中可变人口特征（如受教育程度、职业等）划分的子人口的预测，在这种情况下可使用多状态预测法，区分不同子人口之间转换的年龄和性别模式。感兴趣的读者可查阅相关文献。

队列要素预测法的实质是对人口进行分性别、年龄的区分。如果需要了解更详细的子人口信息，或者当人口事件发生率在不同子人口中存在差异（如城乡人口的生育率和/或死亡率水平有较大差异，或不同民族人口的增长率存在较大差别）时，就需要对人口进行更详细的划分（如区分城乡两个子人口或区分不同民族人口分别进行预测），以提高总人口的预测精度。

（二）年龄移算法

年龄移算法是队列要素预测法的核心，也是凯菲茨矩阵方程[①]（Keyfitz population projection matrix）、莱斯利矩阵方程（Leslie population projection matrix）以及其他很多重要的人口预测模型的基础。年龄移算法是指按照人口年龄增长与时间推移之间的一致性，以及人口相对稳定的死亡率水平，假设一定时期内各年龄组的存活水平相当于目前各年龄组的存活水平，利用现存某一年龄组人口数及其存活比，来推算未来某个时期相应年龄组的人口数的方法。

完整的年龄移算过程，既包括预测基期已经出生的所有各年龄组人口的依次移算，也包括预测期内各区间出生人数向 0 岁组人口数的移算。可以将某一年度生命表中的死亡概率作为推算各年龄组存活比的基础指标，也可以用平均生存人年数计算存活比进行年龄移算。

1. 基本公式

$$P_{x+n,t+n}=P_{x,t}\times {}_nS_x \qquad \text{（公式 15.12）}$$

$${}_nS_x=\frac{L_{x+n}}{L_x}$$

其中，$P_{x+n,t+n}$是每个预测区间末期年龄组人口数；$P_{x,t}$是预测区间初期年龄组人口数；${}_nS_x$是年龄组人口存活比，利用生命表中的平均生存人年数计算得到；n 为预测区间长度，也是年龄间隔长度。

需要指出的是，存活比是基于生命表（或静止人口）得到的，对于实际人口而言，这仅是一个估算值。

2. 高龄开口组公式

对于最高年龄开口组，需要综合预测区间开始时，开口组前一个及开口组本身两个年龄组中的存活人数：

$$P_{\omega-n,t+n}=P_{\omega-x-\mathrm{n},t}\times {}_nS_x+P_{\omega-n,t}\times S_{\omega-n} \qquad \text{（公式 15.13）}$$

$$S_{\omega-n}=\frac{T_\omega}{T_{\omega-n}}$$

其中，$\omega-n$ 为最高年龄组的年龄下限值，ω 是最高年龄组的年龄上限值。

3. 最低年龄组公式

预测区间初期的最低年龄组随着时间和年龄的推移，进入到预测区间末期的下一个年龄组；而对于下一个预测区间的最低年龄组，需要考虑上一个预测区间内的出生人口数及其存活比：

$$P_{0,t+n}=\delta\times B_t\times S_B \qquad \text{（公式 15.14）}$$

---

① 矩阵方程是通过矩阵方式表达年龄移算过程，进而进行人口预测的方法。

$$B_t = \sum B_{x,t}$$

$$B_{x,t} = {}_nf_{x,t} \times n \times \left(\frac{P^f_{x,t} + P^f_{x,t+n}}{2} \right)$$

$$S_B = \frac{L_0}{n \times l_0}$$

其中，$P_{0,t+n}$是下一个预测区间初期 0 岁组人口数；δ是出生婴儿中的性别比例，根据预测人口的性别决定使用男婴比例（一般为 0.515）或女婴比例（一般为 0.485）；B_t 是本预测区间内出生人口数；S_B 是出生人口存活比；${}_nf_{x,t}$是本预测区间内妇女的年龄别生育率。

上述公式一般分性别进行计算。

（三）预测步骤

（1）准备好人口预测的基础数据，通常包括预测基年特定地区的分性别年龄别人口数、年龄别生育率、分性别年龄别死亡率（分性别时期生命表）、分性别年龄别迁移率（或分性别年龄别迁移人口数）。需要对数据质量进行核查和必要的调整，数据核查和调整方法可参照第十六章。按照预测目的，有时还需要根据地域、城乡、受教育程度等特征对人口进行细分。

（2）将预测期划分为与年龄间隔等长的预测区间（如 1 年、5 年或 10 年等），分别对各区间进行预测。生育、死亡、迁移参数也应使用同样的年龄间隔。

（3）确定预测区间内适当的生育、死亡和迁移参数，以及假设条件。生育和死亡一般按照水平和模式两个维度进行参数设定，通常情况下假设模式不变，仅按照水平的变化调整参数即可。迁移的参数设定较为复杂，也可做简单假设。每一预测区间内所用的参数可能不同（取决于对未来人口发展规律的认识），但预测方法完全相同。

关于死亡水平，寇尔在 1981 年根据当时多个国家死亡率的变化态势，提出了出生时平均预期寿命的年增长率与其当前水平之间存在线性关系的假设。按照这一观点，当前平均预期寿命较低时，预期未来的平均预期寿命增长较快；当平均预期寿命已经处于较高水平时，其增长速度将放缓。在联合国的预测中，从某一预测区间到下一预测区间，平均预期寿命的增长幅度与预测期间的平均预期寿命水平有关，根据近期的增长情况决定选择较慢、中等还是较快的增长模式（见表 15.1）。但寇尔线性关系假设中所蕴含的人口平均预期寿命最终会达到某个最高值的预期，目前并没有实证的依据：低死亡水平国家的平均预期寿命增长速度似乎并没有减缓的迹象。关于人类寿命是否存在增长极限仍是一个争论和探索中的话题。

表 15.1　联合国平均预期寿命增长模型：按照平均预期寿命初始水平划分的每 5 年的增量

初始预期寿命（年）	非常快		快速		中速		慢速		非常慢	
	男性	女性	男性	女性	男性	女性	男性	女性	男性	女性
40.0～42.5	2.5	2.6	2.1	2.3	1.9	2.0	1.3	1.4	1.1	1.1

续前表

初始预期寿命（年）	非常快		快速		中速		慢速		非常慢	
	男性	女性	男性	女性	男性	女性	男性	女性	男性	女性
42.5～45.0	2.8	3.0	2.4	2.5	2.0	2.1	1.4	1.5	1.1	1.2
45.0～47.5	3.0	3.1	2.5	2.6	2.1	2.2	1.8	1.9	1.2	1.3
47.5～50.0	3.0	3.2	2.6	2.7	2.2	2.3	1.8	1.9	1.3	1.4
50.0～52.5	3.2	3.4	2.7	2.9	2.3	2.4	1.9	2.0	1.4	1.5
52.5～55.0	3.6	3.7	2.7	3.0	2.4	2.6	2.0	2.0	1.5	1.7
55.0～57.5	3.7	3.7	2.6	3.0	2.4	2.6	2.0	2.0	1.5	1.8
57.5～60.0	3.8	4.0	2.6	3.0	2.4	2.6	2.0	2.0	1.5	1.8
60.0～62.5	3.4	3.8	2.5	3.0	2.2	2.6	1.7	2.0	1.0	1.7
62.5～65.0	3.2	3.6	2.3	2.8	1.9	2.4	1.5	2.0	0.9	1.5
65.0～67.5	3.2	3.5	2.0	2.6	1.6	2.3	1.0	1.8	0.7	1.0
67.5～70.0	2.0	3.3	1.5	2.6	1.2	2.1	1.0	1.5	0.6	1.0
70.0～72.5	1.5	3.0	1.2	2.0	1.0	1.8	0.8	1.2	0.5	0.8
72.5～75.0	1.3	2.0	1.0	1.5	0.9	1.2	0.8	0.9	0.5	0.8
75.0～77.5	1.1	1.8	0.8	1.2	0.6	1.0	0.5	0.8	0.5	0.7
77.5～80.0	1.0	1.6	0.5	1.0	0.5	0.9	0.4	0.7	0.4	0.5
80.0～82.5	0.9	1.4	0.5	0.8	0.5	0.6	0.4	0.5	0.4	0.5
82.5～85.0	0.8	1.3	0.5	0.5	0.5	0.5	0.4	0.4	0.3	0.4
85.0～87.5	0.7	1.3	0.5	0.5	0.4	0.4	0.3	0.3	0.2	0.2
87.5～90.0	0.6	1.2	0.5	0.5	0.4	0.4	0.3	0.3	0.2	0.2
90.0～92.5	0.6	0.8	0.5	0.5	0.4	0.4	0.3	0.3	0.2	0.2

资料来源：United Nations. World population prospects（2004）.（2016-02-03）[2017-12-11]. https://bbs.pinggu.org/thread-4203365-1-1.html.

关于生育率的变化趋势，其规律性不像死亡率那样容易捕捉。世界各地区生育率水平的差异一直存在。在联合国的预测中，对于生育率较高且基本保持不变的国家，假设其在生育率预期开始下降和预期实现更替水平之间呈线性下降态势；对于较发达国家，则根据各国国家统计机构提供的全国预测数据设定其生育率水平，并假定生育率保持不变或向更替水平趋近。

关于迁移，目前它被认为是最难预测的人口要素，虽然对于迁移的规律性的把握不断取得进展，但要将其应用于预测，还缺乏成熟的理论和方法。

（4）对每一预测区间按照下面的步骤进行具体的人口预测。

第一步，考虑死亡因素：根据预测区间开始时点的人口存活数，利用年龄移算法预测下一区间开始时仍存活的人数。

第二步，考虑生育因素：计算育龄妇女在预测区间内的新生人口数，将新生人口数加入人群，并计算这些新生人口中存活到下一预测区间开始时点的人数。

需要注意的是，在这一步中，新生人口总数在从女性人群中获得后，要按照性别进行分解，并加入不同性别的人群中计算其存活数。

第三步，考虑迁移因素：在人群中加入相应预测区间内的迁入人数，减去迁出人数；计算这些迁移者在预测区间内的生育数量，并预测这些迁移人口及其新生人口中能够存活到下一预测区间开始时点的人数。

对下一预测区间重复上述步骤（上一预测区间预测得到的人口数就是下一预测区间的人口基数），直到完成全部预测期的区间预测。

(四) 预测中对于迁移人口的处理

需要注意的是，在上述第三步中，迁移者迁入和迁出的时间会决定其生育和死亡的时间，因此不仅要考虑预测区间内的迁移总数，还需要考虑迁移发生的具体时间。偶然的迁移事件对于人口预测过程的影响只限于留存下来的迁入人口及其生育行为所产生的子女对人口总量和结构的影响，持续的迁移过程则需要在整个预测区间内进行考虑。

一般建议的处理方法是将预测区间内的净迁移人口数（迁入人口数减去迁出人口数。符号可能为正，代表人口净迁入；也可能为负，代表人口净迁出）分为两部分，假设其中一半迁移事件恰好发生在预测区间开始时点，另一半迁移事件恰好发生在预测区间末。这样一半的净迁移人口数直接加入预测区间末的人口数，而另一半的净迁移人口数则在预测区间开始时点与时点初始原人口进行共同预测（假设两类人口的年龄别死亡率、年龄别生育率均相同）。当迁移事件在预测区间内分布相对均匀且在年龄组间变化不大时，这不失为一个简便易行的估计方法。在可能的条件下，建议利用多递减生命表的方式处理人口迁出，利用上述方法处理人口迁入。另外，在数据可得的情况下，对迁移人口和本地人口使用不同的年龄别死亡率和年龄别生育率数据。

这时基本公式 15.12 变为：

$$P_{x+n,t+n}=\left(P_{x,t}+\frac{{}_nI_{x,t}}{2}\right)\times{}_nS_x+\frac{{}_nI_{x,t}}{2} \qquad \text{（公式 15.15）}$$

其中，${}_nI_{x,t}$ 为在预测区间内发生的年龄别净迁移人口数。

预测区间内的出生人口数也需要增加由净迁移人口所贡献的部分：

$$\Delta B_{x,t}={}_nf_{x,t}\times n\times\frac{({}_nI_{x,t}+{}_nI_{x,t+n})}{2\times2}$$

$$B_{x,t}={}_nf_{x,t}\times n\times\left(\frac{P_{x,t}+P_{x,t+n}}{2}+\frac{{}_nI_{x,t}+{}_nI_{x,t+n}}{4}\right)$$

$$B_t=\sum B_{x,t}$$

$$P_{0,t+n}=\delta\times B_t\times S_B+\frac{{}_nI_{0,t}}{2}$$ （公式 15.16）

其中，$\Delta B_{x,t}$是预测区间内年龄组净迁移人口数贡献的出生人口数，${}_nI_{0,t}$是在预测区间内发生的 0 岁组净迁移人口数。

除了公式法（数学方法）和队列要素预测法（人口学方法），也可以使用统计方法进行人口预测。常用的统计方法包括时间序列分析法、回归分析法、自相关或负相关分析等，是利用人口参数之间的统计关系进行的人口预测。

目前成熟的预测软件多是采用队列要素预测法技术。常用的软件包括联合国开发的 MORTPAK、SPECTRUM，以及中国人口与发展研究中心研发的人口宏观管理与决策信息系统（PADIS）等，读者可自行探索软件的使用并尝试进行人口预测。

第三节　人口预测方法的应用及其他

一、人口预测方法的应用

预测回答“如果……那么……”的问题，利用人口预测方法，我们可以获得未来某个时期人口在一定假设条件下的发展趋势，并解决现实中相应的一些问题。这些问题可以归纳为：估计在两次人口普查间的任何一年的人口，估计最近一次人口普查后的人口变化趋势，对未来人口的长期和中期变化进行估计，等等。

两次人口普查之间或普查后短期总人口估计，本质上是内插和外推问题，可以利用公式法进行推算。估计未来人口的中长期发展变化，则一般使用队列要素预测法，根据分性别年龄别的基期详细数据，对决定人口变化的动态参数（生育率、死亡率、迁移率）分别予以考虑，还可充分利用不同来源数据，如期望家庭规模、孩子出生间隔等。更精确的预测还可考虑迁移人口和非迁移人口间生育率、死亡率的差别，各民族、地区间差别，等等。

此外，人口预测方法还可以展示现有人口年龄结构与未来人口增长之间的关系，即“人口惯性”的呈现规律。现有的人口年龄结构是由过去的生育率和死亡率所决定的，而未来人口的生育、死亡等发展变动又会受到人口年龄结构的影响，这些复杂的、相互交织的人口变量间的关系既是人口预测的基础，也可以借由人口预测的结果加以清晰展现。

人口预测方法在理论上的应用是，揭示在生育率与死亡率保持不变的情况下，封闭人口如何逐渐收敛于稳定状态，即模拟和展示人口实现稳定状态的过程及实现这一状态的时间长短。

二、人口预测的其他方法

（一）人口发展方程

人口发展方程是 20 世纪 70 年代末由我国控制论专家宋健等提出的人口预测模型，在中国的计划生育政策制定和实践中发挥了不可忽视的作用。

这一模型的主要特点是直接使用总和生育率指标和生育模式进行生育水平的预测，而不是像队列要素预测法那样采用年龄别生育率。总和生育率是衡量时期生育水平的综合性指标，构造简单、易于理解，常被作为体现人口控制目标的重要指标和依据。如总和生育率等于 2.1 就常被认为达到了更替水平，比净再生产率等于 1 这一真正的更替水平衡量标志更容易被公众和政策制定者接受和采纳。因此，将总和生育率直接纳入人口预测模型，有助于更清晰地表达不同时期的人口控制目标。生育模式是反映人口生育水平年龄分布和时间早晚的指标。如“早密多”和“晚稀少”就是两种完全不同的生育模式。

在人口发展方程中，预测区间内出生人口数的计算公式为：

$$B_t = TFR \times \sum (P^f_{x,t} \times H_x) \qquad \text{（公式 15.17）}$$

其中，TFR 是时期总和生育率，$P^f_{x,t}$ 是时期女性年龄别人口数，H_x 是生育模式的年龄分布函数。

（二）人口随机预测技术

人口模型有两个分支，一支是期望模型，另一支是随机模型。当把人口发展过程视作期望性的生命过程时，通常运用期望模型；当把人口发展过程视作随机性的生命过程时，可以采用随机模型。二者并非泾渭分明，而是水乳交融的，是对时间、年龄和人口状态及其变化过程的不同视角和认识。

人口随机预测技术是 20 世纪 90 年代以来逐渐发展起来的新的人口预测方法，区别于运用期望模型的传统的确定性人口预测（determinant population projection），其核心是将随机技术和概率推理运用于人口预测中，也被称为人口概率预测方法，或区间预测方法。确定性人口预测通过高、中、低方案量化人口预测结果的不确定性，但这种方法不能提供各个方案的发生概率，且往往会低估死亡率的下降和预期寿命的提高，在估计各人口指标时存在内部不一致的问题。人口随机预测技术使得人口变动的不确定性在概率模型的框架下不仅可以定量，并且能相对精准地被测定。

人口预测误差有多个来源，如个体水平上人口事件的随机性、数据误差、人口要素未来变化的不确定性、模型设定的误差、模型参数估计的误差、相关政策的变化、社会结构性变化及灾难性事件等，各误差的相关度是建立随机预测的重要信息。误差的相关性体现为生育、死亡、迁移等人口要素的预测误差是否随时间自相关、是否与年龄相关、是否与地区相关，以及是否彼此相关等。一般可以通过事后评估法（ex post evaluation）、综合指标的时间序列预测法（aggregate time series）、专家随机方案预测法（experts judgment random scenario fore-casts）、校准方案法（calibrated scenario）和随机更新模型（stochastic renewal model）等为人口预测附加概率分布值。①

也可把人口概率预测方法分为三类，分别是依据模型方法、依据专家方法和依据过去方法。依据模型方法是将出生率、死亡率和迁移率等指标的变化趋势用自回归整合移动均值（autoregressive integrated moving average，AIMA）模型拟合在一起进行预测的方法，主要特点是利用了统计学中的回归模型，其优势是能充分利用现有的各类统计理论和软件，方便且准确。依据专家方法是指充分利用现代人口理论成果，利用某人口指标与其他人口信息之间的关系来建构各种模型。依据过去方法则是指利用过去所做预测的误差分布来有效估计未来的预测误差，其优点是即使过去的预测次数很少也能给出可靠的误差分布。上述三种方法常常被结合使用，且仍处于不断探索过程中。②

此外，近年来利用灰色理论、神经网络系统等新技术方法进行人口预测的成果也不断涌现。感兴趣的读者可查阅相关文献。

小 结

◇ 人口预测是非常重要的人口分析技术，指根据一个国家或地区现有的人口状况及可以预见到的未来发展变化趋势，赋以影响人口发展的各种因素一定的假设条件，对未来人口发展趋势所做的各种测算。

◇ 队列要素预测法是目前最为常用的人口预测方法。其基本原理是以队列预测为基础，以年龄移算法为核心，考察人口学变量随生育、死亡、迁移等人口过程变化的趋势。

◇ 年龄移算法是队列要素预测法的核心，是按照人口年龄增长与时间推移之间的一致性，以及人口相对稳定的存活率水平，假定今后在各年龄组的存活水平相当于目前各年龄组的存活水平，利用现存某一年龄组人口数以及生存比例来推算未来某个时期相应年龄组的人口数。

思考题

1. 你如何看待人口预测的结果准确性问题？
2. 如何在开放性人口预测中纳入人口迁移要素？

① 曾毅，张震，顾大男，等．人口分析方法与应用．2版．北京：北京大学出版社，2011：329－339.

② 田飞．西方人口概率预测研究综述．中国人口、资源与环境，2010（3）：306－309.

推荐阅读书目

1. 黄荣清．关于人口预测问题的思考．人口研究，2004（1）.

2. 李永胜．人口预测中的模型选择与参数认定．财经科学，2004（2）.

3. 王金营，原新．分城乡人口预测中乡-城人口转移技术处理及人口转移预测．河北大学学报（哲学社会科学版），2007（3）.

4. 田飞．人口预测方法体系研究．安徽大学学报（哲学社会科学版），2011（5）.

5. 李永浮，鲁奇，周成虎．2010 年北京市流动人口预测．地理研究，2006（1）.

第十六章

人口数据质量的评估与检验

【导读】

数据质量是统计的命脉，数据不准确将导致统计结果失实。数据质量评估是人口统计学中一个重要的研究领域，随着实践的发展在不断丰富和完善。在某种意义上，理论、数据和方法共同构成了人口分析研究的三大支柱。在进行人口统计分析之前，必须对数据质量进行评估与检验，才能保证统计分析结果的合理可信。数据质量用什么标准来衡量？如何评估和修正？尤其是，如何对人口普查数据的质量进行评估？性别、年龄是人口最基本的特征，如何检验性别、年龄数据的准确性？本章将针对上述问题予以回答。

第一节　数据质量评估

一、数据误差的类型与来源

数据质量问题几乎是伴随着数据的出现而产生的。尽管人口统计实践活动很早就开始了，但获得准确的人口数据直到今天还是政府部门和学界不断努力的目标。在中国古代，全国人口数始终是一个约数，其原因在于人口漏登数极多。漏登的原因之一是人口口径限制。如清朝规定只登记男丁，且只包括 16 岁到 59 岁的男子，这其中还不包括贵族、缙绅和下层人户，因此只有部分人口被登记入户籍册。漏登的原因之二是有意瞒报。由于历代人口登记的主要目的是征兵、分派劳役、征收赋税，因此，很多人家都会有意瞒报人口数，以减少负担；地方官为了减少向中央缴纳赋税，以便从中盘剥贪污，也会有意地少报人口。[①]

① 张羚广，蒋正华．人口分析与信息处理技术．北京：中国统计出版社，1996：5－7.

事实上，漏报和瞒报仍是影响当前人口数据质量的主要因素。无论组织多么严密，设计多么周详，普查或是调查所得到的数据仍几乎不可避免地会存在误差，只是误差的程度不同而已。

数据在广义上可包括基础信息和由基础信息推导、计算得到的各种指标，在狭义上则指通过调查等方式获得的未经统计处理的信息。数据的质量主要体现为误差大小。通过人口调查或登记所取得的数据（即观察值）与真实值之间的差别叫作数据误差。找到数据误差的根源，分析数据误差的类型，尽量减少误差的发生，对存在误差的数据进行相应的调整和校正，使之最大限度地接近真实值，是统计工作的必要环节和内容。即使误差难以纠正，也至少要评估误差，以说明数据质量的可信程度。

（一）误差的类型

误差的类型一般有两种：第一种是范围误差（coverage error），也叫覆盖误差或完整性误差，指数据系统中人或者事件统计的完整性，包括漏报和重报。漏报是指本该被调查的对象未能全部包含在统计数据中，如在人口普查中对流动人口的漏登，或在生命登记中对刚刚出生即死亡的婴儿的出生和死亡的同时漏登，等等。除了部分对象的漏登外，范围误差有时也包括已纳入样本的一些对象的某些调查项目的漏报。重报是指对某个或某类调查对象进行了重复登记，如在对现有人口进行的普查或调查中，短期旅游或出差人口很可能会在两个地点被登记为现有人口。第二种是内容误差（content error），指数据系统中特征统计的准确性。因申报者或记录者等的原因，已经获得的数据内容中存在错误。有些内容误差源自误报，如年长者对于回溯性事件的记忆有误，或在调查时因口误申报错误，等等；有些内容误差则源自瞒报或错报，如敏感性事件的调查被访者可能会有意少报甚至不报，造成信息失实。

误差类型按照调查类型也可以分为抽样误差和非抽样误差两种。抽样误差是抽样调查特有的、由于抽样本身的随机性引起的误差，是样本统计量与总体参数之间的差距，受样本设计、样本规模和变量本身随机波动特征等因素影响。抽样误差虽无法避免，但可以在抽样设计中事先加以控制，其本身也是统计推断的依据。非抽样误差则主要取决于调查过程中各环节的工作质量。

（二）误差的来源

误差可能来源于调查的所有环节。

首先，在调查设计环节，抽样调查的抽样框不正确或不完备，很容易造成范围误差。问卷的内容有偏、有误、有漏或问题的逻辑顺序有问题，容易导致内容误差。不同调查方式还决定了结构性误差或选择性误差的存在。如对于存活者的调查可能会遗漏或扭曲死亡者的特征及事件水平与模式，从而造成对全体人口特征及事件理解的偏颇；由户主来回答问卷，可能会隐藏或掩盖家庭中其他成员的真实状况特别是他们的态度和观点。

其次，在调查实施环节，被访者的有意瞒报、错报或无意错报，以及调查员对样本的漏访、对问卷内容的理解偏差或对调查对象的诱导等，都是可能的误差来源。实践证明，调查员的年龄、性别、亲和力等特征对于入户问卷调查的成功性、准确性等都会产生影响，从而也会产生数据误差。

最后，在数据记录环节，会存在调查员和数据记录员的记录误差、编码和数据录入的错误等。另外，在问卷的打印、印刷、运输、存放等过程中，问卷的污损、丢失等也可能导致数据误差的产生。

在上述所有误差来源中，调查设计环节中的抽样方案和问卷这两项设计对调查数据的总误差具有根本性和决定性的影响，应予以特别注意。我们大力推荐在进行正式调查之前先做试调查，因为通过试调查可以修正调查设计的很多问题，发现实施环节中的潜在问题，有利于减少正式调查的误差。

在各环节误差中，抽样误差可以在抽样设计时事先估计，设计者对于抽样误差的控制具有较大的主动权；但对于其他非抽样误差来说，需要通过制定严密的工作规则和采取质量核查措施，尽可能加以防范和改正。

关于数据误差有两个真相需要了解，虽然其不免令人沮丧。一是实际的误差总比希望的更多。因为有些误差无法被探知和发觉，而真实值总是未知的。特别是在进行数据分析时，总会发现希望纳入而被遗漏的选项，或者太多的缺失值或奇异值（即不合乎一般规律的数值）。二是非随机的误差往往会集聚。如同千里之堤溃于蚁穴那样，每一处微小的误差累积起来可能导致结果的较大偏误。

二、数据质量评估的原则与一般方法

对于研究者或数据使用者而言，没有办法直接检查数据源（如问卷等），更不可能进行重复性调查，一般只能针对现有的数据（无论是汇总数据还是原始数据）进行质量评估。调查组织者通常也会在数据发布前或供社会公开使用前对数据质量进行评估。

（一）评估原则

检查数据的效度、信度和准确度是数据质量评估的一般原则。

1. 效度

效度（validity）是针对测量目的而言的测量工具或手段的有效性程度，反映测量某一现象或观念的标识是否得当，及其对客观现实的反映程度。如利用文盲率指标来测度受教育程度在受教育程度普遍低下的时期，或者在老年人口中是适用的，但对于义务教育普及甚至高等教育推广的现代社会，或者针对青年人口而言，其有效性就很差。效度与统计技术无关，与统计设计有关。

2. 信度

信度（reliability）是指在相同条件下，重复测度某现象或观念所获得的结果的一致性程度，反映数据的稳定性或可靠性。信度是多次测量的观察值自身比较的结果，反映观察值中随机扰动的成分。客观变量和主观变量多次测量的信度可能有所不同。对于客观变量而言，短期内的重复测量所取得的结果应该是一致的。而对于主观态度或观念而言，短期内重复测量所取得结果的差异性，有时也可能反映了被测量者的态度或观念的变化。

3. 准确度

准确度（accuracy）是指调查值和真实值之间的差距，是误差的反向指标。准确度是观察值与真实值比较的结果，不仅包括随机扰动，还包括非随机的偏差部分。

（二）一般评估方法

数据质量的一般评估方法包括：

1. 将观察值与理论期望值或规律值进行比较

人口发展具有一定的规律性。有些人口指标存在经验值或合理值域，将调查得到的数据与之进行比较，可检查相关指标的合理性。如按照大数定律，当出生数量足够多时，出生性别比一般为102～107，且人口的年龄别性别比一般会随着年龄的增长呈现下降态势。如果调查得到的数据不符合这个规律，则需要了解是由于数据有误，还是由于发生了异常的干扰事件。再如，一般情况下，男性的年龄别死亡率均高于女性，如果在某年龄或年龄区间发现有相反的情形，则需要检验是数据问题，还是存在女性死亡率异常现象。

人口发展的规律性还表现为同一队列人口随着时间流逝，其规模会逐渐缩减，因而利用队列比较可以进行数据质量评估。

2. 利用同一来源数据中的逻辑关系进行数据核查，即数据内部一致性检验

数据中有些指标之间存在一定的数量关系，通过这种数量关系可以判断相关指标是否一致，以检查数据的可靠性和准确性。这种方法也被称作逻辑规则检验法。

如在生育调查数据中，生育时间可以与妇女的出生时间（妇女年龄）、妇女的结婚时间（结婚年龄）进行逻辑检验。一般而言，出生时间早于结婚时间，结婚时间早于生育时间。若有违这个逻辑关系，则说明数据有误，或者存在非正常生育行为（如非婚生育等）。再如，根据人口平衡公式，在已知一定时期某地区人口的变动值、出生数和死亡数之后，可以计算得到人口净迁移数；将实际调查或登记得到的人口净迁移数与之进行比较，可判断数据质量。

3. 利用同时期不同来源数据进行数据核查

有不少部门会进行人口相关调查，如统计部门负责年度人口抽样调查、公安部门负责户籍人口信息、民政部门负责婚姻登记和死亡相关数据、劳动人事部门负责劳动力和就业相关信息的收集与发布，将同时期不同部门不同来源的数据进行比对，可以弥补单一数据来源的不足，并进行数据的合理性和准确性核查。这一方法也被称作外部验证法。

如某年的出生人口数，既可以来源于统计部门的年度人口抽样调查数据，也可以来源于卫生计生部门的住院分娩登记数据，用这两个不同来源的数据进行比对，可以判断哪个来源的数据更接近真实值。在进行此类数据比较时，需要注意不同来源数据的人口口径、覆盖范围、抽样代表性等，即使不能完全判断哪个数据更准确，也至少可以得到数据的

值域。

由于各类人口调查数据（如全国人口普查、统计局年度抽样调查、卫计委专项抽样调查等）均可视为属于“人口系统”内的数据，因此无法避免共同的缺陷，即出生数据敏感、漏报严重。即使其相互校验也并不能避免上述缺陷，在这些数据基础上所做的各种估计的可靠性会受影响。因此有学者利用独立于人口系统之外的教育统计数据校验人口数据，评估普查数据中低年龄人口的数据质量，将2007年教育统计数据中的7～10岁人口与2000年0～3岁人口相比较，发现教育系统的数据平均每年比人口普查数据多出300万人左右，如果考虑死亡情况，则二者间差距进一步扩大。①

4. 利用不同时期的同类数据，借助于人口统计技术进行数据核查

这一类核查也可被称作一致性检验，最常用到的是利用历次人口普查数据进行数据质量的准确性检验。如利用前次普查数据，根据人口变化规律，推断出本次普查的结果，并将其与普查实际数据进行比对，以检验数据的准确性。再如对不同时期同一队列的人口数据进行推算，可以获得数据漏报或重报的相关信息。

由于我国人口普查在2000年时将标准时点由以往的7月1日0时调整为11月1日0时，因此在队列人口比对时，还需注意时间口径的一致性。研究发现，直接按2000年普查出生年月信息统计的队列存活率与利用线性内插法推断得到的队列存活率并不相同。② 而对2010年普查数据的质量评估结果则显示，虽然统计公报公布的漏报率非常小，但是0～9岁漏报率还是大大超过了预期，30岁及以上人口也还存在年龄“堆积”和“跨越”的现象。在0～9岁人口按1990年普查漏报率为底线的情况下，2010年第六次全国人口普查的年龄人口漏报率为0.75%，重报率为0.55%，合计误差率为1.30%。③

以上四种方法并非泾渭分明，而是常常混合使用。以中国出生性别比数据的检验为例。分析发现，根据国家统计局千分之一年度抽样调查数据计算的出生性别比波动很大，且其发展趋势与根据百分之一人口抽样调查数据计算的出生性别比的发展趋势存在不一致的地方。在单一来源数据可信度不高的情况下，利用其他来源的数据（公民身份信息数据、历年全国在校小学生统计数据、全国人口普查数据等）进行相互校验和比对，既包括同一部门不同调查数据间的内在一致性检验（如用全国人口普查数据与百分之一人口抽样调查数据进行比较，用不同年份公安部公民身份信息系统同队列数据进行比对），也包括不同部门不同来源数据比对（如用2000年教育部统计的历年小学生在校人数与同年普查数据进行比较），发现普查数据低年龄组存在大量漏报，女孩漏报程度明显高于男孩漏报程度，由此判断我国目前公布的出生性别比夸大了2～3个百分点。④

---

① 翟振武，陶涛．低年龄人口数据质量的分析与评价．中国人口科学，2010（1）：28-35.

② 郭志刚．对“五普”和“四普”队列人口一致性的再检验．中国人口科学，2004（6）：2-7.

③ 王金营，戈艳霞．2010年人口普查数据质量评估以及对以往人口变动分析校正．人口研究，2013（1）：22-33.

④ 翟振武，杨凡．夸大还是低估——基于不同来源数据的出生性别比水平分析．福建江夏学院学报，2011（1）：4-10.

三、人口普查的数据质量评估

（一）人口普查数据质量的影响因素

人口普查数据虽然覆盖面广、具有权威性，但其质量仍受到多种因素的影响。包括：普查技术因素（如普查统计口径、普查表的设计、普查员的素质、普查数据的处理、事后质量抽检等）、人口流动因素（指流动人口的锁定和准确登记）、被调查者配合因素、行政考核因素（基层政府的干预、工作政绩考核的影响）和经费保障因素。数据主要误差同样表现为范围误差和内容误差，前者如普查区域或对象的漏报，后者如项目信息的错报。

在传统的问卷式普查中，普查数据质量受到普查员和被调查者两者的共同影响。一个合格的普查员，需要熟练掌握调查方案，准确理解调查指标；拥有良好的沟通能力和熟练的调查技巧；具有责任心，能够承担难度较大的登记工作，避免错登和漏登等现象。普查员的素质参差不齐，会明显影响普查的数据质量。中国第六次全国人口普查通过基层选调和市场招聘两种方式聘选普查员。基层选调的普查员多为当地居民所熟悉的人员，入户相对容易；而从市场招聘的普查员入户则相对困难。被调查者的配合也非常重要。随着人们隐私意识的增强，有些敏感性问题被调查者不愿意回答，或给出错误的回答，都会直接影响普查数据质量。由于时间久远或记忆问题导致的错报、漏报也是造成内容误差的重要原因。

（二）人口普查数据质量控制与评估

1. 质量控制要求

人口普查数据质量控制是基础性工作，得到各国政府的高度重视。联合国在《人口和住房普查原则与建议》中指出，普查数据要“查找出最重要的质量问题，确定问题的根本原因，采取纠正措施，衡量质量标准”。我国的《全国人口普查条例》第二十七条规定：“人口普查实行质量控制岗位责任制，普查机构应当对人口普查实施中的每个环节实行质量控制和检查，对人口普查数据进行审核、复查和验收。”①

2. 事后质量抽查

事后质量抽查（postenumeration sampling）是目前世界上大多数国家或地区普遍采用的用来评估人口普查数据质量的方法，可同时评估人口普查登记范围的完整性和登记内容的准确性。这一方式由抽样设计、调查和比较样本、事后分层和估计构成。由于普查所需人力、物力巨大，不可能在普查后对所有被调查者进行重新登记核对，这时往往采用抽样调查方法进行事后的质量抽查，即在人口普查登记和复查工作结束后，采用抽样的方式从

---

① 全国人口普查条例．(2010－05－28)［2018－02－03］．http：//www.gov.cn/zwgk/2010－05/28/content_1615451.htm.

普查总体中抽取一定数量的样本（或调查小区），将样本区域内的普查表暂时封存，重新进行一次独立的调查登记，然后将抽查的普查表与原有普查记录逐项比对，以测量普查的范围误差和内容误差。事后质量抽查既是整个普查工作的一部分，又是在普查正式登记之后独立进行的一次抽样调查，具有封闭性、独立性、客观性和求实性。

事后抽样核查的范围较小，有利于集中精力进行认真核实，发现普查误差及其产生的原因，估算漏报率、重报率等重要指标。事后质量抽查的核心是构造用来估计总体真实人口数的双系统估计量（dual system estimator，DSE）。该估计量有两个基本假设条件：(1) 等概率，即要求估计区域内（事后层）的每一个人在普查中有相同或相似的被登记概率；(2) 事后质量抽查独立于普查。

3. 匹配分析方法

需要注意的是，事后质量抽查法是假定事后质量抽样数据准确无误，原登记数据与事后抽查数据的差异为误差。但有时候重新登记也会出现漏报与误报的现象，这时，不能单纯以事后核查结果作为标准判断人口普查数据质量，而应该利用“匹配分析方法”，结合原登记数据与事后核查数据进行综合评价。匹配分析不仅可以探查人口数据的净误差，还可以揭示总误差。

匹配分析方法也叫作双登记系统方法，可以对任意两个来源的数据进行匹配分析，以估计数据的完整性。本节基于普查数据和事后抽查数据的匹配进行说明。

假设人口普查时和事后核查时同时被登记的人口数为 P，只在普查时被登记的人口数为 P^C，只在事后核查时被登记的人口数为 P^P，普查和事后核查均被漏登的人口数为 P^{CP}。实际总人口数（P^T）为：

$$P^T=P+P^C+P^P+P^{CP}$$

通过匹配分析，即普查和事后抽查的相互核对，可得到 P、P^C 和 P^P。假设在普查中被漏登的概率与在事后抽查中被漏登的概率之间相互独立，即只在事后核查时被登记的人与未在事后核查中被登记的人在普查时被漏登的概率相等，则可得到：

$$\frac{P^P}{P+P^P}=\frac{P^{CP}}{P^C+P^{CP}}$$

$$P^{CP}=\frac{P^C\cdot P^P}{P}$$

$$P^T=P+P^C+P^P+\frac{P^C\cdot P^P}{P}=\frac{(P+P^C)\cdot(P+P^P)}{P} \qquad \text{（公式 16.1）}$$

公式 16.1 表示在符合假定的条件下，实际总人口数等于普查登记人口数与事后抽样调查人口数之积，除以同时被普查和事后抽样调查登记的人口数。

普查登记的完整率为：

$$C^C=\frac{P+P^C}{P^T} \qquad \text{（公式 16.2）}$$

其补数为普查漏登率。

事后抽样调查登记的完整率为：

$$C^P = \frac{P + P^P}{P^T} \qquad \text{（公式 16.3）}$$

其补数为事后抽查漏登率。

由此可见，匹配分析方法可以同时评估普查数据和事后抽样调查数据的质量。

需要特别指出的是，上述分析方法建立在普查与事后抽查中被漏登的概率相互独立的假定基础上。事实上，在事后抽查中被漏登的人往往是受教育程度较低或者经常流动的人口，他们在普查中被漏登的概率也更大。也就是说，漏登并非完全的随机事件，而是与调查对象的特点有关。理论上将总人口分解成几个漏登概率可能不相关的子群体，如将受教育程度、职业、流动性等有可能影响漏登概率的变量分组，对每一组特征相同的人分别进行匹配研究，可在更大程度上提高数据质量评估的精度，因为存在对具有同样特征的人进行普查与事后抽查漏登概率相等的风险进行假设，比对全部人口进行假设更合理。

4. 质量抽查实践举例：美国和中国

美国普查局在每次人口普查后都进行数据质量评估，先后采用的方法有行政记录检查、人口统计分析和事后质量抽查。行政记录检查包括逆记录检查法（reverse record check）和向前记录检查法（forward record check）。前者是从现有的行政记录中抽取一个样本，将其与普查记录相比对，验证普查总体单元是否被登记，以及登记的计量误差；后者是从普查总体中抽取一个样本，将其与行政记录相比对，以评估普查质量。① 事后质量抽查采取三阶段分层整群抽样设计：第一阶段抽取街区层，对街区群样本进行现场勘查，编制街区群内居住单元地址目录；第二阶段抽取调查小区样本；第三阶段抽取住户单元。对抽取的样本住户内的个人采用年龄、性别、种族、房屋所有权限期、地区、城市类别和邮寄回答率等进行事后分层。这一方法的优点为：其一，其核心部分，即估计真实人口数的双系统估计量建立在捕获—再捕获模型基础上；其二，其充分利用了普查资料和事后抽样调查两套资料，因而估计的真实人口数比只依据一套资料估计的结果准确。缺陷在于其双系统估计量可能存在交互作用偏差，即被普查遗漏的人口更容易被事后抽样调查遗漏。在之后的历次人口普查中，事后抽样调查方式不断被加以改进。2010 年美国的人口普查事后质量抽查除了提供普查净误差外，还提供漏报和误报数据。同时首次构造了基于罗吉斯蒂回归模型的用来估计真实人口数的双系统估计量。②

我国 1982 年第三次全国人口普查的登记环节主要采用了逻辑规则检查和事后质量抽查两种数据质量评估方式。③ 事后质量抽查也是评价我国年度人口抽样调查数据质量的方法之一。④ 事后质量抽查的结果显示：1982 年普查总人口重登率为 0.15‰，1990 年、2000 年普查总人口漏报率分别为 0.6‰和 1.81%，2010 年第六次全国人口普查公报显示人口漏登率为 0.12%。然而，第六次全国人口普查为避免人口漏报问题而采用的“见人就登”的登记

① 陶然．周期性普查数据质量评估方法与适用性研究．统计研究，2014（8）：66－72.

② 胡桂华．国外人口普查质量评估方法综述．调研世界，2011（11）：55－58.

③ 李成瑞．中国 1982 年人口普查的质量控制．统计研究，1984（1）：3－14.

④ 武洁．人口普查中的事后质量抽样调查．南方人口，2002（3）：18－24.

原则和现住地与户籍地同时登记的原则却在一定程度上产生了人口重复登记的问题。有学者基于多次普查数据的生命表回推结果以及不同来源的数据分析，在全面分析 2010 年第六次全国人口普查数据之后发现：第六次全国人口普查在中老年组数据质量较高；在低龄组存在大量漏报，其中 0 岁组男孩漏报更多；16～21 岁的青年组人口可能存在重报，每个年龄组重报 100 万人以上，且可能主要是流动人口女性重报。[①]

5. 身份证号码登记制度

对被调查者进行唯一性识别是确保登记人口不重不漏的有效方法。

人口普查很难对每个人进行现场标识，因此一些国家和地区采用了登记身份证号码的办法，主要是亚洲的中国台湾地区、新加坡、印度尼西亚、以色列和马尔代夫，以及欧洲的斯洛文尼亚和立陶宛。新加坡行政系统记录的身份识别号码与我国的居民身份证号码十分类似，可以作为借鉴。此外，对于外国公民也可以采取类似的方法进行登记和识别。

身份证号码虽然仅有 18 位，但包含的信息十分丰富（包括地址、出生年月、性别，还包括用于表示同一地址区域内同年同月同日出生的人的顺序码），且唯一、不可重复。在普查中询问身份证号码，可以取代普查表中的多个问题（如出生年月、性别），还可以有效避免重报、漏报的问题。通过比较身份证号码中的地址码与问卷登记地的地址码，可以确定流动人口，还可以根据具体的身份证号码的不同来判断该流动者是省际流动还是县际流动。[②] 但由于身份证号码是中国每一个公民的唯一的法定号码，使用身份证号码需要注意保护公民的隐私权。

四、数据修正原则与方法

探知数据质量缺陷对所有的数据使用者来说都是一件重要且棘手的工作，但如何修正已知的数据缺陷却是更让人挠头的事情。不当的数据修正不仅于事无补，甚至会失之毫厘谬以千里，因此对于数据修正必须报以十分谨慎的态度。本部分仅介绍数据修正的原则与基本方法。

（一）数据修正原则

当经过评估发现数据质量存在问题时，可以对数据进行修正。数据修正需要针对误差的性质和来源：有些误差是系统性的，需要找出具体原因加以修正，如针对抽样框有偏导致的范围误差，需要修正抽样框，并对数据进行修正；有些误差则是随机性的，随机性误差可以通过合并年龄组（如将 1 岁组数据合并为 5 岁组数据）、平滑处理等方法加以控制或消减。在进行数据修正时应尽量遵循如下原则：

---

① 陶涛，张现苓．六普人口数据的漏报与重报．人口研究，2013（1）：42-53.

② 翟振武，张浣珺．普查数据质量与调查方法——关于将身份证号码纳入普查问卷的探讨．人口研究，2013（1）：78-83.

（1）尽量不变动原始数据。任何数据修正都存在缺陷，对于原始数据的修改也会有损于原始数据，因此通常我们需要保留原始数据，以便将修正后的数据与原始数据进行比对，或用更好的修正方法进行数据修正。

（2）只有在根据非常充分时才进行数据修正。由于我们永远不知道真实值是什么，所以要充分尊重观察值，毕竟这是从实践中获取的第一手数据。只有充分了解误差来源，并有较好的修正方法时，才可以对数据进行必要修正。

（3）修正范围尽可能小。既然所有的修正都不可能尽善尽美，那么在进行必要的修正时，范围要尽可能小。如对年龄数据的修正，一般针对局部误差较严重的年龄段进行修正即可，而很少对全部年龄数据进行修正。

（二）数据修正方法

常用的数据修正方法包括人口学修正法和数学修正法。其中人口学修正法主要是利用普查间存活比法（intercensal survival ratio method）或模型生命表法进行数据质量的判别与修正，可参考本书第八章“生命表的诠释与应用”相关部分。数学修正法一般包括数据平滑法、间接估计法和经验调整法等。数据平滑法是通过统计平均的方法试图消除异常值；间接估计法建立在数据相互关系的基础上，通过已知准确信息来纠正误差；经验调整法则是根据以往的经验进行主观判断，人为修正误差。

修匀（graduation 或 smoothing）是非常普遍的数据修正方法，指用一套更为规则的数字代替原来的一套数字，通常是一条光滑曲线通过时间数列或其他数列（如按登记年龄分类的人数）的若干点。如果图形是一条随手画的曲线，这一过程叫作图上修匀；如果应用了数学分析方法，这一过程则叫作曲线配合（curve fitting）。

图上修匀时，一般先绘制数据散点图或分布图，局部误差往往可以通过散点图或分布图被发现并进行修正。如考察年龄数据的准确性，可先绘制年龄数据的分布曲线。如果发现曲线多处上下波动较大，但这些不规则波动既不能用已有的知识背景去解释，也已知可能会存在某些误差，这时就可以凭直觉描绘一条与实际观察点接近的平滑曲线，从而尽可能排除数据缺陷与随机干扰造成的误差。

曲线配合法用不完整或不规则的数据估算相应的人口模型的参数值，根据估计出的参数值，利用模型计算出拟合值，再用完整、平滑、规则的拟合值取代原始值。最常使用最小二乘法（method of least squares）使一条数学曲线适合于数据资料，这一方法可以使原始数列和修匀数列之间离差的平方和为最小。其他方法包括滑动平均数法（moving averages）或差分法。

在数列的已知值之间估计中间各点的值，为内插法。对于明显的局部误差，一般通过代入平均值进行内插修正。估算数列已知数值范围以外的各个值，叫作外推法。

需要注意的是，人口数据分析、误差纠正是依据人口内在规律或数量关系来进行的。只有充分研究人口内在的规律和数量特征，才能分析人口数据的可靠性，并进行相应的数据修正。

此外，随着互联网的广泛运用，在网络上发布和获取数据变得易如反掌。需要谨慎对待网络来源数据，在使用前，需核实其数据来源、审查数据创建的手段和方法、判断数据的效度和信度，还需要考虑数据是否涉及伦理性问题或隐私。[①] 强烈建议使用官方网站发布的正规数据。

第二节 性别、年龄准确性检验

一、性别、年龄数据误差的来源

性别和年龄是基础人口特征，特别是年龄结构数据不仅反映过去的人口过程、当前的人口状态，还是分析未来人口发展趋势的重要依据。因此在进行人口数据分析之前，通常需要对性别、年龄结构进行准确性检验。

性别结构的问题主要来自漏报，因为很少有人会错报自己的性别，但可能会有意少报自己某一性别的孩子。年龄结构的问题则主要来自漏报和误报，其中年龄偏好导致的年龄堆积和年龄回避是最常见的年龄误报问题。

年龄偏好源自数字偏好（digit preference）。出于文化习俗、禁忌或个人偏好，有些人在回答年龄时，往往倾向于以某个数字结尾，或有意识回避某些数字。如年轻人倾向于采用“二十出头”“三十挂零”等简化的说法，将自己的年龄向整数靠拢，有数字 0 的年龄偏好。在中国老年人中，4 往往被视为不太吉利的数字，逢 0 大寿往往是在前一年被祝贺；当然也不排除年长者对出生年月记忆模糊，随口报出自己认为或倾向的年龄的可能性。

年龄堆积（age heaping）是由于年龄偏好所导致的以某个数字结尾的年龄人口的堆积，也叫作年龄结现象。年龄回避则是由于数字回避所导致的以某个或某些数字结尾的年龄人口的减少。存在年龄堆积的年龄结构将呈现出在某些年龄特别突出而在相邻年龄凹陷进去的分布特征。年龄堆积或回避也叫作年龄跨越（age transferring）。

因此，虽然年龄是易于理解、较为简单的指标，但由于不同国家和民族对于年龄的重视程度（如大多数非洲人、拉丁美洲人对于年龄的概念就不够精确）、对人口出生起始年龄的界定（如西方的生日是指周岁生日，而中国民间习惯上认为婴儿出生时已经是 1 岁，所以往往会记虚岁年龄）和具体纪年方式（如阳历和阴历）的不同，以及人们的年龄偏好或记忆误差导致的误报等，调查得到的人口年龄结构往往与实际有一定的差异。目前已取得共识的增强年龄准确性的一种做法是在调查时询问具体的出生年月，而不是泛泛问年龄或

① Siegel J S, Swanson D A. The methods and materials of demography. 2nd ed. Amsterdam: Elsevier Academic Press, 2004: 9.

“多大了”等。对中国老年人的调查可以在询问出生年月的同时询问其生肖属相，以加强数据的可靠性。

二、性别、年龄结构检验指数

对于性别结构的检验主要是将观察数据与一般规律进行比较，分析差异的来源。而对于年龄结构的检验通常需要借助于指数计算。国际上常用的人口年龄结构检验指数有：年龄偏好指数、惠普尔指数（也被译为韦伯指数）、迈耶尔指数（也被译为玛叶指数）、年龄准确性指数和联合国综合指数。这些指数的共同假设是：在一个有限的年龄区间，各年龄人口数应基本相等或呈线性分布。

（一）年龄偏好指数

年龄偏好指数（indexes of age preference，IAP）对某一特定年龄的偏好程度及年龄堆积现象进行检验，一般分性别进行计算。

年龄偏好指数的构造方法是：用待检验年龄的调查人口数除以以该年龄为中心的前后各两个（或一个）年龄共 5 个（或 3 个）年龄人口的简单算术平均数，并用商乘以 100 构造指数。

$$IAP=\frac{P_x}{\frac{1}{5}(P_{x-2}+P_{x-1}+P_x+P_{x+1}+P_{x+2})}\times 100 \qquad \text{（公式 16.4）}$$

年龄偏好指数的正常取值范围为 100～500（或 300）。当完全不存在年龄偏好时，理论上待检验年龄的人数与相邻年龄的平均人数应该相等，指数值为 100；当完全存在年龄偏好时，待检验年龄的前后年龄人数为 0，指数值为 500。指数值接近 100，表明该年龄不存在年龄堆积。若出现小于 100 的情况，说明在该年龄不仅不存在年龄偏好，反而存在年龄回避现象。

对 1990 年、2000 年和 2010 年的三次全国人口普查中 3～59 岁人口年龄偏好指数的计算结果表明，这几次全国人口普查在个别年龄上均存在一定程度的“堆积”和“跨越”[①]，需要鉴别是年龄偏好造成的，还是年龄人口不服从均匀分布或线性分布假设造成的，抑或是“重报”或“漏报”造成的。

（二）惠普尔指数

惠普尔指数（Whipple's index，WI）是对整体人口年龄结构中，是否存在因年龄偏好而导致的在某些年龄上人数多于临近年龄人数的堆积现象进行的检验，一般分性别进行计

---

① 王金营，戈艳霞．2010 年人口普查数据质量评估以及对以往人口变动分析校正．人口研究，2013（1）：22-33.

算。通常惠普尔指数检验 0 和/或 5 的数字偏好，但也可以检验其他数字。

$$WI=\frac{P_{25}+P_{30}+\cdots\cdots+P_{60}}{\frac{1}{5}\sum_{x=23}^{62}P_x}\times 100 \quad \text{(公式 16.5)}$$

公式 16.5 是对 0 和 5 的同时检验，如果只检验一个数字，则分母乘以 1/10。年龄区间经验上通常取 23～62 岁，也可以是任意年龄区间，但上下限之差必须是 10 的倍数。

惠普尔指数应用的假定前提是在一个有限的年龄段内，各年龄人口数应基本相等，年龄分布是均匀的。正常取值范围为 100～500（或 1 000），越接近 100，说明年龄偏好程度越低。联合国曾给出一个利用惠普尔指数对年龄数据申报质量的评价标准：*WI* 小于 105 时，认为质量“很准确”；*WI* 为 105～110 时，质量“较准确”；*WI* 为 110～125 时，质量“大致合格”；*WI* 超过 125 时，则认为数据质量比较差。

惠普尔指数的缺陷在于，没有考虑具有同样数字结尾的人口年龄结构由于死亡的发生逐渐缩减的性质（即金字塔从塔基到塔顶是逐渐缩小的），这样年轻人口的权重比老年人口的权重大，使得指数结果及其判别会出现偏差。

（三）迈耶尔指数

迈耶尔指数（Myer's index，MI 或 Myer's blended method）通过构造一个“混合人口”（blended population）检验总体年龄结构的异常，即检验人口在以 0～9 结尾的各年龄上的堆积程度，一般分性别进行计算。其实质是用人口实际年龄分布与期望年龄分布的差异，评估年龄数据的准确性。

构造“混合人口”的目的，就是弥补惠普尔指数中假设各年龄人口数相等，而具有同样数字结尾的人口随年龄增加、数量实际会逐渐缩减的缺点，通过加权方式得到一个近似于矩形的“混合人口”，以满足各年龄人口数基本相等或年龄结构分布均匀的假设。在一个不存在任何数字偏好且各年龄人口数基本相等的人口中，以 0～9 中任一数字结尾的年龄的人口数累计，应占总人口数的 1/10。实际人口年龄分布与理论分布之差的绝对值总和，即迈耶尔指数。

具体计算步骤为：

第一步，将年龄别人口数以矩阵的方式排列，每行分别以 0、1、2……9 数字结尾：

$P_{10}P_{20}\cdots\cdots P_{90}$

$P_{11}P_{21}\cdots\cdots P_{91}$

…………

$P_{19}P_{29}\cdots\cdots P_{99}$

第二步，对上述矩阵的行分别进行加总，得到两列人口数累计值 X 和 Y，其中 X 包含从 X_0 到 X_9 的 10 个数，Y 也包含从 Y_0 到 Y_9 的 10 个数，但 X 的计算取值范围是 10～99，而 Y 的计算取值范围则是 20～99。年龄区间的选取原则有两个：一是尽可能充分利用数据较可靠的年龄区间数值；二是需要错开年龄区间的取值范围，以便构造两个人口。

这样：

$X_0=P_{10}+P_{20}+\cdots\cdots+P_{90}$

…………

$X_9=P_{19}+P_{29}+\cdots\cdots+P_{99}$

$Y_0=P_{20}+\cdots\cdots+P_{90}$

…………

$Y_9=P_{29}+\cdots\cdots+P_{99}$

第三步，分别对 X 和 Y 进行加权加总，其中 X 的权数是 1～10，Y 的权数则是 9～0，得到"混合人口"以不同数字结尾的人口数 B，B 包含从 B_0 到 B_9 的 10 个数。

$B_0=1\times X_0+9\times Y_0$

$B_1=2\times X_1+8\times Y_1$

…………

$B_9=10\times X_9+0\times Y_9$

第四步，计算迈耶尔指数。

$$MI=\frac{1}{2}\sum|b_j-10| \quad \text{（公式 16.6）}$$

其中，$b_j=\frac{B_j}{\sum_{j=0}^{9}B_j}\times 100$。

迈耶尔指数的取值范围为 0～90。当完全没有年龄堆积现象时，取值为 0；人口年龄全部以某一个数字结尾时，取值为 90。越接近 0，说明数据质量越好。一般而言，迈耶尔指数小于 5 时，数据质量较好；5～10 时，数据质量可接受；大于 10 时，需谨慎对待，具体分析。

迈耶尔指数并非无懈可击。首先，除了年龄分布的矩形化假设外，这一指数的构造缺乏理论依据，而年龄结构的矩形化在任何实际人口中都难以真正实现。其次，年龄偏好及年龄堆积并不是引起年龄数据质量问题的唯一原因，而迈耶尔指数显然对其他误差来源束手无策。事实上，当把单岁组数据合并为 5 岁组或 10 岁组数据后，大多数的年龄堆积现象会被掩盖，但其他的误差却可能更为凸显。

（四）年龄准确性指数

年龄准确性指数（age-accuracy index，AAI）是在计算各年龄比的基础上，求平均离差，一般分性别计算。

年龄比的构造类似于年龄偏好指数，只不过其通常使用 5 岁年龄组数据，是某一年龄组人口数与其左右相邻年龄组人口数的均值之比。

$$AR=\frac{{}_5P_a}{\frac{1}{3}\left({}_5P_{a-5}+{}_5P_a+{}_5P_{a+5}\right)}\times 100 \quad \text{（公式 16.7）}$$

假设年龄组人口服从线性分布，在这种情况下，年龄比值应该等于100。

$$AAI = \frac{\sum_{i=1}^{n-2} |AR_i - 100|}{n-2} \qquad \text{（公式 16.8）}$$

其中，n 为年龄组的个数，AR_i 是第 i 个年龄比。

年龄准确性指数测定的是净误差，当某一年龄组人口的漏报比重与相邻组相同，且跨越错报已得到部分补偿时，年龄比也可能会接近期望值。年龄准确性指数的取值范围为0～3时，认为数据质量较好；3～7时，数据质量可接受；大于7时，数据质量不可接受。

（五）联合国综合指数

联合国综合指数（United Nations age-sex accuracy index）是由联合国人口司于1952年开发的检验5岁年龄分组数据的指数，且可以同时检验性别和年龄的准确性，也被称作年龄性别准确性指数。

对于按年龄组分布的分性别人口数，联合国综合指数的构建一般考虑从0～4岁组到65～69岁组的年龄区间（共14组），分别计算三个值。

第一步，计算各年龄组人口的性别比（14个值），以及相邻年龄组的性别比之差（13个值）。对上述性别比差值取绝对值后加总，再求其均值，得到平均性别比差值 S。

第二步，计算男性在每个年龄组的年龄比指标（12个值）。将这些年龄比指标与100之差的绝对值求和，再求其均值，得到男性平均年龄比差值 M。

第三步，计算女性在每个年龄组的年龄比指标（12个值）。将这些年龄比指标与100之差的绝对值求和，再求其均值，得到女性平均年龄比差值 F。

由此构建联合国综合指数：

$$UNIndex = 3 \cdot S + M + F \qquad \text{（公式 16.9）}$$

需要注意的是，联合国综合指数构建时的年龄比计算公式采用的是公式16.7的形式，在分母上略有不同。

$$AR = \frac{{}_5P_a}{\frac{1}{3}\left({}_5P_{a-5} + {}_5P_{a+5}\right)} \times 100 \qquad \text{（公式 16.10）}$$

联合国综合指数取值范围为0～20时，认为数据资料准确；20～40时，数据质量可接受；大于40时，数据质量不可接受。与其他指数相比，联合国综合指数不仅考虑到年龄结构，还同时考虑了性别结构，综合性更强，常用于比较不同数据误差总量的大小。但其构造同样缺乏理论依据，且对年龄和性别的权数设定并没有给出充足的理由，容易遭到使用者的质疑。

表16.1是利用历次全国人口普查数据计算得到的年龄、性别结构相关指数值。

表 16.1　历次全国人口普查数据年龄、性别质量检验指数

普查时间（年）	惠普尔指数			迈耶尔指数			联合国综合指数
	总人口	男性	女性	总人口	男性	女性	
1953	104.22	104.06	104.40	1.16	1.10	1.26	18.44
1964	103.35	103.10	103.16	0.41	0.42	0.46	18.39
1982	103.47	103.32	103.63	3.00	3.02	3.00	26.78
1990	101.05	100.94	101.18	1.99	2.01	2.02	24.01
2000	100.04	100.07	100.01	2.08	1.97	3.86	30.76
2010	100.99	101.06	100.91	1.17	1.21	1.12	28.92

注：1953—1990 年的普查标准时点为 7 月 1 日 0 时，2000 年和 2010 年的普查标准时点为 11 月 1 日 0 时。

资料来源：1953—1982 年数据来自乔晓春［乔晓春．第四次全国人口普查人口性别年龄结构的初步检验．中国人口科学，1992（5）：37.］，1990—2010 年数据来自王金营、戈艳霞［王金营，戈艳霞．2010 年人口普查数据质量评估以及对以往人口变动分析校正．人口研究，2013（1）：25.］。

需要指出的是，虽然上述指数评估方法是年龄、性别结构检验较为常用的质量评估方法，但一方面，多数指数基本假设条件太强，且评判结果比较模糊或弹性空间较大，评判结果很难把握，另一方面，指数评估方法仅对数据质量提供简单的评判，无法确定问题的来源和可能产生的影响，更缺乏对数据调整具有参考价值的依据。甚至经验指数所反映的结果与普查事后质量抽样调查的评估结果和相关研究不符①，因此在使用时需要考虑其适用性和实用性。

上述指数方法的共同特点是先构建一个年龄均匀变化的人口，以这样的年龄结构为标准，比较现实人口与标准人口的年龄结构，以两者离差的大小为尺度，判别现实人口的年龄数据是否准确；对质量不高的数据，指出在哪些年龄尾数上存在堆积或回避。然而，实际人口的年龄结构可能本来就不规则，如我国人口由于经历了 20 世纪 60 年代的生育低谷、计划生育前期的出生高峰，以及计划生育对人口出生的控制等不同的阶段，不同年龄人口本来就呈现较为明显的波动，这时所检验出来的年龄结构与作为检验标准的均匀人口年龄结构间必然存在差异。

因此，有学者提出了基于概率判断的、利用人口函数的年龄变动符号分布的检验方法，其基本原理为：表示人口年龄曲线变动方向和形状特征的符号，在各年龄随机分布的假定下，对观测数据进行检验。如果假定成立，则数据无特定的年龄尾数指向；如果假定不成立，则认为有尾数指向。即如果“异常”符号的出现是由实际的人口变动造成的，那么只要人口变动不是周期现象，“异常”符号的出现达到一定数量，就可以认为出现异常的年龄是随机的，或者说它出现在各年龄尾数上的可能性是相等的。反过来，如果它在某些特定年龄尾数出现的可能性比其他年龄尾数大，则可认为是由观测值的误差造成的，是人们对这些年龄的尾数的“喜好”或“排斥”，导致了在这些年龄的尾数上观测值与真实值的偏

① 王广州．对第五次人口普查年龄结构数据的评估与调整．人口与经济，2004（5）：60－66.

离。这样，要判断数据是否存在人口年龄尾数指向，只需检验“异常”符号在各年龄尾数上出现的概率是否相等即可。① 感兴趣的读者可查阅相关文献。

小　结

◇ 找到数据误差的根源，分析数据误差的类型，尽量减少误差的发生，对存在误差的数据进行相应的调整和校正，使之最大限度地接近真实值，是统计工作的必要环节和内容。即使误差难以纠正，也至少要评估误差，以说明数据质量的可信程度。

◇ 年龄偏好导致的年龄堆积和年龄回避是最常见的年龄数据问题。

◇ 对于性别结构的检验主要是将观察数据与一般规律进行比较，分析差异的来源。对于年龄结构的检验通常需要借助于指数计算。这些指数的共同假设是：在一个有限的年龄区间，各年龄人口数应基本相等或呈线性分布。

思考题

1. 你认为影响数据质量的主要因素是什么？

2. 如何对存在质量问题的人口数据进行评估和调整？

推荐阅读书目

1. 张为民，崔红艳．对中国2000年人口普查准确性的估计．人口研究，2003 (4).

2. 崔红艳，徐岚，李睿．对2010年人口普查数据准确性的估计．人口研究，2013 (1).

3. 乔晓春．试论年龄结构检验指数对普查资料检验的有效性问题．人口与经济，1993 (6).

4. 黄荣清．中国人口普查中人口年龄报告准确性的检验．人口研究，2009 (6).

5. 陶然．周期性普查数据质量评估方法与适用性研究．统计研究，2014 (8).

① 黄荣清．人口统计数据系统误差的检验．人口与发展，2010 (1)：68-74，109.

参考文献

教材/著作

1. 安文铸．学校管理辞典．北京：中国科学技术出版社，1991.

2. 陈会昌．中国学前教育百科全书·心理发展卷．沈阳：沈阳出版社，1995.

3. 当代社会科学大词典．南京：南京大学出版社，1995.

4. 方创琳，姚士谋，刘盛和，等．2010 中国城市群发展报告．北京：科学出版社，2011.

5. 顾宝昌．社会人口学的视野——西方社会人口学要论选择．北京：商务印书馆，1992.

6. 国家统计局人口和就业统计司，中国人民大学社会与人口学院．人口和就业统计分析技术．北京：中国统计出版社，2012.

7. 国家卫生计生委计划生育基层指导司，中国人口与发展研究中心．人口与计划生育常用数据手册（2016）．北京：中国人口出版社，2017.

8. 国家职业分类大典修订工作委员会．中华人民共和国职业分类大典．北京：中国劳动社会保障出版社，2015.

9. 黄荣清．人口分析技术．北京：北京经济学院出版社，1989.

10. 蒋庆琅．寿命表及其应用．上海：上海翻译出版公司，1984.

11. 教育大辞典（增订合编本下）．上海：上海教育出版社，1998.

12. 李永胜．人口统计学．成都：西南财经大学出版社，2002.

13. 联合国国际人口学会．人口学词典．北京：商务印书馆，1992.

14. 刘爽．全球人口管理：从理论到实践．北京：中国人口出版社，2004.

15. 刘素萍．婚姻法学参考资料．北京：中国人民大学出版社，1989.

16. 刘铮．人口学辞典．北京：人民出版社，1986.

17. 刘铮，邬沧萍，查瑞传．人口统计学．北京：中国人民大学出版社，1981.

18. 马克思，恩格斯．马克思恩格斯选集：第 1 卷．2 版．北京：人民出版社，1995.

19. 马克思，恩格斯．马克思恩格斯选集：第 4 卷．2 版．北京：人民出版社，1995.

20. 基什．抽样调查．北京：中国统计出版社，1997.

21. 普雷斯顿，霍伊维兰，吉略特．人口统计学——人口过程的测量与建模．北京：社会科学文献出版社，2012.

22. 马瀛通．人口统计分析学．北京：红旗出版社，1989.

23. 田雪原．人口学．杭州：浙江人民出版社，2004.

24. 王翔朴，王营通，李珏声．卫生学大辞典．青岛：青岛出版社，2000.

25. 韦庆远．明代黄册制度．北京：中华书局，1961.

26. 温勇，尹勤．人口统计学．南京：东南大学出版社，2006.

27. 邬沧萍．人口学学科体系研究．北京：中国人民大学出版社，2006.

28. 武广华，等．中国卫生管理辞典．北京：中国科学技术出版社，2001.

29. 吴忠观．人口科学辞典．成都：西南财经大学出版社，1997.

30. 杨大文．婚姻家庭法．北京：中国人民大学出版社，2000.

31. 曾毅，张震，顾大男，等．人口分析方法与应用．2 版．北京：北京大学出版社，2011.

32. 查瑞传．人口普查资料分析技术．北京：中国人口出版社，1991.

33. 翟振武，段成荣，等．跨世纪的中国人口迁移与流动．北京：中国人口出版社，2006.

34. 翟振武，路磊，罗茂初，等．现代人口分析技术．北京：中国人民大学出版社，1989.

35. 张羚广，蒋正华．人口分析与信息处理技术．北京：中国统计出版社，1996.

36. 中国资源科学百科全书（下）．北京：中国大百科全书出版社，2000.

37. 中国大百科全书．北京：中国大百科全书出版社，1993.

38. 周树森．中国女性百科全书・医药保健卷．沈阳：东北大学出版社，1995.

39. 邹兰春．北京的流动人口．北京：中国人口出版社，1996.

40. 邹瑜，顾明．法学大辞典．北京：中国政法大学出版社，1991.

41. Newell C. Methods and models in demography. London：Belhaven Press，1988.

42. Siegel J S，Swanson D A. The methods and materials of demography. 2nd ed. Amsterdam：Elsevier Academic Press，2004.

43. Shryock H S，Siegel J S. The methods and materials of demography. New York：Academic Press，1976.

44. United Nations. Handbook of vital statistics systems and methods. Series F，1985 (35).

45. United Nations. Principles and recommendations for national population censuses. Series M，1998（67）.

46. United Nations. Handbook on civil registration and vital statistics systems. Series F，1955（7）.

期刊/论文

1. 陈婉清．中国人口普查的改革与发展研究．调研世界，2012（11）.

2. 陈万青，孙可欣，郑荣寿，等．2014 年中国分地区恶性肿瘤发病和死亡分析．中国肿瘤，2018 (1).

3. 陈小葵．中国古代户籍制度略论．法制与经济旬刊，2008 (8).

4. 鲍思顿．中国婴儿死亡率模式．人口研究，1991 (3).

5. 段成荣，梁宏．中国人口地区分布现状及其历史变迁．市场与人口分析，2002 (3).

6. 段成荣，孙玉晶．我国流动人口统计口径的历史变动．人口研究，2006 (4).

7. 段成荣，杨舸，张斐，等．改革开放以来我国流动人口变动的九大趋势．人口研究，2008 (6).

8. 方创琳，王振波，马海涛．中国城市群形成发育规律的理论认知与地理学贡献．地理学报，2018 (4).

9. 高剑清，姚彩霞．美国的人口登记制度对我国的启示．党政干部参考，2010 (10).

10. 顾宝昌．论生育和生育转变：数量、时间和性别．人口研究，1992 (6).

11. 郭震威．对“去进度效应总和生育率（*TFR'*）方法”的一点看法．人口研究，2000 (1).

12. 郭志刚．对“五普”和“四普”队列人口一致性的再检验．中国人口科学，2004 (6).

13. 郭志刚．再论队列平均子女数不能作为当前总和生育率的估计．中国人口科学，2008 (5).

14. 郭志刚．中国的低生育水平及影响因素．人口研究，2008 (4).

15. 何景熙．不充分就业及其社会影响——成都平原及周边地区农村劳动力利用研究．中国社会科学，1999 (2).

16. 何柳，石文惠．人口老龄化对中国人群主要慢性非传染性疾病死亡率的影响．中华疾病控制杂志，2016 (2).

17. 胡桂华．国外人口普查质量评估方法综述．调研世界，2011 (11).

18. 黄荣清．人口统计数据系统误差的检验．人口与发展，2010 (1).

19. 焦培民．先秦人口研究．郑州：郑州大学，2007.

20. 李伯华，梁春龙．中国省际间人口迁移活动程度比较．中国人口科学，1991 (4).

21. 李成瑞．中国 1982 年人口普查的质量控制．统计研究，1984 (1).

22. 李惠．利用选择指数研究我国省际人口迁移偏好．人口研究，1994 (5).

23. 李惠村．中国统计简史．统计研究，1993 (3).

24. 李佳洺，陆大道，徐成东，等．胡焕庸线两侧人口的空间分异性及其变化．地理学报，2017 (1).

25. 李金昌，徐璐．改革开放 30 年中国统计学发展的回顾与展望．统计研究，2010 (1).

26. 凌文超．秦汉魏晋“丁中制”之衍生．历史研究，2010 (2).

27. 刘爽，蔡圣晗．谁被“剩”下了？——对我国“大龄未婚”问题的再思考．青年研究，2015 (4).

28. 刘铮．试论人类自身生产与物质资料生产相适应．中国社会科学，1981（3）.

29. 陆康强．现代人口调查的格局与发展．南京人口管理干部学院学报，2010（3）.

30. 陆新华，胡桂华．国外人口普查：从全面调查到行政记录．西北人口，2010（4）.

31. 马瀛通．从稳定人口与人口再生产认识总和生育率真实涵义．中国人口科学，2010（2）.

32. 马永堂．关于就业、失业和不充分就业的国际定义与统计方法．中国劳动，2015（2）.

33. 马忠东，吕智浩，叶孔嘉．劳动参与率与劳动力增长：1982—2050年．中国人口科学，2010（1）.

34. 茅倬彦．人口惯性的测量方法．南方人口，2011（3）.

35. 明艳．我国婴儿死亡率的变动趋势及区域差异研究．人口研究，2009（5）.

36. 牛建林．农村地区外出务工潮对义务教育阶段辍学的影响．中国人口科学，2012（4）.

37. 潘倩，金晓斌，周寅康．近300年来中国人口变化及时空分布格局．地理研究，2013（7）.

38. 戚泉木，赵炎成．中国古代人口调查登记和管理．上海城市管理，1999（6）.

39. 乔晓春．第四次全国人口普查人口性别年龄结构的初步检验．中国人口科学，1992（5）.

40. 秦芳芳．中国计划生育对生育率影响的评估．中国人口科学，1987（2）.

41. 宋健，范文婷．惯性增长下的中国人口再生产——基于2000年和2010年人口普查数据的定量分析．人口研究，2013（4）.

42. 宋健，张婧文．孩次、生育时间与生育水平——基于中日韩妇女平均生育年龄变动与差异的机制研究．人口研究，2017（3）.

43. 田飞．西方人口概率预测研究综述．中国人口、资源与环境，2010（3）.

44. 田丰．中国当代家庭生命周期研究．北京：中国社会科学院，2011.

45. 陶然．周期性普查数据质量评估方法与适用性研究．统计研究，2014（8）.

46. 陶涛，张现苓．六普人口数据的漏报与重报．人口研究，2013（1）.

47. 童光荣，卢铁庄．在争论中不断发展与完善的统计学．统计研究，2010（1）.

48. 武洁．人口普查中的事后质量抽样调查．南方人口，2002（3）.

49. 王桂新，潘泽瀚，陆燕秋．中国省际人口迁移区域模式变化及其影响因素——基于2000和2010年人口普查资料的分析．中国人口科学，2012（5）.

50. 王广州．对第五次人口普查年龄结构数据的评估与调整．人口与经济，2004（5）.

51. 王广州．中国育龄妇女递进生育模式研究．中国人口科学，2004（6）.

52. 王金营，戈艳霞．2010年人口普查数据质量评估以及对以往人口变动分析校正．人口研究，2013（1）.

53. 王谦，崔红艳，李睿，等．中国第六次人口普查：经验与启示．人口研究，2010（6）.

54. 王森波．同性婚姻法律问题研究．上海：复旦大学，2011.

55. 邬沧萍．对人口学学科体系的重新认识．人口学刊，2002（5）.

56. 熊俊．对中国城市化水平国际比较中若干问题的探讨——兼论中国城市化水平的滞后性．中国人口科学，2009（6）.

57. 徐蔼婷，杨玉香．基于行政记录人口普查方法的国际比较．统计研究，2015（11）.

58. 颜贝珊，余清祥．2010年各国人口普查制度之研究．人口学刊，2010（40）.

59. 杨灿，董海龙．基于国家标准学科分类的统计学科体系研究．统计研究，2010（1）.

60. 杨书章，王广州．孩次性别递进人口发展模型及孩次性别递进指标体系．中国人口科学，2006（2）.

61. 杨云彦．中国人口迁移年龄模式及其应用．人口学刊，1992（4）.

62. 姚秀兰．中国近代户籍变革探析．华东政法大学学报，2004（4）.

63. 袁锦明，刘洪波，肖世平．三峡水库移民过程中的问题及解决办法．人民长江，2003（5）.

64. 原新，王金营．中国零人口增长问题的深入思考．人口研究，1999（6）.

65. 曾庆江．户籍册上的古代中国．农村·农业·农民，2014（12）.

66. 查瑞传．略论人口再生产．人口研究，1979（2）.

67. 查瑞传．静止人口和稳定人口．人口研究，1981（1）.

68. 查瑞传．人口惯性及其对我国人口发展的影响．人口与经济，1982（2）.

69. 翟振武，陶涛．低年龄人口数据质量的分析与评价．中国人口科学，2010（1）.

70. 翟振武，杨凡．夸大还是低估——基于不同来源数据的出生性别比水平分析．福建江夏学院学报，2011（1）.

71. 翟振武，张浣珺．普查数据质量与调查方法——关于将身份证号码纳入普查问卷的探讨．人口研究，2013（1）.

72. 詹婧，王艺，孟续铎．互联网平台使灵活就业者产生分化了吗？——传统与新兴灵活就业者的异质性．中国人力资源开发，2018（1）.

73. 张笑秋．寇尔生育指数的改进及其应用分析——基于女性婚姻结构对生育水平的影响研究．中国人口科学，2009（3）.

74. 张为民．关于2000年全国人口普查若干问题的思考．人口与经济，1998（4）.

75. 张展新，杨思思．流动人口研究中的概念、数据及议题综述．中国人口科学，2013（6）.

76. 赵梦晗，杨凡．六普数据中婴儿死亡率及儿童死亡概率的质疑与评估．人口研究，2013（5）.

77. 中国劳动和社会保障部劳动科学研究所课题组．中国灵活就业基本问题研究．经济研究参考，2005（45）.

78. 周海旺，杨昕．中国城市人口人户分离状况研究．中国人口科学，2002（2）.

79. 周爽，黄匡时．中国流动人口年龄别迁移模式研究——基于 2014 年全国流动人口动态监测调查数据的分析．西北人口，2015（6）.

80. Arriaga E. Measuring and explaining the change in life expectancies. Demography，1984，21（1）.

81. Bongaarts J. A framework for analyzing the proximate determinants of fertility. Population and Development Review，1978，4（1）.

82. Bongaarts J. Fertility and reproductive preferences in post-transitional societies. Population and Development Review，2001（27）.

83. Bongaarts J，Feeney G. On the quantum and tempo of fertility. Population and Development Review，1998，24（2）.

84. Cannan E. The probability of a cessation of the growth of population in England and Wales during the next century. Population and Development Review，1895，4（4）.

85. Coale A J，Trussell T J. Model fertility schedules：variations in the age structure of childbearing in human population. Population Index，1974，40（2）.

86. Davis K，Blake J. Social structure and fertility：an analytic framework. Economic Development and Cultural Change，1956，4（3）.

87. Henry L. Some data on natural fertility. Eugenics Quarterly，1961（8）.

88. Bongaarts J，Greenhalgh S. An alternative to the one-child policy in China. Population and Development Review，1985，11（4）.

89. Nathan K. On the momentum of population growth. Demography，1971，8（1）.

90. Mikkelsen L，Phillips D E，AbouZahr C，et al. A global assessment of civil registration and vital statistics systems：monitoring data quality and progress. The Lancet，2015，386.

91. Morgan S P. Is low fertility a twenty-first-century demographic crisis? . Demography，2003，40（4）.

92. Preston S H. Reply to watcher. Population Studies，1988，42（3）.

93. Whelpton P K. An empirical method for calculating future population. Journal of the American Statistical Association，1936，31.

图书在版编目（CIP）数据

人口统计学/宋健著．—北京：中国人民大学出版社，2019.1
新编21世纪人口学系列教材
ISBN 978-7-300-26658-9

Ⅰ.①人… Ⅱ.①宋… Ⅲ.①人口统计学-高等学校-教材 Ⅳ.①C921

中国版本图书馆CIP数据核字（2019）第016392号

新编21世纪人口学系列教材
人口统计学
宋 健 著
Renkou Tongjixue

出版发行	中国人民大学出版社		
社　址	北京中关村大街31号	**邮政编码**	100080
电　话	010－62511242（总编室）		010－62511770（质管部）
	010－82501766（邮购部）		010－62514148（门市部）
	010－62515195（发行公司）		010－62515275（盗版举报）
网　址	http://www.crup.com.cn		
经　销	新华书店		
印　刷	北京七色印务有限公司		
开　本	787 mm×1092 mm　1/16	**版　次**	2019年1月第1版
印　张	19.25	**印　次**	2023年7月第2次印刷
字　数	409 000	**定　价**	48.00元

相关课程教材推荐

书号	书名	作者	定价
978-7-300-26323-6	社会学概论新修（第五版）	郑杭生	69.00 元
978-7-300-25621-4	社会研究方法（第五版）	风笑天	65.00 元
978-7-300-20067-5	老年学概论（第 3 版）	邬沧萍　姜向群	32.00 元
978-7-300-16163-1	数据管理与模型分析：STATA 软件应用	杨菊华	59.00 元

配套教学资源支持

尊敬的老师：

衷心感谢您选择使用人大版教材！

相关的配套教学资源，请到人大社网站（www. crup. com. cn）下载，或是直接与我们联系，我们将向您免费提供。

欢迎您随时反馈教材使用过程中的疑问、修订建议以及提供您个人制作的课件。您的课件一经采用，我们将署名并付费使用。

联系人信息：

地址：北京海淀区中关村大街 31 号　龚洪训　　　邮编：100080

电子邮件：gonghx@crup. com. cn　　电话：010-62515637　　QQ：6130616

如有相关教材的选题计划，也欢迎您与我们联系，我们将竭诚为您服务！

选题联系人：	电子邮件：	电话：
潘　宇	pany@crup. com. cn	010-62515634
盛　杰	shengj@crup. com. cn	010-62513897

俯仰天地　心系人文

人大出版社网站：www. crup. com. cn

专业教师 QQ 群：

195761402（全国社会学教师 QQ 群）

欢迎您登录浏览人大社网站，了解图书信息，共享教学资源

期待您加入专业教师 QQ 群，开展学术讨论，交流教学心得